TopBook
饕书客

一个人，遇见一本书

Kingdom of Heaven

The Crusades 300 years

Crusade (The Crusades) in 1096 to 1291 occurred in six

天国王朝

十字军全史300年

considered to be Catholic atrocities. Nevertheless, the Crusades, to make direct contact with Western Europe was more advanced Byzantine civilization and Islamic civilization. Such contacts, in order to pave the way Europe's Renaissance

王顺君 编著

TopBook
饕书客

陕西新华出版传媒集团
陕西人民出版社

图书在版编目（CIP）数据

天国王朝：十字军全史三百年/ 王顺君编著. ——
西安: 陕西人民出版社，2016
(战争特典/宋毅主编)

ISBN 978－7－224－11822－3

Ⅰ.①天… Ⅱ.①王… Ⅲ.①十字军东侵－历史
Ⅳ.①K56

中国版本图书馆CIP数据核字（2016）第033819号

责任编辑：陶　舒

设计制作：毛小丽　唐懿龙　李　静　杨　博　王　芳　张英利　任晓强
张玉民　符媛媛　张　静　任敏玲　张　斌　任海博

天国王朝——十字军全史300年

编　　著　王顺君
出版发行　陕西新华出版传媒集团　陕西人民出版社
　　　　　（西安北大街147号　邮编：710003）
印　　刷　陕西金和印务有限公司
开　　本　787mm×1092mm　16开　28印张
字　　数　420千字
版　　次　2016年8月第1版　2018年1月第3次印刷
书　　号　ISBN 978－7－224－11822－3
定　　价　69.00元

目 录

十字军东征前夕
1064—1095 年

综述（1064—1095 年）

基督教纪元的第一个千年，西方世界的“末日情绪”达到了顶峰。不过，既然所谓的“末日”最后并未如期而至，那么社会也只能继续前进，东西方的秩序在不断的失衡中持续变化着。脱胎于法兰克帝国的法德两国在彼时的疆界已依稀可辨，尽管那时的德国更多只是个冠以“德意志民族神圣罗马帝国”称号的地理名词，而非实体民族；同时，东部的斯拉夫民族一刻也没有缓下对西部国度的入侵；来自北部的诺曼人占领了南意大利；而在海洋的那一边，穆斯林军队赶走了哥特人，侵占了半个西班牙，甚至连西西里也没能抵御住他们的进攻。欧洲文明最东部的拜占庭，在北非法蒂玛王朝（绿衣大食）及来自波斯的塞尔柱突厥侵扰下战栗不已。

可是，战争并未能阻挡商贸的活跃。不同国家的商业都市突破了人为的政治藩篱，联合接力，给欧陆的人们带来了远方的商品，并赚取了数不清的财富。在这样的背景下，贫者愈发沉沦，贵族富者则骄横到不可一世。贵族富者当中产生了自信的骑士阶层，他们用金钱换取铠甲和武器来加强自己，并按照上级领主的意愿，相互兵戎相见。

基督教陷入危机

当以国王、贵族为代表的世俗权力日益强大起来时，教会的地位却每况愈下。原本教会的策略始终是讨好国王和贵族，并在他们的冲突里扮演墙头草的角色，坐收其利——由此大部分教士富埒王侯。但就是在这样的过程里，罗马帝国覆灭后唯一的幸存者——教会，却逐渐变成了腐败浪费的代名词，因而声名狼藉。从 11 世纪开始，越来越多真正虔诚的教徒发现，彼时的教会已经不能履行它的责任。神秘主义者开始揭示基督教的灵性力量，由此僧侣们重新将苦修和贫穷镌刻在了教义之上。甚至在勃艮第的克吕尼本笃修道院里，人们要求彻底改革罗马教会——因为教会职务已沦为集市上讨价还价的商品，教会政策只能对世俗权力阿谀逢迎，这样只会导致教会的最终失败。

王座与宗座之争

克吕尼的改革呼声振聋发聩，许多教会中人也拍手称赞。其中份量最重的人物名曰希尔德布兰德，他在 1073 年被教廷里的改革派拥戴为教皇，即格里高利七世。格里高利七世坚决走上与世俗力量代表——亨利四世抗争的道路。他在即位两年后就颁布敕令，取消所有世俗贵族干预教职任免的权力。非但如此，格里高利七世还认为：君权既来自于教皇封授，那么他就有权罢黜国王。这一构想让亨利四世首当其冲。由于亨利四世对教廷不顺从，格里高利七世将他逐出教会——世俗最高统治者遭受了前所未有的奇耻大辱。亨利四世不甘如此，他也下达了最后通牒，若是革教令一年内未撤销的话，他就还置彼身，直接废黜教皇。而后，由于贵族借着革教令滋事叛乱，亨利四世只得亲自前往卡诺莎向教皇俯首臣服。不过，此刻即便格里高利七世愿意平息干戈，事态也非这两位始作俑者所能控制——德国的叛乱贵族趁机选出了一位新国王，将亨利四世拒之门外。勃然大怒的亨利四世也照葫芦画瓢，纠集了一批忠于自己的地区主教，选出了一位叫克雷芒三世的新教皇。1084 年，亨利四世进军罗马，驱逐了格里高利七世，将他认定的教皇人选克雷芒三世扶上圣座，并叫对方给自己加冕为神圣罗马帝国皇帝。

拜占廷——被钳住的帝国

罗马帝国解体后，拜占庭自认为是罗马的合法继承者，于是自称“东罗马”。但此刻“东罗马”面临着莫大的危险——伊斯兰教作为一种政教合一的力量，

以令人惊惧的速度急速扩张。从中亚迁徙来的塞尔柱突厥人皈依了伊斯兰教后，显然也获得了此种特性的加持。他们在东方边境对老大拜占庭帝国构成巨大威胁，不断侵袭帝国境内。

此时的拜占庭经济颓败，政治混乱，无法抵挡入侵者。在 1071 年于安纳托利亚重镇曼齐克尔特爆发的战役中，拜占庭大军惨败于阿尔普·阿尔斯兰率领的突厥军队，拜占庭皇帝罗曼努斯四世·狄奥吉尼斯被俘，此战大大重创了拜占庭的士气民心。十年后，阿莱克修斯一世·科穆宁在拜占庭帝国的内部争斗中获取最终胜利，加冕为罗马皇帝。但他纵有雄心，也无法挽救现状：一方面，拜占庭兵源枯竭，科穆宁的军队只能靠缺乏忠诚和纪律的雇佣军勉强维系；另外一方面，诺曼人对亚得里亚海岸大肆入侵，也让帝国防务捉襟见肘。最终，无计可施的阿莱克修斯一世只能向西方拉丁教会求援。虽然西方拉丁教会早在 1054 年就与拜占庭控制下的东方教会决裂，但他们起码愿意抵御来自更遥远东方的异教徒。最早接到援助邀请的正是格里高利七世。当时这位教皇正陷于和亨利四世的权斗而无法自拔，所以援救拜占庭的计划未能付诸实施。

◇ 皇帝亨利三世在 1046 年苏特里教会代表会议上任命教皇克雷芒二世

教皇乌尔班二世号召发动第一次十字军东征

来自东方教会的又一次求救，让格里高利七世的后继者乌尔班二世有了机会。他以对抗穆斯林的名义，首次将欧洲的贵族们团结在一起，让自己成为他们的“元首”。

当时塞尔柱突厥人在小亚细亚和叙利亚势不可当。他们非但不断蚕食拜占庭领地，甚至还从法蒂玛王朝夺取了“圣城”耶路撒冷。基督教的朝圣者不断受到突厥武士的阻挠，而且阻挠越来越严重。此种现状，恰是阿莱克修斯一世

给拉丁教会求援信里请求出兵的核心理由。

乌尔班二世很快就以“西方元首”的身份，答应了东方帝国皇帝的请求。11 月，他在法国中部的克莱芒召开了大公会议。乌尔班二世在众多与会者面前发表了激昂的演说，号召大家解放被穆斯林迫害的基督徒。出乎乌尔班二世的意料，他的演说获得了在场所有听众排山倒海般的欢呼称赞。无数次“Deus lo vult”（主的旨意）的口号打断了演说，数千人当场将十字架缝在衣服上，表示参加东征作战的决心。在乌尔班二世的口中，志愿从征者回报巨大：教皇许诺每个参加十字军的人都不再需要救赎；若有人在与穆斯林的战斗中牺牲，其绝对会升入美妙的天堂；另外，若东方的远征获得胜利，巴勒斯坦、叙利亚将会有无数“流着牛奶和蜜”的土地，迎接十字军新主人。

群情激奋

拜占庭皇帝阿莱克修斯一世没有意识到这封求救信的后果。他不会想到，这封信在西方唤起了一波新的暴力浪潮，这一浪潮在未来 200 年中将震撼整个东西方。

求救信中对基督教遭受塞尔柱突厥人威胁的描述，在德法被不断夸张演义，广泛流传。传道者将教皇的东征号召散播到各个角落，那些经济窘迫的人受到蒙蔽，视参加十字军为一条好的出路。世俗的贵族和教士们充满激情地描绘伊斯兰教“强大且残忍”的假象，这种假象更衬托出基督教的光明和崇高。

德法两国的犹太人首先感受到了这种宗教狂热。即便他们先前一直受到亨利四世的庇护，此时也接到了警告，只能以苦涩的臆想迎接不断发酵的暴力。

伊比利亚半岛重新归入基督教版图

西班牙教会最早获得了从伊斯兰教手中光复领地的经验。在这片土地上，卡斯蒂亚、莱昂和阿拉贡的国王们从 1070 年起便开始联手抵抗摩尔人入侵。这些摩尔人自 8 世纪以来就驱逐了西哥特人，占据了西班牙大部分最肥沃的土地。摩尔人在西班牙的土地上对犹太人和基督教施行宽容政策，一手建立起了数个拥有独特文化的繁荣国度。但好景不长，1031 年科尔多瓦的哈里发国解体，基督徒们认为这是从异教手中夺回伊比利亚半岛的好时机。西班牙人很快兴起了名为“Reconquista”的光复失地运动。至 1085 年，摩尔人重镇托雷多重归基督徒之手。

教皇对西班牙国王们的行动也给予支持。他派遣十字军先后援助阿方索六世和桑乔一世，来对抗伊比利亚半岛的穆斯林军队。摩尔人则向穆拉比特王朝（该王朝由信仰伊斯兰教的北非柏柏尔人兴建）求援——战争的规模日益增大，穆斯林渐渐无法抵挡团结起来的强大的基督教军队。

在光复失地运动中，阿方索六世的军队统帅罗德里戈·迪亚兹成了民族英雄。他从敌手摩尔人那里赢得了“熙德”（意为“主人”）的光辉称号。

地中海的新力量

此时的南意大利已是诺曼人的势力范围。诺曼人来自欧洲北方的斯堪的纳维亚，他们的战舰驰骋于北海沿岸，让所有敌人闻风丧胆。诺曼人越过大西洋，来到了地中海。他们的领袖罗伯特·圭斯卡特与教皇结盟，承诺用火与剑为罗马教廷开辟领地，播撒主的荣光。双方堪称世俗与教廷合作双赢的典范。罗伯特·圭斯卡特的兄弟罗杰一世夺取了西西里岛，将彼处的许多穆斯林驱逐出境。同时圭斯卡特的军队也攻陷了巴里——拜占庭在意大利最后的据点。这对日益衰败的东罗马帝国来说，无异于又是一记重击。

神圣罗马帝国边界
400 km
挪威王国
瑞典王国
丹麦王国
北
海
波罗的海
爱尔兰
英格兰王国
威尔士
基辅罗斯
822年
波兰王国
大
西
洋
法兰西王国
奥地利公国
匈牙利王国
勃艮第王国
意大利王国
克罗地亚王国
塞尔维亚王国
卡斯蒂利亚王国
西部或
者第二保
加利亚帝国
保加利亚第一帝国
科尔多瓦的倭马亚王朝阿里发国
拜占庭帝国
爱琴海
地　中　海

◇　约 1000 年的欧洲

影响深远的曼齐克尔特战役

塞尔柱突厥击败庞大的拜占庭帝国

1071 年 8 月 19 日，曼齐克尔特

曼齐克尔特之役落败，导致拜占庭帝国的衰落。小亚细亚不再受拜占庭的控制，而从此掌握于突厥人之手。

塞尔柱突厥军队在苏丹阿尔普·阿尔斯兰的带领下，在位于安纳托利亚东部的曼齐克尔特大败东罗马军队。距此 100 年前，塞尔柱突厥人开始了征服之旅。他们的名字来自于具有传奇色彩的首领塞尔柱。1055 年，塞尔柱突厥人占领了波斯哈里发国的中心巴格达。在野心勃勃的苏丹阿尔普·阿尔斯兰的带领下，塞尔柱突厥人征服土地的欲望永无尽头。埃米尔图吉尔·贝的侄子成功将攻占的土地进行整合，组成了庞大的塞尔柱突厥帝国。

拜占庭此时与埃及法蒂玛王朝联盟，此举给塞尔柱人的征服计划带来了巨大威胁。这场争斗的第一个战场就是在亚美尼亚。1064 年，塞尔柱人占领并破坏了古都阿尼。此后一年，塞尔柱人又占领了埃德萨，控制了努尔山脉的交通要道。五年内，他们占领了安纳托利亚的绝大部分，逼近爱琴海海岸。

◇ 骑着战马的伊斯兰战士被视为坚定好战的敌人（14 世纪插画）

拜占庭对这第一波猛烈进攻毫无防备。帝国内部的继承人之争和多次叛变，使得国力虚弱。在战胜了北部边界的保

加利亚人之后，拜占庭的军力略有增强。罗曼努斯四世·狄奥吉尼斯皇帝甚至还两次小胜阿尔普·阿尔斯兰，与对手达成短暂的和平协议。然而，塞尔柱人依然不断跨过边界侵扰。

为了应对更大的危机，罗曼努斯四世皇帝征集了 10 万士兵，其中绝大部分是来自斯堪的纳维亚的雇佣军，雇佣军中还有法兰克人、诺曼人和土耳其部落。1071 年上半年，这支为数众多但装备很差的拜占庭大军向东进发，意图收复亚美尼亚。经过一连串小胜，大军攻占了几座城池。然而，拜占庭军队开始犯战略上的错误：在曼齐克尔特附近，拜占庭大军兵分几路。阿尔普·阿尔斯兰早就做好了准备——他佯装撤退，将拜占庭军队吸引至平原地带。

◇ 基督为拜占庭皇帝罗曼努斯四世及其皇后加冕

8 月 19 日晚，阿尔普·阿尔斯兰开始进攻已经削弱到只有大约 3 万人的拜占庭军队。御驾亲征的罗曼努斯四世皇帝慌忙下令让军队后撤，却造成军中大乱。他本打算与其他雇佣军会合，但缺乏纪律使得其他雇佣军并未前来支援。土耳其和钦察人部落因欠饷而变节投靠塞尔柱人。见塞尔柱人来势凶猛，法兰克雇佣军便决定退出战场。塞尔柱人果断抓住了敌人撤退混乱的良机。最终，拜占庭将军安德洛尼卡·杜卡斯退出战役，注定了帝国军队的惨败。仅仅数小时，塞尔柱人大获全胜，俘虏了罗曼努斯四世皇帝本人。阿尔普·阿尔斯兰为此开出了 150 万金币的巨额赎金，并要求每年 36 万金币的贡金。另外，阿尔普·阿尔斯兰还要求拜占庭割让安条克、曼齐克尔特、埃德萨和希拉波利斯这四座城市。

拜占庭军队的惨败标志着中东与近东力量平衡的改变，同时也大挫拜占庭的人心士气。在罗曼努斯四世被俘期间，拜占庭人于 10 月 24 日推举皇后尤西多亚与其前夫的儿子米海尔七世·杜卡斯为新的皇帝。罗曼努斯四世被塞尔柱人释放之后，拜占庭内战爆发。这场争斗最后以落败的老皇帝被刺瞎双眼而死告终。同年，阿尔普·阿尔斯兰也死在战场上。他的继任者马立克沙一世带领塞尔柱人继续不断扩张。

基督教战士在西班牙收复失地运动中取得进展

收复失地运动在伊比利亚半岛上的不断进展

1064 年 8 月，巴尔瓦斯特罗

在穆斯林统治西班牙 300 年之后，西班牙开始了收复失地运动。这场运动在各地进展情况不一。经过多次高潮与低谷、胜利和失败，收复失地运动直至 1492 年才最终完成。

在阿基坦和加斯科涅公爵威廉八世的率领之下，基督教军队进入了位于阿拉贡的巴尔瓦斯特罗城，结束了当地泰法们的统治。以阿拉贡国王桑乔·拉米雷斯的名义，基督教军队建立了新的统治。

进攻穆斯林，源于教皇亚历山大二世的承诺：在伊比利亚半岛上抵抗异教徒的士兵将得到救赎。收

◇ 葡萄牙境内辛特拉附近摩尔人的防御城墙

伊斯兰教起源

先知穆罕默德于公元 632 年去世之后，伊斯兰教以令人惊讶的速度迅速扩张，形成一股巨大的政治冲力。伊斯兰帝国迅速成立，以哈里发为统治者。灵活的结盟政策，以及不断攻城略地，让伊斯兰帝国先后迅速扩张到阿拉伯、叙利亚、埃及和波斯的大部分地区。7 世纪末，西非也并入哈里发的版图。公元 711 年，穆斯林从直布罗陀侵入西班牙，摧毁西哥特帝国。拜占庭、西西里同时遭到入侵，穆斯林军队甚至打到了法国南部。

伊斯兰教的经典和基础是《古兰经》，它宣称自己为最后的也是唯一的神启。伊斯兰世界分裂为逊尼派和什叶派，各自承认各自的传统和正统性，这对后世有着深刻的影响。

◇ 公元 844 年对摩尔人的克拉维霍（卡斯蒂利亚）之战，圣雅各带领基督徒冲入敌阵（15 世纪铜版画，马丁 · 舍恩高尔绘）

复失地运动的核心在于，将占领西班牙的穆斯林视为侵略者，所以西班牙国王既有权利也有义务把侵略者逐出西班牙，恢复整个地区在政治及宗教上的一体性。为了募集收复失地运动的资金，教会还特别征收了十字军什一税。

1031 年科尔多瓦哈里发国分裂，这在政治上有利于收复失地运动。从那之后，40 多个泰法小国割据一方，各自为政。

异教徒应该被教皇的军队赶出小亚细亚

教皇格里高利七世为东方制订十字军计划

公元 1074 年 2 月，罗马

在塞尔柱突厥人攻占小亚细亚之后，为了恢复基督徒屡遭侵扰的朝圣之路，教皇格里高利七世制订了十字军计划：在西班牙进行的“圣战”应该向东方扩展。

即位几个月后，教皇宣布，西方的骑士要为拜占庭的基督教同胞提供援手。他愿意亲自带领 5 万大军前往东方，与当地的基督徒共同解决教会的危难。这

些骑士来自意大利和阿尔卑斯以北诸国，他们的最终目标正是“圣城”耶路撒冷。1074 年 12 月，格里高利七世给德意志国王亨利四世写信，请求亨利四世提供建议和帮助。结果不只是亨利四世，就连法国和意大利的统治者都拒绝了教皇的十字军计划。

◇ 教皇格里高利七世，中世纪的精神缔造者之一（木版画，1880 年）

最终，拜占庭帝国皇帝米海尔七世的求救信以及统一自 1054 年分裂出去的东方教会之事只能暂时搁置，格里高利七世的当务之急是对拉丁教会进行改革。按照克吕尼修道院本笃修士提出的方案，要建立一个独立于世俗政权之外的教会，并在政治上享有优先权。

在“格里高利改革”进程中，教会禁止所有世俗统治者任命主教；1075 年，在罗马的宗教会议上还通过决议，确认教会在政治中高于世俗统治者的原则。这一决议导致教皇和国王之间争斗不断，即“王座与宗座之争”。1077 年亨利四世在卡诺莎城堡向教皇屈服，但之后亨利四世又指定了对立教皇并攻占罗马，导致格里高利七世不得不流亡到萨莱诺。

达尔马提亚海岸的失手让拜占庭继续衰落

克罗地亚脱离拜占庭统治

1075 年，克罗地亚

经过政治上的谋划，教皇在经济成熟独立的克罗地亚设立王国。

教皇格里高利七世派遣到克罗地亚的使团为克罗地亚贵族德米特里·兹沃尼米尔加冕。这次加冕让克罗地亚最终脱离了拜占庭的统治版图。

克罗地亚曾先后处于法兰克、匈牙利和拜占庭的统治之下。这个位于亚得里亚海的达尔马提亚国家在 1035 年获得形式上的自治权，实际依旧处于拜占庭帝国的影响之下。威尼斯将克罗地亚的海港视为竞争对手。尽管威尼斯不断

◇ 鸟瞰杜布罗夫尼克老城及海港。这座达尔马提亚海港城曾在公元 9 世纪直至 1205 年处在拜占庭统治之下

进攻，但从未取得任何成果。

权力的争斗中，斯拉沃尼亚贵族德米特里·兹沃尼米尔逐渐取得上风。他不仅在国内赢得越来越多的支持，还积极在海外寻找联盟。凭借军事力量强大的匈牙利的帮助，他为克罗地亚夺得了达尔马提亚地区，就连教皇格里高利七世也支持他。当然，教皇也有自己的打算。作为拜占庭的邻国，克罗地亚地理位置得天独厚，有重要的战略意义。教皇支持克罗地亚，这样可以加强西方对东罗马的影响。克罗地亚的新国王也是识时务者——在他的统治下，罗马的影响渐渐加强。拜占庭不得不放弃对克罗地亚诸海岸城市的特权。

教皇加冕德米特里·兹沃尼米尔还有宗教政治方面的考虑。1054 年，罗马教会与拜占庭教会分裂。罗马对克罗地亚影响力的增加，意味着教皇影响力的扩张。克罗地亚于公元 9 世纪由罗马和拉文纳的传教而完成基督化，所以其对罗马的依赖和从属显得更加重要。

德米特里·兹沃尼米尔与匈牙利公主叶莲娜的婚姻没有子嗣，国家因而陷入继承人的激烈斗争中。毗邻的匈牙利借此时的权力真空，于 1105 年乘虚而入。匈牙利国王科洛曼一世入主克罗地亚，加冕为克罗地亚国王。尽管克罗地亚名义上效忠匈牙利统治者，但依然保持自治。在这以后，拜占庭失去了夺回达尔马提亚海岸的希望。

失去克罗地亚，只是拜占庭接二连三丢失土地的一部分：美索不达米亚和亚美尼亚已被穆斯林占领，北部佩切涅格人越过多瑙河侵犯边境，而诺曼雇佣兵则于 1017 年在南意大利成立了自己的国家。1056 年 8 月拜占庭女皇狄奥多拉去世，标志着马其顿王朝覆灭。紧接着连年不断的内战，最终让国家在军事上和经济上陷入混乱。克罗地亚独立后不久，贸易发达的亚得里亚海地区的泽塔（今属阿尔巴尼亚）也宣布独立，这又为拜占庭的衰落雪上加霜。

随着突厥人的不断攻城略地，拜占庭在小亚细亚失去了影响力

塞尔柱人攻占大马士革后实力大增

1075 年，大马士革

◇ 塞尔柱人建立的清真寺中的小祈祷室，位于今伊朗的伊斯法罕

在塞尔柱苏丹马立克沙的带领下，突厥人不断蚕食小亚细亚。整个地区陷入混乱，逐渐脱离了拜占庭的权力范围。

土耳其贵族阿齐兹·伊本·阿巴克是马立克沙苏丹的仆从，他攻占了战略上极其重要的大马士革。拜占庭于是失去了南部最重要的要塞。

马立克沙的野心远远超越他的前任阿尔普·阿尔斯兰。他想让塞尔柱帝国从地中海一直延伸到中国。在 1071 年拜占庭惨败于曼齐克尔特后，许多拜占庭的土地拥有者纷纷离开小亚细亚，使得这一地区相当空虚，易于攻占。在马立克沙的号召下，许多土库曼人带着他们的帐篷迁移到安纳托利亚居住。马立克沙的表兄苏莱曼·伊本·土库曼也看到了其中不可错过的良机，他抓住机会在小亚细亚建立了自己的苏丹国。与他一起的还有许多的土库曼人贵族，他们纷纷动身前往西方，在小亚细亚建立了许多统治区域。尽管在塞尔柱突厥人的征服过程中那些大城市得以幸免，但当地东罗马土地拥有者完全被隔绝。所以，拜占庭帝国的组成结构遭到了彻底的破坏。这些地区混乱的局势使拜占庭根本没可能收复失地。

教皇与亨利四世因主教叙任权爆发激烈争斗

国王与教皇之间的争斗白热化

1075 年 2 月，罗马

在克吕尼改革的影响下，教皇格里高利七世要求恢复教会对皇权的领导地

位。主教叙任权之争，导致了世俗和教会间几十年不和。

在“斋戒宗教会议”上，教皇重申了对于世俗和教会的领导权。只有教皇才有权力任免主教，并且教皇拥有废黜皇帝的权力。如此，格里高利七世撼动了从公元962年以来在皇帝和教皇之间造就稳定关系的帝国教会体系。这一体系中，世俗的掌权者可以任免或自任主教和修道院院长（即世俗授职权）。

为了减少世俗政治对教会的影响，教皇格里高利七世要求执行教皇独裁。这一权力在此次宗教会议上得到明确。教皇视自己为基督教世界的最高领袖，不仅可以干涉主教事务，也同样可以插手帝国事务。格里高利七世还严格禁止世俗统治者任命或者自任教会职位。首当其冲的就是亨利四世，他不能同时是

◇ 荷休斯·卢卡斯修道院穹顶马赛克，希腊

影响深远的基督教大分裂：东西教会的分裂

1054年是基督教分裂的开始。当时教会一分为二，一是忠于教皇的拉丁教会，二是已遍布拜占庭和东欧的东正教会。早在公元2世纪，严重的神学分歧就让东西方教会产生了嫌隙。东西方教会对于基督的神性以及圣灵的属性看法不同，冲突越来越多。罗马教皇只是勉强认可在君士坦丁堡的大牧首，因为大牧首怀疑教皇的绝对领导权。

最终争端升级，拜占庭大牧首米海尔·凯鲁拉里乌斯于1053年下令关闭君士坦丁堡所有的拉丁教堂。他认为拉丁教堂周六也应守斋，而且弥撒时不应使用无酵饼。为了调解这一争端，教皇利奥九世派遣枢机主教宏伯特前往君士坦丁堡。这位枢机主教与凯鲁拉里乌斯爆发了激烈争吵。宏伯特于1064年7月16日在索菲亚大教堂发出革教通牒，将拜占庭的东方教会革出教门。八天之后，拜占庭方面召开宗教会议，同样将罗马教会的特使革教。这导致了东西教会的最终分裂。

国王又自称为神甫；被剥夺神甫权力的亨利四世将不能再任免主教。对教皇而言，国王属于世俗政权。教皇是“君权神授”这一过程的中介，其拥有解除封臣对领主的效忠誓言的权力。一直以来的“双剑”传统被格里高利七世打破。以往按这个传统，世俗之剑交与统治者，精神之剑掌握在教皇手中。格里高利七世则将两把剑都置于掌中，因为世俗那把剑教皇有权在任何时候收回。

教皇的这一主张在德国导致了动荡不安。1076 年 1 月，亨利四世联合忠于他的 24 位主教在沃尔姆斯召开会议，决议废黜格里高利七世。亨利四世在写给教皇的信中说：“耶稣基督赐给我们王国，但却没有赐给您领导教会的权力。”教皇对此的反应是将亨利四世逐出教会，同时也废黜了他的王位。

◇ 授职之争图说：亨利四世（上左）以及他设立的对立教皇克雷芒三世（上中），教皇格里高利七世流亡及去世（插画，12 世纪）

于是，王权和教权之间展开了旷日持久的权力拉锯。主教叙任权之争直到 1122 年的《沃尔姆斯条约》签订才正式解决。

越来越多的巴勒斯坦和叙利亚地区被塞尔柱突厥人统治

耶路撒冷的基督徒尚未受权力斗争影响

1077 年，耶路撒冷

从法蒂玛王朝手中夺回耶路撒冷，是塞尔柱人在巴勒斯坦逐渐占据上风的前奏。基督教朝圣者在这次王朝更替中并未受到多少影响。其中原因与其说是宗教宽容，倒不如说是经济上的考虑使得穆斯林统治者善待基督徒。

经过数月的攻城战，土耳其贵族及塞尔柱人的封臣阿齐兹·伊本·阿巴克终于成功地从法蒂玛王朝手中重新攻占耶路撒冷。

巴勒斯坦——《圣经》中的神圣之地

这里是《旧约》中以色列的故地，波斯人的旧领，罗马帝国的辖省，如今又被各穆斯林王朝不断争夺。在地中海沿岸，这一个狭长地带有着跌宕起伏的历史，常常成为大国博弈的棋子。巴勒斯坦这个名字有着古老的历史渊源：在以色列人于公元前 1000 年接手这里之前，培肋舍特人曾长期统治这里。巴比伦人、亚述人和波斯人都曾征服过这里，直到公元前 63 年这里成为罗马帝国的辖省。公元 135 年，犹太人在这里举行起义。公元 330 年，拜占庭帝国开始统治这块战略和宗教意义重大的土地。公元 638 年，欧麦尔哈里发攻占巴勒斯坦。此后，穆斯林定居者越来越多，耶路撒冷不再仅仅是犹太教和基督教的圣城。再然后，众多的穆斯林王朝不断争夺巴勒斯坦，阿拔斯王朝与土耳其的突伦王朝均在其中。当地居民不断遭到游牧民族或阿拉伯雇佣兵的抢劫侵扰。公元 9 世纪，拜占庭曾多次尝试夺取巴勒斯坦，均未成功。公元 970 年，巴勒斯坦落入法蒂玛王朝之手。

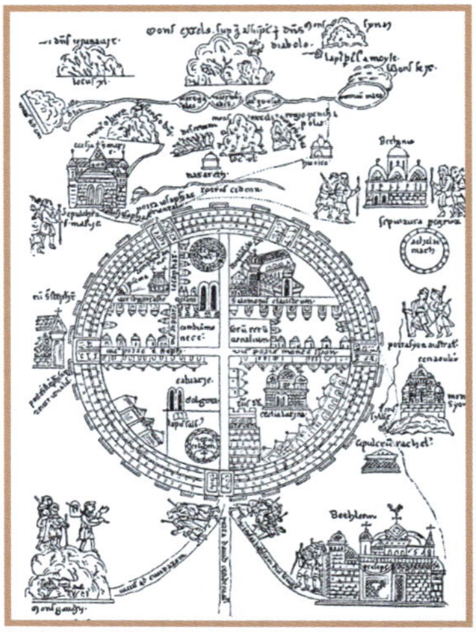

◇ 圣城耶路撒冷及其周边示意图（12 世纪手抄本）

尽管拜占庭帝国与埃及的法蒂玛王朝结成同盟以阻止塞尔柱人的不断扩张，但突厥人依然势如破竹，锐不可当。还是在 11 世纪中期，哈里发阿尔普·阿尔斯兰统治的时候，好战又爱冒险的阿齐兹·伊本·阿巴克便已开始了从埃及法蒂玛王朝手中夺取叙利亚和巴勒斯坦的尝试。他逐渐攻占了整个巴勒斯坦，又轻松攻占了直到海港城市亚实基伦的狭长地带，一路未遭到什么抵抗。1070 年，塞尔柱人攻占耶路撒冷。

当地穆斯林的生活在这些权力更替中变化不大。最明显的不过是在周五的最后祈祷中，将原来的开罗法蒂玛哈里发换成了巴格达阿巴斯哈里发而已。当然，法蒂玛王朝不会让世仇塞尔柱人如此轻易夺得耶路撒冷。1076 年，他们又短暂地将圣城夺回。

阿齐兹 · 伊本 · 阿巴克重新攻取圣城之后，对圣城的穆斯林进行了血腥屠杀。基督徒和犹太人居住在有城墙的一隅，幸免于难。

法蒂玛王朝趁机向大马士革进军，并夺取该城。但好景不长，阿齐兹 · 伊本 · 阿巴克与哈里发之子突突什联手再次占领大马士革。突突什疑忌阿巴克的巨大威望，于 1079 年将其谋杀，取代其成为巴勒斯坦的唯一统治者。他的忠实仆从鄂尔托克获得了耶路撒冷的治理权。

基督徒朝圣者并未因权力交替而受到太大影响。11 世纪初法蒂玛王朝还同意拜占庭皇帝的请求，在圣城重修圣墓大教堂。法蒂玛王朝统治者的宽容态度主要是出于经济方面的考虑。在耶路撒冷生活着来自意大利南部城市阿马尔菲的基督徒商人，正是这些商人从事西方和伊斯兰世界的贸易活动。在塞尔柱人统治时期，这些意大利商人请求统治者允许他们建立一所朝圣者医院。这座医院属于本笃修会的圣母玛利亚修道院，一直为基督教朝圣者提供医疗服务。经过漫长的岁月之后，拉丁教会终于能在东正教主导的圣城占有一席之地。

对于西方的基督徒而言，踏上去耶路撒冷朝圣这条漫长、艰苦又耗费巨大的旅程，唯一的动机就是赎罪。他们认为在那些神圣地点能够与上帝建立特殊的联系。

威尼斯与拜占庭达成商贸协定

经济巨头威尼斯

1082 年，君士坦丁堡 / 威尼斯

为了寻求盟友，与在意大利和色萨利突飞猛进扩展地盘的诺曼人对抗，拜占庭皇帝给予威尼斯经济特权。

拜占庭帝国与威尼斯达成贸易协定后，这个建立在潟湖上的城市保有了重要的市场和商道。威尼斯获得特许在君士坦丁堡建立商业分支机构，并可使用拜占庭在亚得里亚海控制的海港。此外，拜占庭皇帝阿莱克修斯一世 · 科穆宁还保证威尼斯商人可获得关税优惠。借助这一商业协定，威尼斯在与其他港口城市热那亚和比萨的竞争中占得先机。

作为连接东方和西欧的重要枢纽，威尼斯是整个地中海最富有的城市之一。神圣罗马帝国皇帝亨利四世也赐予威尼斯众多商业特权。许多河道对这座城市开放，而在海上威尼斯享受着商业垄断。通过亚历山大港和安条克，威尼斯的商船队将丝绸、香料和纸张运往西方，木材、铁、武器和奴隶则运往非洲。威尼斯借此次与拜占庭的商贸协定，保有了黑海区域的充足粮食货源。

对于拜占庭而言，这样的协议有害无益，因为它削弱了拜占庭自己的经济。这是阿莱克修斯一世这位军事上内行、经济上外行的皇帝所犯下的众多错误之一。为了维持奢华的宫廷生活，他又增加了新的税种，并且抢占教产。此外，他还让拜占庭货币贬值。拜占庭货币以前可是整个地中海区域最稳定的货币。

◇ 鸟瞰威尼斯：圣马可方场、总督宫以及钟楼（木版画，15 世纪末）

德意志国王最屈辱的时刻

卡诺莎认罪之行

1077 年 1 月 26 日，卡诺莎

为了阻止叛变的贵族与教皇会面，亨利四世冒着严冬，穿越阿尔卑斯山前往意大利。

为请求教皇格里高利七世原谅自己，亨利四世国王身穿忏悔罪衣站在卡诺莎城堡门前。

教皇将亨利四世逐出教会之后，国王就被逐出了教会。国王的旧部一个又一个地离他而去。1076 年 10 月，德国贵族给国王下了最后通牒：要么在一年之内国王想办法解除“革教令”，要么他将被废黜。为了保住自己头顶上的王冠，亨利四世最终向压力屈服。在严酷的冬天，他动身开始了屈辱之旅，前往中世纪教皇的宫殿卡诺莎。冰天雪地中，他在城堡门前站了三天三夜。后来教皇写道：“念他一片悔过之心，我们撤销了革教的指令，重新接纳他进入圣教会的怀抱。”

◇ 在教皇格里高利七世面前认罪的亨利四世（教会圣父像，1483 年）

尽管亨利四世以这样的方式保住了王冠，但他毕竟将王权置于教皇之下。对德国贵族而言，这一赎罪之行还远远不够。几星期后，他们选举了鲁道夫·冯·莱茵费尔登——亨利四世的连襟——做国王。两位国王的追随者之间爆发了内战，直到 1080 年亨利四世才最终在图林根战胜对手。

一位久经沙场的老兵登上了皇位

科穆宁王朝统治拜占庭

1081 年，君士坦丁堡

新建立的科穆宁王朝执掌拜占庭帝国直至1185年。

◇ 东罗马皇帝阿莱克修斯一世·科穆宁（木版画）

军事首领阿莱克修斯一世·科穆宁继位，标志着君士坦丁堡政治斗争的结束。科穆宁为人城府颇深，很有外交手腕，且心狠手辣，这些特点是他登基的有力保证。等待这位新君主的是巨大的困境：帝国西部受诺曼人的威胁，北部和东部受土耳其佩切涅格人和塞尔柱人的侵扰。拜占庭只有装备较差的军队，更何况国库空虚，税收系统崩溃。

拜占庭皇帝的第一道难关

诺曼人夺取色萨利

1081年10月，迪尔拉奇乌姆

诺曼人一路攻城略地直到亚德里亚东海岸。在威尼斯及塞尔柱人的帮助下，拜占庭艰难抵御诺曼人。统治着南意大利的阿普利亚和卡拉布里亚公爵罗伯特·圭斯卡特率领海军抵达拜占庭海港城市迪尔拉奇乌姆。阿莱克修斯一世立即意识到，这是一场关系生死的威胁，于是亲自带领盎格鲁—撒克逊雇佣兵前去迎敌。面对实力强大的诺曼人，阿莱克修斯一世完全不是对手。尽管如此，迪尔拉奇乌姆在这一年冬天还是守住了。直到1082年2月罗伯特·圭斯卡特才成功破城。诺曼人以这里为基地，向拜占庭帝国发起了一连串进攻。

罗伯特被召回意大利，其子波赫蒙德代替父亲指挥军队杀向君士坦丁堡。阿莱克修斯一世两次尝试阻击敌人，都以失败告终，结果还是靠灵活的外交手腕才取得了胜利：他一方面联合威尼斯切断诺曼人的供给，另一方面在突厥军队的帮助下在陆地上逼迫诺曼人退兵，最终成功夺回色萨利。

教皇命运大转折

诺曼人洗劫罗马

1084年3月31日，罗马

尽管后人对格里高利七世评价

诺曼人——从斯堪的纳维亚横扫至西西里

诺曼人——意思为来自北方的雄风——也就是维京人。公元8世纪起，由于丹麦、挪威老家人口过剩，加之他们的骁勇善战，诺曼人开始不断对外征服。布列塔尼亚、爱尔兰和法国是第一批受到他们洗劫的地区。他们乘坐轻快的舰船横行北海，沿河逆流而上，洗劫了诸如汉堡、坎特伯雷和巴黎这样的大城市，还勒索巨额赎金。

诺曼贵族罗洛在法国北部创下基业，也就是诺曼底公国。从这里出发，诺曼人于1066年征服英格兰。自大

◇ 11 世纪的诺曼骑士（19 世纪历史画）

褒贬不一，但他的确是中世纪最重要的教皇之一。在盟友诺曼人对罗马一番惨烈洗劫后，教皇不得不离开罗马。于是，他生命中最后一年在南意大利的流亡中度过。

被德意志国王推举为教皇的克雷芒三世加冕亨利四世为神圣罗马帝国皇帝。

卡诺莎的认罪之行并没有结束主教叙任权之争。1080 年，德意志国王宣布废黜教皇格里高利七世，选举拉文纳大主教为克雷芒三世教皇。1081 年，亨利四世动身前往罗马，要赶走教皇格里高利七世。陪同国王大军的将领是布永的戈特弗里德——他在未来的十字军中是大名鼎鼎的人物。

约 1015 年起，诺曼人骑兵在从圣地朝圣归来的路上定居到南意大利。在这里他们为伦巴第人做雇佣军，替伦巴第人攻打拜占庭人和撒拉森人。诺曼人的影响力逐渐增强，1030 年接管了阿韦尔萨伯国，这里成了南意大利诺曼王国的前身。1059 年，罗伯特·圭斯卡特靠教皇的支持在南意大利建立诺曼王国。他的兄弟罗杰一世大败摩尔人，攻占了西西里和马耳他的一部分。1071 年，拜占庭的最后要塞巴里和布林迪西落入诺曼人手中。

诺曼人强大的军事实力，来自于完备的封臣系统。遇到入侵时，农民们在领主的指挥下组成军队进行防守。而外出攻伐的战争则在每年 40 天的兵役期中完成。为了不破坏农业生产，大多数战争都在播种之后到收获之间的季节进行。

◇ 诺曼人在为 1066 年征服英格兰建造船只（贝叶挂毯局部，11 世纪）

◇ 安吉拉堡，公元 138 年作为罗马皇帝哈德良的陵墓而建，成为教皇格里高利七世的避难所

由于严格的教会政策，教皇格里高利七世越来越陷入孤立。除了站在国王一边的德国主教们，罗马的枢机主教中也有 13 位加入了反对教皇的行列。这样使得亨利四世得以于 1084 年 3 月 21 日进入罗马。

教皇格里高利七世在大举进犯的军队面前躲进了安吉拉堡。他所有的希望都寄托在自己的盟友诺曼人身上。诺曼人在教皇的忠实仆从罗伯特 · 圭斯卡特的带领下向这里大举进发。鉴于诺曼军队人数众多且骁勇善战，神圣罗马帝国皇帝只有退兵。解救了格里高利七世之后，诺曼人坚决不愿毫无收获地离开罗马。就这样，诺曼人连续数日洗劫罗马，并最终将其焚毁。罗马城的居民将这归咎于教皇格里高利七世。诺曼人在市民暴动时撤离了罗马，并且带走数千奴隶。格里高利七世不得不随诺曼人流亡到萨莱诺。

罗马很快从战乱中恢复秩序，贵族接管了罗马。显赫家族纷纷出资建设要塞，加固台伯河防御工事，以防范将来的侵略者。

新的教皇继续教会改革

乌尔班二世就任罗马教皇

1088 年 5 月 12 日，泰拉奇纳身材高大，外交手段驾轻就熟，办事时不屈不挠，为人和蔼可亲——与教皇乌尔班二世同时代的史学家们这样评价他。

在罗马处于神圣罗马帝国皇帝亨利四世扶植的教皇吉伯特治下时，红衣主教们选举僧侣和教皇特使奥多·德·沙蒂永作为真正合法的教皇。他选择“乌尔班二世”作为圣名，接替此前不久去世的教皇维克托三世，并打算将教皇格里高利七世的教会改革进行到底。

奥多·德·沙蒂永来自法国贵族家庭，35 岁才决定加入改革派克吕尼修道院。不久之后，罗马教廷就注意到了这位热情贡献、勤奋工作的修士。教皇格里高利七世提拔他为奥斯蒂亚的大主教，于 1084 年命令其作为教皇特使前往法国和德

◇ 教皇乌尔班二世（左）与圣布鲁诺对话（17 世纪绘画）

社会巨变中的教皇制度

尽管确切的历史只能追溯到公元 3 世纪中叶，但教皇一直视自己为圣彼得宗徒的追随者。罗马的早期教众一开始就在整个教会扮演着非同一般的角色。因此，罗马的主教即为众主教之“首”，位于主教之上。对于西方教会而言，罗马主教是基督真理的重要保障。早在公元二、三世纪之时，罗马主教便在就神学问题与异教徒辩论以及内部争论时拥有非常大的发言权。公元 330 年，君士坦丁大帝迁都君士坦丁堡，故都罗马暂时在政治上处于从属地位。就在拜占庭的君士坦丁堡大牧首越来越多地卷入东罗马皇帝身边的政治斗争时，罗马主教的影响在西罗马的不断衰落中变得越来越大。教皇利奥一世（440—461 年在位）又在抵抗匈奴人和汪达尔人的侵略中不断巩固这一地位。弥撒中必须使用拉丁文，这一原则统一了整个西方基督教会。教皇格里高利一世（590—604 年在位）将罗马作为向北欧传教的起点。通过对意大利所有教产的重组，以及公元 593 年从伦巴第人手中购得罗马，这位教皇为西方独立于世

俗统治者的教会打下了坚实基础。教皇斯蒂凡二世(752—757年在位)与法兰克国王丕平达成的协议，则为建立教皇国奠基。公元754年的协议中规定，法兰克国王必须“遵从教皇的指导”，而教皇则处在国王的保护之下。这一协议看起来保护了双方的利益，教皇制却由于教会内部的争斗而陷入了危机。直到克吕尼的宗教改革，教皇制才有了新的自我认知，这种认知在格里高利七世和乌尔班二世身上和主教叙任权之争中得以充分展现。

◇ 宗徒彼得及“天国的钥匙”(马林贝格修道院地下墓室)

国。在当时激烈的主教叙任权之争中，奥多并无一丝一毫的妥协，完全坚持罗马教廷的原则，取消了许多世俗贵族的特权。就因为他的倔脾气，亨利四世还曾将奥多关押到地牢里。恢复自由之后，奥多依然全力支持格里高利七世，致力于教会的独立改革。

卡斯蒂利亚国王阿方索六世大举逼退穆斯林摩尔人

收复失地运动中的重要一站：攻占托雷多

1085年5月6日，托雷多

夺取穆斯林手中的重镇托雷多，是收复失地运动中重要的里程碑。穆斯林的统治一步步缩小。同时，在杜罗河和特茹河之间兴起的混合了西哥特人和穆斯林的莫札拉布文化发展达到了顶峰。

卡斯蒂利亚的阿方索六世经过数月围攻，终于攻取了托雷多。阿方索六世曾于1072年来到过这座泰法王国的都城。那时他因王位之争自兄弟桑乔那里逃脱，暂居在泰法的宫廷里。战胜摩尔人后，阿方索六世的势力迅速扩张到穆斯林的众多泰法小国。唯一的阻碍是塞维利亚的统治者，此人从北非的穆拉比特王朝那里搬来救兵。1086 年 6 月，柏柏尔人的军队在阿尔赫西拉斯登陆，于 1086 年 10 月 23 日巴达霍斯之战中大败阿方索六世。此后的数年，阿方索六世多次试图重整旗鼓，都未成功。他与西班牙民族英雄罗德里戈·迪亚兹的联盟也逐渐解体。

阿拉伯文化与西哥特人文化的融合，在伊比利亚半岛上形成了独特的莫札拉布文化，欧洲与摩尔人风格在其中融为一体。

建立在宽容和社会均衡之上的政治体系

在诺曼人罗杰一世统治下的西西里

1091 年，诺托 / 西西里

在罗杰一世宽容的法律环境下，诺曼人、阿拉伯人、希腊人和意大利人和平共处。

诺曼贵族罗杰一世攻占了诺托城，完成了自他兄长罗伯特·圭斯卡特开始的从阿拉伯人手中夺回西西里和马耳他的大业。

1056 年，罗杰一世在意大利与统治南意大利的阿普利亚和卡拉布里亚公爵罗伯特·圭斯卡特一起，制订了从穆斯林贵族手中夺回西西里的计划。1060 年，第一批诺曼军队登陆西西里岛，一年之后即攻占重镇墨西拿。1072 年，罗杰一世攻占了巴勒莫。此后他一路突飞猛进，将节节败退的阿拉伯人不断逼向西方和南方。攻占诺托之后，罗伯特封他的兄弟罗杰为封臣。

罗杰一世保留了西西里岛上的原有社会秩序，只是把统治者都换成了自己的追随者。他小心谨慎地引入了封建系统，在这个过程中尤其注意保障农民的利益。罗杰一世不停资助修建教堂和修道院，以此赢得了教皇乌尔

◇ 西西里岛上位于卡塔尼亚附近的诺曼城堡，建于 1056 年

班二世的支持。1098 年，教皇任命他为有特权的特使。罗杰一世的宽容统治让西西里的文化有了新的发展突破。

夺取巴伦西亚之后，罗德里戈成功抵挡穆拉比特人的进攻

骑士熙德成为收复失地运动中的民族英雄

◇ 布尔戈斯的罗德里戈·迪亚兹·德·维瓦尔（熙德）纪念雕塑

1094 年 6 月，巴伦西亚

罗德里戈·迪亚兹被摩尔人尊称为“熙德”（阿拉伯语“主人”之意），西班牙人则称其为 Campeador（“斗士”）。他是极有魅力的军事家，更是收复失地运动中的民族英雄。

经过长达一年的围攻，西班牙骑士罗德里戈·迪亚兹·德·维瓦尔得胜进入巴伦西亚。他自称为该城的最高统治者，并向莱昂和卡斯蒂利亚国王阿方索六世发誓效忠。这是他人生权力的顶点。

熙德的上升之路伴随着各种政治波折。罗德里戈出身低级贵族，从一开始他就想要与莱昂和卡斯蒂利亚的老贵族家庭比肩。最终他的两大优点保证他实现了这个目标：一是他非常有军事指挥的天赋，二是他灵活精明的结盟政策。

罗德里戈从小在斐迪南一世国王之子桑乔的宫廷长大。1066 年桑乔继承卡斯蒂利亚王位时，任命罗德里戈为军队最高指挥。之后，王位继承人之争在桑乔二世和阿方索六世两兄弟之间展开，导火索源自攻占萨莫拉城。在这场充满传奇色彩的内战中，桑乔二世被杀，卡斯蒂利亚人不得不奉阿方索六世为新国王。阿方索六世为已转投自己麾下的罗德里戈做媒，让罗德里戈娶了自己的亲戚，他因此获得相当的名望。尽管如此，对阿方索六世而言，熙德依然是很大的威胁。1081 年上半年罗德里戈带兵进入泰法城托雷多，而托雷多此时处于莱昂的保护之下。阿方索六世利用这个机会，将罗德里戈逐出了宫廷。此后的数年中，罗德里戈给很多贵族做过佣兵，甚至曾一度为萨拉戈萨的泰法与阿

拉贡和纳瓦拉两国交战，还战胜了国王。

当摩尔人从北非搬来更原教旨主义且更好战的穆拉比特王朝柏柏尔人救兵之后，情况发生了变化：阿方索六世与罗德里戈重修旧好。后来在罗德里戈又一次与阿方索六世的矛盾中，攻占巴伦西亚给了他跟国王和好的可能，并使二人的友好一直保持到最后。

关于熙德的传说很早就出现了。1140 年左右出现的英雄史诗《熙德之歌》是西班牙文学的源头之一。1636 年，法国戏剧家皮埃尔·高乃依将熙德传说改编为悲剧《熙德》。

◇ 西班牙民族英雄熙德传记封面

十字军开始的推动力来自于拜占庭

阿莱克修斯一世向教皇求助

1094 年 12 月，君士坦丁堡

阿莱克修斯一世不得不将装备较差的军队主要用在抵御诺曼人的进攻上，结果使得面对同样来袭的塞尔柱人时抵抗力不从心。

当君士坦丁堡被塞尔柱人围困时，拜占庭皇帝阿莱克修斯一世·科

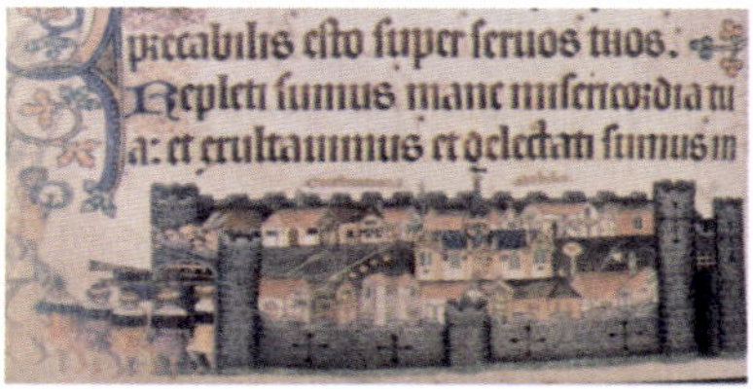

◇ 君士坦丁堡市貌（插图画，约1340年）

君士坦丁堡

西罗马帝国崩溃之后，君士坦丁堡的皇帝一直将自己视为这个世界帝国的合法继承人。查士丁尼皇帝（527—565 年在位）一直想要恢复西罗马帝国的旧地。他成功地将意大利的很大一部分和北非的许多省份归置旗下。但是伦巴第人、波斯的萨珊王朝以及斯拉夫人的进攻削弱了拜占庭的力量。

拜占庭的主要文化为希腊文化。皇帝为国家和教会的双重元首，东部教会也有自己的神学体系。贸易繁荣让拜占庭经济上富庶，并形成了奢华的文化之风。

◇ 阿莱克修斯一世·科穆宁在耶稣基督前（拜占庭细密画，12 世纪）

穆宁给西方基督徒写了一封求救信。为了能保住东方教会，他在信中向西方请求救兵。

自从曼齐克尔特之役大败拜占庭军队之后，突厥游牧贵族从小亚细亚进犯到了安纳托利亚。1080 年，塞尔柱人首领马立克沙在安纳托利亚建立了新的鲁姆苏丹国，这与当年此地作为罗马行省时的名字类似。

由于塞尔柱人的威胁，在 1054 年教会大分裂后，拉丁教会和东正教会又一次走到一起——教皇成了受欢迎的盟友。在阿莱克修斯一世的求救信中，他绘声绘色地描述了基督徒受到的迫害和面临的危险。他的本意是得到救兵以解救小亚细亚，教皇却因他的求救信而产生了从穆斯林手中解救耶路撒冷的想法。

一个以残酷谋杀为手段的邪教让伊斯兰世界陷入恐慌

阿萨辛派以刺杀作为政治手段

1092 年 1 月，阿剌模忒堡

阿萨辛是教规极其严格的神秘主义伊斯兰教异端教派，这一派别震撼了突厥塞尔柱帝国。以安拉的名义，哈桑·沙巴训练他的原教旨主义追随者刺杀特定的目标，以此来显示他们的残忍和权力诉求。

在哈桑·沙巴的指示下，阿萨辛派刺杀了塞尔柱人中颇有影响的大维齐尔查姆·穆尔克（据另一些史料记载，刺杀发生在 1092 年 10 月 14 日）。由此开始了一系列刺杀塞尔柱人首脑人物的行动，而“阿萨辛派”（意思为刺客）也因此得名。

波斯人哈桑·沙巴退出法蒂玛派之后，决心致力于反抗逊尼派穆斯林。1090 年，他在阿剌模忒堡成立了自己的宗教和政治权力中心。哈桑利用神秘学说吸引了众多追随者，他要求追随者对自己绝对效忠。

◇ 哈桑·沙巴在阿剌模忒堡的一次阿萨辛入教仪式上

阿萨辛派严密的组织和隐蔽性使得他们成为塞尔柱人的巨大威胁。阿萨辛派凭借不可预测的恐怖主义策略征服了大片土地，一直拓展到叙利亚。对塞尔柱人的憎恨使阿萨辛派曾一度和基督徒结盟。

罗马主教发挥其言辞特长引起十字军热潮

教皇乌尔班二世号召进行“圣战”

1095 年 11 月 27 日，克莱芒

教皇关于十字军的号召让欧洲陷入了集体歇斯底里。无数的贵族、教士和普通人宣誓前往圣地，以解放耶路撒冷。

◇ 奥多·德·沙蒂永即教皇乌尔班二世（木版画）

在众多的听众面前，教皇乌尔班二世呼吁基督徒对穆斯林进行“圣战”。所有背负十字架者，其罪都能得赦免。

1095 年 3 月，从罗马前往法国参加克莱芒宗教会议的乌尔班二世决定在意大利北部城市皮亚琴察停留。在这里，乌尔班二世借着忠于教廷的主教们的帮助，尝试理清因为神圣罗马帝国皇帝指定克雷芒三世为对立教皇所造成的混乱局面。正在大家讨论之时，信使带来了一封拜占庭皇帝的求救信，信中请求对东正教施以援手。这样的一封信，教皇求之不得。这封信能为乌尔班二世在与世俗贵族的争斗中提供最好的保障。若是乌尔班二世能成功地将所有欧洲贵族以对付异教徒的战争为目的团结在一起，那么他长久以来一直想达到的政治上的绝对领导权就唾手可得了。

“拿起武器来……”

教皇乌尔班二世在克莱芒的激情布道：

“亲爱的兄弟们，你们都知道，我们人类的救主是如何降身为人来施以拯救的，他的到来荣耀了应许之地……上帝因圣城居民的罪而审判他们，将他们多次交与不信神的敌人之手……但我们不能因此相信，上帝就这样唾弃了圣城。我们救赎的摇篮、我主的祖国、我们信仰的母亲，现在正陷于不信神之人的蹂躏之中。长久以来，不信神的撒拉森人践踏和蹂躏着我主曾经踩过的土地，并且让信主的人沦为奴仆……信仰真理的民族被压迫，主的选民遭受着非人的痛苦。

“亲爱的兄弟们，因着上帝的爱拿起武器吧，把宝剑束于腰间，披挂整齐，做大能者的儿子！爱上帝律法的，请加入其中。我们要帮助自己的兄弟。出征吧，上帝与你们同在！……小偷、强盗、纵火犯和杀人者不配坐拥上帝的国；带着感恩之心接受上帝的恩赐吧，因我们的罪激怒了至高者，而这样的虔诚事公和共同合一的祈祷就能平息他的愤怒。借着上帝的宽容

在教皇的号召下，大约有 300 名主教和修道院院长从法国、德国、意大利和西班牙出发来参加宗教会议。教皇乌尔班二世于 11 月 18 日到达克莱芒。大公会议讨论的首项议题就是法兰西教会所遇到的难题：国王腓力一世离婚并再婚，教廷对此不能坐视不管，于是与世俗贵族斗得不可开交。大会最终决定将腓力一世逐出教会，同时被革教的还有他的不合法妻子贝尔特拉德·德·蒙特福以及对立教皇克雷芒三世。大会还发出了多项通谕，拓展了教皇格里高利七世将教会与世俗权力分开的改革。许多放荡无节制的教士们被要求守贞，过简朴的生活。

就在宗教会议即将结束前，乌尔班二世邀请所有与会者、世俗贵族和平民一起听他布道——一场改变历史的布道。克莱芒大教堂被人群挤得水泄不通，不得不临时在东门外找了一片空地。在首先批评了世俗贵族对教会的影响之后，乌尔班二世开始进入正题。他绘声绘色、引经据典地将“不信神的撒拉森人”的种种暴行展现在人们的眼前。撒拉森人不允许基督徒朝圣者进入耶路撒冷，虐待基督徒并且侮辱朝圣

地。乌尔班二世不仅仅是描述了现状，而且指出了出路：基督徒们不必自相争斗，“不论阶层、不论贫富、不论贵贱”，应该团结起来进军东方，解救那里正在穆斯林手中受折磨的兄弟。“Deus lo vult”（主的旨意），教皇如此来结束他辉煌的布道。在场的群众欢声雷动，以同样的口号回应。

我允许……所有虔诚的基督徒，面对敌人拿起武器，朝圣旅途的艰辛将是你们最好的补赎。若是你们中的一个因此缘故跌倒在那里，他可以坚信必将得到永生的荣耀。”

乌尔班二世不仅应许所有参加“圣战”的战士都可以得到东方的土地和财富，也应许在这场圣战中牺牲的人将获得永久的赦罪。仅仅是参与到十字军运动中的人也将减免其罪。“所有参加者都应该将十字架标志于衣服之上，作为他们‘基督战士’的象征”，教皇这样结束了战争动员。

乌尔班的布道激起了强烈反响，人群发出了排山倒海般的欢呼。勒皮的主教阿德马·德·蒙特尔双膝跪倒在教皇面前，请求参加十字军。数百人立即效仿他。

连教皇本人都没有预料到，自己能如此一呼百应。如此一来，他能更快地处于这场运动的领导地位，甚至能号令天下诸侯。在皇帝与教廷之争中，乌尔

◇　乌尔班二世在克莱芒宗教会议上号召十字军东征。他以此来回应拜占庭皇帝阿莱克修斯一世·科穆宁的求救信，十字军运动就此展开（法国插画）

班二世可以占尽上风。

众多编年史家在以后数年中将乌尔班二世的布道传遍世界。这些史料在措辞上不尽相同，因为作者终究会在教皇的演说中表达自己个人的想法。

◇ 教皇乌尔班二世号召发动圣战（法国细密画，1490 年）

第一次十字军东征：在上帝指引下前进
1096—1098 年

综述（1096—1098 年）

从一开始就是巨大的误会：拜占庭皇帝向西方求援，只是想抵抗不停逼近的塞尔柱人，解救小亚细亚。阿莱克修斯一世·科穆宁期待西方派来一支数量不多的精锐佣兵，由他自己带领，在小亚细亚进行有限的军事行动。然而，在西方兴起的却是一场群众运动，且有着自己的内容和广泛的目标。教皇乌尔班二世于 1095 年号召发动的十字军东征，规模远远超过拜占庭的想象。作为新的目标，十字军要解放并保卫耶路撒冷。这在基督教骑士中引发了群体的现象，使得十字军成为罗马帝国衰亡以来欧洲最大规模的军事以及经济行动。十字军运动背后掺杂着各方利益：信仰战争的热情，对于领地和权力的欲望，士兵们对战争的渴求，以及将自 1054 年起分离出去的东方教会重新纳入罗马圣彼得传人之座下的野心。

整个基督教世界的大事

统帅们开始并没有提及“战争”或者“十字军”，而是将他们的行动定义为“武装朝圣”。在这个过程中，许多东西被重新定义。到那时为止，不成文的法律规定：朝圣不允许携带武器。教会军事化从克吕尼的教会改革中慢慢兴起；在最早策划十字军的教皇格里高利七世支持下，此时已经有了完全独立的思想体系。在同时代人的描述中，十字军的任务直接来自于上帝，教皇只不过是宣讲人罢了。十字军既是战争又是补赎，因为十字军将西方战士的理想和为补赎罪过而进行的朝圣之旅相结合。十字军本来是有地域局限性的，现在却成了整个基督教世界的大事。若是有人发愿参加十字军，这一誓言将具有法律约束力。若是不能兑现，就必须子承父业。这一誓言最明显的标志，就是外袍上缝着的十字架标志。若是想要免除此誓言的义务，只有在一定前提下才有可能，比如做另外的补赎行动，或者找到替代的人，最后还可以缴纳相当于十字军东征消耗的费用。最后一项成为教会可观的收入来源。

穷人的自发行动

通过数百名布道者的宣传，乌尔班二世的十字军东征号召在普通百姓中反响最为强烈。骑士们若是参加十字军，需要很长时间的准备以及各种经济上的清账。而一群农夫们已经直接出发前往圣地了——这是教皇完全没有想到的。促使大家铤而走险的，除了宗教原因，还有许多世俗的考虑：地主们的横征暴敛和压迫，天灾和歉收导致的饥荒——这些逼着大家不得不去遥远的东方冒险。

仅仅 1095 年到 1096 年，一位名叫“隐士”彼得的布道者在法国北部就有了数千名追随者，其中还有许多妇女和儿童。这一群手无寸铁的百姓居然成了正规军的先头部队，没有任何准备就踏上了征程。1096 年 4 月，“隐士”彼得到达科隆之时，跟随他的农民军已达 1.5 万人。在一个名叫“Sans Avoir”瓦尔特（意为“一无所有的”瓦尔特）的人带领下，一小部分人直接动身前往耶路撒冷。捉襟见肘的补给，勉强支撑着他们通过了匈牙利，居然一路赶到了君士坦丁堡。“隐士”彼得率领的大部队跟在后面。在拜占庭首都，等待他们的是大麻烦。彼得率领的大部队遭到了拜占庭皇帝职业军队的屠杀，四分之一的人丧命。他们受到重创，但终于和“一无所有的”瓦尔特带领的先头部队会合。狂热的十字军朝圣者没有放弃前进，一直深入到突厥人的地盘。1096 年 10 月，他们在茨维托附近中了埋伏，全军覆没。

在“穷人十字军”中能看到普通百姓的虔诚，但是这种虔诚很快转变为歇斯底里和狂热。随着格里高利改革的不断进行，底层信众开展了各种虔诚的信仰运动。教会此时还引入了对不同信仰者的新“圣战”。这种宗教狂热是造成这次惨烈的“穷人十字军”行动的主要原因。

虔诚的暴力：迫害与屠杀

十字军运动的第一批受害者是犹太人。人们受到蛊惑，要消灭一切基督的敌人。在戈特沙尔克、伏克玛和艾米希·冯·莱宁根的带领下，一队人马于1096年夏天从莱茵兰出发。他们一路进行了许多针对犹太人的迫害。这一群十字军暴民在斯佩耶尔、沃尔姆斯、美因茨、科隆、特里尔和梅斯屠杀了许多犹太人。只有少数犹太人被当地的主教或教士保护起来，幸免于难。

十字军的血腥屠杀不仅仅针对犹太人。在戈特沙尔克、伏克玛和艾米希·冯·莱宁根的率领下，这一群暴民甚至到达匈牙利，一路烧杀抢掠。不过，这一队装备简陋的十字军根本没有到达拜占庭帝国，途中就被科洛曼国王的雇佣兵击溃四散。在近东，狂热的基督徒也陷入暴力的魔咒中。有许多文字记载，在从穆斯林手中夺回城池之后，十字军都曾对城中百姓实施暴行。

◇　十字军与撒拉森人作战（13 世纪法国手绘本）

骑士们参加十字军

按照传统，本来应该有一位加冕的国王来做十字军的最高统帅。然而，神圣罗马帝国皇帝亨利四世和法国国王腓力一世此时都被逐出教会，英格兰国王威廉二世则还在乌尔班二世和对立教皇克雷芒三世之间摇摆不定。因此，第一次十字军东征在没有任何国王率领的情况下出发了。阿德玛·德·蒙特尔主教被教皇乌尔班二世任命为十字军最高宗教领袖，雷蒙德四世则被教皇任命为军事上的最高领袖。这位图卢兹伯爵雷蒙德四世却没有得到十字军的认可。因此，这次十字军东征并没有统一的最高指挥部。

按照教皇的计划，本来要组建一支拥有强大战斗力的统一部队，但1096年秋天向圣地出发的却是四支队伍：由布永的戈特弗里德和布洛涅的鲍德温率领的洛林人、瓦隆人和布拉邦特人；由图卢兹伯爵雷蒙德四世带领的南法国人；第三支由北法国人、荷兰及英格兰人组成，带队将领是弗兰德的罗伯特二世、诺曼底的罗伯特二世，还有布卢瓦的斯蒂芬；第四支队伍由博希蒙德和塔兰托的坦克雷德指挥，由南意大利的诺曼人组成。大军太过庞大，没有任何一个地区能提供如此多的给养，所以大军只得分批出发，分道而行。

与拜占庭的矛盾

1097年上半年，大军陆陆续续在君士坦丁堡会合。1054年教会大分裂之后，拜占庭就公开与罗马教廷为敌；在1071年的曼齐克尔特之役中惨败给塞尔柱突厥人之后，拜占庭已经慢慢走上了灭亡的道路。在君士坦丁堡，这些十字军战士并未如他们所想的那般受人欢迎。十字军的军事实力被拜占庭帝国看作对统一的最大威胁。皇帝阿莱克修斯一世·科穆宁很快便意识到：十字军的首领们要按照自己的意志行事，他们不会俯首听命于拜占庭，更不会进攻拜占庭皇帝想要他们进攻的地方。经过令人绞尽脑汁的谈判，十字军的首领们立下了对阿莱克修斯一世皇帝效忠的誓言。按照这个誓言，所有此前属于拜占庭的土地，一旦成功夺回，都要归还拜占庭。不过，未来会证明，这样的誓言其实靠不住。

十字军内部分裂

1097年上半年，十字军跨越了分割欧洲与小亚细亚的海峡，开始了冒险之旅。穆斯林无法分清他们的家乡，所以统称十字军为“法兰克人”。部队分批通过博斯普鲁斯海峡，十字军首先成功攻占了尼西亚，迎来了军事上的第一场胜利。紧接着，他们在多利留姆战胜了突厥人的军队，打开了通向安纳托利亚高原的入口。克服一路艰难险阻，1097年9月，他们终于穿过小亚细亚半岛，抵达托鲁斯山脉。在这里，十字军因为各自的利益追求而分道扬镳：布洛涅的鲍德温以及塔兰托的坦克雷德各自带着自己的队伍离开大部队，尝试在奇里乞亚建立自己的政权。尝试失败后，他们又重新归队，与大部队一起进攻安条克。围攻这座叙利亚重镇的战斗整整持续了七个月。最终，十字军战胜了突厥人的守军，取得了胜利。可是，该地的归属成了争执的焦点。塔兰托的博希蒙德以及图卢兹的雷蒙德都宣称自己对这片土地有管辖权。贵族们之间的是非纷争就此展开。大家费了很大力气才算是劝动这些诺曼人首领，继续十字军的征途。1098 年 11 月，大军向耶路撒冷出发。但是仇隙已成，即使小小的矛盾都能导致大的不和。与此同时，他们的穆斯林对手分裂了，陷入到自相争斗中：安纳托利亚和波斯由塞尔柱人统治，伊拉克的哈里发国逐渐衰落，而埃及则牢牢控制在法蒂玛王朝手中。

“法兰克式的埃德萨”

一些十字军索性掉头，不再前往耶路撒冷解放圣地，而是直接建立了统治区。当大军还在进攻安条克的时候，布洛涅的鲍德温就给自己找到了新出路。埃德萨的亚美尼亚统治者向十字军求救，鲍德温欣然前往。他开始作为共治者，后来成了全权统治者。埃德萨成为近东第一个十字军国家。这个国家按照西欧封建制的伯国建制，即所谓“法兰克式的埃德萨”，通过要塞和城堡来进行统治。援军不断从西方赶来，强化了十字军的优势。依托要塞，十字军向周围的土地征收赋税。将近 50 年的时间中，这一伯国成为在黎凡特成立的十字军国家东北方向最重要的防护。拜占庭则策应着西北方向。地中海上的联系则由几座重要的商业城市如比萨、威尼斯和热那亚来负责。

◇ “隐士”彼得在分发十字架（罗伯特修士所著的《耶路撒冷的历史》中的首字母画）

编年史大事记（1096—1098年）

骑士军团尚在准备，农民十字军先行出发

一位富有魅力的僧侣领导农民十字军

1096年4月，科隆

教皇乌尔班二世的布道本来是针对骑士阶层的，却在普通百姓中获得巨大反响。当骑士们还在进行烦琐的准备工作时，一队底层穷人已经朝着圣地出发了。

◇ 彼得交给教皇乌尔班二世一封耶路撒冷宗主教的信

"隐士"彼得带领着约1.5万人的十字军向耶路撒冷进发。复活节过后不久，"一无所有的"瓦尔特就带领缺乏耐心的法国穷人们离开科隆，动身朝东南方向进发。

在此之前，数百名布道者将十字军东征的消息带到了每个人的耳朵里。大多数布道者都是托钵行乞的僧侣，他们在露天、市集以及饭店酒馆里公开演讲。这些僧侣用本地话布道，浅显易懂。其中一些人口才了得，而"隐士"彼得正是其中翘楚。他富于魅力的布道感人肺腑，使得千万人宁可肝脑涂地，也要收复圣地。

"隐士"这个绰号来自于彼得的隐士打扮。他正好是那种在政治宗教激荡时代横空出世，时过境迁就消失得无影无踪的先知型人才。他的生卒年月不详，关于他的情况仅有些只言片语的资料。"隐士"彼得应该来自亚眠地区，所以有些史料中也称他为"亚眠的彼得"；而矮小的身形让他获得了"Chou Petron"或者"Peter Kiukiu"这样的绰号，意思就是"矮冬瓜彼得"。

彼得不仅矮小，而且相貌丑陋；身上的袍子经年不洗，仿佛盔甲一般。但这位隐士可带着圣徒光环呢。人们一群群地聚集到他麾下，连彼得骑的那头驴都被想要沾沾圣气的百姓拔光了毛。他召集的部下中，持有武器者少得可怜，甚至还有许多妇女儿童加入他的队伍。人们所有的不过是虔诚的热情——随时可以转变为狂热和歇斯底里的热情。“隐士”彼得的军费来源于敲诈犹太人：交钱不杀！

不过，彼得隐士的军事领导权被一些加入队伍的骑士夺去了。这些骑士久经沙场，其中一位就是瓦尔特。这是位法国勇士，名字意为“一无所有的”瓦尔特。

瓦尔特带着法国人从科隆出发，逆莱茵河而上；然后沿内卡河，再沿着多瑙河向圣地前进。得到了匈牙利国王科洛曼的好吃好喝好招待，这群人平安穿过匈牙利，一路相安无事。5 月底，瓦尔特带领众人越过贝尔格莱德附近的萨瓦河，抵达拜占庭境内。在贝尔格莱德，这支十字军第一次遇到了麻烦：由于抢劫当地人造成了冲突，导致瓦尔特的众多部下被杀。

队伍继续前行，抵达尼什城。在那里他们被拦了下来。拜占庭帝国上上下下都没有听说过这支队伍。期盼已久的文明之师、威武之师没有经过预先准备好的朝圣补给线赶

“燃烧的激情”

本笃会修士吉伯特·德·诺让在《主借法兰克人行使意志》一书中记载道：

“即使是穷人也被燃烧的激情感染，毫不犹豫丝毫不顾及自己的经济能力而放弃了房子、酒庄或者土地。当时通货膨胀，即使是富人们也缺乏粮食，这些穷人要生活则更辛苦；其中大多数人根本没有进行这样行动的经济能力……他们的确是见到了神迹。穷人们给自己的牛蹄子钉上了马掌，拉着两轮车，带着少得可怜的补给和幼小的孩子，就这样上路了。这些孩子们每看到一座宫殿或者城市，都会连忙问大人，是不是到了耶路撒冷。”

◇ “隐士”彼得带领大军前进（1918 年彩色印刷品）

在与自然和领主的抗争中求生

在中世纪，乡下人的生活艰苦，常常面临险境。农民用传统的方式耕地，粮食产量有限，即使在好的年成，也不过是播种的四五倍左右。灾害天气和洪水几小时就能将全部劳作彻底毁灭。干旱时没有人工灌溉。对于害虫，农民无计可施，牲畜的瘟疫更无药可救。储存粮食的仓廪中，啮齿类动物会消耗掉十分之一的粮食。人们几乎没有什么先进技术，农民大多数只能用木制工具。居住的房子没有窗子，乌烟瘴气。没有坚实的道路，绝大多数村庄与外界没有交通。交通工具大多用牛车或者驴车，马匹只有少数人能负担得起。

冬日的饥荒或者粮食歉收时常发生，在德法的编年史中经常记载 5 月依旧飘雪，人们只能吃用稻草烤的面包；或者是连日暴雨毁了收成，饿殍铺满了教堂地面。随着饥荒而来的还有疾病和瘟疫，动辄夺去数千人的性命，伤寒、痢疾、天花、肺结核、麻风、坏血病和鼠疫横行。还有种常见病是麦角中毒，这是由于吃了过多被真菌污染的黑麦所致。

来，却不知从哪里冒出了这样一群农民军，而且还提前了半年。

在与当地人爆发了数次造成伤亡的冲突后，瓦尔特终于和拜占庭当局达成一致。队伍在皇帝派来的军队护卫之下出发，7 月中旬抵达君士坦丁堡。

◇ 中世纪农民用牛犁地

巴勒斯坦的财富在召唤

十字军的激情之源

1096 年，欧洲

1095 年 11 月克莱芒宗教会议上发动了东征号召，世俗利益也在吸引着十字军。

第一次十字军东征的准备工作，在贵族骑士中如火如荼地进行着。

教皇乌尔班二世进行的布道与西方战争理想中的形象相吻合，他将武装朝圣称为赎罪之举。当然，东征之举最重要的动机是宗教方面的——若是没有坚定的信仰、深刻的虔诚和勇于面对风险的心，十字军根本无法熬过征途中的种种艰险。除此之外，物质方面的原因也很重要。

给农民们造成麻烦的不仅仅是自然灾害，封建制度也压迫着他们。土地的所有者要求农民上缴粮食，并且要求他们服役。砍伐森林是被禁止的，因为领主们要狩猎。为数不少的贵族土地逐渐荒芜，无人耕种，因为大多数农民逃到领主鞭长莫及的地方，比如城市、欧洲东部或者圣地。那里是“流着奶与蜜”之地，是人们心中的富饶之地。

作为贵族并不总是安逸舒适的：领主们住在寒冷潮湿的驻地，为节省费用而照明不足，睡在稻草上，用简陋的餐具吃饭。要赢得拥有城堡的贵族赏识，竞争十分激烈。继任者之争也时有发生，儿子们在父亲死后为了遗产分配而争执。很多骑士在这样的生活中不得志，所以才参加十字军，到国外寻找新机会。

◇ 法典《萨克森之镜》中的插画（1300年左右，插画）

法国北部诺曼底地区严格实行长子继承制。这也解释了为何十字军号召在该地区的诺曼贵族非长子中响应者更多。意大利南部及西西里的诺曼人亦是如此，因而他们形成了十字军的中坚力量。

在巴勒斯坦，骑士们有取得新土地并成为领主的机会。此外，还有其他的经济原因：朝圣者，包括武装朝圣者在内，可以享受教会保证的特权。在朝圣者离开期间，朝圣者所有的土地受保护，债务及利息暂时停止清算，税赋也不需缴纳，正在进行的诉讼也会暂停。所以，骑士中有不少人为了躲债或者躲官司而参加十字军。

图卢兹伯爵首先响应

雷蒙德四世参加十字军

1096 年 7 月，图卢兹

图卢兹伯爵迅速决定参加十字军，这对东征的成行起了关键作用。

为了显示自己参加十字军的决心，图卢兹伯爵雷蒙德四世将大笔财产捐给了圣吉莱的修道院。

◇ 乌尔班二世和雷蒙德四世于 1095 年访问图卢兹的克吕尼修道院（细密画）

仅在教皇发出号召后的第四天，雷蒙德便作为第一位法国封建领主响应号召参加了十字军。此举显示了他全心全意支持教皇的决定。此时的雷蒙德已经年逾五旬，之前他已经参加过西班牙收复失地运动。他的参加，为十字军运动带来了动力和物质上的支持。他自己出巨资组织的南法军团，是十字军中最大的一股力量。他本人位高权重，并且贡献巨大，故此成为十字军的领军人物。这不免让他与其他人产生一些争执，比如塔兰托的博希蒙德。这两个人的争执影响了十字军的进程。

“隐士”彼得尝试将他的人马安全地带到拜占庭

农民十字军在匈牙利横行

1096 年 6 月 20 日，塞姆林

“一无所有的”瓦尔特率领军队平安到达了君士坦丁堡，“隐士”彼得的部队则遇到了麻烦。

此时“隐士”彼得所率的部队已达 2 万之众。这支农民十字军主力抵达了位于拜占庭边境的匈牙利城市塞姆林。在“隐士”彼得的不断布道下，队伍人数不断增加。从科隆出发，队伍经过德国南部，过境匈牙利，整个过程中十字军一直受到各地领主的帮助。

然而，十字军在塞姆林突生变故。因为在市场上买鞋时发生争执，十字军与当地人大打出手。最后暴力升级，导致 4000 名匈牙利人被杀。农民十字军只能急匆匆跨过萨瓦河，躲避匈牙利国王科洛曼的报复。

此后，十字军在前往君士坦丁堡途中又生事端。贝尔格莱德的居民惧怕十字军，纷纷逃走。结果该城遭十字军洗劫，并被付之一炬。在尼什附近，农民十字军与拜占庭的佩切涅格人雇佣军相遇。后者作为职业军队，将无组织的农民军打得四散奔逃。大批十字军被杀，还有许多人被俘。数天之后，失散的人群才慢慢重新聚集起来。最终，拜占庭皇帝决定原谅农民十字军的劣行。此时农民十字军人数减少了四分之一，拜占庭帝国重新将他们视为盟友，向他们提供给养。

◇ 十字军与撒拉森人作战（13 世纪法国手绘本）

匈牙利的报复

农民十字军后续部队全军覆没

1096 年 4 月底，科隆

不久，农民十字军一出帝国边境就遇到攻击。

在“一无所有的”瓦尔特和“隐士”彼得的部队后面， 戈特沙尔克和伏克玛带领的农民军也相继到达。艾米希 · 冯 · 莱宁根率领的一队人马也加入了他们。这些队伍自行军的开始就血腥迫害犹太人，劣迹遍布莱茵兰、布拉格以及雷根斯堡。

戈特沙尔克是“隐士”彼得的弟子，后者将他留在科隆，召集不断前来的志愿者；关于伏克玛的来历，历史上没有记载。艾米希 · 冯 · 莱宁根有战斗经验，他的部队也是三支军队中人数最多、实力最强的一支。

这三支农民十字军都没能到达拜占庭：伏克玛的部队，夏天在尼特拉附近遭到匈牙利国王的进攻，全军溃散；戈特沙尔克的部队，也在斯图尔维森堡遭遇了相同命运；艾米希的队伍，在维瑟尔堡附近渡过多瑙河时遭遇阻拦，被匈牙利国王的军队消灭。

犹太人成为十字军的第一批牺牲者

莱茵兰地区发生数起屠杀犹太人事件

1096年5月3日，斯佩耶尔

有一部分农民十字军没有急着出发前往圣地。他们情绪高昂，最后将情绪发泄在本地的犹太人身上。“隐士”彼得成功地从犹太人那里敲得大笔钱财，他的追随者则对犹太人进行了集体屠杀。

◇ 游吟诗人苏斯金特·冯·特里贝格戴着犹太人帽（约1300年）

美因茨的血雨腥风

编年史作者、亚琛的阿尔伯特记录下了由艾米希·冯·莱宁根带领的十字军是如何血腥迫害犹太人的：

“那些犹太人意识到自己无法逃脱，于是找到该城大主教鲁特哈特，寻求保护。大主教从犹太人那里接受了一笔巨款，将这笔钱放到安全之处。于是，他将犹太人安置在自己住所中最大的大厅中。

“但是，艾米希和他的手下接到了情报。第二天，天一亮，他们就用弓箭和长矛围攻主教住所中的犹太人。他们破门而入，将700余人团团围住。犹太人试图反抗，但还是被一起拉到外面杀死。同样被杀死的还有女人和孩子——不论男女——都被他们砍死。

“这些犹太人只得拿起武器，互相砍杀。因为他们宁愿死在自己人手中，也不愿死在未行割礼人的手中。”

艾米希·冯·莱宁根开始迫害犹太人，首先在斯佩耶尔开始行动。当地的主教尽力干涉，让他们无法找到犹太人。主教甚至把艾米希手下许多人投入大牢，将他们的手打断。但是这样并不能抑制十字军对犹太人的仇恨。5 月 18 日，这股风潮蔓延到沃尔姆斯，虽然主教奋力解救，还是有 500 多名犹太人被害。

◇ 中世纪迫害犹太人（木刻版画，19 世纪）

在美因茨，由于已经得知其他各地迫害犹太人的消息，这里的犹太人给大主教和城中的主事大人们都缴纳了巨额保护费，用来换取安全。他们甚至尝试贿赂艾米希。这位农民十字军的首领接受了这笔钱，但是依然让暴民对犹太人下手。大主教的宫殿被袭击，还有另外一座建筑被烧毁。大约 1000 名犹太人死于这次屠杀。同年 6 月，在科隆、特里尔、梅斯等许多莱茵河下游城市都发生了屠杀事件。

此时，伏克玛和戈特沙尔克率领众人已从科隆出发。得知发生在莱茵兰的迫害事件，他们也开始动手迫害犹太人。伏克玛的暴民屠杀了在布拉格抓到的所有犹太人。就像在莱茵兰地区那样，当地的主教也尝试制止这种盲目狂热的暴行。可惜，他的努力完全白费。就在伏克玛的暴民在布拉格横行之时，戈特沙尔克的手下也在雷根斯堡大开杀戒。

◇ 沃尔姆斯的墓地，欧洲最古老的犹太人墓地

教会陷入两难境地。一方面，主教们需要犹太人的金融便利；另一方面，是以教皇为首的教会贵族向十字军宣传了对犹太人的敌视。那些四处奔走为十字军宣传的布道者，毫不介意宣传对犹太人的仇恨。

不同的文化在博斯普鲁斯海峡相互碰撞

文化冲击：农民十字军到达君士坦丁堡

1096 年 8 月 1 日，君士坦丁堡

行为不检点，让驻扎在拜占庭帝国首都前的农民十字军声誉很差。毫无耐心的十字军要求迅速进军。

“隐士”彼得率领众人与“一无所有的”瓦尔特的部下会合。后者于 7 月中旬抵达君士坦丁堡。

在《阿莱克塞传》一书中，拜占庭皇帝之女安娜·科穆宁娜描写了十字军抵达的场景。按照她的说法，到达的十字军数量“比海岸上的沙子还多”，“人山人海，仿佛人类历史上从未出现过这样的景象”。这位阿莱克修斯一世的女儿还注意到，“这些人的热情如火”，他们脸上洋溢着“欢乐的情绪和对天国的渴望”。

对于西方的朝圣者而言，君士坦丁堡是座奇妙的城市。位于黄金角的君士坦丁堡，有如童话中的城市一般。与这座城市相比，他们的家乡穷困又老土。君士坦丁堡保留了科技上的硕果和东罗马的生活方式，各种公共设施齐备，包

◇ 从 5 世纪开始，君士坦丁堡就有着长约 6.5 公里、带有 96 座塔楼的巨大城墙保护

括浴室、外科或皮科的专科医院，运动场和一所大学。城中有数条几公里长的商业街，市场上贩售着来自世界各地的食物和香料。君士坦丁堡人口超过 10 万，比其他任何欧洲城市都多。街上人群熙来攘往，日夜不息。富人们居住的宫殿无比奢华。教堂中满满当当陈列着艺术品、圣器和圣物。

◇　“隐士”彼得是第一次十字军的领军人物（法国细密画，14 世纪初）

阿莱克修斯一世对到来的十字军很不满意，他向西方请求的援兵并不是这些。他希望罗马教皇能派来一支精锐部队，服从他的领导，在他的指挥下从塞尔柱突厥人手中夺回小亚细亚。结果，来的是一群装备严重不足且缺乏军事训练和纪律的农民。皇帝请求农民十字军，等来年骑士军队抵达后再行动。

农民十字军可没有这个耐心，他们要求尽快进军。他们在郊区大肆抢劫，焚烧房屋，甚至揭下教堂屋顶的铅板来卖钱。城门口因有卫兵把守，只有少数十字军得以进入城中；而城外没有这样的条件。为了避免麻烦，皇帝决定将这群客人送到小亚细亚去。

当十字军到达小亚细亚时，“隐士”彼得丢失了领导权

农民军渡过博斯普鲁斯海峡

1096 年 8 月 6 日，君士坦丁堡

正当农民十字军接近突厥人的地盘时，十字军内部的不同民族间发生了分裂。

十字军从君士坦丁堡出发，渡过博斯普鲁斯海峡到达小亚细亚。此时农民军已经有 3 万人，加入队伍的还有来自意大利的朝圣者。众人沿着马尔马拉海前往尼科米底亚城，该城因为突厥人的入侵已被废弃了 15 年。在这里，十字军

内部的不同民族间产生了矛盾。“隐士”彼得靠个人魅力维持的统治权受到了挑战。只有法国人跟随他，德国人和意大利人则另立门户。不过大家还一起行军。秋天他们驻扎在茨维托，这里临海，可以由君士坦丁堡获得给养。他们已经接近敌境，敌人近在咫尺。

学术派神学的先驱：信仰与逻辑思维的结合

坎特伯雷的安瑟伦写作《上帝为何降生为人》

1096年夏，英格兰

11世纪，新的圣经学派产生。这一学派不再深陷于圣经文本的神秘学研究中，而是系统科学地解释经文。安瑟伦就是将信仰与知识相结合的杰出代表。

安瑟伦是坎特伯雷的大主教，因为与英格兰国王威廉二世发生争执而被流放。流放一年有余，他正式完成了著作《上帝为何降生为人》。

他的最大功绩，是将思考和信仰结合在一起。“思考即将某一事物在精神中具现”，这位1033年出生在皮埃蒙特北部奥斯塔城的神学家这样写道。他因赴勃艮第和法国求学而离开家乡，27岁加入了诺曼底的贝克修道院。三年后，他成为该修道院的院长。在他任职期间，该修道院在科学和人文学科上取得丰硕成果。

安瑟伦的学说以教父圣奥古斯丁的学说为基础，又有所拓展。他特别深入研究了罗马晚期哲学家波爱修斯，并发展了波爱修斯发端于亚里士多德的逻辑学。安瑟伦给了神学一张新面孔，在科学中为信仰建立了新的体系。按这一体系，对上帝的信仰须有逻辑上的证明，而上帝这一概念是“无法再设想比他更大的”。安瑟伦将这一新的体系命名为“Fides quaerens intellectum”（信仰寻求理解）。

信仰与理性结合，安瑟伦同样将这一原理用于研究其他神学的重要课题。其中最重要的课题是：上帝为何必须要降生为人？在对话体的论述中，安瑟伦展开了一套只存在于西方神学中的救赎理论。人的罪伤害上帝，因上帝作为至高者有权保有光荣。这种光荣只有自由存在才能归还上帝。人相对于上帝的缺

◇ 《上帝为何降生为人》一书封面，安瑟伦与其学生波索对话（12 世纪）

陷需要补偿。而这种补偿只有一个既是神又是人的存在才能做到。因此上帝才必须降生为人，来解放人类并将光荣归还上帝。

将信仰和知识结合在一起，使安瑟伦成为经院哲学之父。他为基督教后来吸纳犹太—阿拉伯传统中的古希腊亚里士多德哲学做了充分铺垫。

几股队伍克服路途艰险，毅然动身

欧洲骑士向圣地进发

1096 年 8 月 15 日，洛林

农民十字军早在半年前就出发去解放圣墓了，真正的十字军此时

朝圣及信仰热情与世罪的赦免

对于中世纪的人们而言，在以宗教为核心的生活中，朝圣是最基础的组成部分之一。信教者想要亲眼看到圣徒们生活或显圣迹的地方，朝圣者所经历的是一种神秘的联系，并且有机会在圣地表达自己的敬意。因此，不间断的人流涌向罗马去瞻仰圣彼得之墓，涌向阿普里亚的蒙泰加尔加诺去朝见大天使圣米迦勒显现之地，涌向圣地亚哥德孔波斯特拉的圣雅各之墓去奉献敬意。

最重要的朝圣目标，就是耶稣生活和受难的圣地。自从君士坦丁大帝的母亲圣海伦娜于公元 4 世纪初找到了基督受难的十字苦路之后，前往耶路撒冷的朝圣者从未间断过。到公元 5 世纪，耶路撒冷有大约 200 座修道院和医院来照顾朝圣者。阿拉伯人占领巴勒斯坦（635—638），意味着朝圣一度中断。后来穆斯林统治者对基督教实行容忍政策，朝圣者人数逐渐增加。

从何时起，朝圣成了一种赎罪的方式，这个无从考证。至 10 世纪，普遍的看法是——特别的地点集中了特别的美德，参观此地的人，罪恶能得赦免。所以，教会将“朝圣”列为众多补赎的一种。

才动身出发。骑士军团的主力由布永的戈特弗里德和他的兄弟布洛涅的鲍德温带领，向耶路撒冷进发。后来加入的还有瓦隆、洛林和布拉邦特的骑士们。

在教皇乌尔班二世的布道中，号召大家于 1096 年春季出发。农民十字军确实立即响应了号召。而作为教皇的主要布道对象，骑士们做准备需要大量时间。东征数载，骑士们需要为许多事做好提前打算，尤其是许多交易和行政决定要完成。还有许多十字军骑士要卖掉财产，以换得武器装备。

教皇乌尔班二世于是决定在圣母升天节，即 8 月 15 日出发。他在 1096 年 2 月写给弗兰德地区领主及其臣下的一封信中指定了这个日期。但是，直到 8 月底，没有任何一支军队出发。大部队直到 10 月才动身。

12 世纪的编年史作者、提尔的威廉，在一本书中描述了十字军如何做准备："冬天和寒冷终于过去，人们在看到春天的第一缕迹象时，便开始准备马匹、武器和行李，相互写信约定出发地点和时间……人们要为漫长的征途准备足够的物品；尽管上帝的意志不由人掌控，人的缺陷使得自己甚至不知明日之事，但是所有人都会尽力准备充足。西方的无数家庭都为此忙碌着。每个人的任务使命都是去东征，这家父亲去，那家儿子去，有些甚至是举家前往。人们互相交换了无数封信函，用来督促彼此的准备，建议修改出发的时间，或是要求准时出发。"

◇ 下洛林公爵布永的戈特弗里德（湿壁画，15 世纪）

这位编年史作者还提到了运输的困难。大军必须兵分多路，走不同的道路，沿途市镇将尽力为骑士和随行人员提供给养。如此一来，就需要提前进行周密计划："人们小心地提前商量每个人出发的时间、地点以及最安全方便的路线，并且尽量同步前进。最后居然能够一切顺利，数千人行军都得到了保障。在周密的安排下，贵族带领着部下有条不紊地沿着不同路线前进。"

洛林、瓦隆和布拉邦特的骑士们，在戈特弗里德的带领下沿着农民十字军走过的路线前进，平安地穿过匈牙利和塞尔维亚，到达拜占庭帝国。

◇ 一名十字军骑士向圣地进发：物品和随行正在登上塞得满满的小船（《耶路撒冷王国编年史》插画，1467 年）

南法国骑士南下穿过北意大利、达尔马提亚和阿尔巴尼亚。北法国、尼德兰和英格兰的骑士直接到南意大利，然后乘船穿过亚得里亚海。南意大利的诺曼骑士也和他们一同乘船出发。所有人的目的地都是君士坦丁堡。大军从那里集合出发。

十字军没有统一的最高指挥机构。参加过克莱芒宗教会议的阿德玛·德·蒙特尔主教被教皇乌尔班二世指定为最高精神领袖。然而他没有军事指挥权，十字军的行动都是经过贵族长久商议之后才决定的。这位精神领袖则在未到达耶路撒冷之前（他于 1098 年在耶路撒冷去世），以自己优异的组织协调能力平衡各家势力，调解各部的矛盾，确保了大军顺利前行。

要塞失守

农民十字军首次失败

1096 年 9 月 29 日，泽里哥顿

尽管“隐士”彼得警告他的手下不要离开茨维托的营地，要等待骑士十字

军的到来，但大家还是去附近突厥人地盘的市镇抢劫。

驻扎在茨维托的十字军开始了抢劫竞赛。法国人和德国人之间的竞争不断升级，都想把对方比下去。最后，大约5000名德国人在一位名叫莱因霍尔德的意大利骑士带领下，夺取了尼科米底亚南部的泽里哥顿要塞。

苏丹的军队开始进攻农民十字军占领的要塞泽里哥顿。要塞中粮草充足，却没有饮用水。很快，被围困的十字军陷入绝境。他们尝试从土中吸水，或者割破马匹与驴子的血管喝血止渴。最后没有办法，只能喝自己的尿液。八天之后，得知只要皈依伊斯兰教就能保命，他们决定投降。大多数人改宗穆斯林，成了奴隶，其余的人都被杀死。

战败者的悲惨遭遇：速死、战俘营或者是贩卖为奴

古代战争中，将战败方卖为奴隶是正常习俗。早在中世纪早期，基督教欧洲就废除了这个古老而残酷的习俗。战俘一般会在缴纳赎金后被释放，被俘贵族的赎金则是天文数字。战俘被处决的危险并未完全消失，比如一旦首领发出命令不得赦免任何一人，战俘便是死路一条。在战场上，社会地位起着重要作用。不同社会阶层，比如底层贵族骑士与上层贵族骑士兵戎相见，一般而言双方不大会有宽容举动，同阶层贵族则会好许多。

十字军东征期间也有相似的习惯。赎金是最常见的情况。许多次军

法国骑士首先到达君士坦丁堡

先锋部队遭遇海难

1096年8月末，法国骑士十字军的先头部队由法兰西人组成，带队将领是国王的兄弟“韦尔芒多瓦的雨果”。

韦尔芒多瓦的雨果伯爵带领着他的封臣和他兄弟法国国王腓力一世的封臣一起前往耶路撒冷。腓力一世因为离婚正处在革教处罚中，不能率领十字军。

雨果此前在法国政治中未有何举足轻重的作用，但是在东征中他认为自己应当发挥重要作用。后来，又有从匈牙利败归的艾米希·冯·莱宁根农民十字军残部骑士加入队伍；在南意大利，又有诺曼骑士加入他

◇ 准备登船的法国十字军骑士

的行列。

法国人从巴里乘船渡过亚得里亚海。这支小型舰队遇上了大风暴，许多船只沉没，无数人葬身海底，韦尔芒多瓦的雨果侥幸生还。他被海水冲上了迪尔拉奇乌姆北部的帕里角，被人发现后带到拜占庭帝国宰相约翰·科穆宁那里。尽管雨果受到高规格接待，但是人身自由受到严格限制。最终，雨果和幸存的骑士们被护送到君士坦丁堡——尽管遭遇海难，他们还是比其他部队先到君士坦丁堡。

事行动的目标，都是俘虏尽可能多的高阶层贵族，以获得巨额赎金。据 12 世纪末的编年史作者艾诺尔记载："1187 年萨拉丁攻陷耶路撒冷的时候，与伊贝林的巴利安进行了长时间的激烈谈判，最终决定以 3 万金币交换 7000 名战俘。"

这场战争有宗教意识形态背景，杀戮比欧洲本土要残酷许多。很多时候尽管胜负已定，或要塞已失守，杀戮还是会继续。而伊斯兰世界的战争中，一大特点就是贩卖战俘为奴。往往在十字军失利之后，阿勒颇和大马士革的奴隶市场就会生意兴隆。

◇ 基督徒的殉道（11 世纪细密画）

韦尔芒多瓦的雨果是拜占庭皇帝阿莱克修斯一世设想中的理想救兵：以封臣的身份把土地从突厥人手中夺回来，还给拜占庭帝国。于是，雨果顺利起誓，成为阿莱克修斯一世的封臣。

法国骑士顺利穿越德国和匈牙利

布永的戈特弗里德成为虔诚骑士的代表人物

1096年10月初，匈牙利德国骑士响应乌尔班二世号召的不多。第一次十字军的主力是法国和诺曼骑士——布永的戈特弗里德带领军队到达匈牙利边境的莱塔河畔。十字军再次出现，让匈牙利人十分头痛。毕竟，农民十字军的劣行还在人们脑海中挥之不去。匈牙利国王科洛曼同意为十字军提供保护和给养，但开出一个条件：戈特弗里德的兄弟布洛涅的鲍德温及其家人必须留下作为人质，直到最后一个十字军离开为止。在鲍德温同意后，大军顺利通过匈牙利，到达拜占庭边境。从那里起，由拜占庭负责十字军的给养。

◇ 戈特弗里德公爵是第一次十字军东征中最重要的将领

戈特弗里德在军中威望颇高，尽管有时他的虔诚被一些人嘲笑：人们经常说他因为长期跪在教堂地上，膝盖上都是老茧。东征过程中，他逐渐成为不可动摇的领导者。

戈特弗里德是第一次十字军东征的领军人物中，唯一来自神圣罗马帝国的诸侯。他后来成为新建立的耶路撒冷王国首位统治者。这位安特卫普藩侯从1087年开始成为下洛林公爵，史称“戈特弗里德四世”。但是他无法在自己的公国中进行统治——下洛林公国并非他继承来的，而是神圣罗马帝国皇帝亨利四世授予的，这一头衔随时有可能被收回。因此，他愿意到圣地去碰碰运气。戈特弗里德出售了所有财产，包括自己的祖产——位于布永的城堡——以筹集东征的费用。其余费用由治下的犹太人承担。

他的兄弟鲍德温情况与他相似。鲍德温本来应该在教会任教职，所以没有继承任何家族财产。在兰斯接受完宗教教育之后，鲍德温还是决定还俗。他尽一切努力想成为领主，因此欣然前往东方。

◇　第一次十字军东征路线图

十字军的理想："正义战争"

中世纪盛期和晚期，"正义战争"（Bellum Justum）理论有着重要地位。这一理论来源于圣奥古斯丁在公元 4 世纪和 5 世纪发展的学说。只有由合法权力（如皇帝和教皇）发起和领导的战争，才是"正义战争"。有些情况下，只要是上帝允许的战争，比如因神的救赎计划受到干扰而作战，也是"正义战争"。一场战争必须有充分的理由，比如其中一方受到不公正对待。还有少数人认为，不接受洗礼或者变为不信道者，也是战争的理由。最后，战争必须有良好的意图做基础，其意为战士应受到上帝的爱和怜悯心的指导。

神学家和宗教法学家对战争的抽象定义，跟现实没有什么关联。十字军则用普通人能够接受、唤起感情的演说来号召大家报仇雪恨。因此，十字军东征中经常出现带有复仇性质的行为，比如对犹太人的复仇即是如此。

解放和保卫耶路撒冷是最终目标。不过，中世纪世界的其他地方也有十字军。比如伊比利亚半岛上与摩

北法国军团

一个公国换来的东征

1096 年 9 月，法国北部

为了能前往圣地，许多贵族抵押掉了资产。诺曼底公爵罗伯特二世将公国以 1 万银马克的价格，抵押给了他的兄弟，英格兰国王"胡佛"威廉二世。

罗伯特被教皇布道深深打动，决心参加十字军。他与弗兰德的罗伯特二世以及布卢瓦的斯蒂芬一起，在北法国组建了一支骑士军团。该军团的主要力量是弗拉芒人和诺曼人的骑士，此外还有英格兰人、苏

◇ 带有奥古斯都头像的多彩宝石浮雕的洛泰尔十字架（约 1000 年）

格兰人和布列塔尼人。10 月，这个北法联合军团南下翻越阿尔卑斯山，到达意大利，然后乘船前往巴尔干。

封建领主中，雷蒙德第一个响应号召

图卢兹的雷蒙德率大军出发

1096 年 10 月，法国南部

第一次十字军东征中，最多的响应者来自法国南部。图卢兹的雷蒙德，这位有影响的封建领主，第一个响应号召。

这位 55 岁的伯爵亲率骑士军团出发。他们从陆路翻越阿尔卑斯山，穿过北意大利，沿着亚得里亚海东

◇ 参加第一次十字军东征的骑士们在去圣地的路上（细密画，1311 年）

尔人的战争，在东欧与立陶宛异教徒的战争，中欧和西欧对教皇国的敌人或是异端及裂教者的战争，都在十字军范畴内。

阻碍和惩罚

在图卢兹的雷蒙德伯爵军中，有位传道人雷蒙德·德·阿吉勒斯，他描述了十字军在巴尔干地区的种种经历：

“我们到达都拉斯，收到了皇帝的信函。信中充满了和平、友爱之情及许诺兄弟般的联盟。然而，一切不过停留在文字上，因为我们不断地被突厥人、库曼人、佩切涅格人和保加利亚人袭击……在抵御了所有袭击之后，我们到达了一座名叫布西那特的城堡。在那里，伯爵得到情报，佩切涅格人决定在山口处伏击我们……我们的人攻击他们，杀死众多敌人，把其他人赶走……然后，我们来到了一座叫卢萨的城市。我们失去了耐心，因为当地居民很敌视我们。所以，我们把所有男人抓起来，拆毁了他们的城墙。”

岸前进，过境伊斯特里亚和达尔马提亚。这一路十分艰苦，道路极差。在达尔马提亚的山区，大军还不断受到斯拉夫蛮族的袭击。粮草严重不足。1097 年 2 月初，十字军抵达拜占庭帝国边境时已经饥肠辘辘。在那里，十字军又与驻扎在当地的佩切涅格人雇佣军发生争执。经历了众多零星战斗和变故，他们终于在 1097 年 4 月到达君士坦丁堡。

雷蒙德参加十字军，极大地促进了东征。他将自己丰厚产业的绝大部分变卖，用来资助此行。由于组建了骑士军团，他让十字军这一设想成真。图卢兹伯爵还参加过西班牙收复失地运动。教皇乌尔班二世在克莱芒的会议上亲自授予他十字架。他也是封建领主中唯一一个有此殊荣之人。因此，雷蒙德自视为十字军的军事领袖。

◇ 1096 年夏，保加利亚人袭击农民十字军（细密画，约 1490 年）

突厥人消灭了农民十字军

茨维托之灾难

1096 年 10 月 21 日，茨维托

历经半年的征途，农民十字军以悲剧收场。不团结和无纪律，让农民军成为突厥人轻取的猎物。

天刚蒙蒙亮，2 万人的农民十字军就出发前去找突厥人报仇。只有老年人、妇女、儿童和病患留在了营地。还没走出三里地，他们就中了突厥人的埋伏。十字军匆忙败逃回营地，然而营地没有任何防御措施，根本无法组织任何有效的抵抗。突厥人开始了一场血雨腥风的屠杀，几乎无人幸免。

从 1096 年秋开始，农民十字军一直驻扎在小亚细亚的茨维托，此地距马尔马拉海不远。尽管带队的“隐士”彼得警告大家，要在这里等待骑士军团的到达，但是人们经常出兵，而且越来越深入突厥人的地盘。当大家得知一股人马夺取了泽里哥顿要塞时，营地士气一片高涨。

突厥人 9 月 29 日围困了要塞，想要迫使要塞投降，这件事农民十字军一无所知。突厥人利用这一点，设计将十字军从茨维托引出来。突厥人散布谣言，说农民十字军先头部队已经到达了富裕的尼西亚，取得了丰厚的战利品。这一消息在十字军中掀起波澜，大家要求立即进军。后来证明这是条假消息之后，大家才作罢。后来，大家得知先头部队在泽里哥顿被全部歼灭，所有人都只有一个目标：找突厥人报仇。

首领们坐在一起，讨论下一步的行动。此时“隐士”彼得不在营地，他已前往君士坦丁堡要求阿莱克修斯一世提供帮助。他的领导权早已岌岌可危，即使“一无所有的”瓦尔特一再坚持不要出击，最终坚持出兵的一方还是占据了上风。

一年后，当骑士十字军路过这个恐怖之地时，看到的是堆积如山的白骨。同时代的编年史作者、沙特尔的富尔彻记载道：“原野上有着数不清被削首的骷髅，不知是多少死者的遗骸。”来自西方的朝圣者们用骨骸搭建了纪念物，拜占庭公主安娜·科穆宁娜记述道：“他们盖了城墙，砖缝间不是用灰泥而是用遗骸，这座城仿佛展现了死者坟墓的规模。”

南意大利骑士军团向圣地出发

塔兰托的博希蒙德率领诺曼骑士十字军

1096 年 10 月，巴里

南意大利一支人数不多但战斗力极强的诺曼骑士加入东征。

在塔兰托的博希蒙德和他的侄子坦克雷德的率领下，诺曼骑士登船渡过亚得里亚海。

在位于南意大利的诺曼王国中，教皇东征的号召开始并没有人响应。直到法国骑士过境意大利，才唤起了诺曼人的兴趣。塔兰托的博希蒙德是西西里王

◇ 十字军骑士出征（克雷塞的小教堂壁画，12 世纪）

国建立者——传奇人物罗伯特·圭斯卡特之子，此时他正陷入无望的阿普利亚公国争夺战。他看到有在东方建立自己的公国的机会，便立即加入了十字军。

1097 年 4 月，在穿越阿尔巴尼亚和马其顿的冬季行军后，诺曼人到达君士坦丁堡。博希蒙德被同时代的人描述为身材健壮且足智多谋，同时又狡诈而残暴。博希蒙德向皇帝阿莱克修斯一世宣誓成为封臣，愿将所有原属于拜占庭的土地夺回后归还给拜占庭帝国。

十字军诗歌

正如编年史作者们记述的那样，十字军东征途中产生了许多诗歌。许多首曲调“游历”在不同的语言中，有的配上翻译的原歌词，有的是重新填词。德语的诗歌因为明显的韵脚而很受欢迎。大多数留存至今的只有歌词片段或歌曲开头。同样的情况还有十字军宗教歌曲。世俗骑士的浪漫诗歌取材更广，也更为流行。这种诗歌中，最常见的主题是参加十字军时与爱人的分别。在德语恋歌诗人以及和他们竞争的法国南部游吟诗人中，这极为常见。

沿着不同的道路去往君士坦丁堡

北法国骑士乘船出发

1096 年 12 月，意大利

10 月，从法国北部出发的骑士军团到达南意大利，乘船兵分多路前往圣地。

北法国骑士军团到达南意大利后，三位领军人中只有弗兰德的罗伯特愿意率军立刻继续前进。他和部下从巴里乘船向伊庇鲁斯出发。沿途没有大的变故，他们沿着古罗马军道艾格纳提亚大道向君士坦丁堡进发。

另外两位领军人物，诺曼底的罗伯特和布卢瓦的斯蒂芬，则在南意

◇ 象牙号角（11/12 世纪）

大利享受着诺曼人的热情好客。斯蒂芬尤爱享受。作为法国最富有的贵族之一，他是因妻子阿德拉的逼迫才踏上十字军的征途。此时正是慢慢享受的好时机。

1097 年 3 月，斯蒂芬和罗伯特终于决定动身。他们带领部下前往布林迪西，4 月 5 日开始登船。谁知第一艘军舰便倾覆在海中，造成

◇ 《踏上东征之途》（按照约翰·吉尔斯素描上色画，1892 年）

长篇史诗则是记述十字军英雄，比如图林根侯爵路德维希三世、英格兰国王“狮心王”理查或者维京人“耶路撒冷朝圣者”西格尔一世。史诗往往把东方神秘多彩的一面作为背景。有些诗人将诗歌的场景集中在圣地，并且在内容中加入许多只有在那里才能经历的冒险。一些家乡的传统题材也在此有了新的加工，比如《恩斯特公爵》（约 1180 年）。最明显的要数对《罗兰之歌》（自 1080 年）的再加工。查理曼大帝和他的圣骑士们在这里成为十字军战士，在克雷芒宗教会议举行三百年前就已经在西班牙参加十字军了。

康拉德神父的罗兰之歌

罗兰是查理曼大帝的十二圣骑士之一，曾在西班牙抵抗撒拉森人。他的事迹于1100年左右被写成了法语诗歌《罗兰之歌》（*Chanson de Roland*）。1170 年由神父康拉德将该诗歌翻译成德语，并加入了基督教基调：

查理正在祈祷 / 直到次日清早 / 他将十二圣骑士唤召 / 因他们的智慧最高 / 大帝把大军交 / 圣骑士们道德甚好 / 他

们别无所求/只为上帝名号/为天国殉道/大帝与圣骑士交谈/吾心之久愿/将异教徒置换/让基督之光辉扩散/此时那英雄罗兰说/人生之幸/莫过于自愿决定/对这伟大征途响应/上帝必赐予他光明/他必得上帝的安宁/大帝听闻便知晓/君臣上下心一条/于是向天下诏告/这振奋的号召/让每个人知晓/这条消息的重要/无论他身为仆从还是自由/都要向那异教徒传教/身负十字架为记号

400人溺死，损失了众多装备、牲畜及财宝。据说，被海浪冲上岸边的尸体烙有十字架印记，这造成了宗教上一时的轰动。

其余的十字军将士顺利渡海，也沿着罗马古道艾格纳提亚大道，于1097年5月顺利抵达君士坦丁堡。他们在那里受到了拜占庭帝国的接待。

◇ 罗兰之死；死前他用号角击毙异教徒（14世纪）

封臣誓言之争

戈特弗里德抵达拜占庭

1096年12月23日，君士坦丁堡皇帝阿莱克修斯一世使出浑身解数，打算让十字军立下封臣誓言。按照这一誓言，十字军夺回的所有土地都要归还拜占庭帝国。

布永的戈特弗里德率军抵达拜占庭首都。至此，君士坦丁堡城外人数众多的十字军给皇帝阿莱克修斯一世带来了麻烦。他想让十字军尽快上路，但是首先必须要让所有十字军首领向他立下封臣的誓言。这样一来，以后十字军夺回的土地都能归拜占庭帝国。戈特弗里德则坚持，必须等所有到达此地的贵族一道商议，才能决定是否同意皇帝的要求。

于是，阿莱克修斯一世减少了对十字军的粮食供应，结果导致十字军四处抢劫，

还与皇帝卫队发生冲突。最后，戈特弗里德和他的兄弟鲍德温摆出架势，要进攻君士坦丁堡。阿莱克修斯一世急调卫队防御。1097 年复活节，双方终于达成协议，戈特弗里德和他军中的骑士发誓将拜占庭皇帝视作封君。

◇ 耶稣基督（圣索菲亚大教堂马赛克镶嵌画）

小亚细亚第一阶段行动

攻占尼西亚

1097 年 5 月，尼西亚

夺取尼西亚，为十字军打开了通往小亚细亚内陆的门户，会师的十字军抵达了尼西亚。经过整整五周的围攻，十字军成功攻占尼西亚，突厥人落荒而逃。此次战役中，十字军凸显了自己的随机应变，还有

拜占庭艺术的瑰宝

拜占庭帝国艺术继承了希腊和罗马的传统，同时又结合了叙利亚—埃及、波斯—小亚细亚以及亚洲的特色。这一结合的媒介是基督教。拜占庭艺术的全盛期带有明显的宗教特征。拜占庭影响了中世纪西西里、威尼斯和法国南部的艺术，同时也影响了巴尔干诸国、俄罗斯以及周边的亚洲国家，比如亚美尼亚和格鲁吉亚。

拜占庭艺术的第一个高峰，出现在 6 世纪早期的查士丁尼一世皇帝时期。他是著名的建筑资助人。在原有建筑的基础上，建筑师特拉勒斯的安提莫斯和米利都的伊西尔多建造了圣索菲亚大教堂。这座国家大教堂献给“神圣的智慧”，修建耗时 5 年 10 个月，于公元 537 年 12 月 27 日正式落成。这座三殿式的巴西利卡大教堂有着巨大的穹顶（直径 33 米），是拜占庭宗教建筑的代表作。

在东方教会中，对基督神性和人性的探讨至关重要。神性的一面，即“逻各斯”，是不能被描述的。于是，人们集中在人性的这一面。救世主的圣像便是上帝降生为人的最重要证据。

在教堂的内部装修上，拜占庭喜欢运用马赛克镶嵌，其往往具有纯粹的色彩。除了风景之外，圣徒和统治者的肖像也是马赛克镶嵌画的主题。最美的拜占庭马赛克艺术，可以在拉文纳的圣维塔教堂中找到。这座亚得里亚海边的城市曾是罗马军港，直到伦巴底人于公元 751 年征服这里之前，此城一直是拜占庭在意大利的行政中枢。

拜占庭艺术不仅限于纪念建筑，宗教礼仪中所用的器具，也是拜占庭艺术的精华。珐琅镶嵌的圣物盒、金银器具、图案繁复的织品、保存珠宝的象牙盒，精致点缀的手抄本封面，还有各种粉色羊皮纸文献，都是拜占庭艺术的代表。

1204 年十字军洗劫君士坦丁堡，是拜占庭艺术衰败的开始。1453 年君士坦丁堡陷落于奥斯曼手中，拜占庭艺术彻底灭亡。

船是如何在陆地上行驶的

编年史作者、提尔的威廉记载了机敏的十字军在攻占尼西亚时，如何让整支舰队行驶在陆地上：

“人们把军舰从海上拉到岸上，然后将三四辆车按照舰只长度一字排

◇ 攻取尼西亚（木刻版画）

战争技术上的精妙。他们在毫无帮助的情况下自行制造了攻城机，并且将拜占庭战舰直接从陆上运到了靠近尼西亚的海边。战役中也有残酷的暴行：战胜了突厥人的援军之后，十字军将敌人斩首，将头颅插在长矛上，或是用攻城机投入城中。

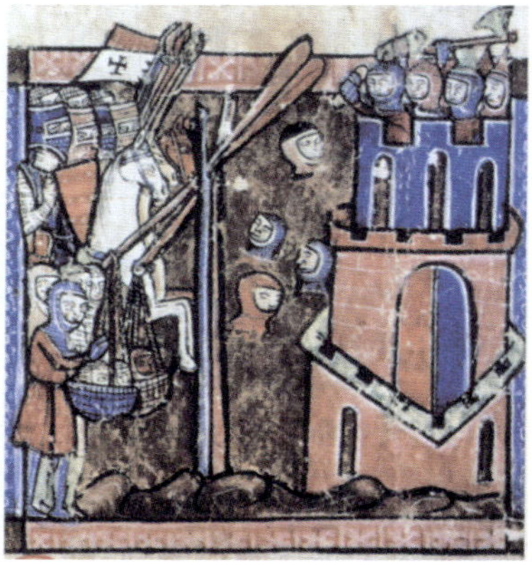

◇ 十字军将斩首的突厥人头颅投入城中（细密画，13 世纪）

联军大败塞尔柱突厥人

法兰克骑士在多里莱乌姆之战中完胜

1097 年 7 月 1 日，多里莱乌姆被东方人称作“法兰克人”的十字军骑士，战胜了塞尔柱突厥人，打开了通往叙利亚的道路。

十字军在今安纳托利亚西部的埃斯基谢希尔附近战胜了塞尔柱苏丹基利吉·阿尔斯兰一世的大军。

长久以来，战争的形势瞬息万变。突厥人首先围攻的是十字军先锋部队，此部与主力之间大约有 10 小时的路程。清晨，突厥人围困了先锋部队。伴随着箭如雨下，突厥人发起一阵猛攻。塔兰托的博希蒙

◇ 耶稣基督率领着骑士军团，左上角为使徒圣约翰（手抄本插画，1310 年至 1325 年间）

开，之后把军舰放在车上，趁着黑夜借着牲畜和人力将军舰拉到了七里外的海中。所有的舰船到达目的地，军中一片欢呼。训练有素的人们登船，希冀在上帝的帮助下攻占那城。第二天早晨，敌军注意到海上忽然多了许多船只，他们非常惊讶。”

塞尔柱突厥人的战术：箭雨和灵活的躲避

在基督教西方骑士的战斗应该是面对面且不能闪躲，因此战场与大型比武大会有点儿相似。全身铁甲的骑士手执长矛一字排开朝敌人冲锋，往往一击胜负已定。若是胜负未定，还需要在肉搏中用剑让对方屈服。

而东方的对手则让骑士们觉得不可理喻。穆斯林军队虽然也是骑兵，但是他们主要靠弓箭而非长矛，从坐骑上射箭并且避免面对面冲突。他们的战术仿佛针刺：用不停歇的箭雨打散敌军，刺激对方发起进攻并且躲避。只有当敌军被完全打乱时才会用剑或弯刀近身肉博。若是有小股部队被切割出来，他们则选择各个击破。这种战术是十字军在今土耳其和叙利亚遇到的穆斯林常常使

用的战术。这些穆斯林士兵往往来自亚洲内陆草原的边缘地带。

若是想要与突厥的骑士正面冲突，只有在小规模挑衅时出击并顶住箭雨，等到突厥骑兵聚集到一定人数时进行冲锋。当然这对于骑士军团的耐心是很大的考验，因而能做到者寥寥。

德作为先锋部队的指挥官，展现了一名优秀将领的能力。一方面，他立即派使者将消息传给主力；另一方面，他以钢铁毅力顶住了敌人的狂攻。临近中午，一队援军赶到，让突厥人大惊失色。他们本以为博希蒙德的军团就是十字军的全部兵力。当勒皮主教阿德玛·德·蒙特尔率领一支南法骑士在突厥人背后出现时，突厥人的军队完全失控，四散溃败。原来，主教在山中找到秘道，一举突袭成功。

◇ 拜占庭与塞尔柱突厥人的战斗（手绘本插画，11 世纪）

走向圣地，充满苦行

如同地狱中的荒凉荆棘之路

1097 年 7 月，安纳托利亚高原

在多里莱乌姆战胜了塞尔柱突厥人之后，十字军开始了穿越无人区的艰难跋涉。火辣的太阳下，饥渴成为十字军的旅伴。

从多里莱乌姆出发，十字军向着东南方向前进。这条路穿越山区和沙漠，正如十字军编年史的作者所写的那样，是“一片无人居住的荒凉地区”。随军

◇ 典型的佩弯刀的马木留克士兵服饰

携带的粮草很快将耗尽，在这个乱石丛生的地方，除了荆棘之外没有任何别的植物，十字军只得将荆棘碾碎为食。所有的水源，突厥人在撤军之时全部破坏殆尽。

夏日炎炎，牲畜由于不堪炎热和重负而成批死去，羊、狗和山羊都被套上了车运输物品。许多骑士

◇ 对于博希蒙德而言东征是件危险的冒险：在渡过瓦尔达尔河时诺曼人遭到突厥人的进攻（手绘本插画，1490）

马木留克——伊斯兰统治者的军事奴隶

十字军的敌人，并非都是信仰伊斯兰教的军队。穆斯林军队往往缺少从事手工业和制造修理器械的军人，所以也会有其他宗教的士兵参加战斗。与西方不同，穆斯林的军队并不是由贵族组成，许多库尔德和突厥部族都被招募参加军队。埃及统治者的许多士兵来自努比亚地区，还有苏丹卡比利亚地区。由此可以绕过一条让伊斯兰世界两难的规定：按照先知穆罕默德的教诲，穆斯林不能与穆斯林动武，使用信仰别的宗教的士兵却是允许的。当穆斯林的君主要对别的穆斯林动武时，就会采用大量这样的部队。所以，在穆斯林的军队中，这样的部队有相当的规模。

这些士兵中比较特别的是“马木留克”，他们一般是突厥人、切尔克斯人或者斯拉夫人。马木留克在阿拉伯语中的意思是“自己”或者“归为己有”。马木留克士兵在幼年就被贩卖为奴隶，从小得到良好的教育，

成为精英，这与西方的骑士有类似之处。征召的地点一般是伊斯兰国家的边境、中亚的草原地区、里海地区和阿富汗山区，后来也有来自黑海北岸的士兵。第一个进行系统化奴隶士兵训练的，是阿拔斯王朝的哈里发穆阿台绥姆，他于9世纪引入这一制度。1250年，马木留克将军在开罗篡权夺位。拜巴尔一世在1260年至1277年任苏丹，他和自己的继任者成功兼并叙利亚，让埃及成为近东最强大的国家之一。他们阻止了蒙古人的扩张，并且在13世纪将巴勒斯坦和叙利亚的十字军最后据点清除。马木留克在埃及的统治甚至长过后来的奥斯曼，直到1798年拿破仑入侵埃及。

奥斯曼将奴隶兵制度用在苏丹禁卫军（Janischar）上。这支成立于14世纪的军队是精锐中的精锐，禁卫军士兵都是从巴尔干地区基督教家庭中掠夺来的孩子，要终生在军中服役。

被迫丢下马匹，还有许多人放弃了沉重的武器装备。产下婴儿的妇女不得不将孩子弃于路边。尽管困难重重，十字军依然士气高涨：“他们渴饮突厥血”，《罗马人纪事》一书中这样记载道。

8月中旬，大军抵达了伊康（今科尼亚）。突厥人放弃了这座城市。慌忙逃进山时，突厥人没能摧毁所有的一切。十字军终于有了足够的水源，牲口也有了草吃。修整几日之后，大军继续向东前进。在赫拉克利亚，十字军碰到了一支突厥人军队，不过并没有发生大规模战斗。博希蒙德率领诺曼骑士进攻，这支军队瞬间被打散，四处溃逃。

◇ 十字军忍受饥渴（古斯塔夫·多雷木刻画，1877年）绘本

一部分十字军参与奇里乞亚的军事行动

鲍德温和坦克雷德的激烈权斗

1097 年 9 月末，塔尔索斯

布永的戈特弗里德的兄弟、布洛涅的鲍德温，他参加十字军为的是能在东方赢得自己的土地。随着大军准备穿越托鲁斯山时决定绕道而行，第一个机会降临了。

◇ 移交塔尔索斯城的钥匙，此后不久坦克雷德不得不将该城交予鲍德温（细密画，14 世纪）

布洛涅的鲍德温仅用一小股部队就占领了塔尔索斯城，此城是奇里乞亚最重要的城市。这一机会之所以出现，是由于十字军将领们决定避免走托鲁斯山口。对于这样一支人数众多且携带重装备的军队而言，窄小的山路过于危险，穆斯林军队可以轻易地封锁山路，并且奇里乞亚还控制在突厥人手中，而且在抵达安条克城所在的平原之前，还有一程艰险的山路。所以，大军决定绕道前往该撒里亚 · 马扎查城（今开塞利城）。尽管走这条路舍近求远，但此路经过亚美尼亚基督徒居住的地区，所以相对安全。另外，大军可以利用拜占庭修建的宽阔道路。

布洛涅的鲍德温是抱着在东方争得土地的目的参加十字军的。他决定采取大胆行动，打通直到海岸的道路。这条路通过奇里乞亚山口，也是托鲁斯山中的隘口之一。与鲍德温一起的，还有诺曼骑士将领塔兰托的坦克雷德。后者的目的和鲍德温类似，也是来东方寻找自己的领地。正当十字军主力继续向东北方向前进时，鲍德温和坦克雷德分别率军，沿着不同道路向南前进。每个人所带的都是骁勇之士，鲍德温的妻子高德薇尔和孩子都跟随着大部队。鲍德温带着 500 名骑士和 2000 名步兵，坦克雷德则带着 100 名骑士和 200 名步兵。

两队人马都穿过了奇里乞亚山口，毫无暴露。坦克雷德的一队人马轻装迅速通过，拔得头筹。鲍德温三天后到达由突厥人把守的塔尔索斯。坦克雷德立即开始进攻，并派人通知主力部队，要求增援。塔尔索斯的基督徒——亚美尼亚人和希腊人——私下与坦克雷德联系，许诺在攻城时提供帮助。攻城的第三天，鲍德温的部队出现在地平线上。突厥人放弃抵抗，从该城撤出，但是驻扎在该城不远处。坦克雷德率军首先进入塔尔索斯。当鲍德温率军在城墙外出现时，城头已经飘着诺曼人的旗帜。他立即要求坦克雷德献城。由于军事力量悬殊，坦克雷德不得不放弃塔尔索斯，朝着阿达纳城的方向前进。

鲍德温一拿下该城就做出背信弃义之举。在坦克雷德要求下增援而来的 300 名诺曼骑士到达塔尔索斯时，鲍德温下令紧闭城门，不许他们进入。这 300 名骑士只好在城门外扎营过夜，再做打算。夜间，距此不远的突厥人逃兵巡逻到此，伺机偷袭了营地，结果诺曼人全军覆没。这一事件甚至让坦克雷德的部下感到愤怒和悲伤。

此时，另外一支军队出现了。带队将领是海盗布洛涅的居内梅。这一队是由丹麦人、弗里斯兰人和弗拉芒人自愿组成的十字军。鲍德温任命居内梅为塔尔索斯的长官，留下 300 人驻守——他想永远在奇里乞亚占据一席之地。然后，鲍德温率领其余的骑士，继续沿着坦克雷德的路线，向东前进。此时坦克雷德已经占领了马米斯特拉城，该城的基督徒也像塔尔索斯的基督徒一样主动献城。鲍德温的军队到达城下之时，作为报复，坦克雷德下令城门紧闭。不过，他表示可以为自己的竞争对手提供食物。坦克雷德的部下想要报复鲍德温在塔尔索斯对自己同伴的叛变，决定在夜间偷袭鲍德温的营地，但是被挡了回来。最后，两位首领表面达成谅解重归于好。

鲍德温和坦克雷德率部回归大部队，走了不同的路线。鲍德温经过马拉什城，而坦克雷德经过亚历山大勒塔城（今日的伊斯肯德伦），与正在朝安条克城进军的主力会合。突袭奇里乞亚一举，尽管未能给两位野心家带来渴望已久属于自己的领地，却极大地震慑了此地的突厥驻军。在十字军主力前进的过程中，突厥驻军没有胆敢造成任何麻烦。

亚美尼亚贵族托洛斯收养布洛涅的鲍德温

埃德萨落入十字军之手

1098 年 2 月 8 日，埃德萨

被突厥人赶出来的基督徒们热情接待了布洛涅的鲍德温。对于他来说，等待已久的机会终于来临。他可以成立属于自己的国度了。

于是，布洛涅的鲍德温成为贵族托洛斯的义子，并成为埃德萨城的共治者。这次收养按照亚美尼亚习俗，在盛大的庆典中完成。义父和义子袒露上身，一同穿上一件两人宽的大衬衫，他们的身体互相摩

◇ 布洛涅的鲍德温进入埃德萨城（铜版画，19 世纪）

亚美尼亚教会

地中海东岸是基督教会的摇篮。最早的教区就出现在巴勒斯坦和叙利亚，这里也产生了第一批主教。即使是在伊斯兰教的统治下（自 7 世纪起），教会依然存在。当然，随着时间的流逝，这里发生了许多特别的事件。十字军在 11 世纪末来到这片土地时，不只是遇到了拜占庭帝国的国教会希腊东正教，还遇到了许多的“民族教会”。比如托生于雅各伯派、马龙派和聂斯托利派的叙利亚教会，还有格鲁吉亚教会、科普特教会、埃塞俄比亚教会以及亚美尼亚教会。在中世纪，亚美尼亚教会的教区不仅限于今日的亚美尼亚。亚美尼亚基督徒也遍布于十字军国家中，比如埃德萨伯国和安条克公国。

亚美尼亚教会最早可以追溯到“启蒙者”格里高利主教（约公元 300 年），所以该教会也被称为“格里高利教会”。公元 451 年，在迦克墩的共融大公会议上，众教会讨论的核心议题是基督的两性即神性与人性。

亚美尼亚教会站在与西方教会不同的立场上，坚持两性合一，即认为救世主只有一性。按照这个理论，耶稣身上的人性，在与天主的“逻各斯”结合的过程中，被“逻各斯”吸收而消失。“一性论”在迦克墩大公会议上被定为异端，这也是东方教会和西方罗马天主教会分裂的原因。但是亚美尼亚基督徒依然欢迎十字军的到来，并将其视为解放者。亚美尼亚主教对罗马教会的求救——要求帮助抵抗突厥人的进攻——也是格里高利七世教皇酝酿十字军计划的原因之一。

◇ 位于亚美尼亚塞凡湖边上的阿拉基洛兹教堂（建于公元 874 年）

擦。同样的仪式还必须和托洛斯的妻子重复一遍。

埃德萨位于今日土耳其东南部的尚勒乌尔法，是希腊时代和中世纪通向安纳托利亚和美索不达米亚道路上的重要节点。埃德萨一直属于拜占庭帝国，公元 639 年至 1032 年落入阿拉伯人之手。11 世纪末，埃德萨属于亚美尼亚贵族托洛斯的治下，他必须抵挡突厥人猛烈的进攻。1097 年十字军的到达，对他而言无异于久旱逢甘霖。

此前，布洛涅的鲍德温可能在 1097 年进军奇里乞亚时便和托洛斯有接触。在奇里乞亚的冒险后，他重新回到主力部队。他发现自己的妻子高德薇尔和孩子们都感染了疟疾，奄奄一息。即便如此，鲍德温还是只在大部队停留片刻。十字军主力从马拉什出发朝安条克前进时，鲍德温带着 100 名骑士朝着埃德萨进发。1097 年冬天，他攻取了土贝尔塞和拉文德尔的要塞，占领了直到幼发拉底河的土地。当地的居民亚美尼亚基督徒热情迎接了他，突厥人的守军则落荒而逃。

1098 年 2 月 6 日，鲍德温进入了埃德萨城。托洛斯有意让鲍德温和他的手下成为雇佣兵。鲍德温的野心更大：他成为这位膝下无子的贵族的义子，进而变成了共治者。

进军安条克

奥龙特斯河的桥头阵地失守

1097 年 10 月 20 日，安条克

城外十字军从北方而来，到达了突厥将领亚吉西延控制的小城马拉塔。这里是安条克突厥长官们居住的地方。在奥龙特斯河战役中，十字军打开了通往安条克的门户。

十字军在主教阿德玛·德·蒙特尔的带领下，发起一阵猛烈进攻。守卫“铁桥”的突厥人被击溃，即使桥两侧有重兵把守的高塔，十字军还是顺利渡过奥龙特斯河，这次胜利让十字军打开了通往安条克的道路。战役还有意外惊喜：十字军截获了给亚吉西延突厥守军运送给养的车队，大量牛羊和粮食补充了十字军的粮草。

十字军占领战略要地

攻占安条克城

◇ 安条克城下拥有攻城机械的十字军（细密画，1280 年）

1097 年 10 月 21 日，安条克

在通向耶路撒冷的道路上，安条克之役是一个重要的节点。此城并非唾手可得，十字军必须准备旷日持久的攻坚战。

十字军开始进攻安条克，即今日土耳其境内的安塔基亚。安条克距离地中海海岸 20 公里，坐落在奥龙特斯河边。安条克对于基督教有着重要的象征意义，历史上这里成立了第一个非犹太人的基

高超的战争艺术：攻城

十字军在圣地站稳脚跟之前，必须要占领许多城防坚固的城市。这些城市的防御工事往往比西方城市的规模要大，而且要厚实许多。攻城并非西方军队的强项。在西欧，罗马时代攻城技术的传统早就被淡忘了。地中海区域的拜占庭、亚美尼亚以及撒拉森人则越来越精于此道。但是，基督教骑士们迅速学习了敌人的知识和技术。

小亚细亚、叙利亚和巴勒斯坦的高大城墙是无法直接进攻的，比如梯子一类器械都不管用。成功率较高的攻城法，是使用那个时代的“火炮”，比如弹弓、投石机和巨型弩，还有制作地雷。如此，将城墙上隐藏的沟渠或者是坑道扩大，同时在城墙的地基下挖出地道，用木托梁支撑。再用火将木梁烧掉，诱发城墙倒塌。还有另外一种办法让城墙松动：使用钻墙机，这种靠转盘驱动的机械可以钻破石头。有时也可以使用冲车将城墙破坏。小的投石机和弓弩可以放在可移动的攻城塔上，这种塔往往有许多层，一般还有卷梯能够放下攻城队。守城

督教会。不管是希腊东正教，还是叙利亚和亚美尼亚的教会，都把这里当作发源地。除此以外，这座城市还有着重要的战略意义。

占领安条克的过程非常艰难。这座希腊罗马时代东方最大的城市有着坚固的城墙，包括400座守卫塔。这座面积巨大的城市早已人口稀少，突厥将军亚吉西延人手不足，无法在每座守卫塔上布置守军。而攻城的基督教军队也只能集中兵力，在几个点上进攻。

城外肥沃的平原上，十字军获得了大量的食物。但是到了1097年圣诞节，由于计划失误，加之周边已经无法找到更多食物，饥荒还是发生了。潮湿寒冷削弱了十字军的力量，众多士兵患病死去。安条克城下，十字军至少减员七分之一。

1098年2月，出现了一支由阿勒颇统治者里德万率领的突厥援军。十字军决定采取冒险防御计划：兵分两路，只有700匹马的骑士们前去抵御援军，剩下的步兵继续围城。最后，计划成功：人数不多的骑士在一场偷袭战中成功打散了里德万的增援部队，步兵成功挡住了城中守军的突围。攻占了圣西缅海港后，

海路终于畅通了，十字军的给养情况有所好转。从海外运来的原料，使得十字军能够建造攻城器械。1098 年 3 月，安条克被完全围困，城中的粮食开始短缺。

◇ 攻占尼西亚时使用的云梯

的一方用尽一切办法阻止所有攻城器械投入战斗，尤其是要防范那些投掷明火的机械。攻城一方常给机械和士兵披上护甲，蒙上浸过水的兽皮。

攻城战经常持续数月。有时，攻城方还会建造临时要塞：这种要塞在守军突袭或是增援部队到达时，能起到保护作用。进攻安条克时，十字军便建造了这样的临时要塞。若是所有攻城尝试都失败，还有一个办法，就是制造饥荒。一般来说，水源断绝会让守城方弃城投降。许多时候，攻城方也不得不撤军。因为这种攻城办法需要巨大的耐心，为了短期进攻而组建的军队甚至会自行解散。

十字军在穆斯林政权的争斗中得益

埃及法蒂玛王朝成为十字军的盟友

1098 年 2 月，安条克

开罗的穆斯林统治者开始与十字军谈判，目标是联合十字军，攻打塞尔柱人，以实现法蒂玛王朝的扩张。

驻扎在安条克城下的十字军中，来了一个埃及使团。开罗的法蒂玛王朝愿意同西方来的十字军谈判。他们认为，十字军既然是拜占庭的雇佣军，那么就会接受他们提出的条件：只占领叙利亚，将巴勒斯坦留给埃及。

法蒂玛王朝属于伊斯兰教什叶派，从公元 969 年开始执掌开罗，统治区域远及北非和西西里。直到 11 世纪中叶，他们一直是西地中海的霸主。法蒂玛

◇ 十字军与穆斯林进行和平谈判（版画，19 世纪）

十字军宣传者

在教皇乌尔班二世感人至深地号召后，许多神职人员将教皇的话传达出去，通过他们的布道宣传十字军东征。当骑士军团向着圣墓出发的时候，这些宣传者同样随军。乌尔班二世指定勒皮主教阿德玛·德·蒙特尔作为十字军的精神领袖，军事上的指挥权则交给参加十字军的贵族们。贵族会带着自己的神职人员，这些神职人员在军中负责给将士们提升士气。尤其是在危急时刻，比如 1097 年、1098 年进攻安条克和 1099 年夏进攻耶路撒冷时，神职人员对历史的走向有着

王朝控制着红海，从而控制着印度洋与地中海的贸易，于是埃及在贸易中占主导地位。正如乌特里希·阿尔—哈吉姆承认的那样，法蒂玛王朝统治者是伊斯兰统治者中少有的宽容者，他们允许基督教和犹太教作为自由宗教存在。而逊尼派的塞尔柱人是法蒂玛王朝的竞争者，双方在贸易中互相排挤。

不过，法蒂玛王朝和十字军并未达成协议，因为十字军不想受到限制。尽管双方有许多想法，但是没有取得谈判结果。埃及使团在三周后只好无功而返。对于十字军而言，此事说明伊斯兰世界并非铁板一块，而是有许多可以利用的明争暗斗。

一位神职人员成为历史记录者

著名的十字军编年史作者

1098 年，小亚细亚

作为亲历者，沙特尔的富尔彻记录了第一次十字军东征和耶路撒冷王国的早期历史。

沙特尔的富尔彻是跟随布洛涅的鲍德温踏上东征征途的，后者成为第一个十字军国家埃德萨伯国的领主。这位教士在沙特尔大教堂的学校接受

了教育，1095 年参加了克莱芒宗教会议并聆听了教皇乌尔班二世的布道。1097 年，鲍德温任命他为随军神职人员，随十字军前往圣地。富尔彻一直待在那里，直到生命的终结。耶路撒冷王国成立之后，他成为了圣墓大教堂的一名法政神父。

1101 年，他开始写作《耶路撒冷的历史》一书。由于他与王公贵族亲近，此书成为了解历史的第一手资料。富尔彻对战争也颇有了解，他对战役的描述直观，而且并不夸张。他经常用不少篇幅描写战争中的谋略和战术，还会对参战者犯的错误做出尖锐评论。

◇ 神职人员在十字军中布道（木版画，19 世纪）

巨大的影响。

在沙特尔的富尔彻对 1097 年 7 月 1 日多里莱乌姆一战的记述中，有这样典型的一幕：法兰克人被逼入绝境，妇女和儿童在绝望中哭喊着等待死亡，突厥人已经得意扬扬地要宣布战斗胜利。此时，神职人员的重要作用凸显了出来：

“在朝圣者中，有勒皮的主教以及其他四位高级神职人员，还有数不清的神父。所有的人身着白袍，他们虔诚卑微地祈求上帝：‘赐予我们仁慈，击溃敌人的军队。’所有神职人员眼含热泪，不停歌唱。许多人因为害怕死亡的降临，趴在地上告解自己的罪过。我们的首领们奋力抵抗，逆转局势。上帝俯听了我们的祈祷，我们的勇气不断增强，而突厥人的力量越来越弱。”

作者是位非常现实的人，他观察到军事首领们会用尽平生所学来化解眼前的危机。同样，他也注意到神职人员的非常作用。在突厥人的疯狂攻势之下，大军没有溃散，这要感谢神职人员在危急时刻依然坚守，为罪人们祈求上帝的宽容。

来自洛林的伯爵从共治者变为埃德萨唯一的统治者

鲍德温成为第一个十字军国家的摄政

1098 年 3 月 10 日，埃德萨

布洛涅的鲍德温利用一场阴谋将权力独揽，托洛斯在一场叛乱中被杀，埃德萨的居民要求布洛涅的鲍德温做统治者。

◇ 一位阿拉伯将军参加在埃德萨城外营帐中的宴会（拜占庭手绘本，13 世纪后半叶）

托洛斯在他的臣民中并不受欢迎。他本人是东正教徒，他的臣民却是亚美尼亚教会信徒。托洛斯一直被视为拜占庭人的傀儡，而且不能保护埃德萨免受突厥人侵略。直到十字军出现，情况才有所好转。布洛涅的鲍德温虽然是托洛斯的义子，但也认为托洛斯应该下台。或许鲍德温参与策划了这次叛变。无论如何， 结局是托洛斯在这次叛变中被杀。

1098 年 3 月 7 日，埃德萨人对统治者的不满终于爆发，直至走向了暴力。一群人袭击了官吏的住宅，并包围了贵族的住所。托洛斯的军队没有介入，鲍德温也没有提供帮助。这位十字军将领建议他的义父投降。托洛斯听从了这条建议，亲自出面请求大家退去。结果，他被这群暴民打死。

埃德萨的新统治者将幼发拉底河边上的土地按照西方模式进行管理。法兰克人的统治是通过一系列城堡进行的。城堡负责税收，并且可以对境外实施小规模军事行动。埃德萨从前属于拜占庭帝国，鲍德温发过封臣誓言，应该遵守约定将此地归还给阿莱克修斯一世。不过，拜占庭方面暂时没有提出这方面的要求，鲍德温也没有采取任何行动。

在 2 月份的军事行动失败后，鲍德温凭借在埃德萨贵族住所找到的财宝，向撒摩撒他的埃米尔购买了领地。移交政权时，鲍德温释放了几名埃米尔扣押

的人质。这一次胜利让鲍德温在埃德萨的威望得到极大提升。

一个新法兰克人国家成立的消息传到安条克城外的十字军中，有些骑士便离开了大部队，去鲍德温那里寻找新机会。5月，塞尔柱突厥人的卡波格大军被挡在了埃德萨伯国境外，鲍德温的威望得到了新的提升。此时，摩苏尔的阿德贝格（地方长官的头衔）率领大军前来解安条克之围，但却在埃德萨城下浪费了三周时间，没能攻下此城。正是在这三周之内，局势大变，十字军攻陷了安条克。

◇ 一座亚美尼亚的教堂：鲍德温的臣民是亚美尼亚基督徒

但是，法兰克骑士不断来到埃德萨，使得当地人逐渐反感。当地人感觉自己被边缘化，受到法兰克人的剥削。1098年，一次政变密谋被拆穿，当地的高层人士也参与其中。鲍德温残酷处置密谋者，将所有人抓起来，一部分刺瞎眼睛，另一些割鼻或者削足。还有数百知情者被关进地牢。只有那些极其富有的人支付了高额的保释金才得以释放。

埃德萨伯国现在牢牢控制在这位本一无所有的洛林伯爵手中，成为第一个十字军国家。尽管不在圣地境内，但是作为前哨和护盾，埃德萨伯国对后来在叙利亚和巴勒斯坦成立的十字军国家意义重大。

在开垦东方的过程中，僧侣的劳动起着模范作用

熙笃会注重实际劳动的价值

1098年3月21日，第戎附近

熙笃修道院11世纪最后15年的教会改革，促成了新修会的成立。

来自香槟地区的修士罗伯特·德·莫莱斯姆在勃艮第成立了一个修道院。在这里，修士们必须严格遵守本笃修会的会规，隐士般与世隔绝，以苦行修炼。人们按照其总修道院所在地熙笃（拉丁文“Cistercium”）的名字，称之为“熙笃会”。这场运动迅速在欧洲传播开来。神学家和十字军布道者、克莱沃的伯

十字军的经济支援

中世纪的军队中，没有职能明确的运输和补给部队。所有的战事都发生在土地产量足以支持的时节。比如加洛林时代，骑士们必须等到草地上的青草长到一定高度才出发作战，这样马匹才能有足够的草吃。

对于十字军这样庞大的军队而言，从东征的第一天起，给养问题就困扰着整个军队。整个大军一直是靠路途中在各地购买补给。因此，他们携带了数量可观的现金。比如“隐士”彼得就带了为数众多的钱箱，这成为一个传奇。若是大军行进在友邦境内，可以用现金购买粮食。如此会和当地居民有巨额钱款交易。但是，往往会有一方感觉自己在交易中被欺骗了，所以时有争执事端发生。拜占庭帝国境内的一些地方，有专门为十字军准备的粮草。若大军行进在敌国境内，粮草只能靠抢夺的方式获得。若是逃走的敌军破坏了所有食物来源，人畜就会成批大量地死亡。

纳德，于1112年加入该修会。熙笃会随即获得了特别的宗教地位。在12世纪也出现了第一批女修道院，比如熙笃女修会和本笃女修会。

修会的经济基础主要靠自给自足。熙笃修会特别注重实用技能。他们耕种土地，由于生产技术先进而收获颇丰。除了经营手工业和小作坊，熙笃会还涉足商业和银行业。由此而获得的财富让他们足以资助教会建筑。熙笃会的建筑风格简约，放弃了多余的装饰。塔、地下墓室还有一些建筑元素，比如内部环廊和飞扶壁，都被放弃。墙壁没有壁画，也没有彩色玻璃窗和雕塑。勃艮第的丰特莱隐修道院以及巴伐利亚的埃布拉修道院教堂，是这一风格的典型建筑。

◇ 西班牙塔拉戈纳的熙笃修会波夫莱特修道院的大厅

成立之后不久，熙笃修会就传到了德国。1123年，莱茵河下游的阿尔滕坎普成立了第一所熙笃修道院。1130年后，几所重要的修道院相继成立：科隆附近的阿尔滕贝格、埃贝尔巴赫（莱茵高地区），瑙姆堡的普弗尔塔，瓦尔察森（上普法尔茨）以及毛尔布隆（符腾堡）都有了修道院。熙笃会农业技术上的先进，促进了欧洲内陆荒地的开垦。12世纪及13世纪，熙笃会参与了德国东部的开发。自民族大迁徙以来一直被斯拉夫族居住的东部德国受到熙笃会的巨大影响，在西里西亚成立第一所修道院（1163年，洛耶布斯）后，勃兰登堡（1170年，齐纳）、梅克伦堡（1171年，多伯兰），还有普鲁士（1178年，奥利维亚），相继都成立了新的修道院。

13世纪末，修会制度开始衰落，熙笃会也没有幸免。与其他天主教兄弟会不同，熙笃会没能靠自己的力量进行彻底革新。直到16世纪中叶的特伦托大公会议上，这种革新才得以实现。

◇ 法国蓬蒂尼的熙笃修道院教堂的早期哥特式外观

最危急的时刻，十字军终于打开了通往圣地的大门

叛变导致了安条克的陷落

1098年6月3日，安条克

围城七个月之后，十字军终于占领了叙利亚的重要城市安条克。这一胜利对十字军有着重要的象征意义。

安条克失守是因为一场叛变。一位名叫菲鲁兹的守城指挥官与塔兰托的博希蒙德暗中结盟，故意将法兰克人放进了城中。诺曼人指挥官博希蒙德对攻陷安条克有着特别的兴趣：他想将此城收入囊中，而非像之前与拜占庭皇帝阿莱克修斯一世约定的那样，归还给拜占庭。

破城正好是千钧一发之际：摩苏尔的阿德贝格由于攻取埃德萨未果而浪费

◇ 十字军攻取自1097年开始围困的安条克城（细密画，约1490年）

了三周时间，此时正率数量庞大的军队赶往安条克。这种艰难时刻，使得十字军开始军心涣散。很多十字军骑士，包括布卢瓦的斯蒂芬伯爵在内，都开小差回了老家。

博希蒙德果断一搏，与菲鲁兹商议出一条瞒天过海的计策。围城的军队假装撤军，从城前撤往山区地带，仿佛去迎战卡波格的军队。守城一方看到此景，心生懈怠，于是防守放松。法兰克人趁着黑夜迅速赶回，天还未亮便在城下集结完毕。菲鲁兹让法兰克人登城，一小队精锐骑士遂入城与突厥人开始血战，城中的基督徒居民也同十字军一同屠杀突厥人。《法兰克人纪事》中这样写道："城中的所有角落都堆满了尸体。"

两天后，当卡波格的军队抵达安条克时，城头已经飘扬着十字军的旗帜。这位摩苏尔地方长官只能率领大军继续围城。

围城之中，一件圣物提升了十字军的士气

十字军找到了"朗基努斯之矛"

1098年6月15日，安条克

攻取安条克之后不久，十字军便被数量巨大的突厥军队围困在城中。绝望困扰着十字军。然而，一个"奇迹"重新给了十字军战斗的勇气。

在安条克的圣彼得教堂中，十字军找到了"朗基努斯之矛"。这一发现彻底改变了十字军将士的士气。

攻取安条克之后，虽然被卡波格的军队围困，但是有巨大的城墙保护，十

◇ 勒皮主教阿德玛·德·蒙特尔与“圣矛”（细密画，约 1490 年）

字军获得了暂时的安全。过了不久，食物的极度匮乏成了大问题。此前安条克被围困了七个月，食物几乎已被耗尽。于是，许多人死于饥饿和疾病，绝望逐渐控制了被围困的人们。所有人都知道，开城投降无疑是自投死路，穆斯林军队会对十字军展开屠杀。开始谣传有人顺利开小差逃脱出城的消息，十字军首领们不得不加强了面向港口的城门守备。

正在这生死关头，图卢兹伯爵雷蒙德四世手下一位名叫皮埃尔·巴尔托罗缪的马夫声称看到了异象：使徒安德烈对他显现，指点他——在安条克的圣彼得教堂中埋藏着“朗基努斯之矛”，就是《约翰福音》中记载罗马士兵用来戳挂在十字架上的耶稣的那支矛。十字军精神领袖阿德玛·德·蒙特尔主教对此表示强烈怀疑。出身较低的人所看到的启示往往不可信。而且他自己也知道，有不少地点保存着其他号称“朗基努斯之矛”的圣物。

雷蒙德清楚，十字军在目前这样士气低落的境遇下需要激励。所以，他抓住了这次机遇。他命令大家斋戒，让 12 名手下在教堂地板下

“朗基努斯之矛”

《约翰福音》中记有一章，是其他福音书中没有的。罗马士兵打断了同耶稣一起被钉上十字架的两个罪犯的腿，让他们死得快些。耶稣没有这样的待遇，当时他已经死去。为了验证他死没死，一位罗马士兵用一支矛戳耶稣的右肋，从耶稣的伤口中流出了血与水。

与荆冠、十字架一样，罗马士兵的这支矛也成为受难的圣物之一。自公元 4 世纪被君士坦丁大帝的母亲圣海伦娜发现之后，一直备受人们的景仰。这些圣物在此后数百年间，各自有着跌宕起伏的命运。经过战乱年代长期的消失，往往有时会出人意料地同时出现好几个相同的圣物。比如在中世纪盛期，君士坦丁堡的教堂里就有许多十字架碎片和钉子，还有许多装有圣血的玻璃瓶。

“圣矛”在法国诗人克雷蒂安·德·特鲁瓦于1180年所写的《圣杯传奇》中起了重要作用。沃尔夫拉姆·冯·埃申巴赫在《帕西法尔》（约1210年）中也有所提及：圣杯是一

搜寻。他们什么都没有找到。皮埃尔自己去搜寻，居然找到了圣物。这一切经过都有些特意安排的味道。但是对于十字军而言，圣物的出现便是上帝的意志。十字军将士们重新充满了战斗的勇气，他们不仅要防御，更是敢于出城痛击卡波格的大军。

被成功冲昏了头脑的皮埃尔·巴尔托罗缪又不断看到新的异象。人们发现，这些意象总是符合他的领主雷蒙德的意愿。许多人心里犯了嘀咕。后来，大军向的黎波里出发，途中驻扎在亚卡城前。雷蒙德命令手下攻城，手下人拒绝服从。此时皮埃尔又一次看到了异象。这一次是基督向他显现，要求他攻击这座城市。不过，这次大家都怀疑这位异象家，甚至怀疑“朗基努斯之矛”的真实性。皮埃尔建议干脆用神判，用火来试验自己的异象真伪。1099年4月8日，众目睽睽之下，这次神判开始了：皮埃尔手执“圣矛”穿过两堆燃烧的木柴。结果他被烧成重伤，几天之后死去。这支“朗基努斯之矛”从此失去了影响力。

个能给拥有者带来所有人间天上幸福的杯子。在盛大庆典中，圣杯被少女们带上大厅，只有被选中的骑士才能围着它就餐。少女队伍的前方，会有一人手执一支沟槽中不断滴血的矛开路。

◇ 矛尖长为50厘米的“朗基努斯之矛”

随军调和良相

精神领袖去世

1098年8月1日，安条克

手腕灵活、受人尊敬的阿德玛主教努力抑制十字军的急躁，调解将领们的不和，至死方休。

战胜了卡波格的大军，安条克城便牢牢掌握在十字军的手中。此时，精神领袖勒皮的主教阿德玛·德·蒙特尔不幸染病去世。他是教皇乌尔班二世在1095年的克莱芒宗教会议上指定的精神领袖，也是大家一致同意的领军人物。

良相去世后，没有人能继任，十字军就此失去了精神上的领导者。后来攻占耶路撒冷时的混乱，就是这一损失导致的悲剧。

在面对面的厮杀中一决胜负——突厥人溃败而逃

十字军冲破安条克的封锁线

1098年6月28日，安条克

战斗力强大的十字军结束了突厥大军对安条克的围困，在城外进行了一场面对面的厮杀之后，十字军打败了卡波格的大军。安条克城对于十字军而言，简直像陷阱一般。经过长达七个月围攻终于破城，刚刚进驻就被摩苏尔地方长官卡波格的大军围困。为了能继续向耶路撒冷前进，十字军必须突出重围。最后，他们决定豁出命一搏，冲出城外与敌军一决胜负。卡波格的大军人心涣散，所以他也想

◇ 与撒拉森人作战的十字军（绘者：马约奇，油画）

伺机找十字军决一死战。听到十字军冲出城的消息，他首先传令下去，让大军静止不动，等十字军完全出城。十字军的骑士威风早已不再。由于被围困已久，加之长途跋涉，十字军的马匹基本消耗殆尽，许多骑士不得不步行或者是骑着驴子出战。即使如此，十字军依然杀出一条血路，势如破竹，锐不可当。十字军非常聪明地保留了大量将士殿后，抵挡侧翼突厥人的进攻。这场厮杀进行得如火如荼，最终卡波格的军队逐渐瓦解，落荒而逃。而十字军得以建立起第二个十字军国家——安条克公国。

十字军的暴行

迈阿拉努阿曼血流成河

1098 年 12 月 11 日，迈阿拉努阿曼

夺取迈阿拉努阿曼，是十字军进入耶路撒冷的重要前提。

两周的围城，这座位于安条克东南部的城市落入十字军之手。十字军冲入被轰倒的城墙，开始了前所未有的抢劫和屠杀。为了搜寻战利品，他们甚至剖开死者的内脏。十字军在迈阿拉努阿曼停留了一个月。这一个月里，供给状况不断变差。而发生在塔兰托的博希蒙德和图卢兹的雷蒙德之间的争吵，让大军停滞不前。最后在大多数将领们一致坚持下，大军才继续朝圣地出发。出发时，他们焚毁了迈阿拉努阿曼，以表示大军再也不会回头。

穆斯林塞尔柱突厥人被两面夹攻

法蒂玛重新占领耶路撒冷城

1098 年 8 月 26 日，耶路撒冷

被十字军攻占前一年，耶路撒冷再次易主。

埃及的法蒂玛王朝将塞尔柱人赶出了耶路撒冷。当十字军出现在圣地时，伊斯兰世界并不团结。开罗的什叶派法蒂玛王朝利用十字军在东方的军事行动，试图将对头塞尔柱突厥人从巴勒斯坦赶走。逊尼派的塞尔柱人从 1097 年，开

始不停地消耗兵力在叙利亚对抗十字军，因而这一计划终于得以实现。

埃及的军队进入巴勒斯坦，塞尔柱人的地方长官索克曼和依尔加齐撤回了耶路撒冷。法蒂玛王朝军队有着最先进的攻城器械，其中仅投石机就有 40 台。法蒂玛军队将 40 台投石机全都部署在了耶路撒冷城外。40 天的攻城战后，塞尔柱人投降，退守大马士革。法蒂玛王朝占领了直到贝鲁特北部凯勒卜河的土地，开始修整耶路撒冷的防御工事。

占领耶路撒冷的法蒂玛王朝，对基督教的敌视较小。然而，这并不意味着他们会与十字军达成和平，因为十字军一定要攻占“圣城”耶路撒冷。

◇ 耶路撒冷鸟瞰图（彩色木版画，1880 年）

耶路撒冷成为基督教王国 1099—1112 年

综述（1099—1112 年）

1099 年 7 月，踏上征程三年之后，历经许多的牺牲和艰险，十字军终于攻占了耶路撒冷。耶路撒冷作为犹太教、伊斯兰和基督教三大宗教的圣城，是十字军东征的最终目标。教皇的心愿终于完成了。这个耶稣传道和受难的地方，一直是最受西方人欢迎的朝圣地，现在终于控制在了基督教手中。此后历次十字军东征，或多或少都保持着第一次东征的成果。东方出现了一股新势力：穆斯林将其统称为“Phrángoi”，即法兰克人的十字军。东方本就脆弱的权力平衡被摧毁了：除了拜占庭和伊斯兰教势力——塞尔柱人和法蒂玛王朝——新的势力出现在了东方。西方的骑士——法国人、德国人、意大利人和诺曼人——按照西方封建形式，建立起自己的政权。西方商人紧随他们而来，尤其是威尼斯、热那亚和比萨的商人。

耻辱的胜利

从 1098 年夏天起，耶路撒冷一直由来自开罗的法蒂玛王朝统治。什叶派的法蒂玛王朝终于将逊尼派的塞尔柱人赶出了巴勒斯坦。较统治小亚细亚和叙利亚的塞尔柱人而言，法蒂玛人相对宽容。但是，他们也不会毫无抵抗就把耶路撒冷交给十字军。十字军也非常清楚，耶路撒冷绝非唾手可得，他们必须得艰苦围城。围城持续了五周，因为饮用水匮乏而痛苦异常。时间又非常紧迫，法蒂玛王朝已经从埃及发来援军。1099 年 7 月 15 日，十字军攻破耶路撒冷。

◇ 十字军军舰（上）和攻占城市（14 世纪）

十字军让这里的胜利成了一场耻辱。这个东征的终点充满了血腥暴行：数千犹太人和穆斯林被屠杀，骑士们占据了死者或被放逐者的房屋。耶路撒冷是天启三教共有的圣城，所以一直居住着穆斯林、犹太人和基督徒。数百年间，穆斯林统治者一直宽容对待基督教的朝圣者。十字军摧毁了耶路撒冷其他宗教的圣迹。对于穆斯林和基督徒而言，十字军在耶路撒冷的暴行一直是其他各种暴行的口实。攻占耶路撒冷的消息，没能传到十字军发动者教皇乌尔班二世的耳中，他已经于 1099 年 7 月在罗马去世。

耶路撒冷的第一位统治者，是下洛林公爵布永的戈特弗里德。他刚得到权力没多久，就要继续抵抗法蒂玛人的进攻。1099 年 8 月 12 日，十字军在亚实基伦战役中发动奇袭，彻底打败埃及军队。战争的结果意义重大。法蒂玛王朝军队覆灭，意味着伊斯兰教势力暂时被消除。这为巴勒斯坦十字军国家的建立扫清了障碍。

海军时代的到来

十字军第一次胜利之后，灾难接踵而至：赶往圣地的法国、德国和意大利军队全军覆没。胜利的消息传到西欧，那里的人们于 1100 年到 1101 年秋冬又开始了新的行动。法国、德国和北意大利有上万人参加新的东征。米兰大主教带领的北意大利军团第一个出发。伦巴第人前往小亚细亚，在尼科米底亚驻扎。1101 年 5 月，法国军团赶到。两路大军合二为一，继续前进。在哈里斯河的梅尔辛附近，十字军遭到突厥人袭击，几乎全军覆没。与此同时，又有一支法国军队在讷韦尔伯爵威廉的带领下抵达小亚细亚。他们走第一次十字军东征的路线，穿过托鲁斯山，却在科尼亚和赫拉克利亚直接被突厥军队消灭。最后，又有一支法国人和德国人组成的联军登上舞台。法国部分，由当时最著名的游吟诗人阿基坦公爵威廉九世率领；德国部分，由巴伐利亚公爵韦尔夫四世率领；随行的还有萨尔茨堡大主教提摩和奥地利藩侯夫人伊达。讷韦尔伯爵威廉从君士坦丁堡出发后五周，这一德法联合军团又选择了同样的道路。9月初，这支大军一样在赫拉克利亚附近遭到突厥人袭击，全军溃散。只有少得可怜的残部到达了奇里乞亚的塔尔索斯和十字军占领的安条克。1101年的大灾难清楚地表明，去往巴勒斯坦的路途艰险异常。意大利商业城市称霸的时代到来了。他们用船只给圣地进行大规模补给运输。威尼斯、比萨和热那亚作为十字军最重要的补给支柱，成为十字军的重要盟友。这几座商贸城市因此获得了许多贸易优惠，地位和财富也得到极大扩展。

按照法兰克传统建立的国家

西方的封建制度，成为十字军国家的经济和社会基础。而教会在十字军国家构成中并没有特别大的影响。不断征服巴勒斯坦和叙利亚的过程中，十字军政权得到了巩固。1099年7月22日，十字军东征将领召开大会，决定成立耶路撒冷王国。这个国家在耶路撒冷被攻破一周后成立，既不是罗马教皇的封臣，也不隶属于耶路撒冷新成立的宗主教区。1098年阿德玛·德·蒙特尔主教去世后，继任者比萨的达格贝尔特大主教曾经有过这样的要求，但国王鲍德温一世巧妙地回绝了。埃德萨伯国之主、布洛涅的鲍德温，从他的兄弟布永的戈特弗里德手中接过了耶路撒冷掌权者的位置。他证明了自己是这个新成立的十字军国家有幸遇到的最优秀统治者。史称他为“鲍德温一世”，耶路撒冷王国的历史由他开始。他的兄弟布永的戈特弗里德拒绝在“基督佩戴荆冠”之处成为耶路撒冷国王，而只是保留“圣墓保卫者”称号；于是，鲍德温自信地戴上了王冠。鲍德温精于计算，心思缜密。他成功地将这个十字军返乡后只剩下几百名骑士的政权加以巩固，而且不断扩大。1102年至1110年，他先后攻取了阿尔苏夫、凯撒利亚、阿克、贝鲁特和西顿。他为王国领土日后扩大至北到戈兰高地、南到亚喀巴湾的版图奠定了基础。他一次次战胜埃及人，直到去往尼罗河的远征结束了这位国王的戎马生涯：1118年4月，他在回师的路上去世。在他治下，王国面积最大时（1153年）北至贝鲁特，南到红海岸的埃拉特城。王国的北部主要是狭长的海岸地带，南部则把领土扩展到今日的约旦境内。他的王国同其他十字军国家——的黎波里伯国、埃德萨伯国和安条克公国——保持了非常紧密的联系。

封建制度作为中世纪欧洲国家和社会的基础制度，同样在十字军国家中实行。在这里，同样的劳务不是靠金钱，而是靠土地关系来补偿。在战争、宫廷或其他方面提供劳务的人，将可以在领主的统治区域内拥有封地作为补偿。不同的是，十字军国家因为战事连年，封地往往与军功联系在一起；且封地与欧洲不同，一般不能买卖。

十字军不需要费力建立自己的聚居区。村落中现有的结构不需要改变，而穆斯林建立的完备的税收系统也可以将收入上缴到新统治者那里。在城市，十字军也用相同的方式对商业和小作坊征税。王国划分为几个小的统治区，每个区的统治者享有裁判权。由此而产生了政治权力的分裂，国王只有在自己的管辖区内才有实权机构。当然，最有利润的行业掌握在国王手中，比如阿克和提尔的港口。

◇ 十字军的战争暴行：堆积成山的撒拉森人头（细密画，约1185年）

十字军国家的民族多样化

国王鲍德温一世实行促进移民的政策。自十字军国家建立开始，一直伴随的问题就是人口严重不足。第一次十字军东征胜利的消息，在欧洲引起了移民热潮。1101年的大失败之后，例如1110年，挪威国王西格尔一世率领的大军便顺利到达了圣地。然而，很多到达圣地的人很快又踏上了回程——他们已经戴上了耶路撒冷朝圣者的桂冠。留在圣地的，一般都是冒险家和两手空空的人，他们倾向于在城市中碰运气。于是，鲍德温设法吸引附近伊斯兰国家的基督徒来定居，并允许法兰克人和当地人结婚。犹太人和穆斯林可以自由信仰自己的宗教。即使在法庭上，他们也享有同等的权利。鲍德温奠定了"Outremer"（法语中"海外"之意，代指所有东方的十字军国家）的特殊人口构成。对于新到圣地的西方人来说，这有些摸不着头脑：不论是来自法国南部，是洛林人或是诺曼人，都不重要。在十字军国家中，民族隔阂已经消失，这符合东方的习惯。而十字军国家的语言，则以罗曼语为基础，是一种东西方语言有趣的混合。

◇ 耶路撒冷第一任统治者：布永的戈特弗里德

十字军的将领中发生了领导权之争

图卢兹的雷蒙德继续向着耶路撒冷前进

1099 年 1 月 13 日，迈阿拉努阿曼

十字军绝大多数将士将图卢兹的伯爵作为东征的领导人。但是他的反对者塔兰托的坦克雷德留在了安条克，并且将那里变成了自己的领地。

在想向耶路撒冷进发的将士的催促下，图卢兹伯爵雷蒙德四世带领众人离开被十字军抢劫破坏的城市迈阿拉努阿曼。雷蒙德将大军出发仪式设计得极具宗教情怀：他赤着足，身着朝圣者穿的忏悔罪衣走在队伍的最前面。

通向耶路撒冷最直接的道路沿着海岸。在这条路线上能够接受拜占庭通过水路进行的补给，并且十字军可以和安条克随时保持联系。但是这条路上有许多穆斯林的重兵要塞，而十字军此时只有 1000 名骑士和大约 5000 名步兵，这

十字军将领们的纷争威胁到整个东征

十字军由许多部分组成，这些部分各自为政。前途未卜之时，他们只遵循自己的意志而不顾集体利益。因此，他们经常离开主力，为自己争夺土地或者干脆中断东征打道回府。

教皇没有能力组织军队，毕竟他只是指定了勒皮的主教阿德玛·德·蒙特尔作为十字军精神领袖。这位颇有能力的主教能将十字军领导层的矛盾化解在可控制范围内。1098年8月，这位主教离世，十字军将领之间的斗争公开化。这些争斗极度损伤士气，让大军往往瘫痪数周。

最主要的两位竞争者，是图卢兹的雷蒙德和塔兰托的博希蒙德。雷蒙德拥有十字军中最大的一支军队，而且视自己为教皇的亲信。他代表了十字军本来的理想，并不想要在东方拥有土地。雷蒙德在法国南部拥有领地，这让他可以安心返回欧洲。博希蒙德则在家乡没有地产，他去圣地纯粹是为了个人目的。他的目标就是在东方建立自己的统治。十字军攻取安条克之后，博希蒙德抓住了这个机会。他

样一支军队不足以进行大规模攻城战。况且过长时间的停留会损失许多时间，还会破坏本来就已经不高的士气。既然目标是耶路撒冷，所有人都想要迅速抵达目的地。按照他们的想法，只要圣城被攻破，其他城池不攻自破。所以最后十字军决定绕路而行，至少这条路上还有许多盟友。

经过沙依扎尔和迈斯亚夫之后，大军抵达了丰产富饶的贝卡谷地。在这里大军被困在了亚卡要塞前，三个月的进攻没有任何结果。图卢兹的雷蒙德不得不等待安条克的援军。布永的戈特弗里德和弗兰德的罗伯特率领的大军晚出发了一个月，终于在3月中旬到达了亚卡。除了塔兰托的博希蒙德留在安条克没有来之外，所有之前的将领又聚在一起。于是不久之后领导权之争再起，雷蒙德伯爵无谓地争当十字军的最高首领。

加上增援军的十字军依然不能攻破这座要塞，雷蒙德于1099年5月13日下令结束进攻。大军于是向的黎波里方向前进，当地的埃米尔已经同十字军达成协议，允许他们顺利通过。5月15日大军顺利到达了法蒂玛王朝统治的边界凯勒卜河。

◇ 第一次十字军东征的四位首领：布永的戈特弗里德、图卢兹伯爵雷蒙德四世、塔兰托的博希蒙德以及塔兰托的坦克雷德（木版画，19 世纪）

十字军攻占伯利恒

坦克雷德的旗帜飘扬在圣诞教堂

1099 年 6 月 6 日，伯利恒

当十字军向耶路撒冷进发的时候，塔兰托的坦克雷德和鲍德温·德·拉·布尔克伯爵利用伯利恒的求救，进行了一次充满象征意义的独立军事行动。

仅仅凭借着 100 名骑士，塔兰托的坦克雷德和鲍德温·德·拉·布尔克伯爵——就是后来的耶路撒冷王国国王鲍德温二世——就终结了穆斯林在伯利恒的统治。

当时十字军正在耶路撒冷北部的村庄厄玛乌驻扎，伯利恒的使团来军中拜访。那里的居民要求十字军派兵将他们从穆斯林的奴役中解放出来。坦克雷德

的理由是：安条克城之所以会被攻破，全靠他对守军的策反。另外，他也让自己人占领了安条克所有重要的位置。若是有十字军反对，他将不惜使用武力。

占领迈阿拉努阿曼要塞时，博希蒙德也尝试绕过自己的伙伴。进攻前，他私下和城中的居民谈判，许诺若是献城便对他们提供保护。攻陷该城之后，他又拒绝将自己的士兵撤走。十字军的其他将领——布永的戈特弗里德、诺曼底的罗伯特、弗兰德的罗伯特以及博希蒙德的侄子塔兰托的坦克雷德——均倾向于站在博希蒙德这一边，雷蒙德只能通过贿赂的办法争取他们。

来自大军中的建议，大多数时候能平息争端，让东征继续。首领们争得不可开交的时候，军队中的声音也会表现出不满，甚至会采取行动：十字军将士最终将迈阿拉努阿曼完全摧毁，这样一来，就没有人会为此而争执了。

和鲍德温·德·拉·布尔克便召集了一小队骑兵，立即出发。

伯利恒的居民根本没有料到，十字军会来得如此迅速。十字军骑士出现时，他们还以为是埃及军队的先锋。仔细观察后，他们才确认是援军。居民们举着各种圣诞教堂的圣物和十字架走出城外，以盛大仪式迎接拯救者的到来。耶稣基督的诞生地重新掌握在基督徒手中。

迅速行军

渡过凯勒卜河

1099 年 5 月 19 日，巴勒斯坦

位于黎巴嫩中西部的凯勒卜河，是法蒂玛王朝占领下巴勒斯坦北部的界河。十字军非常顺利地渡过了凯勒卜河。

◇ 常胜的坦克雷德在伯利恒城升起了旗帜（彩色铜版画，约 1830 年）

贝鲁特北部的凯勒卜河已经是法蒂玛王朝统治的范围。埃及人只是在沿岸城市布置有少量军队，而海上一直有军舰巡逻，随时可以应对进攻。西顿和提尔因而未受到十字军进攻。贝鲁特和阿克则与十字军达成协议，允许十字军安全通过，并向十字军提供食品。

作为朝圣者，十字军可以进入耶路撒冷

法蒂玛王朝和十字军之间的谈判

◇ 来自埃及福斯塔特的象牙男性像（法蒂玛王朝艺术品）

1099 年初，亚卡

法蒂玛王朝为了阻止十字军进攻耶路撒冷，向十字军提出了和谈条件。

十字军进攻亚卡要塞的时候，法蒂玛王朝的统治者从埃及派特使带来了自己和谈的条件：只要十字军放弃武力，法蒂玛王朝即将其视为朝圣者；还可以为十字军提供食物和帮助。十字军并不接受这个条件。

同时，法蒂玛王朝也秘密与拜占庭皇帝阿莱克修斯一世进行谈判，这让十字军感到被出卖了。阿莱克修斯一世非常害怕塞尔柱突厥人，却不惧怕开罗的法蒂玛王朝。巴勒斯坦由谁统治，对他而言并不重要。他愿意将耶路撒冷交给法蒂玛人统治，毕竟什叶派的法蒂玛王朝并没有迫害基督徒，而且对朝圣者自由放行。十字军不愿意遵守先前达成的归还拜占庭土地的协议，这造成十字军与东罗马之间的关系恶化。十字军坚定不移地要夺回“圣城”耶路撒冷并在圣地定居，这打破了东方的权力平衡。

耶路撒冷之战开始

第一次攻城败于箭雨之下

1099 年 6 月 13 日，耶路撒冷

十字军终于准备好发起第一次冲锋了。他们发现，耶路撒冷并非唾手可得。

◇ 布永的戈特弗里德和他的十字军战士们在耶路撒冷城前（仿马克思·亨策的彩色平板画，约 1900 年）

十字军几天前才刚刚到达耶路撒冷城下。他们发起第一次冲锋，被守军用箭雨挡回。十字军一时损失惨重。

耶路撒冷是彼时世界上最坚固的要塞之一。其城墙可追溯到罗马时代，其后拜占庭和阿拉伯历代统治者不断加固，造就了圣城的铜墙铁壁。

十字军开始攻城时，守城将领伊菲提卡尔·阿德—达乌拉大约有 5000 兵力，由阿拉伯人和苏丹人组成。和进攻安条克一样，十字军兵力严重不足，根本无法围城。他们只能进攻那些有利于集中兵力的地方。同安条克攻城战情况相同之处还有一点：埃及的援军正在赶来，攻城必须速战速决。

一位住在橄榄山上的隐士，建议十字军立即全军冲锋，全力攻城。十字军手中没有攻城器械，这位隐士说道：若是他们有信仰，上帝一定会让他们胜利。

从城北发动的进攻，证明十字军的担心是正确的。没有攻城梯，大股十字军根本无法登上城墙；小股登城的先头部队被敌军密集的箭雨击退。经历了这次失败，十字军意识到，必须有充足的装备才能进行下次进攻。幸运的事情发生了——6 月 17 日，几艘舰船到达雅法的海港，运来了绳子、钉子和销子。十字军又在撒马利亚的森林中找到了足够的木材，可以开工建造攻城机械了。

◇ 十字军进攻圣城(细密画，1377 年)

守军做好持久战准备

所有基督徒被驱逐出了圣城

1099 年 6 月，耶路撒冷

在十字军接近耶路撒冷的时候，守城一方在这座居住着基督徒、犹太教徒和穆斯林的城市采取了一系列防范措施。

伊菲提卡尔·阿德—达乌拉是法蒂玛王朝任命的耶路撒冷城地方长官。他下令，让所有基督徒离开耶路撒冷。十字军进攻时，他把基督徒看作最大的威胁。这一驱逐令既包括了拉丁教会也包括了东方教会。犹太人可以继续留在耶路撒冷城内。

紧接着，伊菲提卡尔派人向埃及的法蒂玛王朝求救，请求派兵支援。除此之外，他还采取了一系列守城措施。城周围所有牲畜全部被

◇ 宗教艺术：基督的复活（11 世纪手绘本）

犹太人、基督徒和穆斯林

当十字军出现在巴勒斯坦的时候，耶路撒冷城中生活着一神教——犹太教、基督教和伊斯兰教的信徒。三个宗教的活动场所，距离彼此不远。

数百年前，基督教徒占耶路撒冷城中人口的绝大多数。由于哈里发哈基姆一世的迫害，1071 年塞尔柱人开始统治后基督徒人数大幅减少。基督徒们主要住在圣墓教堂一区。穆斯林在公元 638 年哈里发奥马尔占领耶路撒冷后开始在这里居住。倭马亚王朝（Umayyaden，685—750 年）时代，穆斯林于圣殿山上修建了阿克萨清真寺和岩顶寺，据说那里是伊斯兰教先知穆罕默德升天的地方。穆斯林统治者们允许罗马拜占庭时代被赶出耶路撒冷城的犹太人重新回来定居。

十字军时代的“炮兵”：50 公斤的石头和动物尸体做炮弹

在西方罗马发达的弹道学和攻城器械被遗忘。而东方的拜占庭帝国则

保留了这些技术。而阿拉伯人也可以制造将重型炮弹投射较长距离的机器。从拜占庭人那里十字军学会制造和使用投石机，用来进攻城市。圣地的攻城战争不久就出现了攻城机的对决：基督徒们一方叫“坏邻居”或者“上帝之剑”的攻城机，对决穆斯林一方则叫“常胜将军”或者是“霹雳火”。

那个时代的“火炮”往往需要利用绞力，比如拉满的弓，或者使用配重储藏势能。能够自由移动的绞力器械要算“石弩”——勺子型的木板制作的弹射器。而采用配重的机械往往是重型的“重型火炮”。这种重力抛石机拥有巨大的木制支架和长长的力臂，较长一端有着石弹袋，较短一端的配重有的可达数吨。使用这种抛石机需要将长的一端用绞盘放低，装好弹药后需要发射时将绞绳放开，另一端被抬高的配重可以提供抛射所需要的能量。这种器械在攻城中往往能造成更大的损伤，因为其发射的炮弹可达几十公斤重。炮弹不止是石头，也可以是制造燃烧和爆炸的装置，甚至还有动物的尸体或者是敌人的人头。但是这种重型机械无法移动，所以必须在攻城前重新装配。

清除，或转移至城内；城外的所有水井要么被填死，要么被投毒。城中没有水源，水窖全部装满，可以应付长时间的围困。十字军立刻感到了水源的缺乏。攻城期间，这也是他们面临的最大难题之一。耶路撒冷城边唯一一处依然可用的水源，是一条叫斯洛阿赫的小溪。这条溪水在守城方的射程之内，而且水质干涩混浊。大后方的军队也无法提供水源补给。编年史作者亚琛的阿尔伯特这样记载道：“有些兄弟被派出去寻找水源，偶尔确实能找到一些饮用水。但是很多时候，他们都被人斩首杀害了。他们用羊皮袋装回来的水往往非常混浊，而且长满了水蛭。许多人饥渴难耐，依然开心地连着虫子都喝进肚子里，最后喉咙和腹部肿胀而死。”

◇ 带着某种石弩的十字军（细密画，14世纪）

木棍柳条作为武器

孩子们的“战争”

1099 年 6 月至 7 月，耶路撒冷

在成人们的喝彩下，十字军的孩子们同耶路撒冷的同龄人干了一仗。

正当十字军为再次进攻耶路撒冷做准备时，城外上演了一幕怪异的景象。基督徒营地的孩子们与围城中的孩子们，各自带好木棍和柳条编的盾牌，在城外开战。大人们则鼓励孩子们，来来回回进行零星战斗。十字军中为何有这么多孩子？编年史作者吉伯特·德·诺让写道：“十字军进军耶路撒冷的消息传到了西方，许多人欢欣鼓舞踏上旅途，其中不乏为数众多带着儿子的父亲。父母意外身亡，孩子依然继续朝着圣地前进。”

宗教人士要求十字军保持团结

赎罪之行增强士气

1099 年 7 月 8 日，耶路撒冷

攻城前士气低落的十字军，因赎罪绕城之行重获勇气。

伊斯兰历史中记载的十字军攻占耶路撒冷

阿拉伯编年史作者伊本·艾西尔（1160—1223 年）描述这些十字军（法兰克人）攻占耶路撒冷以及这件事在伊斯兰世界的影响：

“法兰克人在攻占阿克不成功之后便转向耶路撒冷，在抵达后围城 40 天。他们建立了两座高塔，一个位于锡安的方向（南方的锡安山），但是穆斯林将其焚毁并且杀死了里面的所有人。但是这座塔尚未烧完，求救声就从另外一边传来，原来圣城已经从另外一边被攻破。法兰克人的确从北面攻城成功，此时是星期五的早晨，第 22 个舍尔邦月（伊斯兰历第八月——译注）（伊斯兰历 492 年 / 公元 1099 年 7 月 15 日）。居民都死在了刀剑下。十字军在城中停留了一个星期，在这一个星期中他们不断杀戮。一小队城中的居民躲在大卫的祈祷屋（耶路撒冷要塞的大卫塔）中，躲藏了几日并且顽强抵抗。在法兰克人保证不会杀掉他们后他们才最终投降。最后法兰克人遵守了约定，这一小队人逃往亚实基伦并在那里安顿了下来。而在阿克萨清真寺里法兰克人杀了 7 万穆斯林，其中还有许多伊玛目、宗教教师、虔诚者和苦行者，这些人都是因为虔诚才背井离乡来到圣城来生活的。十字军从岩顶寺中抢走了40座银灯台，每个都有3600德拉克马重，还有一盏大的银灯台，重达40叙利亚斤，除此以外还有150盏小灯台、20盏金灯台、以及许多宝物。

从城中逃走的难民于斋月抵达了巴格达。他们给哈里发提交了一份声泪俱下的报告，看到的人无不撕心裂肺。周五他们到大清真寺去求救。他们满眼泪水地控诉穆斯林在这个伟大的圣城所经历的痛苦：男人都被杀死，女人孩子都被抓走，财富都被抢光。

不同的穆斯林贵族们争论不休，因此法兰克人能够继续占领圣地。这件事诗人阿布尔·穆扎法尔·阿尔—阿比瓦尔迪写了诗歌：泉涌的泪水混着血，心中没有同情/男人最糟的武器就是面对战火刀剑时的泪水/伊斯兰的信士们，你们的面前是人头滚滚的战争/你们怎么能苟且偷生换取安乐，可知生命之轻如花园中的花朵一样短暂？/双眼怎能在如此的悲痛前入眠？这悲痛足以唤醒任何熟睡之人！”

尽管受到守城穆斯林军队的讥讽，十字军还是赤足绕城而行，以赎罪之行请求上帝的宽恕。

此前工匠们紧张地制作攻城器械，而十字军的士气非常低落。炎热和缺水逼得人发疯，贵族中又发生了争执。关于破城之后耶路撒冷该由谁统治，骑士和教士们争论不休。新的情报显示：埃及的援兵7月就会抵达耶路撒冷。

危急关头，一位名叫彼得·德西德里乌斯的神父出面要求十字军进行补赎。神父说，死去的阿德玛主教向他显现。阿德玛主教警告说，所有人必须停止争吵，开始斋戒，赤足绕着耶路撒冷祈祷。大军相信了这位神父，斋戒三日。

绕城之时，主教们和神父们手执圣物，走在队伍的最前面。后面

◇ 布永的戈特弗里德冲上耶路撒冷城墙（1894年插画）

跟着贵族和骑士，队伍最后是步兵以及朝圣者。绕城之后，他们登上橄榄山，大家聆听了“隐士”彼得、普罗旺斯人雷蒙德·德·阿吉勒斯，以及诺曼底公爵罗伯特的随军神父阿努尔夫·德·罗德斯的布道。教士们的布道获得丰硕的成果：十字军士气大振。甚至连矛盾不断的图卢兹的雷蒙德和塔兰托的坦克雷德也暂时停止了争吵。

◇ 胜利之后十字军聚集在圣墓教堂入口前歌唱安波罗修圣咏“Te Deum”（上帝，我们赞美你）

凭借先进攻城机械的帮助，十字军攻占圣城

十字军冲入耶路撒冷

1099 年 7 月 15 日，耶路撒冷

十字军的旗帜飘扬在耶路撒冷城墙上，三年的十字军东征终于达到了重要目标，经过五周的进攻，十字军终于成功破城。这主要归功于先进的器械：十字军建造了登城塔，可以搭载士兵直接移动到城墙边，让士兵借助栈桥登上城墙。

一些载有建筑原料的舰船恰好到达雅法港口，建造登城塔才成为可能。当然，十字军中有非常好的木匠。这些舰船上的船员得知埃及军队正从海上赶来，他们已经没有退路，于是所有人决定参加十字军。木材取自距耶路撒冷较远的森林，运输则由骆驼或被俘的穆斯林来完成。

耶路撒冷城外的营地中，人们制造了三座登城塔。一座位于北墙，由诺曼底的罗伯特、弗兰德的罗伯特和布永的戈特弗里德指挥；第二座位于南墙，由图卢兹伯爵雷蒙德四世指挥；还有第三座略小一些的攻城塔，位于城墙的西北角。这种木制结构的机械装有轮子，背部有梯子，顶部是一个平台，可以供十几个人停留；平台上还有一种类似于吊车的装置，可以将梯子放在城墙上。为保护登城塔不被敌方破坏，外层由灌木和树枝做缓冲；为了防范“希腊火”——一种燃烧爆炸物——最外层还要覆盖新鲜宰杀的带血的动物皮毛提供保护。

7 月 10 日，登城塔正式制造完毕。13 日，开始准备攻城。冒着敌人的猛烈箭雨，十字军将登城塔移动到城墙附近。雷蒙德指挥的那一侧遇到了比较大的困难，因为城外的墓地需要填平，才能保证登城塔顺利移动。这项箭雨中的危险工作报酬颇高：搬动三块石头就可以得到一个第纳尔。最终，7 月 14 日，雷蒙德指挥的登城塔到达了指定位置。

◇ 先进的攻城机械带来了胜利：耶路撒冷被十字军成功攻破（15 世纪法国细密画）

7 月 15 日早晨，十字军缩短了与城墙的最后一点距离。中午时分，北墙的十字军首先搭好栈桥，两位弗拉芒的骑士利托尔德和吉伯特·德·图尔奈作为第一波十字军成功登上城墙。他们身后紧随着下洛林公爵布永的戈特弗里德和他的部下。此时守城军已被击退，大批十字军顺着登城塔，顺利登上城墙。戈特弗里德指挥着部下攻上了大马士革门，打开城门让十字军主力进入。

越来越多的十字军进入城中，与城中守军展开巷战。最终，十字军占了上风，穆斯林军队逃到阿克萨清真寺，躲藏在其中。塔兰托的坦克雷德尾随而至。这支穆斯林军队缴纳了巨额赎金后，坦克雷德放走了他们。他和诺曼人手下进入清真寺，劫掠了大笔财宝，甚至连墙壁上的黄金也刮下来。

整个耶路撒冷陷入慌乱，所有的居民逃到城南一角。图卢兹的雷蒙德的进攻也在不断逼近。下午时分，城中长官伊菲提卡尔·阿德—达乌拉意识到大势已去，于是与雷蒙德谈判交城投降。他和手下交了大笔赎金，最后得以幸存，而城中其余的穆斯林则没有这样的好运。

经过十字军的屠杀，城中居民几乎没有幸存者

胜利的十字军进行血腥屠杀

1099 年 7 月 15、16 日，耶路撒冷

十字军的集体暴行让穆斯林们改变了想法：曾经一度，他们允许十字

◇ 除了屠杀之外十字军还进行了抢劫

军在圣地建立新的国家；现在，穆斯林坚信必须要将十字军赶出圣地。

十字军进入耶路撒冷，在所有抵抗结束之后依然进行了屠杀。十字军杀死在路上遇到的任何人。死者的血溅在他们的脸上，让他们更加疯狂。所有的犹太人躲藏在犹太教堂中，他们被十字军以“耶稣基督谋杀者”的罪名放火烧死。十字军冲进所有清真寺，将所有避难的人杀死。据编年史作者的记载，圣殿山附近，受害者的血没过了脚踝。

基督教编年史作者记述这次暴行：“整个城中充满了尸体”

十字军编年史《法兰克人纪事》的作者，可能是塔兰托的博希蒙德手下的一名骑士。他这样描述了耶路撒冷的血雨腥风：

“突破进城之后，我们的朝圣者将撒拉森人追到所罗门圣殿。他们与我们的人在那里进行了一整天最激烈的战斗，最后整个圣殿都淌满了鲜血。我们终于打败了所有抵抗的人，在圣殿中发现了许多其他男男女女。按照他们的要求，有些被杀掉，有些则放走。不久之后，十字军占领了整个城市，找到了大量的金银、牲畜，他们抢劫了那些装满财宝的宅子。

十字军因胜利的喜悦而流出泪水，他们前往圣墓大教堂向救世主表达感谢。第二天，我们的人又登上圣殿的顶部，拔剑把那里的男人和女人杀死。有些人从屋顶掉下来摔死……人们接到命令，把所有死掉的撒拉森人尸体扔到城外。因为城中充满了尸体，恶臭让人无法忍受。活着的撒拉森人把死者搬到城外，尸体堆得足有房子那样高。没有人听说过如此的血雨腥风。到处都架起火堆，只有上帝才知道它们的数量。”

另一位编年史作者雷蒙德·德·阿吉勒斯写道：

“我们的人登上城墙，可以看到不可思议的景象。有些人被砍头，有些人被箭雨逼着从塔上跳下。还有一些人被活活烧死。头颅残肢遍布大街小巷。”

沙特尔的富尔彻补充道：

“我能说什么呢？没有幸存者。不论是妇女还是儿童都未能幸免。”

许多地方除了屠杀之外还有抢劫。十字军占领房屋，劫掠了许多财宝。

◇ 十字军攻占耶路撒冷后的血雨腥风（铜版画）

十字军的暴行有着深远影响

阿克萨清真寺大屠杀

1099 年 7 月 16 日，耶路撒冷

在耶路撒冷最重要的伊斯兰教建筑岩顶寺旁边，阿克萨清真寺自公元 8 世纪便矗立在这里。这一建筑是为纪念伊斯兰教先知穆罕默德升天而修建。

攻占阿克萨清真寺，是耶路撒冷大屠杀的结束。塔兰托的坦克雷德最先带领人马冲入圣殿山，

他和躲藏在此地的穆斯林达成协议，缴纳高额赎金则可免于一死。他的旗帜飘扬在清真寺上面，但是这并不能阻止另一队十字军在破城后第二天进攻该寺。寺中的穆斯林都被杀死。

编年史作者雷蒙德·德·阿吉勒斯认为，这是对穆斯林应有的惩罚：“我们到达了所罗门圣殿，这里是他们祈祷的地方。那里发生了什么呢？若是我说出真相，没有人会相信。那里的血可以没过马的膝盖。真是公正的裁决，这地正好接收那些侮辱上帝之人的血。”

◇ 在阿克萨清真寺内十字军屠杀了穆斯林（14 世纪细密画）

此后十字军的情绪突然转变。刚才的血腥残暴完全消失，所有人身着恕罪衣，进行补赎游行。他们在圣墓教堂做了感谢弥撒，并且重走耶稣的苦路。“到处都有泪水，到处都有叹息，不是因为害怕或悲伤，而是因为祈祷”，提尔的威廉这样写道。

耶路撒冷的血雨腥风，在伊斯兰世界中引起了长久的恐慌。西方基督教形象被抹黑。十字军的狂热也引起了同样伊斯兰的狂热。这场大屠杀成为许多和平努力的绊脚石。

十字军的将领们为耶路撒冷寻找一位统治者

建立世俗统治时所要面临的问题

1099 年 7 月 17 日，耶路撒冷

建立耶路撒冷王国的第一步走得犹豫不决。

在占领圣城之后召开的贵族大会上，十字军讨论建立圣地的政治秩序。在此之前，对于攻取圣地之后的行动，十字军没有任何计划。若是教皇任命的代表阿德玛·德·蒙特尔主教还健在的话，他可能会成立一个类似于教皇国的国家，而图卢兹伯爵雷蒙德四世则将成为这个国家的保护人。除了雷蒙德，还有三位十字军首领威望颇高：布永的戈特弗里德、弗兰德的罗伯特以及诺曼底的

罗伯特。塔兰托的坦克雷德不在大家考虑之列。尽管他颇有军事才能，但支持他的人很少。

大会的首要议题是清理街道，将尸体处理完毕，找到驻军之地，并且为迎战埃及援军做准备。之后的议题，才是是否要选举一位国王。教士们对此抗议，要求必须首先为该城建立宗主教区。

◇ 布永的戈特弗里德在圣墓教堂前。在雷蒙德拒绝了王冠之后，这位公爵接管了耶路撒冷（细密画，约1490年）

后来几天中，大家又再一次讨论国王的选举问题。大会决定让十字军首领图卢兹的雷蒙德做耶路撒冷国王。但是，雷蒙德出于政治手腕——或者是他意识到十字军中不是每个人都支持他——拒绝了这项提议。

基督之墓——基督教最神圣的地点和朝圣活动的中心

“出发去圣墓吧”，这是教皇乌尔班二世在十字军号召中提出的口号。耶稣的墓也是耶稣复活之地，对于中世纪盛期的人而言，是基督教最神圣的地方。早期的基督教倾向于强调基督神性的一面，但是前来参观基督在人世间所行圣迹之地的朝圣之旅，规模变得越来越大。

布永的戈特弗里德被选为统治者

耶路撒冷没有国王

1099年7月22日，耶路撒冷

直到戈特弗里德去世之后，朝圣者逐渐被投机者取代。他的继任者抛弃了宗教上的考虑，加冕为耶路撒冷国王。

十字军召开大会，选举布永的戈特弗里德，这位安特卫普藩侯和下洛林公爵，作为耶路撒冷的统治者。

戈特弗里德不能允许自己在耶稣

◇ 在攻占耶路撒冷一役中布永的戈特弗里德起了关键作用

基督戴过荆冠的圣城戴上王冠，所以他只接受了“Princeps”（王公）或者“Advocatus Sancti Sepulcri”(圣墓的守护者）的头衔。弗兰德的罗伯特和诺曼底的罗伯特表示愿意回欧洲，而图卢兹的雷蒙德拒绝了大家的推举，布永的戈特弗里德是该位置众望所归的唯一人选。

雷蒙德尽管拒绝了大家的推举，但对戈特弗里德当选依然表示不满。他不愿意让出耶路撒冷前执政官的宅邸，理由是这宅子是他亲自接手的。弗兰德的罗伯特和诺曼底的罗伯特同时出面干预，雷蒙德才极不情愿地把地方让给戈特弗里德。感到羞愧难当的雷蒙德离开了耶路撒

最重要的朝圣目标之一，就是耶路撒冷城边哥耳哥达山的墓地。罗马时代的侵略者对此一无所知，所以哈德良皇帝（117—138 年在位）在重建被提图斯皇帝破坏的耶路撒冷时，把一座维纳斯神庙建在了哥耳哥达山，耶稣基督的墓也因此被掩埋在地下。

君士坦丁大帝时(306—337 年在位)，基督教取得了合法地位，继而成为罗马帝国的国教，前往耶路撒冷朝圣的人流不断增加。这座维纳斯神庙被拆毁。君士坦丁的母亲海伦娜在瓦砾中进行挖掘时找到了圣物，继而确定了基督受难的地点。她的儿子下令在墓上建立第一座圣墓教堂，一座圆形建筑，命名为“Anastasis”(“复活”之意)，以及一座五中殿式的巴西利卡教堂。因多次遭到火灾或者地震损坏，圣墓教堂不断重建。倭马亚王朝统治耶路撒冷时，圣墓大教堂一度被摧毁荒废。

1099 年十字军攻占耶路撒冷时，圣墓教堂已经濒临坍塌。十字军立即决定重新扩建，修建一座把基督上十字架之地和圣墓结合在一起的新大教堂。12 世纪下半叶，这座教堂才正式完工，1175 年左右钟塔才建造完

毕。1187年，耶路撒冷重新被穆斯林占领，萨拉丁下令保护这座建筑，他甚至没有遵循习惯将教堂改建为清真寺。不久后，他将教堂以4万拜占庭金币的价钱卖给了叙利亚的基督徒。直到1228年，神圣罗马帝国皇帝腓特烈二世才借着协约让教堂重新归拉丁人所有。

这座罗马式晚期风格的大教堂在19世纪遇到一场大火，加之后来修缮不力，已经失去了当年的风采。但是，人们依然可以感受到这座巨大建筑的雄伟。

◇ 耶路撒冷的新统治者拒绝接受国王头衔而称自己为“圣墓的守护者”（历史画，19世纪）

冷，带着他的人马驻扎在约旦河谷的杰里科附近。雷蒙德拒绝接受耶路撒冷统治者，这让他失掉了许多追随者。

◇ 基督之墓：圣墓教堂内部

教廷接收了神圣之所
新的耶路撒冷宗主教区

1099年8月1日，耶路撒冷拜占庭教会数百年间一直看管着圣地，现在却必须将所有管理权交给罗马教会。

十字军的首领们选举阿努尔夫·马勒康涅·德·罗德斯作为耶路撒冷宗主教，他是随诺曼底的罗伯特而来的随军神父。

普罗旺斯人开始时反对这项决

定。他们认为，这一做法干涉了教会的权力。因为阿努尔夫级别低，甚至都没有做过执事，而且他的品行不是那么无可挑剔。最终，法国南部人没能影响这个决定，因为其他人都同意阿努尔夫做宗主教。

在阿德玛·德·蒙特尔主教1098年去世以后，阿努尔夫·马勒康涅·德·罗德斯就成了十字军中最重要的几名神职人员之一。神长们期望着宗主教能够凌驾于世俗统治者布永的戈特弗里德之上，这点阿努尔夫无法办到。他非常明白，自己根本无法与那位“圣墓的守护者”进行竞争。因此，他仅负责教会内部的事务。他的布道非常精彩，

◇ 十字军时代的耶路撒冷（细密画，约 1120 年）

在宽容和严厉之间徘徊：耶路撒冷，犹太人、基督徒和穆斯林的圣城

耶路撒冷的历史开始于《圣经》中对亚伯拉罕在摩利亚山的试探，这座山就是今天的圣殿山。这位族长就是在这里献祭他的儿子以撒。公元前1000年，大卫王统治时，耶路撒冷成为犹太国的首都。公元前587年，巴比伦人攻占耶路撒冷，拆毁了所罗门在公元前10世纪建立的圣殿。犹太人不得不流亡到巴比伦。公元63年开始，自公元前6世纪重新回到这里生活的犹太人归属罗马帝国统治。大约建于公元前515年的第二圣殿，在大希律王（前37—前4年在位）时又重放光彩。

耶路撒冷是耶稣基督受难死去的地方。在革则玛尼园，他度过了被捕前的最后一个夜晚。他在罗马人长官的官殿中受审，背着十字架穿过圣城。在城外的哥耳哥达山，耶稣被钉死在十字架上。他的尸体放在石墓中，死后三天复活，在橄榄山升天。

耶路撒冷在《旧约》中作为“上

帝之城”（诗篇87），也就是上帝临在的地方，其命运与犹太人紧紧相连。《新约》中，耶路撒冷则成为天上之城，正如宗徒保罗在《加拉太书》中写的一样。约翰的《启示录》中有着更精彩的描述：“我又看见圣城新耶路撒冷由神那里从天而降，预备好了，就如新妇妆饰整齐，等候丈夫。那城内又不用日月光照，因有神的荣耀光照，又有羔羊为城的灯。”

犹太人叛乱之后，第二圣殿于公元70年被罗马人夷为平地，只有西墙保留了下来。这就是今天的“哭墙”，犹太人的冥想祈祷之所。公元135年，罗马人将犹太人逐出耶路撒冷，将耶路撒冷作为该省首府。东罗马帝国统治期间（330—638年），耶路撒冷逐渐从一个罗马晚期的异教徒城市变成了基督教的朝圣中心。接下来，穆斯林攻占了耶路撒冷，将其变为伊斯兰教的重要城市。而犹太人又可以回来居住。

倭马亚王朝时代(685—750年)，犹太人圣殿的遗址上建起了两座伊斯兰教的重要建筑：岩顶寺和阿克萨清真寺。对于穆斯林来说，此处也是圣地。摩利亚山上亚伯拉罕祭献儿子的

◇ 在哭墙边祈祷的犹太人

总是能激励大家的士气。而且，这位北法国人坚决执行将耶路撒冷王国拉丁化的规划。很快，他就将东正教神父赶出了圣墓教堂。

不过，阿努尔夫担任宗主教的时间屈指可数。教皇乌尔班二世在去世之前，任命比萨的大主教达格贝尔特为教皇特使，接替阿德玛主教的位置。1098年，达格贝尔特从意大利动身。当他抵达西奇里乞亚的拉塔基亚时，正好遇到1099年8月从耶路撒冷返回的诺曼底的罗伯特、弗兰德的罗伯特和图卢兹的雷蒙德。接着，达格贝尔特前往安条克，受到塔兰托的博希蒙德的接待。11月，他和博希蒙德一起出发前往耶路撒冷。这次博希蒙德决定兑现

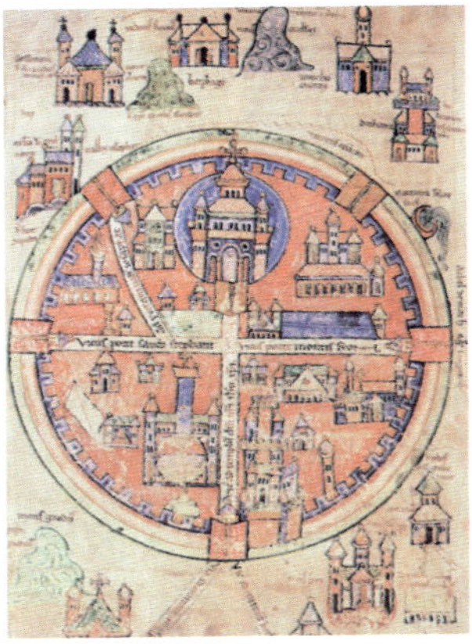

◇ 耶路撒冷及周边粗略图（罗伯特修士所著《耶路撒冷的历史》中插画）

自己参加十字军的承诺，到圣墓教堂朝圣。

圣诞节，达格贝尔特、博希蒙德与布永的戈特弗里德一起在伯利恒度过。在那里，他们罢黜了阿努尔夫的职位。毕竟他的保护者诺曼底的罗伯特已经不在圣地。达格贝尔特当选为新的耶路撒冷宗主教。

◇ 建于公元 687 年的岩顶寺是伊斯兰教最古老的建筑

那块石头同样神圣。据说，载着伊斯兰教先知穆罕默德升天的神驹布拉卡，在此石上留下了蹄印。

在穆斯林的统治下，尽管基督徒的朝圣大幅减少，却从未中断。查理大帝时代，耶路撒冷有基督徒的聚集区。虽然人数较少，但是他们的信仰没有受迫害。公元 800 年查理大帝加冕时，阿拔斯王朝哈里发哈伦·拉希德将耶路撒冷的钥匙作为礼物送到了罗马。

到 11 世纪，情况发生了变化。法蒂玛王朝哈里发哈基姆对基督教进行严厉迫害，下令摧毁所有教堂。从 11 世纪末开始，法蒂玛王朝和塞尔柱突厥人不断争夺耶路撒冷，针对基督徒的迫害越来越严重。1099 年攻占耶路撒冷时，十字军不光彩的残暴也不是完全没有原因的。在这场屠杀中，穆斯林和犹太人完全灭绝。而阿克萨清真寺成为十字军统治者的居住地，后来这里成为了圣殿骑士团的分部。

十字军在圣地扩大优势

大胜埃及法蒂玛王朝的援军

1099年8月12日，亚实基伦

打败法蒂玛王朝军队，十字军消灭了一个宿敌。亚实基伦之战，为在圣地建立稳定的十字军国家铺平了道路。

破晓时分，十字军突袭了拥有1万人马的法蒂玛军队，获得大胜。

这只大军本来是收到耶路撒冷地方长官伊菲提卡尔·阿德—达乌拉在十字军攻城时的求救信，出发前来营救的。维齐尔阿尔—

战斗中的骑士

十字军通常在战斗中保持整齐的队形。队形分为三波进攻：农民步兵为先头部队，用剑和弓挡住敌人的进攻。后面是有战斗经验的长矛步兵，最后才是骑士。

骑士在战场上除了带有必备的宝剑之外，还有重型的长矛，长度要长于马匹。尽管长矛不那么顺手，但是在战场上可以充分发挥马匹冲锋的力量。排成一列的骑士尝试将敌人冲倒，迅速制胜。限制骑士战斗力的要素，是补给不足。重型装备也会带来问题：若是战马被穆斯林射倒，骑士的战斗力会大大减弱。这种情况下，武装的步兵会提供保护。战斗中他们往往就在自己的领主附近。

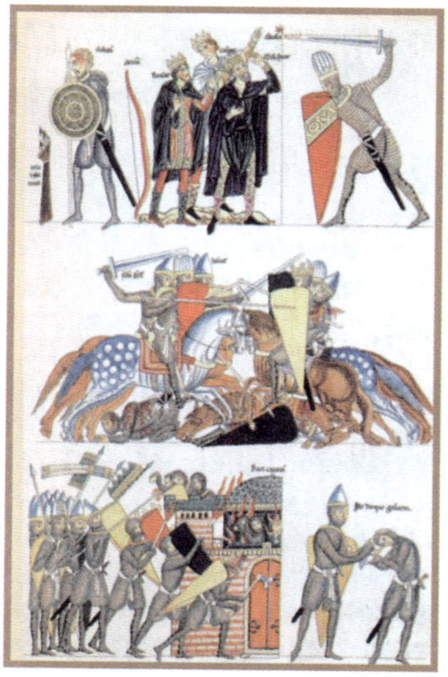

◇ 骑士在进攻城市和战斗（铜版画）

阿法达在开罗召集军队，率军沿着地中海海岸赶到巴勒斯坦沿海城市亚实基伦。直到耶路撒冷陷落之后，援军才赶到这里。阿尔—阿法达派人给耶路撒冷的十字军送去通牒，威胁采取军事行动。危险面前，“圣墓的守护者”布永的戈特弗里德组织十字军进行了一次有效的突击——毕竟，这关乎这个年轻的十字军国家的存亡。

◇ 大胜法蒂玛王朝的军队：装备完全的骑士从城堡出发（刻画，13 世纪）

探子搜集了许多关于法蒂玛王朝军队及此次进攻的情报。基于这些情报，只有一条御敌之策：法蒂玛军队处在地势开阔之处，正在等待补给以作长久之战，突袭应该可以出奇制胜。诺曼底的罗伯特和图卢兹的雷蒙德从约旦河谷火速赶回耶路撒冷，和戈特弗里德的军队会师。8 月 9 日，联军出发。耶路撒冷宗主教阿努尔夫随军出征，“隐士”彼得在耶路撒冷布置精神上的支持：他要求基督徒们举行活动，进行祈祷和施舍，“祈求上帝把胜利赐给他的子民”，一位不知姓名的编年史作者这样写道。

8 月 12 日清晨，十字军已经可以看到法蒂玛王朝的军队。于是，联军组织进攻阵形。将领们告诫手下，战斗结束前不可掉以轻心。耶路撒冷宗主教阿努尔夫携带圣十字架给大军降福，军队准备出战。

这次进攻完全出乎法蒂玛王朝军队的预料。他们毫无准备，几乎没有反抗。“战斗非常激烈，但是上帝在我们这一方，所以胜利很快降临”，《法兰克人纪事》这样记载。即使是战斗经验丰富的法蒂玛王朝军队，也根本无法抵挡十字军势如破竹的攻势。许多人被斩杀，剩下的溃败逃走。据说，仅仅淹死在海中的逃兵就有 3000 人之多。阿尔—阿法达逃进了亚实基伦要塞。

十字军带着大批战利品返回耶路撒冷。诺曼底的罗伯特缴获了维齐尔的旗标，把它赠送给了宗主教阿努尔夫。8 月 13 日，耶路撒冷举行了盛大游行。凯旋之师将缴获来的宝石、黄金、武器和牲畜展示给所有人。

安条克亲王被俘

塔兰托的博希蒙德被突厥人俘虏

1100 年 8 月，马拉蒂亚

亚美尼亚数百年来必须面对来自东方的侵扰。1071 年开始，马拉蒂亚由亚美尼亚基督徒统治，他们因塞尔柱突厥的进攻而逃到此地。十字军来到圣地时，他们向博希蒙德求救。

一场突然袭击中，达尼什曼德人的埃米尔马立克·加齐·居缪施特金率军消灭了塔兰托的博希蒙德的军队。除博希蒙德本人和他的表兄弟萨莱诺的理查之外，无人幸免。这两人都成为阶下囚，被带到了本都山中的尼克萨尔要塞。

突厥人的一支，达尼什曼德人、三年以来一直想要攻占位于卡帕多细亚东部的马拉蒂亚。马拉蒂亚贵族、马拉蒂亚的加布里埃尔向博希蒙德求救，请求援兵。求援的代价颇为高昂：若博希蒙德成功退敌，马拉蒂亚愿意成为博希蒙德领地的一部分。

◇ 十字军陷入伏击中（木版画，19 世纪）

1100 年初夏，博希蒙德带领 300 名骑士出发，赶往马拉蒂亚。沿着幼发拉底河，他们向北前进。马上要到马拉蒂亚时，博希蒙德认为已经到达安全之地，骑士们也放松了警惕。山中埋伏隐藏的居缪施特金突然出击，将十字军打了个措手不及。

伤寒？毒药？

布永的戈特弗里德之死：十字军的重大损失

1100 年 7 月 18 日，耶路撒冷

戈特弗里德死后，耶路撒冷宗主教达格贝尔特艰难执掌着新生的十字军国家。

耶路撒冷王国的第一位统治者布永的戈特弗里德不幸去世。此前，他曾在阿克的埃及埃米尔那里做客四周。当他赶回雅法，与威尼斯来的使节会谈时，忽然人事不省。人们迅速将他送回耶路撒冷。戈特弗

◇ 第四次十字军东征期间占领君士坦丁堡的舰队（法国图书插画，1490 年）

拜占庭和意大利港口城市控制地中海

罗马帝国分裂之后，拜占庭成为地中海区域无可争议的霸主。那时，同十字军时代一样，控制地中海主要靠可以迅速投入使用的舰队。尽管穆斯林军队后来攻占了伊比利亚半岛和西西里，但是他们不具备控制地中海所需的海军力量。舰船制造方面，阿拉伯人全都靠从拜占庭投降或者俘虏的工匠，这些人泄露了拜占庭造船的秘密。而且，阿拉伯人比较缺乏造船需要的原材料。木材严重不足，必须从欧洲或小亚细亚进口。所以，穆斯林常常羡慕拜占庭那支装备各种船只的海军。

道蒙战舰：该战舰最多可以配备 230 支桨，每支桨可长达 7 米。这种战舰速度可达每小时 7 海里。甲板长度可达 50 米，能够运输大量士兵和重型攻城器械。

金巴里亚补给舰：这是一种规模较小却灵活的运输船只，可以运载大量货物，用于作战补给。

巡逻舰：这种小型的道蒙战船用于短距离巡逻，需要时可以为舰队通

风报信。

拜占庭舰队的真正对手，是意大利海港城市威尼斯、比萨和热那亚的战舰。为了保证商道畅通，他们制造了战斗力极强的战舰。12世纪，这些军舰成为十字军最重要的运输工具。

里德已经过于虚弱，无法工作，他的表兄弟韦尔纳·德·格莱接替了他。但是后者也很快病倒。

戈特弗里德去世后，耶路撒冷全城哀悼五天。众人把他安葬在圣墓教堂。有些历史学者认为，他被阿克的埃米尔下毒谋杀。而一些研究表明他是死于伤寒。

米兰大主教利用攻占耶路撒冷胜利带来的热潮

伦巴第人的十字军给拜占庭带来了新的动荡

1100年初夏，米兰

从圣地返回的十字军将士们带回了胜利的消息，希望有增援部队前往圣地。于是，西方社会中不少人愿意再次组织十字军。

米兰大主教布伊斯的安瑟伦发出了十字军号召，大约2万人响应。这群人大多是邪门歪道的冒险家、妇女儿童以及教士，只有很少受过训练的士兵参加这支十字军。当他们到达匈牙利边界时，拜占庭皇帝阿莱克修斯一世派了一支军队来迎接。最后，还是没能避免抢劫的发生。为了能让这支十字军迅速到达目的地，阿莱克修斯一世将他们直接带到君士坦丁堡。阿莱克修斯一世切断他们的补给，为的是赶十字军快点儿离开拜占庭。结果却起了反作用，不少十

◇ 十字军为东方的富庶所惊叹（木刻画，19世纪）

字军冲进了君士坦丁堡，冲进了皇帝的宫殿，还把皇帝最喜爱的狮子给杀了。安瑟伦费了好大劲儿才让所有人恢复平静，让大家返回营地。阿莱克修斯一世找来图卢兹的雷蒙德出面调解此事。最后在雷蒙德的劝说下，伦巴第十字军动身去小亚细亚的尼科米底亚驻扎，在那里等待其他援军。

军事上的支持给运河之城带来了商业上的优势

在威尼斯的帮助下，十字军占领海法

◇ 威尼斯人和埃及人之间的海战（油画，约 1600 年）

1100 年 7 月底，海法在十字军于内地取得胜利的同时，海法，这座巴勒斯坦的海港城市，依然控制在埃及人手中。

耶路撒冷的十字军经过艰苦奋战才占领海法。6 月，当布永的戈特弗里德听说一支威尼斯舰队到达位于海法南部的港口城市雅法时，便产生了利用这支舰队力量的想法。他动身前往雅法，与意大利人谈妥条件：若是在攻占阿克和海法这两个重要补给城市的战斗中，威尼斯海军提供支援，那么他们将在巴勒斯坦得到一系列商贸特权。戈特弗里德去世之后，威尼斯人兑现了一部分承诺：他们和耶路撒冷宗主教达格贝尔特以及塔兰托的坦克雷德一起夹击海法，而海法城中只有为数不多的埃及守军。由于知晓破城之后可能面对的厄运，海法当地的犹太人进行了顽强抵抗。在一场战斗中，威尼斯损失了一艘军舰。

攻占海法后，十字军屠杀了大多数犹太人和穆斯林，剩下的一小部分幸存者逃往阿克或凯撒利亚。

宗主教达格贝尔特的权力有了新界限

鲍德温一世成为耶路撒冷国王

1100 年 12 月 25 日，伯利恒

埃德萨的伯爵鲍德温加冕成为这个十字军王国的第一位国王。

在圣诞教堂，宗主教达格贝尔特加冕布洛涅的鲍德温为耶路撒冷国王。布永的戈特弗里德没有子嗣，他的兄弟鲍德温宣布继承这一统治权。他将埃德萨伯国交给了表兄弟鲍德温·德·拉·布尔克，并带领 1000 名骑士于 10 月 2 日出发前往耶路撒冷。在贝鲁特附近的凯勒卜河边，他遭遇了穆斯林军队。尽管对手人数众多，鲍德温还是通过高超的战术击溃敌军。11 月 9 日，他在全城人的欢呼中进入“圣城”耶路撒冷。两天后，他接受了“耶路撒冷国王”的头衔。

对于达格贝尔特而言，这意味着他的梦想破灭了：耶路撒冷不能成为第二个教皇国。为了能保有自己的政治影响力，他与鲍德温结盟。这位新国王应该会友好合作，因为鲍德温并不想与教皇为敌。另外，他也想让达格贝尔特的盟友比萨海军能为己所用。

◇ 海港城市凯撒利亚的城墙

清真寺中的屠杀

十字军的暴行

1101 年 5 月 17 日，凯撒利亚

攻占凯撒利亚时，十字军再次犯下暴行。在比萨海军的帮助下，鲍德温一世率军攻占凯撒利亚。

3 月，鲍德温和刚刚抵达巴勒斯坦的意大利海军达成协议：若是攻城成功，比萨海军将得到所有战利品的三分之一。不久，联军先攻取

阿尔苏夫，然后进军凯撒利亚。围攻两周，这座防守坚固的海港城市陷落。十字军又开始了一场暴行。他们洗劫并且焚烧了大部分城区。“许多本来可以生还的人，因为把金银宝石吞进了肚子而惹来杀身之祸；他们被开膛破肚，只为取出宝石”，编年史作者、提尔的威廉这样写道。一些穆斯林逃到清真寺，但鲍德温的军队攻进清真寺进行屠杀。这次血腥暴行，让人想起了当年十字军攻陷耶路撒冷。

统治该城的埃米尔缴纳了巨额赎金，得以幸免。

伦巴第十字军的终结

梅尔辛的惨败

1100 年 7 月中，梅尔辛

这次胜利让阿拉伯埃米尔们在小亚细亚的势力得到了扩张，塞尔柱苏丹基利吉·阿尔斯兰一世将他的统治区域扩展到了安纳托利亚中部。对于拜占庭来说，十字军的过度自信导致了战略要地易手。

◇ 与撒拉森人交战的十字军（14 世纪细密画）

在哈兰和阿勒颇埃米尔军队的支援下，塞尔柱和达尼什曼德的穆斯林联军战胜了来自伦巴第、法国和德国的十字军。

意大利人无须再在小亚细亚的尼科米底亚继续等待援军。1100 年 5 月，法国十字军在布卢瓦的斯蒂芬的带领下到达小亚细亚。不久，由神圣罗马帝国皇帝亨利四世派遣的德国十字军在康拉德将军的带领下也顺利抵达。在君士坦丁堡，他们遇到了在阿莱克修斯一世皇帝宫廷中停留的图卢兹伯爵雷蒙德四世。

他们愿意推举雷蒙德四世做领军人。

三支军队一起向圣地进发。他们在安卡拉遇到了第一场小战。尽管这座城归属塞尔柱突厥人，但是十字军并没有遇到大的抵抗。雷蒙德按照约定将安卡拉归还给了拜占庭皇帝。

接下来的事实表明，塞尔柱突厥人的不抵抗是战略措施。塞尔柱苏丹基利吉·阿尔斯兰已经占领了十字军前面的道路。还有另外一支穆斯林军队参战，达尼什曼德的埃米尔因担心自己的统治遭到威胁，而和塞尔柱人结成同盟。

十字军浑然不觉地向东方进发。梅尔辛城附近，他们遇到了穆斯林联军。康拉德将军率领的德国十字军率先陷入包围圈，雷蒙德以及伦巴第和法国十字军立刻投入作战准备。

箭雨两日不断，十字军败下阵来。首先是伦巴第十字军溃败，接着雷蒙德的军队也撤回黑海。这样一来，剩下的妇孺还有神职人员及伤员病号均成为穆斯林军队的猎物。逃跑的伦巴第人也有许多被俘或者被杀。幸存者们都被卖做奴隶。几位首领，图卢兹的雷蒙德、布卢瓦的斯蒂芬、布伊斯的安瑟伦以及康拉德，则逃回了君士坦丁堡。

被贩卖到后宫？

藩侯夫人伊达下落成谜

1100年秋，赫拉克利亚

一位参加十字军的侯爵夫人伊达，产生了无数传奇。阿基坦公爵威廉九世率领的十字军被塞尔柱人偷袭，饥渴的大军正在赫拉克利亚附近的河流休整，结果被岸边巡逻的塞尔柱突厥人突袭。大军覆灭。

与公爵同行的，还有萨尔茨堡的大主教提摩和奥地利藩侯夫人伊达。大主教在战斗中身亡，第一批十字军将领、韦尔芒多瓦的雨果受重伤，不久身亡。只有阿基坦公爵威廉九世侥幸逃脱。而奥地利藩侯夫人伊达的下落，没有任何编年史作家记载。野史和传说很快出现——风传她被俘后，卖到了后宫，并且生下了一个儿子，这就是后来的穆斯林将军伊马德丁·赞吉。

战胜法蒂玛王朝军队

拉姆拉之战

1101 年 9 月 7 日，拉姆拉

在拉姆拉，十字军又一次成功抵御了埃及法蒂玛王朝军队的进攻。

破晓时分，鲍德温一世带领约 1200 名训练有素的士兵偷袭了法蒂玛王朝军队。这支轻装的敌军有大约 3 万人。法蒂玛王朝的军队成功阻挡了十字军的第一波进攻，最终还是败下阵来，溃败逃走。

亚实基伦惨败之后，法蒂玛王朝的维齐尔阿尔—阿法达重整旗鼓，谋划消灭巴勒斯坦的十字军。他派遣大军，任命马木留克将军沙阿德·阿德·达乌拉赫·埃尔—卡瓦里为统帅。9 月初，穆斯林军队抵达雅法附近的拉姆拉。已得到情报的鲍德温一世已经率军等待敌人出现。

海上的保护

威尼斯派出舰队

1102 年，威尼斯

让意大利商业城市威尼斯感到不悦的是：还有许多巴勒斯坦的海岸城

◇ 威尼斯总督和他的九名参政（插图，14 世纪）

十字军促进了海上贸易：与东方的贸易带来巨额利润

耶路撒冷王国的建立为地中海上的贸易带来了新的动力。6 世纪罗马帝国衰落以后拜占庭和阿拉伯人都没能建立新的系统性贸易。尽管亚历山大港和安条克依然是重要的贸易中心，但是直到 10 世纪意大利的海岸城市威尼斯、比萨、阿马尔菲和热那亚才又恢复了古老的商道。而十字军则为这些城市的进一步扩张带来了新的契机。

随着十字军的不断开疆拓土，意

大利的商人们终于可以直接贩卖东方的物品：粮食、酒和奢侈品，丝绸、宝石和香料被大批运到君士坦丁堡，从那里运往欧洲和阿拉伯国家。

为了保护海上贸易，这些贸易城市不仅建造运输船，还制造战舰。使得他们能够防御阿拉伯海盗，保护自己的商船。对于十字军而言，这些海军在进攻巴勒斯坦的海港城市时有着重要作用。而意大利人提供帮助也可以获得不少好处：运输战争物资，比如武器、马匹、木材和食物也能赚取许多利润。

地中海贸易的复兴有着长远的影响。新成立的大型商贸集团开始帮助商人们运输物品。银行家们从 1200 年开始提供跨国的金融结算业务，比如存款、兑换和信贷，为贸易提供了巨大帮助。

十字军国家的封建系统：西方制度的复制

新成立的这些十字军国家采用了和西方一样的封建制。对于统治者而言，他们比较熟悉这一制度，封建制也符合圣地的特殊情况。

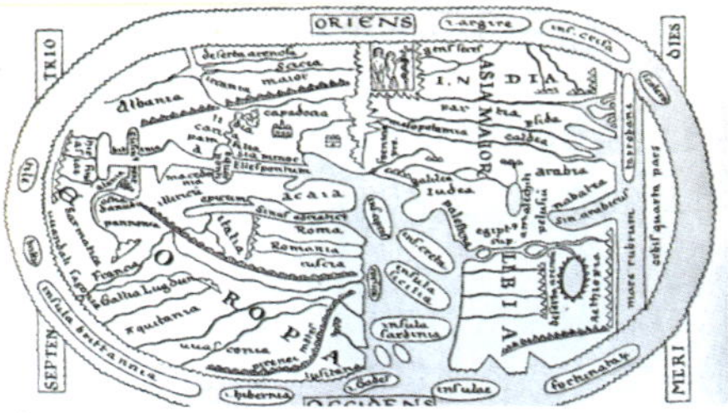

◇ 从东方到西方：圣瑟韦绘制的世界地图（11 世纪）

市依然控制在法蒂玛王朝手中。

威尼斯总督派遣了一支装备精良的军队向圣地进发。他们要为拜占庭的奢侈品在西方寻找新的商机。

比萨海军曾帮助鲍德温获得了丰厚的贸易优惠，而另一座意大利海港城市阿马尔菲也因为支持十字军而获得了不少特权。威尼斯必须迅速行动，战胜这些竞争者。

在教权与政权的斗争中耶路撒冷国王胜出

鲍德温一世废黜了耶路撒冷宗主教达格贝尔特

1102 年秋，耶路撒冷

尽管耶路撒冷宗主教给鲍德温加冕，双方还是暗中展开权力的角逐。

◇ 鲍德温一世渡过约旦河，在耶路撒冷建立稳固统治（14 世纪手绘本）

在与教皇派来的新使节波尔图的莫里茨商量之后，鲍德温废黜了不受欢迎的耶路撒冷宗主教达格贝尔特。不久之后召开的一次宗教会议确认了这一决定。他的接任者是神父埃弗瑞玛·德·泰鲁阿讷——一个对权力看得比较轻的人。

鲍德温在权力争执上不让分毫。他四处散播谣言，说耶路撒冷宗主教要杀害他。这种谣言让达格贝尔特毫无选择余地。过不久他又指责

◇ 一位骑士从他的封臣那里接纳税捐（细密画，约 1300 年）

封建制金字塔的顶端，是十字军国家的统治者。国王或者贵族将土地——尤其是那些地中海沿岸、加利利海和约旦河谷丰产富饶的土地——分给十字军的参与者，用来补偿他们在旅途和征战中所付出的辛苦。除了骑士和教会之外，为十字军提供军事帮助的意大利商贸城市也获得特权和土地。获得土地的封臣们将土地转租给农民，而农民需要上缴粮食。在战争时期，农民也需要承担义务。领主则要提供给农民足够的保护，不受敌人侵扰。

十字军国家刚成立时，所有统治者都要面临一个未曾想到的难题：尽管参加十字军的人很多，但是十字军国家建立后很多人都返回了欧洲。很快，到处都缺乏劳动力，所以不得不将土地也分封给穆斯林。昔日的敌人反而成了最重要的经济因素。对于穆斯林的农民来说，生活并没有太大改变。他们的新领主并不比过去的伊斯兰领主要得更多：土地产量的三分之一，并且还有酒和油产量的一半。

与西欧封建制不同的是，十字军国家的封建制根基不深。耶路撒冷国王、安条克亲王、埃德萨和的黎波里

伯爵无法信任下属的无条件忠诚。为了不形成新的朝代，所有的封地在封臣死后都必须归还统治者，而统治者再把这些土地重新分配。这种制度应该能够应对内部的争斗，让统治者保持权力。

中世纪骑士的铠甲

在战斗中不受伤害——这就是铠甲防护的原则。只有在特殊条件下，骑士们才会采用罗马时已经发展得比较完备的防护服。受阿拉伯人的启发，他们把片甲发展成了锁子甲。锁子甲由细小的铁环编制而成，这种甲透气性良好，不仅抗劈砍，而且在炎热的近东也更有优势。当然，锁子甲也不是毫无缺点，例如缝隙间很容易被利器穿透。更好的防护，需要在关键部位戴上板，慢慢便形成了全身甲。这种全身穿着的装甲14世纪已经非常成熟。

除身体之外，头部是需要重点保护的位置。骑士必须使用头盔，往往是带有护鼻的头盔。这种头盔靠底部的环甲还保护脖子。12世纪慢慢发展出了水桶头盔，其护面可以在比武休息时打开。这种重型头盔让骑士有着骇人的外表。为防护矛

◇ 黑斯廷斯战役中的诺曼骑士（贝叶挂毯）

达格贝尔特侵吞了阿普利亚的捐款，这些本来是为王国捐献的。最终在达格贝尔特的住所找到的2万拜占庭金币，似乎印证了这个指控，而最终导致达格贝尔特下台。

安条克亲王被巨额赎金买回

鲍德温为博希蒙德支付了巨额赎金

1103年初，马拉蒂亚

博希蒙德屈辱地成了突厥人的俘虏。交付赎金后，他得以返回安

◇ 博希蒙德与法国国王腓力一世的女儿康斯坦丝公主结婚

条克。他的代理人坦克雷德获得一小块封地。

为赎回博希蒙德，埃德萨伯爵鲍德温·德·拉·布尔克花费了10万拜占庭金币。被囚禁两年半的博希蒙德终于回到了安条克城。

在此之前，达尼什曼德埃米尔马立克·加齐·居缪施特金已经和拜占庭皇帝阿莱克修斯一世就赎金问题有所接触。由于埃米尔的封君、塞尔柱苏丹基利吉·阿尔斯兰一世想要分得赎金的一半，所以双方未能就赎金金额达成一致。这时，鲍德温·德·拉·布尔克采取行动，和伯恩哈德宗主教一起筹集了赎金。

刺和斧剁以及弓箭，骑士一般还有盾牌。盾牌上一般印有自家的家徽纹章，喜欢简约者则画上十字架。盔甲随着时代的发展，防护性越来越好，却限制了机动性。由于盔甲比较昂贵，所以步兵一般只能轻装上阵。农民和没有土地的人只能手持简单的盾牌。13世纪，铁丝制作技术成熟，普通的士兵也能用得起锁子甲了。

贝叶挂毯提供了直观的11世纪骑士装备图。这一写实挂毯由奥多·德·巴约主教出资，描画了诺曼人在“征服者”威廉带领下征服英格兰的情景。

恢复自由之后，博希蒙德攻占了阿勒颇附近的小城穆斯利米亚。他向当地人征收重税，用来偿还鲍德温的赎金。

叙任权之争依然继续

教皇羞辱神圣罗马帝国皇帝亨利四世

1103 年 1 月 6 日，神圣罗马帝国

神圣罗马帝国新的叙任权之争中，亨利四世再次向教皇妥协，请求回到教会的怀抱。

亨利四世皇帝因为叙任权的问题被多次逐出教会。这一次他发誓：若是能够解除“革教令”，他将参加十字军前往圣地。

就在此前一年，教皇帕斯卡二世刚刚对亨利四世下了“革教令”。这样一来，皇权岌岌可危。但是皇帝的这一努力没有任何作用，教皇拒绝了他的请求。

鲍德温与胡子

埃德萨伯爵用胡子做抵押

1103 年，埃德萨

鲍德温·德·拉·布尔克于 1101 年从堂兄弟耶路撒冷国王鲍德温一世那里得到了埃德萨伯国。在敛财方面，他显示出了独特的创造力。

鲍德温·德·拉·布尔克把自己的胡子抵押给了自己的亚美尼亚岳父。这位埃德萨的伯爵相当开明，在军队中重用亚美尼亚人，并且与当地公主、梅利泰内的莫菲娅结婚。缺钱的时候，他向自己的岳父开口。称若是不立即给他 3 万拜占庭金币，他就把胡子割下来。对于亚美尼亚人而言，胡子是男性阳刚而不可放弃的象征。所以，岳父只好答应鲍德温的要求。

耶路撒冷王国的商业重镇

十字军攻占最重要的海港城市阿克

1104 年 5 月 6 日，阿克

十字军到达圣地之后，阿克一直因防守坚固而没有被攻陷。待攻克后，阿克成为耶路撒冷王国的经济中心。

◇ 耶路撒冷国王鲍德温一世率军与突厥人交战（细密画，1462 年）

耶路撒冷国王鲍德温一世开始第二次进攻阿克。热那亚派出 40 艘军舰封锁海面，十字军则从陆上进攻。

1099 年 5 月，十字军第一次抵达阿克。当时的行政长官做了非常明智的选择：送给十字军大批食物，这总比让十字军来抢劫或者攻城好。十字军在此停留两天，继续

出发了。这一年末，布永的戈特弗里德像对待其他法蒂玛王朝的海港城市——如亚实基伦、凯撒利亚和阿尔苏夫——一样，对阿克采取坚壁清野政策，在城中制造饥荒。但是，这些措施并没有起到期望的效果。

与其他海港城市相比，阿克有着特别的优势。这座城市的港口带有要塞，而且气候适宜。凯撒利亚虽然也是港口，但是由于水深较浅，大型船只运载货物到此必须换船。海法虽然水深适宜，但是临近加尔默罗山区，会有无法预计的狂风。

耶路撒冷王国攻占了大多数海港城市，航路上还是强盗横行。经常有海盗从阿克出发，袭击基督徒的商船，把船上所有的人贩卖为奴。戈特弗里德的继任者鲍德温一世下定决心攻取阿克。他率领 5000 人的庞大队伍，加上一些英国战舰，于 1104 年开始了对阿克的军事行动。

开始时，军事行动似乎取得了成功。城中的居民放弃抵抗，准备投降。就在这时，法蒂玛王朝派战舰从提尔和的黎波里出发，前来营救。这支舰队不仅带来了援兵，还带来许多守城机械，其中还有令人生畏的“希腊火”。被围困的阿克顿时奋力还击，鲍德温的部众死伤惨重。国王被迫带着残兵败将撤退。鲍德温也在战斗中受了重伤。

当热那亚舰队到达时，局势有了新变化。鲍德温进行了第二次军事行动。这一次，阿克城中的法蒂玛王朝马木留克长官本那 · 扎尔望眼欲穿，却没有等来援军。20 天后，即 5 月 26 日，他决定献城投降，条件是十字军不能伤害城中愿意离开的人。鲍德温同意了这个要求，并且保留了当地的清真寺。

不过，国王的盟友热那亚人可没有这么好心。本来已经得到三分之一战利品的他们，不同意鲍德温的决定。他们追杀从城中逃出的人，为的是抢劫财产。“他们被贪婪蒙住了双眼。”编年史作者、亚琛的阿尔伯特这样评论道。鲍德温对热那亚人的行为感到非常愤怒。直到耶路撒冷宗主教埃弗瑞玛在其中调解，才让各方重归于好。

攻占海港城市阿克，是鲍德温最大的功绩之一。这座城市成为耶路撒冷王国的主海港。热那亚人与鲍德温达成谅解之后，在阿克建立了一个贸易区，这大大促进了贸易的发展。一系列优厚的商贸特权，让热那亚长时间生意兴隆。

十字军国家（海外国家）
安纳托利亚
菲罗梅隆
鲁姆－塞尔柱苏丹国
凯撒利亚
伊康
赫拉克利亚
小亚美尼亚
塔尔索斯
塞琉科西亚
埃德萨伯国
埃德萨
1144
安条克
阿勒颇
安条克公国
萨永
塞浦路斯王国
凯里尼亚
加斯特利亚
塞浦路斯
法马古斯塔
利马索尔
科洛西
哈马
迈斯亚夫
托尔托萨
霍姆斯
的黎波里
克拉克骑士堡 1142
的黎波里伯国
贝鲁特
贝尔福特
西顿
大马士革
1148
提尔
地 中 海
阿克
海法
海法 1187
凯撒利亚
阿尔苏夫
1191
贝尔沃
巴士特拉
雅法
阿拉伯游牧民族
亚实基伦
1099
安曼
加沙
耶路撒冷
罗塞塔
达米埃塔
卡拉克（摩押的卡拉克）
亚历山大港
耶路撒冷王国
法蒂玛阿里发国 1171
蒙特利尔城堡
开罗
法老岛
埃依拉
1144 年左右边界
拜占庭帝国 1144 年左右
拜占庭帝国 1204
伊斯兰国家 1204
十字军的胜仗
十字军的败仗
骑士团的城堡
其他的十字军城堡或者要塞城市
穆斯林的城堡或者要塞城市
阿萨辛派城堡
海外的十字军国家
安条克公国 1098—1268
埃德萨伯国 1098—1144
的黎波里伯国 1109—1289
耶路撒冷王国 1099—1187
1229 年之后的耶路撒冷王国
小亚美尼亚王国 1198—1375
十字军国家在 1204 年左右的边界
0
400 km
0
300

◇ 十字军国家地图

热那亚人盛传，这些特权条文用黄金镶嵌在了圣墓大教堂内。最后，这一传言被证明是谣传。

十字军的惨败

基督徒被突厥联军消灭

1104 年 5 月 7 日，哈兰

在十字军的不断进攻之下，摩苏尔和马尔丁的埃米尔合兵一处。

突厥军队趁着凌晨，偷袭埃德萨和安条克的联合十字军，几乎将其全歼。十字军方面有上万人在战斗中丧生。

来自安条克的博希蒙德和坦克雷德，以及埃德萨的伯爵鲍德温·德·拉·布尔克，得知突厥人两支军队合兵一处，便决定进攻突

◇ 友好的旁观者：穆斯林在观看骑士比武（手绘本）

十字军国家中的日常生活

在教皇乌尔班二世和拜占庭皇帝阿莱克修斯一世眼中，穆斯林是一群不开化的野蛮人。十字军接触到的事实却并非如此。很快，他们学会和当地人和平相处。不过，十字军还是划定了清晰的社会界限。穆斯林、犹太人和东正教徒属于二等人。作为标志，所有非天主教徒都必须身着特别的服装。

很短时间内，十字军就适应了当地生活。“从前的西方人现在变成了东方人，从前的罗马人或者是法兰克人，现在变成了加利利人或巴勒斯坦人。我们忘记了自己出生的地方。”编年史作者、沙特尔的富尔彻这样写道。他还记录，有些法兰克人与改宗的叙利亚人或撒拉森人结婚。还有一些编年史作者，比如阿拉伯人乌萨玛，认为基督徒和穆斯林之间结成了深厚的友谊。

很快，圣地便产生了一种新的混合文化，甚至连语言都不再是障碍：“人们说着不同的语言，依然彼此可以无障碍交流。这些各异的语言仿佛成了国家的官方语言，而信任让不同种族彼此亲近。”

厥要塞哈兰。很快，要塞被攻下，但是因为归属问题，十字军首领之间产生了争执。这给了突厥人可乘之机。他们趁十字军不备，一举偷袭成功。

博希蒙德和坦克雷德侥幸逃走，鲍德温·德·拉·布尔克则被俘。

十字军运动的转折点

新的目标：消灭拜占庭

1105年秋，罗马

受了塔兰托的博希蒙德夸张描述的影响，教皇号召消灭拜占庭。这给正在觊觎拜占庭权力的十字军帮了大忙。

教皇帕斯卡二世在颁布的一道教令中，将拜占庭皇帝阿莱克修斯一世列为西方教会最大的敌人。至此，十字军运动不再是对“异教徒”的战争，而开始针对东正教。

◇ 教皇帕斯卡二世改变了十字军的目的

1103年，在塔兰托的博希蒙德终于重获自由返回安条克时，他面临着一个新的问题：显然，拜占庭皇帝阿莱克修斯一世想要夺取十字军占领的土地。在奇里乞亚，就有一些塔兰托的坦克雷德攻占的城市被拜占庭夺去。同时，阿勒颇的埃米尔拉德温又开始将失守的城市一个个地夺回来。他的军队正迅速逼近安条克。

情况这么危急，博希蒙德只能返回家乡，再次招募人马增援。1105年初，他在塔兰托召集了许多骑士和步兵。他又前往罗马，为自己对拜占庭的军事行动争取支持。

穆斯林纪年第500年导致了末世恐慌

穆斯林认为世界即将毁灭

1106年9月2日，阿拉伯世界

◇ 带有装饰文字的《古兰经》（1389 年）

在许多穆斯林看来，十字军的出现是末世的征兆。

按照穆斯林纪年，1106 年正是第 500 年，这一年开始有许多关于世界即将毁灭的谣言。伊斯兰教先知穆罕默德曾经预言，一轮从西方升起的黑色太阳将导致时间的终结，野蛮人将会踏平阿拉伯文明。那时将出现一位马赫迪，他是真主安拉派遣来将公平送还给穆斯林的。在穆斯林的最终胜利之前，耶路撒冷会被基督徒夺去。但是最终穆斯林将会占领君士坦丁堡。

对拜占庭的神圣战争失败——十字军大败而归

博希蒙德成为拜占庭的手下败将

1107 年 10 月 13 日，迪尔拉奇乌姆

博希蒙德进攻拜占庭失利，让拜占庭帝国和十字军之间的紧张关系雪上加霜。

塔兰托的博希蒙德进攻拜占庭要塞迪尔拉奇乌姆。拜占庭皇帝阿莱克修斯一世从容应对：他派兵封锁了博希蒙德大军补给的道路，没有任何补给能够到达前方。1108 年 9 月，博希蒙德的军队被饥饿和瘟疫削弱了战斗力，以至于军中的诺曼人哗变。此役后，尽管博希蒙德能够继续在安条克统治，但是要他成为拜占庭皇帝的封臣。这样丰厚的条件他并没有接受，而是返回了家乡，没有再踏上巴勒斯坦的土地。1111 年，他心力交瘁，死于家乡阿普利亚。

“拜占庭皇帝是基督教的敌人”——教皇帕斯卡二世发出这条消息后，博希蒙德于 1105 年从罗马前往法国。在教皇特使布鲁诺的陪同下，他想要招兵买马参加对拜占庭的战争。在法国国王腓力一世的宫廷中，他结识了许多法国贵族。在诺曼底，他遇到了英格兰国王亨利一世。亨利一世的妹妹——伯爵夫人布卢瓦的阿德拉为博希蒙德保媒，让他和法兰西国王的女儿康斯坦丝喜结连

理。婚礼于 1106 年 6 月举行。阿德拉是 1102 年第二次拉姆拉战役中阵亡的布卢瓦的斯蒂芬的遗孀，这位性格刚强的女贵族借婚礼之机向众位到场的世俗和宗教贵族发表演说，讲述其亡夫的英勇和临死前的惨状。于是，许多到场的贵族立即表示愿意支持博希蒙德的十字军计划。同月，博希蒙德和教皇特使布鲁诺又在普瓦捷的宗教会议上发出号召。支持他们计划的，还有从君士坦丁堡逃出来的政治避难者，他们曾受过阿莱克修斯一世的迫害。

同年末，博希蒙德还前往阿普利亚。在那里，这支法国人和诺曼人组成的十字军完成集结。3.4 万人的大军从布林迪西出发，前往拜占庭。

◇ 博希蒙德在西方进行新的十字军宣传：法国十字军登船（手绘本插画）

攻城 2000 天
的黎波里被十字军攻破

1109 年 7 月 12 日，的黎波里

十字军国家里，最后一个成立的是的黎波里伯国。它的领主是耶路撒冷王国的封臣。

十字军攻占海港城市的黎波里的战斗持续了五年多。

早在 1103 年，图卢兹的雷蒙德就建立了蒙斯 · 佩里格利努斯城堡（又名的黎波里要塞），守住了这个半岛的入口。从这个城堡，十字军正好可以俯瞰的黎波里城。不过，城中的居民进行了最顽强的抵抗。1104 年秋，他们在长官法赫尔·穆尔克·拉德温的带领下突破封锁，烧毁了十字军建立的城堡。1105年2月，雷蒙德就因在这次战斗中被严重烧伤而去世。

双方达成了表面上的和平协议，暗中都在找机会发起进攻。1108年3月，法赫尔·穆尔克·拉德温出城前往巴格达，去向那里的苏丹穆罕默德请求支援，但是没有成功。8月他返回时，的黎波里已经归顺了法蒂玛王朝。法蒂玛王朝的维齐尔阿尔—阿法达许诺派来一支庞大的援军。

十字军利用这个时段的权力真空，重整旗鼓组织了决定性的进攻。新任长官沙拉夫·阿德—达乌拉赫投降后，鲍德温一世答应保证所有居民安全。但是，同盟的热那亚人又一次没有遵守协议，洗劫了城市。

◇ 图卢兹的雷蒙德在的黎波里建立的城堡（复原图）

阿努尔夫再次成为宗主教

宗主教人事变更

1112年，耶路撒冷

再次当选耶路撒冷宗主教的阿努尔夫·马勒康涅是鲍德温一世的理想拍档。对于他来说，支持国王比保有教会权力更重要。

曾经担任过第一任宗主教的阿努尔夫·马勒康涅·德·罗德斯再次当选该职，结束了长久以来圣城宗主教的人选之争。

1108年罗马的一次宗教会议决定，达格贝尔特由于贪污被废黜后，他的继任者埃弗瑞玛也遭废黜。此时达格贝尔特已经去世，教皇帕斯卡二世任命阿尔勒大主教吉伯林·德·萨布兰为耶路撒冷宗主教。任职三年之后，吉伯林去世。这样，鲍德温一世终于可以让曾在1099年担任宗主教的阿努尔夫接任原职了。

斯堪的纳维亚人在圣地

挪威国王西格尔一世的十字军东征

1110年10月末，西顿

第一位欧洲国王到访圣地，受到了耶路撒冷国王鲍德温一世的热情接待。挪威国王西格尔帮助耶路撒冷王国征服了叙利亚海岸。

在西格尔一世所率舰队的帮助下，十字军开始进攻海岸城市西顿。提尔的一支穆斯林舰队赶来援救，爆发了激烈的海战。本来挪威人几乎战败，但是威尼斯舰队的出现扭转了战局。

在没有任何出路的情况下，西顿的地方长官想出了一条毒计：他贿赂鲍德温一世的一个仆人，要他刺杀耶路撒冷国王。这场阴谋最终被西顿的基督徒揭露——他们把一封信绑在箭上，射到了城外的十字军营地。鲍德温一世确定了这名仆人的罪行，将其吊死。西顿的防线彻底崩溃，于12月6日投降。鲍德温一世对撤退的军民放行，但挪威人和威尼斯人还是对他们进行了洗劫。

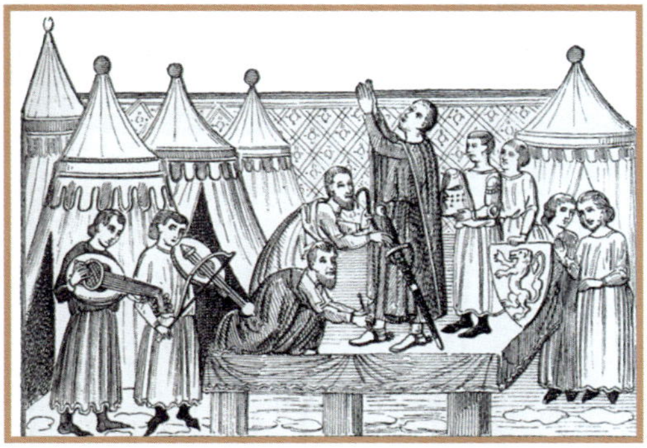

◇ 在盛大的欢迎仪式中十字军骑士为圣地之行披挂整齐（现代插画）

作为奖赏，威尼斯获得了一座教堂以及许多商业特权，还有阿克的土地。相比之下，挪威国王的要求相当朴素：他只要求一块基督受难真十字架上的木头。

西格尔和自己的另外两个兄弟共同统治挪威。1103年，挪威国王“赤脚”马格努斯在爱尔兰战死，他的三个儿子奥拉夫、埃斯泰因和西格尔继承了这个政治相对稳定的国家。西格尔认为，自己统治奥克尼群岛大材小用，所以想到东方冒险一试身手。圣地胜利的消息传来，他便召集了一支舰队，出发参加十

◇ 挪威早期基督教的见证：乌尔内斯的木板教堂（11 世纪）

字军。1107 年，这支拥有 60 艘军舰的十字军正式出发。他们穿过北海，沿着大西洋海岸一路抵达地中海。一路上，他还顺道支持了伊比利亚半岛上的收复失地运动，参加了圣地亚哥—德孔波斯特拉、里斯本和巴利阿里的战役。

到达阿克，耶路撒冷国王鲍德温一世热情接待了这支舰队。斯堪的纳维亚人来得正是时候，鲍德温一世正想要进攻西顿。

1107 年，鲍德温一世尝试过进攻西顿。这座古老的腓尼基人城市于公元 638 年落入穆斯林之手。第一次尝试时，有丹麦、英国和荷兰组成的联合舰队提供帮助。就在战斗打响之前，西顿地方长官答应向鲍德温一世支付 15000 拜占庭金币，条件是后者放过西顿。讲求实际的鲍德温一世接受了这笔买卖，将联合舰队送上了返乡之路。

不过，停火协议仅仅维持了一年——他又一次率军围城，这一次靠的是意大利海军的帮助。然而，埃及舰队赶到，将进攻者击退。直到两年之后，鲍德温一世才和挪威人一起拿下西顿。

在圣地取得胜利之后，西格尔从陆路回到了挪威。他的封臣们热情欢迎他，尊称他为“耶路撒冷朝圣者”（Jorsalafari）。圣地之行让西格尔的信仰更加坚定，更热衷于支持教会，实行什一税。后来在挪威民间传说中，经常将西格尔的英雄东征，和他兄长埃斯泰因的和平措施相提并论。

十字军国家的平稳时期

1113—1143 年

综述（1113—1143 年）

十字军国家建立之初，必须为生存而焦虑。而在 12 世纪的前 40 年中，十字军国家却迎来一个相对和平的时代。这个时期一直持续到 1144 年塞尔柱突厥人攻占埃德萨伯国。在这段时间中，十字军国家逐渐发展成为以西欧封建制度为样本的稳定国家。当耶路撒冷国王鲍德温一世于 1118 年去世时，十字军国家已经趋于政治稳定。尽管穆斯林军队时常从南方和东方进犯，但是十字军的防卫力量足够抵御。富尔克国王时代（1131—1143 年），十字军国家开始巩固边界。富尔克发展了一套复杂的边防系统。12 世纪，耶路撒冷王国总共建造了 75 座城堡保卫圣地，守卫这些城堡的都是国王的亲信。在富尔克继任者鲍德温三世的带领下，耶路撒冷王国扩张到了前所未有的程度。

武装朝圣的热潮在欧洲渐渐消退，参加武装朝圣的人数大大减少。尽管在 1106 年到 1107 年间、1120 年、1128 年及 1139 年都有东征号召，但是响应者寥寥。比如法国的利穆赞地区，1102 年到 1156 年间没有一个人出发前往圣地。曾经是东征大省的香槟地区也是如此，普罗旺斯亦是。对于 12 世纪的骑士们而言，第一次十字军东征已经完成了任务。此时和平朝圣非常盛行。12 世纪早期，来自利穆赞、香槟的朝圣者大多是这一类，其中不乏贵族。比如特鲁瓦伯爵雨果，他分别于 1114 年和 1125 年去圣地朝圣，最后加入了圣殿骑士团。

温和的政权

四个十字军国家——耶路撒冷王国、安条克公国、的黎波里伯国和埃德萨伯国的贵族们努力从西方吸引农民来定居。同时，新的和平政策的实施，让十字军国家早期那种互相不信任的情况逐渐好转，穆斯林和犹太人都可以正常生活。十字军国家的国土面积广大，完全靠西方移民无法解决人口匮乏问题。穆斯林可以定居耕种，继续生活，而不断扩展的贸易促进了合作。靠近海岸的丰饶土地主要由穆斯林农民耕种，只需要上缴税赋。自1120年起，宗教宽容政策开始实行，犹太人、穆斯林和东正教徒可以在一定条件下自由信教。穆斯林和犹太人属于较低阶层，他们可以参观圣地，但是不允许居住在圣城中。东正教徒比这两者地位更高，不过大的城市都由拉丁教会的主教来管理教会事务。

骑士团形成国中之国

十字军国家的力量因为骑士团的存在而得到明显增强。三大骑士团是圣约翰骑士团、圣殿骑士团和条顿骑士团。骑士团是武装修会，遵守修士的清规戒律，同时参与战争。尽管骑士团也属于教士阶层，但是人数并不多，而领导权掌握在世俗人手中。最早在圣地成立的骑士团是圣殿骑士团。1119年，这个骑士团成立于耶路撒冷圣殿区阿克萨清真寺的侧殿中，因而得名。圣殿骑士团一开始为前来朝圣者提供从雅法到耶路撒冷的武装护送。后来骑士团才参加到战争中。圣殿骑士团的诞生，对基督教社会而言是新的转变：守护正义而拿起武器是为博爱服务的一部分。克莱沃的伯纳尔德在他的文章《有关武装服务的褒贬》中驳斥了批评的意见。圣殿骑士团成立后，圣地不再有新的骑士团成立。耶路撒冷

◇ 建设要塞：戈兰高地上的十字军城堡尼姆鲁德

王国的其他骑士团，都是由其他宗教团体转变而成。12 世纪 30 年代中叶，耶路撒冷的圣约翰医院慢慢发展为圣约翰医院骑士团。此时该骑士团是否参加战争，没有确切记载。

◇ 教皇正式承认耶路撒冷圣约翰医院兄弟会（历史画，19 世纪）

条顿骑士团的前身是条顿医院，成立于第三次十字军东征时的阿克。由于经常获得捐赠，志愿参加者如云。骑士团作为武装修会，是十字军国家的主要支柱之一，毕竟，他们是重要的常备部队。不过，骑士团各自为政，不随便屈从于政治要求，这是他们最大的限制。骑士团不是将自己定位为十字军国家的从属，而是十字军国家的伙伴。从军事上而言，骑士团随时可以投入战斗，组织严密且有着精英思维。骑士团的成员在某种意义上甚至有些宗教狂热，他们常常拒绝成为战俘，或者不愿意被用重金赎回。

穆斯林内部的斗争

不同的穆斯林统治者对十字军的态度并不相同。尽管 1105 年就有大马士革古兰经学者的著作《圣战之书》出现，但是统治者中并未有组织地展开针对十字军的抵抗行动。阿拉伯编年史中记载有突厥当权者的书信，其中有参加圣战的号召。由于突厥王朝内部的争斗正如火如荼，这种号召没有人理会。叙利亚北部的统治者是艾尔加齐，他属于阿尔图格人的部落，也是突厥人的一支。突厥塞尔柱人的帝国崩溃之后，他建立了自己的统治。阿勒颇属于艾尔加齐的统治范围，然而他绝对没有把十字军赶走的想法。在他之后掌管阿勒颇的是摩苏尔的阿德贝格伊马德丁·赞吉，他长年和穆斯林对手征战。他非常想得到大马士革，而大马士革的长官麦因·阿德—丁·乌讷尔暗中反对这一计划，所以和耶路撒冷结盟。直到 1144 年，赞吉才成为十字军国家的严重威胁。此时，他攻占了埃德萨伯国。

大马士革的苏丹偶尔会制造些麻烦。他曾要求叙利亚北部的阿德贝格图格特金与他结盟，一同抵抗十字军。1119 年确实发生了一场大战，耶路撒冷王国的军队遭受重创。由于胜利的一方产生了内部分歧，给了耶路撒冷王国喘息的机会。十字军国家恰好生存在突厥人和阿拉伯人的斗争中间，于是中东形成了新的权力平衡。只要伊斯兰世界不团结，十字军国家就没有直接的危险。十字军国家南部的埃及法蒂玛王朝确实是威胁，但是该王朝军事实力较弱，除了偶尔的袭击外，无法进行大规模进攻。

拜占庭国力增强

拉丁教会重新占领圣地削弱了拜占庭，让东正教和罗马之间的关系更加紧张。军事实力较弱的拜占庭，在阿莱克修斯一世（1081 年起）和约翰二世·科穆宁（1118 年起）年间国力不断强盛，东方的基督教帝国再次放出光芒。拜占庭是基督教帝国，这并不意味着十字军国家有了一个强大盟友。1110 年至 1130 年之间，战事不断。直到约翰二世·科穆宁即位，拜占庭才有了新的繁荣。拜占庭在安纳托利亚长年与达尼什曼德人征战，到这位皇帝时才终于占得上风。在北部，约翰二世·科穆宁打败了佩切涅格人。为了抵御西西里诺曼人的威胁，他与神圣罗马皇帝洛泰尔三世、比萨、热那亚和教皇英诺森二世结盟。当然，拜占庭并没有派军队与诺曼人交战，而是提供资金支持。战胜了奇里乞亚的亚美尼亚贵族后，约翰二世·科穆宁开始进攻安条克公国。或许他还计划进攻耶路撒冷王国。1143 年科穆宁去世，拜占庭军队随即撤退。

收复失地运动取得进展

12 世纪开始，伊比利亚半岛上的情况有了变化。莱昂和卡斯蒂利亚国王阿方索六世于 1085 年攻占了托莱多，摩尔人向北非的穆拉比特王朝求救。柏柏尔人参战后取得一系列的胜利，并将穆斯林统治的西班牙纳入自己的统治之下。穆拉比特王朝对犹太人和基督徒的迫害异常严重，因此新一波的十字军又在酝酿之中。从此西班牙成为西方抵抗穆斯林的前线。阿拉贡和纳瓦拉的阿方索一世于 1118 年打败穆拉比特王朝的军队，攻占了萨拉戈萨。从此，穆拉比

特王朝被一步步赶出西班牙。1146—1147 年，他们被穆瓦希德王朝取代。这是一个同样来自于北非阿特拉斯山脉的柏柏尔人建立的王朝，同样信仰伊斯兰教，而且奉行严格的宗教政策。

编年史大事记（1113—1143 年）

医院兄弟会出现在圣地

教皇将圣约翰医院兄弟会列入保护范围

1113 年 2 月 15 日，罗马

为朝圣者提供医疗服务的修道团体，在第一次十字军东征前就出现了。这时在圣地出现了一股新的运动，即有严格修会制度的在俗兄弟会。

教皇帕斯卡二世在通谕《仁慈的要求》中，承认耶路撒冷的圣约翰医院兄弟会为独立的团体，并列入宗座保护。此举将原本为照顾朝圣者而成立的修道团体，变为罗马教皇授权的社团。圣约翰医院兄弟会正式变成圣约翰骑士团是在 40 年之后：1154 年教皇阿德里安四世在通谕《基督教信仰宗教》中认可了该骑士团的团规。

◇ 黑袍白十字：圣约翰骑士团成员的服饰

圣约翰兄弟会出现在 1099 年，当时是由虔诚按照本笃修会会规生活的人，在小玛利亚教堂医院为朝圣者服务。耶路撒冷被十字军攻占后，一座新的更大型的医院建成。兄弟会又得到了附近的教堂，并敬献给“施洗者”约翰。医院兄弟会成立不久，就在欧洲各朝圣地点建立了分会。

圣约翰兄弟会注重“神贫”，致力为贫穷的人服务。将穷人作为上帝的肖像对待，给予他们以尊严与呵护，圣约翰兄弟会按照这个原则提供许多的服务。他们在圣地建立的医院，是后来西方医

医院事业“帮助受苦难的兄弟姐妹”

医院兄弟会的任务是照顾老弱病残，这种传统由来已久。基督教成为罗马帝国国教之后，教会成功地将助人为乐的博爱变成了社会的基本准则。第一批用来帮助受苦难兄弟姐妹的福利机构出现在埃及和小亚细亚。这些机构由教会管理，一般隶属于修道院。不管是穷人、老人、陌生人还是孤儿，只要有困难，这类机构都会提供无偿帮助。到公元 10 世纪，它们越来越专业化。1086 年，耶路撒冷成立了一家医院，专门为圣城的朝圣者服务。

第一座伊斯兰教的医院公元 766 年于巴格达成立。那时医院已经有专门的医生。到公元 10 世纪，医院的检查已经非常科学。此时巴格达最大的医院已经有 100 张床位和 24 位医生。十字军东征后，伊斯兰教的医院也促进了西方医院的快速发展。不过，医院兄弟会和现代的医院并不相同。

医院兄弟会不断地在西方城市建立新的分部。这些机构主要是供穷人

◇ 穿着会服的圣约翰医院兄弟会会长雷蒙德·杜皮伊

院的样板。12 世纪后半叶，兄弟会已经可以同时照顾 2000 人。医院分成不同科室，每个科室都有 4 名医生以及 4 名创伤医生。每个科室有 9 名看护人员。病患的信仰和心理方面还有专门的神父负责。

从一开始，圣约翰兄弟会援助性质的工作就和军事行动联系在一起。他们不仅照顾老弱病残，也提供一定的军事保护。1136 年，耶路撒冷国王将巴勒斯坦南部一座城堡交给圣约翰兄弟会，这表明该会当时就已经有军事修会性质。圣约翰兄弟会驻扎在这座城堡，是为了防

◇ 耶路撒冷的圣约翰医院遗址(1890年历史照片)

和老人生活。13 世纪已经有法律规定，大城市必须建立自己的医疗服务机构，由教会管理，但是经济上必须独立。

御力量集中在亚实基伦的穆斯林军队。几年以后，的黎波里伯爵将至关重要的军事要塞克拉克骑士堡及其守卫的边区交给兄弟会守卫。

圣约翰兄弟会从医院修会演变成军事修会，最早的证据是 1141 年接收一位贵族作为成员。三年后，历史记载中出现了第一位骑士成员。

尽管教皇并不认同这样的发展，但军事任务还是越来越多，而医院事务逐渐淡出。1206 年，新达成的会规正式确立兄弟会变为骑士团。

耶路撒冷国王犯了重婚罪

鲍德温一世与阿德尔海德举行婚礼

1113 年 8 月，阿克

陷入经济危机的鲍德温一世国王，利用一次婚姻解决了政治和经济危机。

作为国王鲍德温一世的新妇，阿德尔海德·德尔·瓦斯托在庞大舰队的护送下到达阿克。她是西西里的罗杰一世的遗孀、富有的西西里伯爵罗杰二世之母。护送她的有两艘豪华船，加上七艘装满陪嫁财宝的货船。鲍德温一世在缔结婚约之前，将自己的第二任亚美尼亚妻子赶出了宫廷，并送入了修道院。他的第三任妻子不仅富有，而且在诺曼人的西西里颇有影响力，这给鲍德温一世带来了许多政治优势。阿德尔海德同样也受鲍德温一世国王头衔的吸引。若是她和鲍德温一世婚后无子，她的儿子罗杰二世便成了耶路撒冷王国的合法继承人。

◇ 耶路撒冷王国鲍德温一世印章的正面

尽管政治上占尽优势，这场婚姻也只维持了四年。很短的时间内，鲍德温一世就消耗完了阿德尔海德带来的巨额陪嫁，将之全部用来支付士兵粮饷和建设要塞。因为并未和自己的第二任妻子正式离婚，臣民们对鲍德温一世的不满和牢骚越来越多。1117 年 3 月，身患重病的鲍德温一世最后妥协，承认自己的第三次婚姻无效。阿德尔海德带着愤怒，两手空空地离开了耶路撒冷，次年病逝于西西里。耶路撒冷王国与西西里的关系由此一度非常紧张。罗杰二世因母亲的遭遇而愤怒不已，直至 30 年后的第二次十字军东征都拒绝为圣地提供援助。

为了商道的圣战

巴利阿里群岛之战

1114 年夏，马略卡岛

◇ 矗立于巴塞罗那的雷蒙德·贝伦加尔的骑马像

正在崛起的巴塞罗那伯国，正在努力寻找扩展地中海贸易的办法。巴利阿里岛上的穆斯林是一个巨大的威胁，他们经常袭击商队。

巴塞罗那伯爵雷蒙德·贝伦加尔三世号召大家出征被穆斯林占领的巴利阿里群岛。比萨的海军将为运送军队提供帮助。

巴利阿里群岛由穆巴希尔·伊本·苏莱曼统治，此时正处在巨大的危机中。40 年前，他宣布独立，臣服于穆拉比特王朝，臣民们对此非常不满。因此，雷蒙德·贝伦加尔能在暴风雨中征服该群岛，将其置于加泰罗尼亚人的统治之下。

巴塞罗那伯爵的势力得到极大扩张。海上的商路由此畅通，与比萨和热那亚可以进行自由贸易。另外，雷蒙德因为与普罗旺斯女伯爵杜丝的婚姻，得到了法国南部。几年之后，穆拉比特的军队又将加泰罗尼亚人赶出了巴利阿里群岛。

十字军国家开创时代结束

第一位耶路撒冷国王去世

1118 年 4 月 2 日，阿里什

鲍德温一世是一位极具天赋的统治者。尽管下属未必爱戴他，但他的办事能力和远见卓识却让人折服。

在一次与埃及人交战后返回耶路撒冷的途中，鲍德温一世死在了拉姆拉主教怀里。他的遗体被送往耶路撒冷圣墓教堂安葬，长眠在兄长布永的戈特弗里德旁边。

在鲍德温的统治下，耶路撒冷王国逐渐强盛。人口不断增长，政权越加稳固。而且鲍德温一世极大地扩张了耶路撒冷王国的领土。

◇ 鲍德温一世在征途中去世（19 世纪历史画）

惩罚还是赦免?

有关赦罪的神学争论

1118 年，巴黎

参加十字军即得赦免的说法，并未能在教会法中找到根据。

神学家、圣维克托的休格（1096—1141 年）第一个对赦罪做了细致的研究。他认为，应当区别罪责和罪罚。按照他的理论，十字军的赦罪只是教会可以赦免的那些罪，而不是全部和最终的赦免。1095 年克莱芒宗教会议上也是这样定义的。

而那些鼓吹十字军的布道者宣传的是完全的赦免，也就是一个人身上所有罪的赦免——可以纯净地得见天主。然而，这并非教会的本意，布道者也并没有提醒大家注意。在第一次十字军东征之后，神学家们开始争论，参加十字军到底可以在多大程度上赦免人的罪过。

12 世纪，教皇们越来越强调参加十字军的赦罪作用。这种说法若以圣维克托的休格的标准判断，在神学上并不完备。参加东征只能赦免一些犯下的罪过，不是永久且完全的赦免。

十字军编年史作者：理想状态中的亲历者

编年史作者中，有四位是第一次十字军东征的亲历者，他们留下了第一手材料。最早的记述是《法兰克人纪事》。作者不详，可能为一位教士，他以战士的身份参加了十字军。1098 年至 1101 年之间写成的《纪事》一书，更接近于意大利南部诺曼人的写作角度。法国教士雷蒙德·德·阿吉勒斯作为第一支十字军首领图卢兹的雷蒙德的亲信，于 1105 年对自己的经历做了记录。1105 年至 1111 年，英国人彼得·图德尔伯尔德也著成了

阿莱克修斯一世结束了长期的统治——他的女儿的讲述

公主提供了拜占庭的第一手内部资料

1118 年 8 月 16 日，君士坦丁堡

阿莱克修斯一世在位共 37 年，其间拜占庭帝国趋于稳定。科穆宁王朝的统治者建立了良好的行政系统，推行积极的外交政策。同时，拜占庭陷入了经济危机，和十字军的争端加剧。

拜占庭皇帝阿莱克修斯一世死于一场重病。他的女儿毫不迟疑地争夺皇位，以便将权力掌握在自己和丈夫尼基弗鲁斯·布林尼乌斯手中。

安娜·科穆宁娜还是孩子的时

◇ “紫衣贵族”皇帝约翰二世·科穆宁之子（圣索菲亚大教堂中的马赛克像，伊斯坦布尔）

候，就与年轻的皇位继承人君士坦丁·杜卡斯订婚。在其早逝后，安娜把自己和丈夫尼基弗鲁斯当作理所当然的皇位继承人。阿莱克修斯一世则希望皇位由自己的儿子约翰继承，并在临终前将皇帝的戒指交给了儿子。约翰二世·科穆宁也由军队和元老院直接加冕为皇帝。

雄心勃勃的安娜公主策划了一场政变，密谋废除她的兄弟。事情败露，最后没有成功。这场政治风波之后，安娜只能退居修道院。正是在这里，她有机会写一部关于拜占庭的编年史。15 卷的《阿莱克塞传》记录了 1069 年到 1118 年的历

一部有关十字军的著作。几乎同时完成的，还有沙特尔的富尔彻。在《耶路撒冷的历史》中，他的角度接近早期人文主义：谨慎地下结论，不偏不倚，仔细考察拜占庭和东方基督徒的情况。

后来，富尔彻的著作被提尔的威廉的编年史替代，后者变成了典范著作。提尔的威廉曾做过耶路撒冷王国的宰相，所以他对十字军国家的发展史记录得非常详细。他的编年史起于第一次十字军东征，记录到 1184 年时戛然而止。

除了这些编年史之外，还有一些作者虽然没有参加十字军，但是听过十字军的口述，并且进行了整理。这样的作者包括亚琛的阿尔伯特，他除了参考《法兰克人纪事》之外，还收录了一些今天已经遗失的材料。另外一位编年史作者是罗伯特修士，这位来自兰斯地区的修士记录了从 1106 年开始的历史。

关于十字军的阿拉伯编年史作者，有伊本·艾西尔、伊本·阿尔—卡兰尼西和伊马德·阿德—丁。他们的著作主要记录了萨拉丁攻占叙利亚和耶路撒冷的经过。

史，也成为研究中世纪历史最重要的资料之一。该书一大部分描述了拜占庭和十字军的接触，充满抵触情绪的安娜毫不掩饰自己对十字军的厌恶。

收复失地运动的关键阶段开始

阶段性胜利：阿方索一世在萨拉戈萨大胜摩尔人

1118 年 12 月 18 日，萨拉戈萨

在阿拉贡和纳瓦拉国王阿方索一世及其子桑乔一世的治下，伊比利亚半岛上的阿拉伯人被逐渐赶走。阿方索一世认为自己是收复失地运动的先锋，他的目标是打通通向圣城的道路。

在图卢兹召开的宗教会议上，阿方索一世面见教皇格拉修二世，就十字军计划征得了教皇的同意。于是，这位纳瓦拉和阿拉贡的国王率领大军进攻萨拉戈萨。自 1110 年起，这座城市便被穆拉比特摩尔人统治。短暂的抵抗之后，该城投降。

◇ 萨拉戈萨城市风景，皮拉尔圣母圣殿主教教堂

萨拉戈萨对于统治埃布罗河谷起着关键作用。占领该城后，阿方索一世努力改善城中 1.7 万名居民的生活。城中原住民仍有居留权，但是必须离开市中心，搬到郊区古蒂多雷斯去。阿方索一世任命加斯通·德·贝阿恩为萨拉戈萨的新统治者，他同时还是攻城军队的指挥官。位于城市西北部的奢华的阿尔哈费里亚宫，在阿方索一世的命令下，被改建为枢密院开会的场所。皇帝发出号召，请骑士们居住到城中，不过响应者寥寥。而穆斯林不断撤离，城中的人口还是太少。

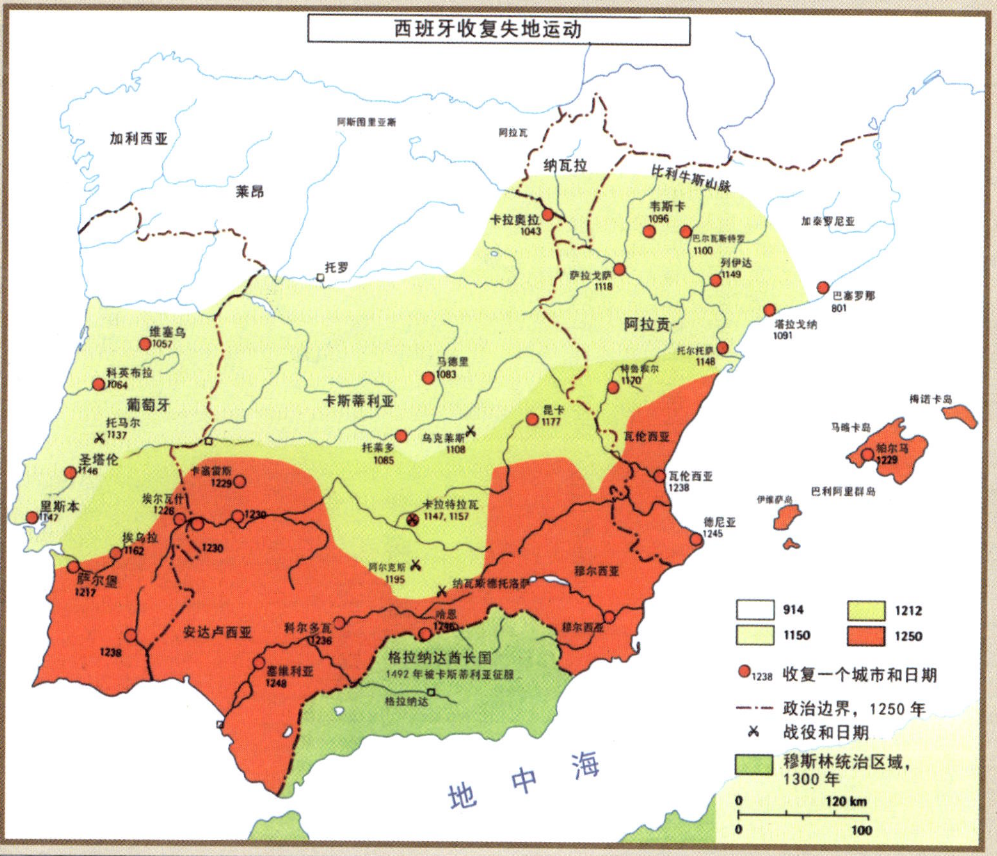

◇ 耶路撒冷的圣约翰医院遗址（1890 年历史照片）

萨拉戈萨之战后，阿方索一世不断进军，将自己的地盘扩大了两倍。1119年初，国王带领军队沿埃布罗河前进，攻占了图德拉。这座城防坚固的城市到手，便可以统治纳瓦拉的边界地区。1119年初，位于阿拉贡西部的塔拉索纳也被收复。一年以后，阿方索一世又征服了卡拉泰乌德和达罗卡。

国王率军重新前往萨拉戈萨，攻占了城市东南部的贝尔奇特城堡。1122年，他在这里成立了“贝尔奇特兄弟会”。这个骑士兄弟会的主要任务，是保护萨拉戈萨不受南部穆斯林的攻击。任何基督徒，无论是否教士都可加入该会，前提条件是愿意终身为信仰而战斗。只要为兄弟会进行为期一年的服务，任何人都可以申请。加入兄弟会的人必须首先忏悔，而在该会中服务“等同于前往耶路撒冷朝圣”。

一路得胜的阿方索一世最终还是在列伊达城下遭遇失败。这座城直到1149年才被攻占。

骑士成为守卫基督教和平的新阶层

骑士可能起源于突然崛起的法兰克王国。那时除了步兵之外，精通骑术的战士越来越重要。骑兵机动能力强，作战半径大，能大大增强一支部队的战斗力。公元807年，查理曼大帝下令进行军事改革，其中要求只有拥有大量土地的自由人才可以上战场。这是造就骑士阶层的第一步。因为骑士必须骑马，而马匹的养护需要付出一定的财富。到了10世纪，步兵依然由农民构成，封臣必须随领主

◇ 圣殿骑士戎装图（19世纪版画）

埃德萨伯国侥幸得以生存

十字军在“血地之战”中惨败

1119年6月28日，塔尔·阿奇布林

阿勒颇的阿德贝格马尔丁的艾尔加齐，率领一支大军进犯埃德萨

伯国。这一对所有十字军国家威胁的行动，让安条克贵族萨莱诺的罗杰带兵迎战。

在叙利亚塞尔迈达平原上，大约 4 万人的阿尔图格王朝军队与萨莱诺的罗杰带领的 5000 军队相遇。

罗杰刚得知艾尔加齐派大军前来，马上向耶路撒冷国王鲍德温二世求援。因种种原因，导致援兵未能及时到达。打扮成商人的苏丹间谍把这一消息转告给艾尔加齐——十字军兵力不足以抵抗穆斯林的进攻。艾尔加齐本想等待援军，现在直接下令进军，将十字军团团围住。罗杰尝试突围，可是在猛烈的箭雨中，征召来的叙利亚和亚美尼亚步兵乱了阵脚，导致骑兵无法发起有效冲锋。最后，十字军几乎全军覆没，连首领萨莱诺的罗杰也战死。

出战。这样一来，骑士阶层的经济和法律基础，就紧紧地和封建制联系在了一起。

十字军东征，使骑士的形象有了变化。不仅仅是战斗，而是为了信仰战斗——这变成了骑士的理想形象：骑士们与异教徒征战，保护基督教世界的和平。十字军东征让骑士真正成为一个特殊的阶层。而且欧洲的骑士阶层跨越了国界，变成了一个整体。

最明显之处，莫过于“基督教武士”的理想：成立军事修会，将过去不可调和的修士生活和骑士生活结合在一起。骑士阶层的另一个高峰，是独特的骑士宫廷文化。这一文化的中心，是起源于法国、规则详细的骑士比武大会。同时还有宫廷文学——这也是中世纪的第一种世俗文学。

◇ 与穆斯林交战的骑士（细密画，1300—1325 年）

只有几名骑士被艾尔加齐俘获，带到阿勒颇作为胜利游行的战利品。十字军将这次战斗的地点，以《圣经》典故中犹大用卖主获得的赏金购买的土地之名“Ager sanguinis”命名——意为“浴血之地”，以形容当日基督徒的鲜血染红了整个战场的惨状。

安条克的居民得知十字军战败，再没有任何守城军队了，他们只能坐地等死。艾尔加齐却没有进攻安条克，他给所有伊斯兰世界的统治者写信，炫耀自己在“浴血之战”中的胜利。

战斗和祈祷结合在一起

圣殿骑士团成了第一个军事修会

◇ 圣殿骑士印章（12 世纪）

1119 年 9 月，耶路撒冷

“浴血之战”惨败后，雨果 · 德 · 帕英决定成立一个军事修会。圣殿骑士团就此成为中世纪最重要的骑士团之一。

耶路撒冷国王鲍德温二世，委托来自蒙蒂尼—拉热斯的贵族雨果 · 德 · 帕英管理他宫殿的一部分。这一部分位于阿克萨清真寺，是曾经的所罗门圣殿。圣殿骑士团的名字正由此而来。他们的主要任务是保护来圣地的朝圣者。雨果 · 德 · 帕英成立骑士团的想法，得到了富有权势的香槟伯爵雨果和安茹伯爵富尔克的支持。1120 年 1 月，国王鲍德温二世也认可了遵守奥斯定修会会规的圣殿骑士团。

◇ 白袍红十字：圣殿骑士的会服

新成立的十字军国家缺兵少将，圣殿骑士团很快发展成为一支重要的军事力量。除了保护朝圣道路，圣殿骑士还经常参与保卫十字军国家的战斗。

开始时，圣殿骑士资金短缺。因为该骑

◇ 克莱沃的伯纳尔德向魔鬼布道

神贫、独身和服从

和所有的修会一样，圣殿骑士有自己的规则。在特鲁瓦大公会议上制定会规之时，克莱沃的伯纳尔德起了重要作用：

"……我们保证，保护朝圣者不受劫匪和路霸的侵扰，保证朝圣道路的通畅，做国王和领主的忠诚骑士。我们恪守神贫、独身和服从的戒律……禁止驯鹰和狩猎，因为这不合修会的体统，不向任何世俗的享乐妥协……共同进餐时需要保持沉默……服饰和装备需简朴，不得有装饰和奢华……骑士可以食肉，但一周只能吃三次……"

士团尚未得到教会认可，不能接受馈赠。1129 年 1 月，雨果·德·帕英回到欧洲，在特鲁瓦的大公会议上明确了圣殿骑士团的会规，情况慢慢好转。赞成这一决定的人中，有一位极富影响力的神学家——克莱沃的伯纳尔德。这位熙笃会修士撰写了一篇布道，赞美新的骑士精神。圣殿骑士团的会规明确规定，在圣地祈祷和战斗是骑士团的基本任务。这样的规定，与 11 世纪初将社会严格划分为祈祷、战斗和工作三个不同部分的理论相左。但是，在格里高利教会改革的背景下，加上雨果·德·帕英的支持，圣殿骑士成了集三者于一身的修会。在法国和英国旅行途中，雨果得到了大笔捐助。他还招募了许多人马，这些人愿意随他赶往圣地。

圣殿骑士团成立 20 年后，教皇英诺森二世在教令《一切美善的恩赐》中，正式确认了该团的特权，将骑士团置于教廷的直接管理下。1147 年，圣殿骑士得到许可，在白色外袍上绣红色十字架，这成为骑士团的制服。

教会对该团的认可，也让圣殿骑士团在短时间内成立了众多分会，尤其是在西欧和中欧，圣殿骑士团很快形成了密集网络。法国的圣殿骑士团分会最多；伊比利亚半岛上的国王们也很快意识到了圣殿骑士团的重要性，他们邀请圣殿骑士团参加收复失地运动，另外，圣殿骑士还负责驻守边防；葡萄牙的圣殿骑士是唯一放弃了保卫圣地任务的分会。

骑士团的负责人是大团长，一个委员会和荣誉会员们负责协助他。骑士和战斗人员要发誓效忠守贫，保持独身，他们即是所谓的“修道兄弟”；还有“在俗兄弟”，负责经济方面的工作。

胁迫、失信、拖延和开除教籍：夹在钩心斗角的教皇与皇帝间的十字军

参加第一次十字军东征的德意志贵族寥寥无几。原因在于，号召发动十字军的乌尔班二世是一位法国籍教皇。还有另外深层的原因：神圣罗马帝国皇帝和教皇之间连续不断的权力斗争。对于亨利五世而言，和教皇吵得不可开交的时候，他绝对不会参加十字军。按理说，神圣罗马帝国皇帝应该听命于教皇。亨利五世去世，教皇扶植的萨克森公爵洛泰尔成为继任者，圣地依然不是德意志统治者的朝圣目标。那时，德国的军事力量全被教皇用在和诺曼人的争斗中。当时诺曼人正在争取西西里的统治权。因此，第二次十字军东征应该成为纯粹的西法兰克人运动。

皇帝与教皇达成协议

沃尔姆斯政教协定正式结束主教叙任权之争

1122 年 9 月 23 日，沃尔姆斯持续了数十年的叙任权之争，终于在双方达成协议后得以平息。帝国的统治者为此付出了不少权力的代价。

在沃尔姆斯召开的帝国会议和教会会议上，由皇帝委托的德国贵族与教皇派遣的三位红衣主教特使，

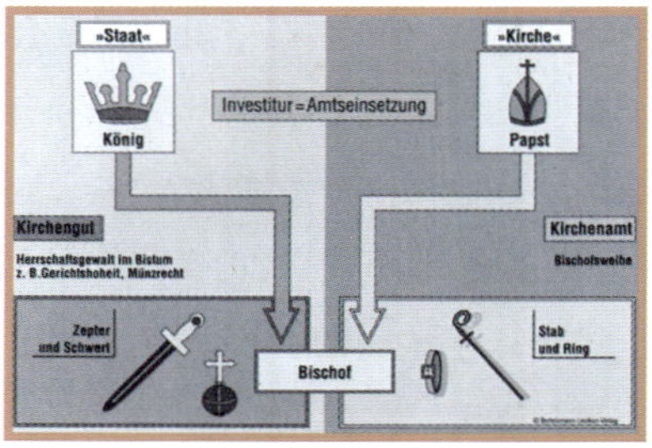

◇ 沃尔姆斯政教协议对叙任权做出规定

◇ 皇帝亨利五世和教皇帕斯卡二世在主教叙任权之争时（细密画，1113 年）

就主教和修道院院长的叙任权达成协议。这一协议史称“沃尔姆斯政教协定”，其将权力区分为两种，一种是“Temporalia”，即所谓“属世权力”（有时效性的世俗权力）；另外一种是“Spiritualia”，即所谓“属灵权力”（精神的尊严）。皇帝放弃了移交主教戒指和权杖的权力，因为戒指象征着主教与教区会众的关系，权杖则象征着主教的权力。这一规定终结了叙任权之争。

教廷的成功，应归功于罗马派出的使团及首席大使奥斯蒂亚主教兰伯特。他改变了教会的原有立场。教会同意将圣职（主教的教会职位）

但是，康拉德三世被克莱沃的伯纳尔德鼓舞人心的布道感动，决定参加东征。教皇尤金三世指责康拉德三世没有征得教廷同意，但是参加十字军的誓言已经公开，不能收回。违背教皇意愿参加十字军的，还有“巴巴罗萨”腓特烈一世。他参加第三次十字军东征不是纯粹为了朝圣，而是昭显帝国的荣耀。若是能以皇帝身份朝圣耶路撒冷的圣墓教堂，便为自己的皇冠加上了神圣的宗教性色彩。这样一来，所有西方君王都要向他屈膝效忠。腓特烈二世时，教皇与皇帝的争斗变得白热化。此时皇帝正被绝罚。但他全然不顾教皇反对，依然参加第六次十字军东征，在圣墓教堂加冕为耶路撒冷国王。他成功胁迫教皇撤销“革教令”，教皇被迫称赞他为“教会的好儿子”和“信仰的捍卫者”。

在教皇和皇帝的政治斗争中，双方都将十字军东征作为筹码。主要原因是，神圣罗马帝国统治者对意大利和罗马有很大影响。如此，教皇地位和权力受到的威胁远远大于任何其他欧洲统治者。神圣罗马帝国皇帝的东征，几乎无一例外是为了显示帝国权力的独立，而不是遵从教会的意见。

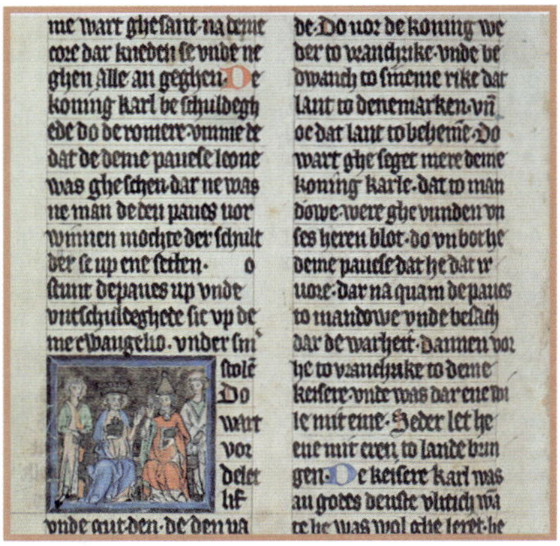

◇ 13 世纪《萨克森编年史》中描绘的和平争论。中世纪的现实是教皇与皇帝矛盾不断

和产业（新当选的主教需要从皇帝手中接过土地管理权，所以也是皇帝的封臣）分开，这为双方达成协议铺平了道路。

在沃尔姆斯，争论最大的是亨利五世皇帝提出的要求。他要求选举主教时必须有统治者在场。教皇的使节们开始坚决不同意。经过长久的争论，为了能让谈判继续，教会才做出让步。皇帝虽然没有因此而获得任何特权，但是列席就意味着可以对选举施加一定影响。最后，使团在这一条件后附加了另外一条：列席权只在帝国境内有效，其余地区的当选主教需要在选举后六个月内面见皇帝，接受封地。当然，这个仪式只是走过场。因为主教在当选之时便成为教区的统治者。教皇同意这一协议，如此一来皇帝就失去了对意大利主教的影响力。

当选主教可以得到一系列特权（铸币、关税、开市和裁判权）。作为拥有这些世俗权力的象征，主教会得到一支权杖。

教皇并没有把沃尔姆斯政教协定作为最终的解决方案。这在该协议的第一句话就表明了：“吾，加里斯都……同意汝，吾爱之子亨利……在选举主教和修道院院长之时……列席会议……”这样的措辞，意味着该协议只在两个人在位时有效。1125 年，亨利五世去世，沃尔姆斯政教协定三年后即失效。主教的特权得以保留，而皇帝列席选举和当选后的朝见则被取消。

相比于法兰西国王和英格兰国王，神圣罗马帝国皇帝已有更多的权力；毕竟，从此主教和帝国修道院院长将不再是帝国的公职人员，而是统治者的封臣。他们可以和世俗利益形成联盟，扩张自己的权力范围。相对于能影响神圣罗马帝国皇帝选举的教皇而言，皇帝的权力显然减少了。

在法国和英国，叙任权之争早已解决。1107 年，英格兰国王就在《威斯

敏斯特政教条约》中与罗马达成共识。在此之前一年，法兰西国王腓力一世放弃了叙任权。

神圣罗马帝国统治者之所以特殊，是因为帝国的权力范围直达罗马：任何时候，只要神圣罗马帝国皇帝愿意，都可以率兵围攻罗马。1111 年 4 月，亨利五世皇帝大兵压境，逼得教皇同意他的要求：主教要在当选之后、祝圣之前觐见皇帝，行封臣之礼。之后，亨利得意扬扬地进入罗马城，命令教皇为他加冕。由于帝国的盛气凌人，罗马很快形成了反对派。反对派甚至逼走了教皇帕斯卡二世。1117 年复活节，亨利五世再一次来到罗马，不过这次是解救教皇。各种事件造成了教皇和皇帝之间若即若离的关系。

阿尔图格王朝军队大胜十字军

鲍德温二世和约瑟林一世沦为阶下囚

1122 年 9 月 13 日，苏鲁奇

耶路撒冷王国政治稳定，即使是国王被俘，国内依然没有出现动荡。

埃德萨伯国伯爵约瑟林一世在遭遇到阿尔图格贵族巴拉克的大军时，身边只有小股部队。因此，他们悉数被俘，被关在哈尔普特城堡之中。

伯爵被俘，埃德萨伯国便归入耶路撒冷国王鲍德温二世名下。他任命马拉什的领主戈特弗里德来做埃德萨的行政长官；之后，鲍德温二世率领一小队人马向东北方出发，寻找约瑟林被关押的地点。他并不

从哈尔普特要塞逃生

编年史作者、沙特尔的富尔彻这样描述约瑟林一世伯爵如何成功逃出哈尔普特城堡要塞：

“通过赠送礼物和许诺各种优惠条件，住在周边的亚美尼亚人同意帮忙。亚美尼亚人派出了一支 50 人的队伍……他们乔装打扮成穷人，背着货品，仿佛小生意人……他们混过城堡大门，进入内部……他们打死看守，顺着梯子登上墙，把十字军的旗帜插在城堡上……”

◇ 用鹰犬狩猎的骑士（细密画，1300—1320 年）

知道巴拉克的大军就在附近。4 月 18 日，鲍德温二世在加加尔不远处狩猎时遭阿尔图格人的军队偷袭。国王的部下几乎全被歼灭，国王本人也沦为阶下囚，被带到哈尔普特城堡和约瑟林关在一起。

在亚美尼亚人的帮助下，约瑟林于 1123 年成功逃脱。但是，解救国王需要的巨额赎金他支付不起。直到巴拉克死后，鲍德温二世变成了贵族提穆尔塔什的囚犯，他才能为自己重获自由而与对方达成协议。阿尔图格王朝得到了一些城市和一笔巨额赎金，鲍德温二世于 1124 年被释放。

十字军在欧洲的财产得到保护

第一次拉特兰大公会议：十字军的特权

1123 年 3 月 18 日，罗马

与东方教会分裂后的第一次大公会议，在教皇加里斯都二世的主持下召开。这次大会对于西方教会有着重大意义，十字军的法律地位第一次在宗教会议上得到确认。

◇ 口颂圣咏的修士（亨利七世圣咏集，约 1400 年）

300 多名主教来到罗马，参加教皇加里斯都二世主持的宗教会议。这是西方教会召开的第一次全体代表大会。大会的中心议题，是教皇和神圣罗马帝国皇帝亨利五世的和解。首先，教皇宣读亨利五世关于放弃叙任权的文本；当他读到亨利五世要求在选举主教时列席时，在场人群一片嘘声。抗议的声音主要来自格里高利派，他们坚决反对世俗权力以任何形式干涉教权。教皇解释道，他与皇帝并没有达成永久的和平，而只是暂时的和解。他并不愿意批准这种特权，只是为着和平的要求而容忍。反对的声音于是停止。

◇ 大公会议保证了参加十字军可以赦免暂时罪过。“在地狱中受诅咒的人”，凡尔登祭坛

与神圣罗马帝国皇帝有关叙任权的议题，只是为期六周的大公会议的一部分。最重要的还有一项，是禁止圣职买卖。另外，大公会议还认可教皇加里斯都二世的合法地位。此前的罗马之乱中，格里高利八世也被选为教皇。大会将后者的教皇圣职取消。与会的主教再一次重申，神父必须保持独身，执事和副执事也必须独身。

大会的另一项议题是十字军。参加十字军，可以免除一个人的暂时罪过。新加的规定是，十字军的家属需得到教会和领主的特别照顾，且其财产不得有人染指。这项规定永恒有效，十字军因此正式得到了教会的特权。

教皇加里斯都二世自己对这项规定是何看法，不得而知。他在任的时候，十字军国家情况很好，国土面积不断扩大，也没有外敌威胁。因此，这次大公会议并未发出任何十字军号召，与会者的注意力集中在了欧洲事务上。

大公会议于 4 月 6 日结束，会上还通过了其他决议。比如再次确认了教皇在神职人员中最高教长的地位，其对教会内部秩序的影响力再一次得到强调。新成立的修会和兄弟会被要求加入教会改革之中。

此次大公会议还确定了一件意义重大的事：教会权高于世俗权。与神圣罗马帝国皇帝达成协议后，教廷感觉自己取得了胜利。这一历史时刻被拉特兰宫的壁画永久地记录下来。在这幅画中，亨利五世将放弃叙任权的文件上交给教皇。这幅画清晰地展现了教廷的想法。

被称为“拉特兰大公会议”的大公会议有许多次。直到 1308 年，拉特兰宫一直是教皇的皇宫，在这里召开的所有大公会议都被称作“拉特兰大公会议”。

公元 312 年，拉特兰宫在罗马拉特兰尼家族的宫殿基础上动工修建。拉特兰宫为五庭巴西利卡式大殿，是基督教早期的建筑之。

骑士团活跃在欧洲

圣殿骑士招募团员

1128 年 12 月，伦敦

在欧洲旅行时，圣殿骑士团第一任大团长雨果·德·帕英为该骑士团做宣传，吸引了大批新成员。

英格兰国王亨利一世在他的王宫里以最高规格接待圣殿骑士团大团长雨果·德·帕英；雨果则利用这次机会，向在场的年轻贵族发起倡议：加入新成立的骑士团，他们将解放圣地，保卫朝圣的道路。

◇ 圣殿骑士护送朝圣者前往耶路撒冷（19 世纪木刻版画）

1127 年末，耶路撒冷国王鲍德温二世委托雨果回到欧洲，这重新激起了大家对十字军东征的热情，如同第一次十字军东征时那样。圣殿骑士团在弗兰德、普罗旺斯和诺曼底都有相当的影响，许多贵族积极加入；然而，雨果到底招募了多少贵族，却没有能记载下来。雨果在欧洲还获得了大笔捐助；除了金钱之外，还有土地和物资。

雨果·德·帕英也将自己所有的财产捐给了圣殿骑士团。所有入团之人也必须交出个人财产。

圣地成为重要的周转中心

石榴和甘蔗

约 1125 年，巴勒斯坦

圣地变成了许多物品的重要集散中心。

比萨、热那亚、威尼斯、阿马尔菲和马赛的商人们，随着第一次十字军东征留在了圣地。他们逐渐在十字军国家的大城市中建立了重要的商业中心，在这里，他们经营着利润丰厚的东方贸易。

这些商人按照自己家乡的法律生活，和十字军国家的普通百姓并不相同。他们的船只和雇佣军越来越多地成为圣地一支重要的力量，甚至能够准备和组织十字军东征。

圣地中居住着许多穆斯林，他们大量生产酒、石榴、柠檬、青柠、香料、蔬菜还有玫瑰等。早在公元 10 世纪，印度的甘蔗就穿越波斯运往巴勒斯坦。在十字军国家中，糖类加工集中在的黎波里和提尔。棉花也被大量种植。

新的宫廷比武竞赛

第一届德意志骑士比武大会

1127 年 8 月 12 日，维尔茨堡

德意志骑士从法兰西那里学来了骑士比武。这种比武竞赛使用长矛刀剑，有着详细的规则，是重要的军事练习。

◇ 比武场面（马内塞斯手稿，细密画，14 世纪）

维尔茨堡城外围起来的空地上，第一届有历史记载的骑士比武大会正式举行。所有参加者必须进行马术、长矛对冲和刀剑比武等三项比赛。一位裁判保证大家遵守规则，最终的胜利者会得到奖励，更重要的是将赢得名声，因此，决斗不总是友谊第一。编年史中记载了无数的伤残和致死事件，甚至也有因为不冷静，使得比武变成了死亡竞赛。

教会坚决反对这样血腥的比武竞赛。1130 年克莱芒大公会议禁止这种“丑

陋的竞赛在集市上举办”。但是教会的禁止并没有影响贵族们的热情，还是有许多大型比武大会召开。13 世纪中叶时，比武大会已经成了宫廷生活的一部分，直到那时教会才解除了禁令，将比武大会当作十字军东征的准备。

没有结果的大举出兵

阿方索一世进攻西班牙南部

1125 年夏，安达卢西亚

阿拉贡的阿方索一世利用穆拉比特王朝的颓势进兵南方。

在没有遇到有效抵抗的情况下，阿拉贡和纳瓦拉国王阿方索一世横扫安达卢西亚和巴伦西亚的穆斯林地区。尽管未能征服大城市，但是他在这些地区征召了约 1 万名生活在摩尔人统治下的西班牙人，让他们迁居埃布罗河谷的萨拉戈萨附近。但他在进攻弗加拉城时失败，围困数年也没有能战胜守城的穆斯林。1134 年，他在弗加拉的一场战斗中阵亡。

◇ 拜萨的旗标，在圣依西多禄保佑下战胜摩尔人

巴格达哈里发得到了礼物——安条克的博希蒙德二世的人头

十字军惨败：突厥人杀死博希蒙德二世

1130 年 2 月，吉罕河

年轻的安条克亲王博希蒙德二世试图夺回奇里乞亚的领土，结果付出了生命的代价。

亚美尼亚贵族莱翁一世，在达尼什曼德的埃米尔加齐的援兵帮助下，袭击了博希蒙德二世的小股部队，安条克人全军覆没。本来按照常理，应该活捉博希蒙德索要赎金。但是，最终博希蒙德的人头被埃米尔用香料做防腐处理，转送给巴格达哈里发。这种行为表明穆斯林对十字军的敌视已经全面升级。

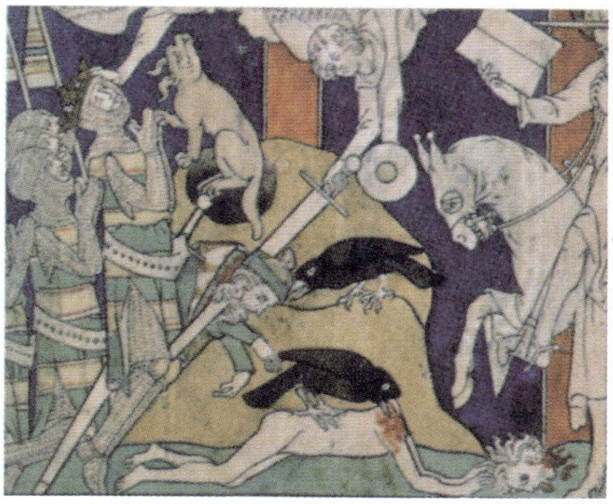

◇ 《圣经·启示录》中的斩首场面（14世纪早期）

本来，雄心勃勃的博希蒙德二世想夺回曾经属于安条克公国的土地。奇里乞亚城市阿纳扎布斯遭到进攻时，亚美尼亚鲁本家族的领主托洛斯已于1129年死去，他的儿子即位不久后就在政变中被杀害。托洛斯的兄弟莱翁一世夺位成功，与达尼什曼德人结盟。

圣地的贵族叛乱

富尔克被迫首先稳定耶路撒冷时局

1131年9月14日，圣墓大教堂

耶路撒冷国王鲍德温二世去世时，其继任者富尔克的权威受到质疑。拜占庭皇帝则伺机而动。

鲍德温二世去世三周后，安茹的富尔克和鲍德温二世的女儿梅利桑德共同在耶路撒冷加冕，富尔克以女婿的身份成为新的耶路撒冷国王。1127年，鲍德温二世派使团到法国找富尔克提亲。他自己膝下无子，婚事一旦成功，富尔克就成了王国的继承人。1128年，安茹伯爵富尔克到达耶路撒冷与梅利桑德完婚，得到了阿克和提尔的统治权。临终前，鲍德温二世改变了主意，决定把王国交给梅利桑德的两个儿子。但是，加冕后富尔克就想将妻子的摄政地位取消。埃德萨和的黎波里伯爵们，尤其是安条克亲王博希蒙德二世的遗孀、耶路撒冷国王鲍德温二世的女儿爱丽丝，利用这一机会想脱离耶路撒冷王国的统治。她不承认富尔克的地位。富尔克只好出兵征战，最后强迫贵族们拥戴他为国王。这场斗争并未结束，但是外敌的侵略让所有人暂时放弃了争斗。

◇ 中世纪的耶路撒冷(《旅程之书》中的细密画,15世纪)

1133年初,摩苏尔的埃米尔伊马德丁·赞吉手下驻守大马士革的将军萨瓦尔,联合周边的土库曼人的军队,率领大军进犯安条克公国。富尔克只得率军迎战。安条克兵力严重不足。埃德萨的约瑟林二世也没有能力保护十字军前哨不受穆斯林进攻。他向富尔克求援。富尔克即将到达,土库曼人首先撤军,而萨瓦尔坚持进攻。富尔克指挥了一次突袭,成功打败敌军,保护了安条克公国。然而,来自东方的威胁并没有消除。富尔克撤军之后,1133年夏,萨瓦尔的军队再次进犯。

虽然外敌频频进犯,十字军国家内部依旧不团结。安条克的统治权之争再次开始。安条克的爱丽丝把自己的女儿康斯坦丝许配给拜占庭皇帝最年轻的儿子曼努埃尔。这看上去应该是比较明智的选择,毕竟拜占庭帝国应该可以保护安条克公国不受穆斯林的袭击。十字军国家的贵族都表示反对,富尔克已经为年幼的康斯坦丝找到了人选——秘密从欧洲赶来的普瓦捷的雷蒙德。于是,9岁的康斯坦丝被从宫中绑走,嫁给了37岁的雷蒙德。爱丽丝只得面对自己的失败,富尔克则保住了自己的统治地位。

一场未遂决斗背后的秘史

耶路撒冷王国宫廷中的争斗和阴谋

1132年仲夏,耶路撒冷

和其他的西方宫廷一样,耶路撒冷王国也有许多爱情故事、决斗和阴谋。

耶路撒冷的宫廷将要举行一场决斗。挑战方是瓦尔特·加尼耶——凯撒利亚的继承人。他控告只年长自己几岁的继父——雅法的领主雨果·德·勒皮伊塞

◇ 耶路撒冷老城，雅法门

谋害国王。雨果没有出现在决斗地点，可能是富尔克的妻子梅利桑德女王劝说他不要参加比武。退出决斗，意味着承认自己的罪行，国王的参议会于是裁定雨果有罪。雨果闻讯逃到亚实基伦，向埃及的占领者求救。在埃及军队的帮助下，他回到了雅法，但是没有能阻止埃及军队洗劫焚毁雅法周边地区。这样一来，雨果的罪行大白于天下。富尔克国王发兵征讨雅法，雨果只得投降。

◇ 伯利恒圣诞教堂的耶稣像（12 世纪）

十字军国家艺术——不同艺术传统混合而成的新形式

在 1099 年征服耶路撒冷之后大约 30 年后，十字军艺术开始出现。最早的艺术品要数绘制在圣诞教堂南庭一根柱子上的圣母圣婴像。作者不明，但是它结合了拜占庭、西欧和本地的元素。

对圣物的需求不断增长，这促进了艺术的进步。1130 年，圣墓教堂附近出现了一个金匠中心，这里经常接受朝圣者委托制作的订单。真十字架的圣物（今位于巴列塔）大约就是 1138 年在这里制作的。在圣地发展起来的手绘本艺术代表作是《梅利桑德圣咏集》，这是在国王富尔克的委托下制作的。四位绘画专家、一位来自法国北部的书写者、一位制作手绘本封面的象牙雕刻艺术家以及一位丝绸刺绣专家，共同参与了这本书的制作。该书于 1135 年初完成。这本手稿是圣墓大教堂留存至今最重量级的至宝。而对圣墓大教堂的装修，也促进了十字军国家艺术的进步。

雨果·德·勒皮伊塞被判流放三年。在为自己的罪行付出代价后，他再次回到了国王的宫廷。

神圣罗马帝国皇帝和教皇的短暂结盟——教皇许诺优惠条件

比萨大公会议针对诺曼人

1135 年 5 月末，比萨

诺曼人支持的教皇克雷二世，逼得教皇英诺森二世从罗马逃到了比萨。在那里，他尝试组织对诺曼人的反抗。

众多来自法国和意大利的主教和修道院院长来到比萨，参加教皇英诺森二世组织的大公会议。来自德意志的神职人员则为数不多。

◇ 巴勒莫诺曼人王宫教堂，罗杰二世下令修建

在这次大公会议上，教皇许诺，凡是针对西西里罗杰二世的军事行动都能得到优惠条件。神圣罗马帝国皇帝洛泰尔三世在教皇的请求下，于 1136 年带领大军穿越阿尔卑斯山，南下开始他第二次进军意大利的行动。面对来势汹汹的大军，罗杰二世只得投降，放弃阿普利亚，撤回了西西里岛。皇帝和教皇共同任命了一位新的阿普利亚公爵——阿利费的莱努尔夫。洛泰尔的大军强化了帝国对意大利的影响，比如从此蒙特卡西诺修道院院长由德意志人出任，而巴伐利亚的亨利则成为托斯卡纳的藩侯。

似乎新的和平时代就要到来，教皇和皇帝联手统治着意大利。但是好景不长：神圣罗马帝国军队撤退之后，罗杰二世又夺回了意大利的土地，洛泰尔也在回程中于 1137 年去世。

修道院的新任务：为老弱病残服务

基督普世君王修道院因慈善而成立

1136 年夏，君士坦丁堡

君士坦丁堡新成立的修道院同时又是医院，这也是西方医院的榜样之一。

在拜占庭皇帝约翰二世·科穆宁的资助下，基督普世君王修道院成立。它是第一座履行“巴西尔训诫”的修道院——公元 4 世纪，凯撒利亚大主教巴西尔二世主张修士必须从事慈善工作。这座修道院为穷人提供食物，接待朝圣者以及旅行的商人，设有专门的养老院，并且为精神病患者提供避难所。

◇ 基督普世君王修道院的教堂就是今日伊斯坦布尔的泽伊雷克清真寺

穆斯林的结盟政策

当时近东的政治时局有利于十字军国家。在伊斯兰国家里，尽管有相同的信仰，但是大家各自为政。最重要的两大帝国——埃及的法蒂玛王朝和位于小亚细亚及叙利亚的塞尔柱帝国，均视对方为竞争对手。塞尔柱帝国实际上是许多独立小国家组成的松散联盟，他们不过是形式上听从巴格达的指挥，实际上经常互相争斗。与十字军国家接壤的大马士革、阿勒颇和摩苏尔经常不断变换阵营。1115年，十字军和阿勒颇、大马士革结盟，共同对付巴格达塞尔柱苏丹；1139 年，十字军又短暂地和大马士革结盟，对抗阿勒颇和摩苏尔。那时，大马士革的地方长官请求十字军帮助抵抗埃米尔伊马德丁·赞吉的进攻。甚至还有雅法的伯爵与埃及结盟，共同对抗耶路撒冷国王。埃及的法蒂玛王朝是一个统一国家，而且一直想要统治圣地。但是，埃及一直有顾虑：一旦出兵圣地，会削弱自己的军事力量，塞尔柱帝国容易乘虚而入。耶路撒冷国王鲍德温二世多次侵略埃及却没有遇到反抗，就证明了这一点。十字军国家的北方和东北方，由亚美尼亚贵族们统治的小邦国逐渐脱离了塞尔柱人的统治，形成了小亚细亚重要的政治力量。拜占庭帝国一直想重新统治这里，但是军事力量过于薄弱，无法实现这样的目标。

这座修道院医院的特别之处在于：每个病人都有单独的床位，有专人负责照顾病人，医生按照最新的医学知识来提供治疗。医院还设有温泉，可容纳6人。医院设施中甚至还有药房，而所有的医护工作者并不属于约700人的修士编制，只是有正常收入的雇员。与其他拜占庭帝国的修道院不同，基督普世君王修道院注重经济利益。

穆斯林的“圣战”开始

伊马德丁·赞吉夺取了蒙特弗尔朗

1137年7月，布恰平原

摩苏尔的埃米尔伊马德丁·赞吉开始开疆拓土，向十字军开战。他将自己视作伊斯兰的战士。

摩苏尔的埃米尔伊马德丁·赞吉带领大军而来，开始进攻的黎波里的边界要塞蒙特弗尔朗。这一要塞本来是为了防卫来自叙利亚的进攻而建。安条克的雷蒙德向耶路撒冷国王富尔克求救，耶路撒冷紧急向北发兵增援。伊马德丁·赞吉偷袭长途劳顿的援兵，大获成功。国王和几名贴身侍卫只得逃到附近的城堡避难。伊马德丁·赞吉的大军将城堡围得水泄不通。困境中，富尔克国王投降，交出了城堡。吉赞则放走了他们。他甚至大度地给每人赠送了一件贵重的长袍。此举显示，伊马德丁·赞吉完全不畏惧十字军国家。

伊马德丁·赞吉的这一次军事行动，显示圣地的军事力量对比发生了变化。一位阿拉伯的编年史作者这样写道：“喜讯来到，埃米尔伊马德丁·吉赞进入阿勒颇城，他决心要展开‘圣战’。”

伊比利亚半岛上出现了新的王国

葡萄牙的阿方索一世战胜了摩尔人，成为国王

1139 年 7 月 25 日，欧里克附近

葡萄牙本来隶属于卡斯蒂利亚—莱昂王国。阿方索一世在战胜了摩尔人之后，在这里成立了一个独立的王国。

葡萄牙的阿方索一世战胜了一支摩尔人的军队。得胜的地点，历史记录中没有保存下来。有些史料上记录，阿方索一世战胜了“埃斯马尔国王”；有些地方上则说他战胜了“五位异教国王”。无论怎样，阿方索一世下令让自己的首相佩特罗·罗克索不要再称呼自己为“Infans”（王位继承者），而是称为“Rex”（国王）。不过，12 世纪的史料并没有提到这样的称谓

◇ 位于特茹河边的阿莫罗城堡：1171 年为了抵御摩尔人建立的城堡

葡萄牙独立

11 世纪时，今日的葡萄牙地区属于卡斯蒂利亚—莱昂王国，由阿方索六世的表兄弟、勃艮第的亨利和妻子特蕾莎统治。特蕾莎则是阿方索六世的私生女。当地贵族经常发生叛乱，反对外来统治。亨利去世时，他的儿子阿方索—亨利尚年幼，特蕾莎于是接手政府管理，但是和加利西亚贵族联系紧密。她向卡斯蒂利亚—莱昂王国的新国王阿方索七世效忠，愿意做臣下，结果与当地贵族的矛盾大爆发。1124 年 7 月 24 日的基马拉斯战役中，特蕾莎被夺去了统治权，遭驱逐出境。阿方索—亨利成为军队的最高统帅，并以领主的身份统治该地区。1134 年 7 月 4 日，他与阿方索七世达成和平协议。但是直到欧里克战役大败摩尔人，才为王国独立铺平了道路。

改变。直到 14 世纪和 15 世纪，才有史料记载说，是战胜敌军后大家胜利地高呼“国王”。还有一种传说，认为耶稣基督在此次战役前向阿方索一世显现，把胜利赐予了他。1179 年，教皇才承认该王国。而阿方索一世早在 1143 年就提出了申请。

西方教会重新统一

面向未来：第二次拉特兰大公会议

1139 年 4 月 2 日，罗马

两位对立教皇的争执持续了整整八年：英诺森二世和阿纳克莱图斯二世同样在 1130 年 2 月 14 日被选举为教皇，他们背后各有支持的阵营。直到阿纳克莱图斯二世去世，才终结了削弱教会力量的分裂。

历史记载，有大约 800 名主教和修道院院长参加了这次大公会。会议由教皇英诺森二世主持。现代研究能够肯定，出席这次会议的有 126 名大主教、主教和修道院院长。开幕词中，英诺森表示，教会重新统一，因为他的对立教皇阿纳克莱图斯二世已经于 1138 年 1 月 25 日去世。英诺森认为，自己的执政目

◇ 攻占耶路撒冷，使用了第二次拉特兰大公会议禁止使用的弩

标是继续确立教皇对主教的任免权。反对的声音来自曾经忠于阿纳克莱图斯二世的主教们，这些主教一部分被免去了圣职。大会通过 30 项决议，再次强调了教会现有的权力，并且关于对灵魂可能产生危害的医学学科和法律学科做了新的规定；重申禁止利息；禁止在私人地点自行组建秘密女性修会；禁止修士和修女同院。

还有一部分决议，体现了教会在人文主义方面的努力。比如限制骑士比武大会，反对在战争中使用远程武器——这里主要是指弩。罗马时代就出现的这种武器，到了中世纪时已经有了质的飞跃。弩变成了杀伤力极大的武器，射程可达 300 米，可以穿透盔甲。这种武器被十字军大量使用；不知神职人员在制定这项规定时，是否想过十字军会因此丧失不少战斗力。或许，此项禁令主要是针对基督徒之间的战争的。

大兴土木：耶路撒冷王国建立了城堡网络

富尔克国王在十字国家斥资兴建军事要塞

1143 年 11 月 10 日，阿克为了防范埃及的穆斯林，富尔克国王在穆斯林占领的亚实基伦地区建立了三座防御城堡。

一次狩猎事故终结了富尔克国王的统治。这位颇有能力的国王在位期间，无论是对内还是对外，都加强了耶路撒冷的力量。他制订了复杂的城堡建设计划，处于卢德南部几公里的地方，水源充足，同时又是从亚实基伦到雅法和拉姆拉的交通要道。1136 年，富尔克开始建造第一座城堡——伊贝林。建造所需要的石料来自罗马时代的都市亚夫内。欧洲城堡的建筑技术发达，而在圣地又发展出了适应当地要求的建筑方式。从拜占庭人那里，他们学会了要在城堡的高墙上留出可以倾倒热油和沥青的通道。伊贝林城堡有四座瞭望塔，内庭建

◇ 位于以色列的贝尔沃城堡废墟，1189 年被萨拉丁攻占

四个十字军国家和国中之国

十字军将征服的圣地划分为四个统治区域：安条克公国、埃德萨伯国、的黎波里伯国和耶路撒冷王国。十字军国家的边界时常变动，和当时的时局有关。治理这四个国家的是少数几个家族，尽管耶路撒冷国王形式上有着更重要的意义，实际上四个国家的统治者平起平坐。所有重要的决定必须通过贵族会议协商决定。偶尔会发生争执，让国王没有办法做任何事。新到圣地的贵族很多会得到封地，比如雅法的伯爵和提尔与西顿的领主，尽管他们形式上是耶路撒冷国王的封臣，实际上有统治当地的全部权力。后来成立的骑士团成了国中之国，他们获得许多地产馈赠，因此逐渐独立，成为十字军国家中单独的政治力量。

◇ 耶路撒冷王国十字架：四个小十字架守卫的大十字架

有会议室、寝室和起居室，可以为驻守者提供充足空间。即使是瞭望塔，也可以用来居住。城堡的周围有一层环状的城墙，可以用来防御各种攻城机械。富尔克将这座城堡赐给了巴利安——他的兄弟，沙特尔的子爵。此人在与雨果·德·勒皮伊塞的争执中支持过富尔克。作为城堡的主人，他成了国王的封臣。城堡不仅仅是军事设施，也为周边的法兰克农民定居提供方便，促进了农业发展和执行国王命令的管理功能。

伊贝林城堡南部，紧挨着亚实基伦通向耶路撒冷的道路，在这里很快又建起了另一座城堡布兰奇·加德。它所在的地点，被当地的阿拉伯人称为“闪亮的山丘”，其建筑形式和伊贝林城堡非常相近。这座城堡的主人阿努尔夫，后来也成为王国最重要的贵族之一。从亚实基伦通向希伯仑的道路边上，还有第三座城堡贝特·吉伯林。这座城堡交给了圣约翰骑士团管理。城堡的驻军有限，不能完全防范进攻。但是城堡的意义在于，阻挡敌人，争取时间。同时城堡还

有行政作用，富尔克就是通过为数众多的城堡加强了统治。十字军国家共修建了 75 座城堡，很多彼此相望，可以快速传递信息。

耶路撒冷统治衰落

梅利桑德女王没有实权

1143 年圣诞节，耶路撒冷

富尔克国王去世之后，十字军国家发生内斗。强悍到可以平息内斗的统治者还没有出现。

梅利桑德和她 13 岁的儿子鲍德温被宗主教威廉加冕为耶路撒冷统治者。她立即邀请自己的表兄弟、瓦隆的领主马纳萨斯·德·耶尔日前来辅佐，实际上他们母子已经失去了行政能力。安条克和埃德萨的

◇ 壮观的克拉克骑士城堡，位于今天叙利亚境内，1142 年起由圣约翰骑士团修建

十字军城堡的建设者们借鉴了拜占庭和穆斯林的技术

开始时十字军将西方的城堡原样照搬到了圣地：城堡的中央是方形主塔。然而这一设计在东方实战中被证明需要改进，于是十字军开始学习拜占庭的经验。他们开始在城墙上开孔用作倾倒热油或沥青的通道，后来方形主塔被更经得住投石机击打的圆形主塔取代。第一批的小城堡按照拜占庭的样本修建，四角形的要塞加上主塔。后来十字军开始使用从罗马时代就不再使用的吊门。而为弓箭手新设计了射击口，带有角度的入口后来被穆斯林仿造。而大的城堡也复杂了许多，比如克拉克城堡要同时容纳许多人居住——领主及家人、守军、公务员，都需要合适的居住空间。于是城堡的主塔被移至易于防守一边的角上，而中央则留出房间和仓库的空地，其余建造在城墙上的塔都设有兵站和管理室。而在建筑策划时则因地制宜，外墙非常坚固，而内部装饰也不得马虎。可惜的是 12 世纪时的内部装饰没有能够留存到今天。克拉克骑士堡与当时西方最好的建筑不相上下。多层拱门，支撑柱带有花卉装饰，

造就了城堡史上最漂亮的房间之一，也是十字军国家建筑技术进步的见证。而其风格则是13世纪早期法国北部的哥特艺术风格。

12世纪城堡的建筑方式不断改变，城堡也不断变大，防卫塔的数量越来越多，入口也越来越多。骑士团建造的城堡相当于一座军事城市，其中可以容纳数千人。而外层有双层城墙，比如克拉克和马尔卡伯城堡。同时城堡的建筑还要体现神学意味。内庭中有休息室、起居室、小教堂、厨房和其他的修道院建筑。周边还有手工作坊以及为军团服务者居住的房间。

随着与穆斯林的攻城机械打交道越来越多，很多的城堡也开始出现了特殊的防御外墙，这种外墙可以防止攻城一方军队或者攻城机械过于靠近城堡的主体结构。

城堡的防卫很多时候和地理形势有关。大多数城堡建立在陡峭的山丘上，不仅是为了能有更好的视线，也因为攻城机械难以攀越陡峭的斜坡。还有许多城堡是在拜占庭城堡的基础上改扩建而成，比如萨永城堡入口的长沟。建在海边的城堡往往有直通入海的城墙用来防范进攻。

◇ 塞浦路斯的科洛西城堡，建于13世纪

统治者之间产生了矛盾。埃德萨的约瑟林与阿勒颇统治者萨瓦尔达成停火协议，因此影响了安条克公国扩张的计划。这样一来，两个十字军国家的矛盾不可避免。若是此时耶路撒冷有强者当政，则可在其中斡旋。然而，耶路撒冷保持了沉默。正在这时，摩苏尔的伊马德丁·赞吉率领大军进攻埃德萨伯国。

第二次十字军东征：一场灾难

1144—1187 年

综述（1144—1187 年）

1146 年，第一次十字军运动 50 年后，第二次十字军东征开始。此次十字军运动扩展到了前所未有的范围。在熙笃会修道院院长克莱沃的伯纳尔德激情演说的启发下，十字军东征席卷了所有基督教国家的边境：圣地、德意志东北部、伊比利亚半岛。十字军东征的含义得到了新的拓展，不仅仅是解放圣地，还要将西班牙和德意志东部西斯拉夫人基督教化。因此，第二次十字军东征的目标更换了多次。这与十字军东征的含义在不断拓展有关，也导致了 1149 年这次十字军运动的失败。埃德萨伯国被塞尔柱突厥的埃米尔伊马德丁 · 赞吉攻占，这造成了一种印象：似乎伊斯兰世界团结起来要消灭十字军国家。这种印象是错误的。即使是到了伊马德丁 · 赞吉的儿子努尔丁 · 马哈茂德时，伊斯兰世界依然没有形成对抗十字军的统一联盟。努尔丁视自己为改变历史的人，试图联合伊斯兰的力量对抗十字军。然而，这一目标由于伊斯兰世界在宗教和政治上的分裂而无法实现。直到一位年轻的统治者——萨拉丁走上历史舞台。从埃及开始，这位库尔德人统一了绝大部分伊斯兰世界。

圣地争夺战

埃德萨伯国于 1144 年被塞尔柱突厥人攻占。此时，整个西方都意识到，其他所有十字军国家都面临威胁。教皇尤金三世发出的十字军东征的号召能有众多响应者，还要感谢神学家克莱沃的伯纳尔德的布道。教皇尤金三世让这位熙笃会修

◇ 第二次十字军首领德意志国王康拉德三世及法兰西国王路易七世进入君士坦丁堡

道院院长负责阿尔卑斯山以北的宣传工作。伯纳尔德认为，正是西方的罪孽，导致圣地被敌人侵占。此次布道征服了出席弗泽莱会议的所有人。法国国王路易七世和许多贵族当场宣布参加十字军。后来德意志国王康拉德三世也被伯纳尔德说服，参加了十字军。于是，两支大军几乎首尾相接地前往圣地。在奥弗涅和萨伏依伯爵的指挥下，还有许多法兰西人和意大利人乘船前往圣地。尽管海路风险更大，但是比起陆路的艰苦而言，乘船还是聪明许多。这样可以直接到达近东，不必像走陆路那样损耗自己的实力。但是第二次十字军东征的目标——夺回埃德萨伯国——最后未能实现。究其原因，十字军没有能够统一成一支军队。这或许与法兰西人和德意志人之间的竞争有关。在拜占庭境内时，这种竞争就已经造成了矛盾。另外，率领军队的人没有走一致路线，而是各自寻找前往圣地的路。

十字军遇到的问题还远远不止这些。他们与拜占庭也有矛盾。尽管拜占庭答应提供补给，但是由于曼努埃尔一世不遵守补给协议，导致十字军在拜占庭境内四处抢劫。而且他准备的船只太少，不足以将大军运到叙利亚。

1147年，塞尔柱突厥人在多里莱乌姆附近袭击德意志大军，几乎将其完全消灭。导致第二次十字军东征失败的还有另外一个原因：目标经常变动。为了兑现自己的誓言，法兰西国王想独自前往耶路撒冷。康拉德三世率领残部与法兰西人会合时，做出了错误的决定：由于遇到太多抵抗，他们放弃了夺回埃德萨伯国的目标，转而进攻大马士革。直到今天，人们还不清楚他们为何做出这样的决定。十字军与耶路撒冷国王鲍德温三世一起进攻大马士革，最终，大马士革没有被攻破。十字军只好返回，宣告第二次东征失败。十字军东征宣传者克莱沃的伯纳尔德也陷入了批评之中，连十字军行动也受到了质疑。在这次东征失败后的30年中，再也

没有出现过大规模的十字军东征。尽管教皇 1157 年、1165 年、1166 年和 1181 年都发出过十字军东征的号召，但是几乎无人响应。

萨拉丁统一了伊斯兰世界

位于耶路撒冷王国南部的埃及，因其土地肥沃、物产丰富，向来是统治整个近东地区的关键位置。统治埃及的是什叶派穆斯林，他们并不认可逊尼派的努尔丁·马哈茂德和他统一伊斯兰世界的想法。耶路撒冷王国的意图，首先是征服军事上比较薄弱的尼罗河地区。到阿马尔里克国王时，十字军和埃及达成停火协议，每年缴纳岁币。这样一来，埃及在某种意义上成了耶路撒冷王国的保护国。努尔丁改变了这一切。1169 年 1 月，他的手下库尔德将领谢尔库赫占领开罗，自称维齐尔。两个月后，谢尔库赫去世时，他的侄子萨拉丁替代他的位置，结束了法蒂玛王朝在埃及的统治。

但是众人期盼的伊斯兰世界的统一还没有到来。萨拉丁和努尔丁关系紧张。1174 年，努尔丁在大马士革去世，萨拉丁顺理成章地成了他的继承人。这就对十字军国家构成了最大威胁。为扩充自己的军事实力，萨拉丁首先和十字军达成停火协议。统一了近东之后，他开始进攻十字军国家。1187 年，萨拉丁取得了决定性的哈丁会战胜利。由于他本人的才华和勇气，他也在十字军中受到了前所未有的尊重。建立一个统一的伊斯兰帝国，这个目标在他手中已经基本实现。

东征西斯拉夫人

本来应该去东征的德意志军团，1147 年发生了意想不到的变故。在法兰克福的宫廷会议上，此前决定参加东征的萨克森贵族，宣布对帝国东部的西斯拉夫人进行东征。第二次十字军东征尚未开始，德意志军团兵力就削弱不少。克莱沃的伯纳尔德以及教皇尤金三世在犹豫许久之后，才同意了这次东征计划。教皇答应，参加此次东征的人将拥有和去圣地东征相等的特权。不过，对西斯拉夫人的第一次东征却失败了。最后，这次东征在出发的同一年即宣告结束。西斯拉夫人表面上接受了洗礼，皈依了罗马天主教。十字军也和西斯拉夫贵族尼克洛特达成了停火协议。这次欧洲境内的东征，改变了十字军东征的内涵。伊比利亚半岛上针对穆斯林的收复失地运动，还能算是某种意义上帮助征服圣地。而现在的“武装朝圣”，即十字军，则成了针对所有异教徒。克莱沃的伯纳尔德在教会中第一个认为，对西斯拉夫人的东征等同于对圣地的武装朝圣，并许诺参加者会得到同等的赎罪。教皇没有对此提出异议，而是确认了伯纳尔德的说法。于是，十字军不仅仅限于去征服圣地，而是包括了进攻异教徒，后来也包括了进攻背教者或者异端分子。12世纪条顿骑士团对波罗的海国家的征服就是典型的例子。1155年，教皇阿德里安四世也在芬兰发动了针对异教徒的十字军。1147年，伯纳尔德提出口号：“死亡，或者皈依。”这在东欧和北欧造成了许多流血冲突。

西班牙前线

12世纪，西班牙

前线有了新发展。贵族们馈赠给医院骑士团和圣殿骑士团大量的土地和实物。骑士团在西班牙得到了不少城堡，西班牙贵族希望这样可以阻断穆斯林前进的道路。不过，如意算盘没有打成。因为骑士团不愿意把相关资源从圣地召回，他们只是偶尔参与伊比利亚半岛上收复失地的运动。不过，1147年，一支十

◇ 1147年，卡斯蒂利亚国王阿方索八世征服了阿尔梅里亚

字军舰队还是提供了帮助，这支舰队从摩尔人手中为葡萄牙夺回了里斯本。后来在西班牙出现以圣殿骑士团为榜样的骑士团：卡拉特拉瓦骑士团、圣地亚哥骑士团和阿尔坎塔拉骑士团。他们的主要任务不是保卫耶路撒冷，而是参加西班牙收复失地的运动，这与医院骑士团和圣殿骑士团有着根本不同。这些骑士团在收复失地运动中起了重要作用。穆斯林一方，在 1118 年萨拉戈萨失守后发生了权力更替，柏柏尔人的穆拉比特王朝被另一支柏柏尔人建立的穆瓦希德王朝所取代。

◇ 十字军布道者克莱沃的伯纳尔德（油画，约 1500 年）

编年史大事记（1144—1187）

克莱沃的伯纳尔德以激情的布道感染了欧洲的贵族们

教皇尤金三世号召进行第二次十字军东征

1146 年复活节，弗泽莱

1144 年，当埃德萨伯国被摩苏尔埃米尔伊马德丁·赞吉攻占时，罗马教廷陷入了恐慌。十字军国家的第一个据点，也是最重要的据点之一，竟然失守了。教皇尤金三世发出东征号召。这一号召主要是向年轻的法兰西国王路易七世发出的。

在教皇尤金三世的委托下，熙笃会修道院院长克莱沃的伯纳尔德发表了一篇热情的布道文，号召进行十字

感人的修辞：克莱沃的伯纳尔德的布道

伯纳尔德在弗泽莱的布道内容没有能留存下来。但是在许多书信和其他布道中，他都支持十字军东征。他向不同阶层的人布道。对贵族布道时，他说：

“你们，勇敢的骑士，战斗的武士，现在机会来了，胜利带来荣耀，

死亡则带来永生。若你们是商人，那些做生意的人，那么我告诉你们的，绝对是最好的买卖。千万不要错失这样的良机。拿起十字架，你们悔过的心，最终得享救赎。木头不值钱，但是当你们谦卑地把它担在肩上时，毫无疑问，它的价值就升至天国。”

对普通人甚至是罪犯，他也布道：

“我们的罪过让圣地上敌人得势，他们拿着锋利的刀剑糟蹋那应许之地……勇敢的人们，你们该做什么？……你们要把圣徒丢给凶狗，把珍珠丢给畜生吗？……上帝当然可以命令十二个军团的天使降临……但是我告诉你们：这是上帝在试探你们……勇敢地去吧，上帝为了拯救你们的灵魂付出了多少……他不要你们死，而是要你们悔改而永生……难道不只有上帝才有权柄召唤杀人犯、抢劫犯、毁婚者、伪证者和那些被罪行折磨的人吗？罪人，不要不相信，上帝与你们同在……他定将救赎他的战士并赐予他们永恒的光荣。”

◇ 克莱沃的伯纳尔德（壁画局部，绘本）

军东征。因为前来聆听布道的人太多，大教堂无法容纳，只得在朝圣地弗泽莱的大门外搭建了一个演讲台。不知道伯纳尔德到底是如何对现场的听众——其中有许多贵族——进行布道的，因为演讲原稿没有能留存下来。可以确定的是，他宣读了教皇的一封书信，信中要求大家前往圣地，许诺参加者的罪即能得到赦免。受到布道感染，在场的男人都要求在衣服上绣十字架，参加东征。响应者如云，以至于准备好的布料在太阳还没有落山时就已经用完。克莱沃的伯纳尔德当即脱下自己的外袍，剪碎分发给大家充当十字架。

法兰西国王路易七世也热情地响应了号召。早在1145年圣诞节，他就已经决定去东征。当伯纳尔德被任命为教皇使臣时，路易七世已经召集了足够的人马。教皇本想组织一支纯法兰西人的十字军，伯纳尔德拓展了这个计划。在他的多次劝说下，德意志国王康拉德三世于 1146 年圣诞节在斯佩耶尔圣母大教堂同意参加十字军。和他一起参加十字军的还有许多德意志贵族。但在第二次十字军东征失败后，克莱沃的伯纳尔德受到了严重的批评。1150 年他再次号召十字军时，根本无人响应。

◇ 在克莱沃的伯纳尔德面前，法兰西国王路易七世将十字架缝在衣服上参加十字军（细密画，约 1450 年）

震惊西方

塞尔柱突厥人攻占埃德萨

1144 年圣诞节，埃德萨

埃德萨对于十字军来说，有着象征意义。这座深受基督教文化影响的城市，是十字军在东方的第一个据点。它仿佛一把剑，插在突厥人统治的地区和安纳托利亚中间。

12 月 24 日平安夜，埃德萨城墙终于在塞尔柱突厥人攻城机的不断撞击下倒塌。埃德萨已经抵抗摩苏尔埃米尔伊马德丁·赞吉整整四周了。埃德萨陷落后，所有欧洲男性都被穆斯林军队屠杀，女性都被贩卖为奴隶。只有本地的亚美尼亚基督徒得以幸免。一年后，他们也被伊马德丁·赞吉赶出了埃德萨。埃德萨的陷落，是激发第二次十字军东征的原因。

十字军再次迫害犹太人

乌合之众在莱茵兰地区杀害犹太人

1147 年 8 月，科隆

就像 1096 年那样，犹太人又成了狂热十字军的第一个目标。

◇ 科隆城的犹太人被活活烧死（木刻画，15 世纪）

一位叫西门的犹太人想要上船，十字军强迫他必须接受洗礼。这位犹太人拒绝，因此被十字军杀害。

一年前，一位法兰西修士鲁道夫来到了莱茵兰地区，掀起了一场迫害犹太人的运动。经过教会人士的呼吁，克莱沃的伯纳尔德强迫鲁道夫于 1146 年 11 月回法国。

尽管很多神职人员保护犹太人，国王康拉德三世还把自己的城堡提供给犹太人做避难所，悲剧还是发生了。在科隆，暴民虽然没有进攻阿尔努尔夫主教设立的避难城堡，但是他们把所有能抓到的犹太人都杀了。而就在美因茨大主教眼前，暴民把他庇护的犹太人全部杀害。斯佩耶尔和维尔茨堡也发生了迫害事件。等十字军出了德意志国境，犹太人才敢离开避难所。

国王阿方索一世战胜了穆斯林，攻占了后来的葡萄牙首都

葡萄牙统治者攻占里斯本

1147 年，里斯本

早在 1093 年，里斯本就被西班牙军队收复。1111 年，穆拉比特王朝的军队又卷土重来，重新攻占了这座城市。直到现在，葡萄牙的收复失地运动才有了巨大进展。里斯本开始了新的发展时代。

◇ 在十字军的帮助下，国王阿方索一世解放了里斯本（铜版画，约 1830—1840 年）

葡萄牙国王阿方索一世从摩尔人手中攻占了里斯本。此前他曾多次尝试，都没有成功。此次他在一支德意志—弗拉芒—英格兰联合舰队的帮助下，终于如愿以偿。这支联合舰队本来是前往圣地路过此地，但依然积极提供帮助。当地原来的主教在战斗中身亡，一位英格兰随军神父接替了他的职位，里斯本的清真寺被改成了教堂。

阿方索一世曾经是卡斯蒂利亚—莱昂王国的封臣。1139 年，他在欧里克战役中传奇般地打败摩尔人，成为葡萄牙国王。为了让葡萄牙王国得到承认，他立即宣布向教皇效忠。

地理位置得天独厚的里斯本很快就成为经济中心。几年之后，里斯本成为葡萄牙首都。在里斯本市民的支持下，国王阿方索三世得以登上王位。为了表示感谢，国王在 1260 年将王宫设于里斯本。里斯本的繁盛期从 15 世纪一直持续到地理大发现时代。

德意志和法兰西十字军军事上的失利，导致第二次十字军东征失败

十字军惨败

1147 年 10 月 25 日，多里莱乌姆

第二次十字军东征的目标，本来是夺回埃德萨，攻占大马士革。但是康拉德三世率领的德意志十字军和路易七世率领的法兰西十字军一路上遇到众多困难，最后东征失败。

康拉德率领的十字军在多里莱乌姆附近遭到塞尔柱突厥人的进攻。十字军长途跋涉，给养不足，且缺乏饮用水，导致人困马乏。塞尔柱人偷袭时，十字

多里莱乌姆：“割破十字军的喉咙”

1147年10月25日，从尼西亚出发的十字军德国军团在多里莱乌姆附近的名为巴提的小河休息时，塞尔柱突厥人的军队忽然出现，一位来自维尔茨堡的编年史作者这样记述道：

“深夜的宁静中忽然营地一阵大乱，箭如雨下，正是那撒拉森人前来偷袭。每个人能做的就是逃命，挡住砍向自己喉咙的剑。突然一队野蛮人杀入我军营盘，而活着的朝圣者们被砍死或者射死。到处都有人被杀死，几乎无人生还……那一夜能听到的是无数死伤者的哀号呻吟与切齿。敌人呼喊着‘割破十字军的喉咙’，杀声此起彼伏，非常恐怖。

“康拉德率领的军团被打散，很多人在逃命的路上被追兵杀死。只有不到五分之一的人幸免于难，营地被敌人占领,战利品被卖到了伊斯兰世界的市场。”

即使是和平朝圣的人也未能幸免，这支由弗赖辛主教奥托带领的朝圣人群沿着海岸前进，被卷入了战斗。对此，这位维尔茨堡的编年史作者写道：

“这队人马陷入了绝境，饥渴困

◇ 十字军与撒拉森人作战（14世纪法国手绘本）

军没有能组织起有效的防守和进攻。最后康拉德三世也只是侥幸逃脱，大多数军队被消灭。

死亡人数没有准确记载。5月，康拉德三世带领大约两万人出发，其中包括许多没有武器的朝圣者。大军尚未到达拜占庭境内就和拜占庭皇帝曼努埃尔一世起了争执。后者担心康拉德此举是项庄舞剑，实际上是要针对拜占庭帝国。于是，这位拜占庭皇帝秘密和塞尔柱人达成协议。这场争斗最终还是靠康拉德三世的小姨子，同时也是曼努埃尔的皇后贝尔塔在其中调解，才算平息。

扰着他们，以至于他们不得不杀掉所有的驮畜和牵着的动物，吃肉充饥，饮血止渴；即使如此还是有很多人死于饥饿、脱水、疾病和每日的艰苦；就在这时撒拉森人来了……已经没有人能有力气抵抗，只能等死。所有老年人被砍死，而年轻人则被贩卖为奴隶。”

康拉德三世没有听从拜占庭皇帝的建议，而走了与 50 年前第一次十字军东征相同的道路，即横穿小亚细亚。大军也没有为这条路上艰难的地形做好准备。

惨败之后，康拉德三世带着少得可怜的余部到达尼西亚，在那里和路易七世带领的十字军会合。两股军队一起沿着海岸前进，一直和拜占庭的护航舰队保持联系。康拉德三世却又生了重病，无法再前进，只好留在了以弗所。对于十字军来说，问题随之而来：严酷的冬天，拜占庭的补给严重不足，又不断被塞尔柱突厥人袭击。到卡德摩斯山时，十字军已经濒临全军覆没。

1148 年 1 月，大军到达安塔利亚，随后乘船前往安条克。拜占庭方面没有提供足够的船只，失去耐心的法兰西国王于是让大部分军队取道危险的奇里乞亚。最后，这条艰险的道路让大半人马丧生。

经历这么多挫折，路易七世放弃了原来进攻埃德萨的计划，决定与耶路撒冷国王鲍德温三世一起，攻打大马士革。但是最后大军衰弱到无法攻城，只剩下撤军一条路了。

第一次对帝国东部的异教徒进行武力传教

教皇批准对西斯拉夫人东征

◇ 圣波尼法爵给异教徒施洗（手绘本，11 世纪）

1147 年 3 月，法兰克福

克莱沃的伯纳尔德号召进行新的十字军东征，在帝国内部无人响

圣地之旅

关于十字军的人数没有确切的统计资料。据估计，第二次十字军东征时，路易七世和康拉德三世各带领七万人出发，踏上艰苦的征途。十字军所带的辎重多种多样：武器、帐篷、战争用建材还有私人物品，都要带齐。一般骑士要带两匹马。而辎重的一部分要么在路途上购买，要么抢劫。抢劫是战争的标准组成部分，有时即使和拜占庭达成了补给协议，沿路还是会有抢劫事件发生。

十字军的组成丰富多彩：领主们和男女随从、朝圣者、探险家、妓女和罪犯。而十字军的首领经常要下令，让那些对战斗没有帮助的人打道回府，而妇女儿童则被建议最好不要参加十字军。

◇ 一队十字军在行军中（细密画，手绘本）

应。法兰克福的宫廷会议上，他将这一号召扩展到了对西斯拉夫人的东征。

1147 年 7 月，两支十字军向东方出发。人数较少的一支，由“狮子”亨利、康拉德·冯·策林根和不来梅大主教带领。十字军占领了什未林湖附近的多宾，这里是西斯拉夫人首领尼克洛特的藏身之处。西斯拉夫人眼看大兵压境，火速决定接受洗礼。十字军于是撤退。

另外一支更庞大的军队，由“大熊”阿尔布雷希特一世和迈森的康拉德一世带领，从易北河中游出发前往代明和什切青。大军围困代明没有成功，而与什切青的贵族拉蒂博尔达成了协议。这一协议保证当地接受天主教信仰。于是，大军解散，各自撤回。1147 年 10 月，这次东征结束，并未取得关键性胜利。

◇ 西斯拉夫人在泰特罗的要塞（梅克伦堡）

尽管未能有大的功绩，此次东征还是削弱了西斯拉夫人对帝国东扩的抵抗。教皇特使安瑟伦作为哈弗尔贝格主教，他的教区也向东扩张了，在普利希尼茨也出现了小型德意志人统治区，这为后来德意志人东扩提供了基础。此后，马格德堡大主教也在东部成立了新的主教区：拉策堡（1154年）、什未林（1158年）、吕贝克（1160年）和卡缅（1172年）。

此次十字军东征的另外一个特别之处，是十字军第一次针对非穆斯林目标，要促使异教徒基督教化。教皇许诺军事行动的参与者拥有和去圣地的十字军相同的优惠。

争议的焦点，是抢劫还是归还领土

法兰西人与拜占庭人产生严重争执

1147年10月，君士坦丁堡

不仅康拉德三世的军队在十字军东征途中遭遇各种灾难，法兰西国王路易七世率领的部队也是灾星高照。到达拜占庭首都时，在西方骑士和拜占庭皇帝间就产生了一系列的争执。

拜占庭皇帝曼努埃尔一世热情友好地接待了法兰西国王路易七世。此举并不在意料之中，因为十字军刚刚进入拜占庭境内就发生了抢劫事件。尽管路易七世严惩了违法者，拜占庭当局也没有追究，但是这样的事件给拜占庭和十字军的关系蒙上了阴影。

当法国人得知曼努埃尔一世和科尼亚的苏丹达成了停火协议时，双方的不信任再次加深。其实，曼努埃尔一世是迫不得已。当时，西西里的罗杰二世正在进攻拜占庭，他不能腹背受敌。

法兰西人阵营中出现了强硬的声音。一位同行的主教建议路易七世干脆和

◇ 最高层政治峰会：在阿克会面的德意志国王康拉德三世、法兰西国王路易七世和耶路撒冷国王鲍德温三世（提尔的威廉所著编年史插画，12 世纪）

罗杰二世联合起来，攻打君士坦丁堡。尽管路易七世反对这个计划，但他手下的法国骑士还是动了手。曼努埃尔一世还向法国人提出要求，未来攻占的土地需归拜占庭所有，因为他才是合法的拥有人。路易七世同意了这项请求，他知道大军若没有拜占庭的补给，是绝对无法看到圣地的。1147 年 11 月，一切问题交代清楚，法兰西十字军朝着小亚细亚出发。1147 年 10 月，康拉德三世在多里莱乌姆失败的消息让法军士气大损。于是路易七世先前往耶路撒冷，与耶路撒冷国王鲍德温三世和他的母亲梅利桑德女王共商大计。

1148 年 6 月，来自西欧的贵族到达了耶路撒冷王国的阿克。贵族们开始商议下一步的行动计划。十字军的一小部分贵族要求立即撤军。虔诚的路易七世觉得就此打道回府无法向克莱沃的伯纳尔德交代，无论如何也要和异教徒打一仗。联军当时有三个目标：阿勒颇、努尔丁的宫殿，或者距离较近的大马士革。最后，大家一致同意进攻大马士革。

◇ 阿基坦的埃莉诺（石棺像）

婚姻不和影响了东征

因嫉妒而做出的决定

1148 年 4 月，安条克

重新夺回埃德萨的行动，最后因私人原因而失败。

按照八卦绯闻，路易七世的妻子——阿基坦的埃莉诺与其叔叔安条克的雷蒙德有染。

耶路撒冷总主教请路易七世即刻赶往圣城，雷蒙德则逼迫路易七世前往阿勒颇，然后进军埃德萨。路易七世犹豫不决，最终由于嫉妒而决定南下，放弃埃德萨。

的黎波里伯爵成为暗杀的受害者

阿萨辛刺杀了雷蒙德二世

1152年，的黎波里

的黎波里伯爵雷蒙德二世成了一次扑朔迷离的刺杀事件的受害者。利用的黎波里伯国权力的真空期，阿勒颇的埃米尔努尔丁攻占了伯国北部。

耶路撒冷国王鲍德温三世和他的母亲梅利桑德女王以及弟弟阿马尔里克，一起抵达了的黎波里。伯爵雷蒙德二世和他的夫人——耶路撒冷的霍迪尔娜不睦，而霍迪尔娜是梅利桑德的亲妹妹，所以耶路撒冷国王和女王此行是来出面调停。得知努尔丁进犯的黎波里，鲍德温立即离开。雷蒙德伯爵则出城送行。回城的路上，刚走到城门附近，他被一群阿萨辛派杀手袭击，当场死去。随从们没有抓住凶手。守城军队冲出城外，杀死了所有能抓到的穆斯林。凶手还是逃脱了，无人知道刺杀的动机和元凶。刺杀发生后，努尔丁即刻在伯国北部发动进攻，不过也只是短暂地占领了托尔托萨。

埃米尔利用了十字军之间的不和

围攻大马士革

1148年7月24日，大马士革

十字军的首领们在阿克达成一致意见，与耶路撒冷王国军队一起围攻大马士革。若是攻下此城，将切断埃及和非洲伊斯兰教及叙利亚和东方伊斯兰教的联系。

历史上人数最庞大的十字军驻扎在了大马士革城门外。大马士革的埃米尔乌努尔火速派信使向阿勒颇的努尔丁求援。就在十字军攻占了城外的果树林并

◇ 十字军围攻大马士革（手绘本插画，15 世纪）

接近城墙时，乌努尔搬来的救兵赶到了。乌努尔害怕努尔丁会借机将大马士革据为己有，因此他先用自己的军队抵抗十字军的进攻。最后乌努尔将十字军逼回了平原。同时，他又和十字军首领接触，表示愿意提供赎金。

据说，在十字军的将领中间爆发了严重的争执，而进攻大马士革的行动仅四天便宣告失败。具体的细节只能留给人们去想象，因为没有确切的历史记载。

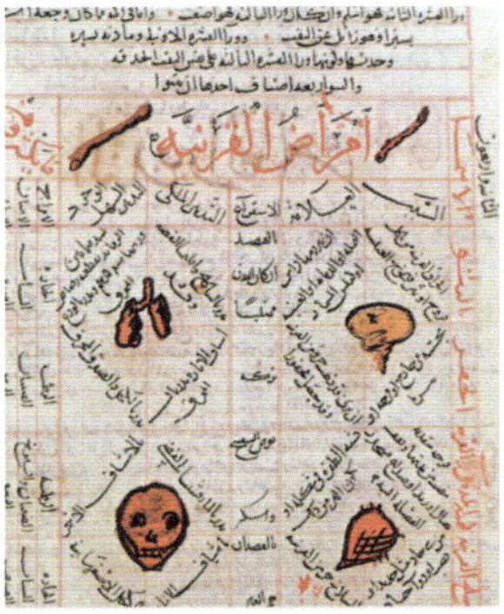

◇ 《罗兰蒂那外科学》手稿描绘了当时一位著名的外科专家罗杰·萨莱尼塔努斯治疗的方法

阿拉伯学术给了西方新的推动力

萨莱诺成为医学中心

1150 年，萨莱诺

十字军东征，促进了东西方的学术交流。古希腊哲学家的阿拉伯文译本传至西方，被翻译成拉丁文；而阿拉伯的医学书籍也补充了西方的医药知识。

萨莱诺医学院的黄金时代到来了。1180 年左右，这里产生了著名的教学诗歌《萨莱诺的健康规则》。这首诗歌的创作动力，来源于在此求问如何能够健康生活的十字军。

根据传说，这所欧洲最古老的医学院由四位博士建立。每位博士都用不同的语言教学：萨莱努斯用拉丁文，本都斯用希腊文，阿德拉用阿拉伯文，埃里努斯用希伯来文。这一传说证明，在这座位于那不勒斯南部的城市中，各种文化互相交流，促进了学术进步。医学院可能是公元 850 年由萨莱诺的医生联合成立，并且恪守希波克拉底誓言。

医学院一度最有影响力的教师是康斯坦丁乌斯 · 阿非利加乌斯。这位来自北非迦太基的穆斯林草药商人在地中海地区做生意 40 余年。1075 年，他来到了萨莱诺，受洗成为罗马天主教徒，加入了蒙特卡西诺修道院的在俗兄弟会。他将许多阿拉伯文的医学书籍翻译成拉丁文，并著有《阿拉伯—希腊医学纲要》。康斯坦丁乌斯是第一批将希腊—阿拉伯医学知识介绍给西方的人，他提高了萨莱诺医学院的声誉。

◇ 医学家及哲学家阿维森所著《医学准则》

萨莱诺在 12 世纪逐渐成为重要的文化中心。1170 年左右，该医学院引入外科学，其中包括开颅和腹部手术等许多新技术，甚至还涉及了肿瘤医学。人体和动物解剖也成为重点项目。利用酒精来做药品的溶剂，这项技术也是在萨莱诺开发的。

教皇见到皇帝退避三舍

腓特烈一世成为神圣罗马帝国皇帝

1152 年 3 月 5 日，法兰克福

12 世纪中期，十字军东征的理想慢慢消散。此时最吸引人眼球的，要数罗马教皇和神圣罗马帝国皇帝之间的争斗。

教会本来更倾向于康拉德三世的幼子，但他没有能成为国王。贵族们在法兰克福投票选举施瓦本公爵腓特烈做了国王。3 月 9 日，腓特烈一世 · 巴巴罗萨在亚琛加冕。他并未征得教皇同意，只是向教皇通报了该事。

腓特烈上台后，重新整顿帝国的政治。他曾经随着康拉德三世参加过第二次十字军东征。他不理睬主教们的建议，火速赶往罗马，帮助教皇抵抗诺曼人。1153 年 3 月 23 日，《康斯坦茨协议》达成。协议明确了教会拥有的特权，但是也同时明确了腓特烈加冕为神圣罗马帝国皇帝的条件。同时，腓特烈许诺帮助罗马教廷渡过难关，抵御诺曼人。这一协议见证了帝国皇帝新的自我认知：自己与教皇平起平坐。

两年后，1155 年 6 月 18 日，教皇阿德里安四世在罗马为腓特烈一世举行加冕弥撒。同一天，罗马城发生暴乱，“狮子”亨利带人平息了骚乱。神圣罗马帝国皇帝遵守了协议的第一部分，平息暴乱后，将叛乱首领布雷西亚的阿诺尔德交给教廷处置。但是，皇帝没有履行协议的第二项承诺：他没有对诺曼人出兵，而是翻越阿尔卑斯山回到了德意志。教皇别无选择，只能与诺曼人和谈。在《贝内文托协议》中，教皇正式承认了诺曼王国。

◇ 巴巴罗萨奠定了皇帝的权力基础（青铜头像，约 1160 年）

神圣罗马帝国皇帝腓特烈一世·巴巴罗萨和教皇之间的矛盾，在贝桑松的帝国会议上再次加深。在有关教会神职人员权力的争论中，教皇特使挑衅性地发问：“难道皇帝不是从教皇那里接掌神圣罗马帝国吗？”这一举动引发的异议，逼得教皇使团惊慌逃跑。

此后在写给教皇阿德里安四世的一封抗议信中，腓特烈一世坚决认为，帝国是上帝而不是教皇交给他的。这一看法也得到了德意志主教们的支持。教皇只得认输，打落门牙往肚里咽。教皇的权力得到极大限制，腓特烈使得帝国独立于教廷之外。

穆瓦希德王朝赶走了穆拉比特王朝

西班牙南部的政权更替

1155 年，马拉喀什

穆瓦希德王朝推翻了穆拉比特王朝的统治，建立了历史上最辉煌的柏柏尔王朝。

穆瓦希德王朝本来是柏柏尔人伊本·图马特创立的保守穆斯林集团。最后，他们成功地将穆拉比特王朝赶出了西班牙。早在 1147 年，穆瓦希德王朝就在马拉喀什取得了决定性胜利。此前穆拉比特王朝已经在摩洛哥和阿尔及利亚西部统治了近百年。

伊本·图马特所推行的改革运动，核心是严守真主的唯一性，信仰真主派来的马赫迪，他是最后一位纯正信仰者。伊本·图马特 1121 年在北非的阿特拉斯山上自称马赫迪，其学说得以迅速传播。在马赫迪的一位忠诚追随者阿卜杜勒·慕敏的带领下，穆瓦希德王朝攻占了从的黎波里直到大西洋的土地，建立了庞大的帝国。

如此迅速的扩张，另一个原因在于，穆拉比特王朝的地方长官都迅速倒向穆瓦希德王朝一方。摩尔人多次试图复国，但都以失败告终。只有巴利阿里群岛保持独立直到 1203 年，伊比利亚半岛东部的统治者伊本·马尔达尼什也抵抗到 1172 年。

◇ 塞维利亚的王宫是 12—13 世纪穆瓦希德王朝的宫殿

穆瓦希德王朝的政权，主要由参议会、布道者和纠察员把持。这样一来，国家权力由一群人掌握，这也是柏柏尔王朝的特点。穆瓦希德王朝比其他王朝的统治时间都长，原因在于，王朝的主体部族是柏柏尔各族人中人口最多的一支部族——玛斯穆达人。根据伊斯兰教教义的要求，玛斯穆达人要征服所有柏柏尔人部族。

在穆瓦希德王朝统治下，科学和艺术有了新的发展，建筑也取得了很高的成就。科学技术的进步源于宽松的政策，这使得像阿威罗伊（伊本·鲁世德）这样的学者能够自由发展。在安达卢西亚出现了穆瓦希德王朝独特的建筑，比如塞维利亚的吉拉达。

1269 年，柏柏尔部落的马林王朝军队攻占了重镇马拉喀什。1276 年，穆瓦希德王朝分崩离析。

阿勒颇的埃米尔继续扩大地盘

大马士革几乎毫无抵抗地落入努尔丁之手

1154 年 4 月 18 日，大马士革

阿勒颇统治者努尔丁的势力范围再次扩大，成为十字军的最大威胁。当第二次十字军围攻大马士革失败时，努尔丁却在那里获得了更大影响。和他的父亲赞吉一样，努尔丁决定用“吉哈德”（圣战）的学说来对付十字军。

◇ 大马士革大清真寺（马赛克）

努尔丁的大军围困大马士革，此前大马士革城主穆齐尔和十字军结成了联盟。这次结盟，让伊斯兰世界非常不安。努尔丁围城之前，抢夺了为大马士革运输粮食的车队。他在城中散播谣言，说粮食短缺是穆齐尔造成的，因为穆齐尔与十字军结盟，而没有和自己的穆斯林兄弟站在一起。同时，努尔丁又制造了大马士革城内有人策划行刺穆齐尔的假象。穆齐尔抓到刺客，将刺客残酷处死，这使他失去了当地居民

的信任。

因此，努尔丁的军队进攻大马士革东门时只遇到了零星抵抗。四天后，一位居民将几名士兵放进了犹太人区。很快，犹太居民决定开城门献城投降。穆齐尔躲在自己的宫殿中，几日之后投降。努尔丁禁止手下抢劫，并且开仓放粮，还任命了新的行政官员。

◇ 十字军败给了穆斯林军队（细密画，1490 年）

努尔丁的势力范围已经扩展到了十字军国家的东部边境。但他还不想和十字军国家直接冲突。按照大马士革和耶路撒冷的协议，1156 年，努尔丁依然向圣城缴纳粮食。由于与安纳托利亚的塞尔柱人不和，他保持着谨慎。事实上，努尔丁已经谋划着夺取埃德萨的地盘了。

芬兰各族的基督教化，既有罗马也有东方教会的参与

教皇对芬兰异教徒发动十字军

1155 年，罗马

罗马教皇为了将在芬兰影响力很大的拜占庭东正教会赶走，又一次发动了十字军。

教皇阿德里安四世允许瑞典国王埃里克九世对芬兰的异教徒发动十字军。此举开启了芬兰皈依大公教会的基督教化进程。

芬兰是瑞典的属国，而俄国也想扩大在此地的影响。瑞典国王埃里克九世计划征服这里。为了获得罗马的批准，1154 年，他决定为教廷提供帮助。教皇阿德里安四世原名尼古拉斯 · 布莱克比亚。他来自英格兰，曾经和乌普萨拉的主教亨德里克一起到瑞典旅行，因此了解瑞典的情况。在林雪平的帝国会议上，这位后来的教皇曾经和阿尔巴诺枢机主教尼古拉斯一起，为瑞典教会得到

◇ 教皇阿德里安四世（木版画，19世纪）

官方认可而做过努力。

教皇发出了十字军东征号召后，国王埃里克九世和亨德里克主教于夏天率领一支舰队穿越北海，到达1100年建立的基督教徒聚集区。这里成了后来传教的出发点。尽管诺西艾宁成了主教城市，但是此次十字军并没有建立正规的教会体系。

埃里克国王不仅仅是因为宗教原因才发动十字军：芬兰的港口可是和巴尔干地区进行贸易的重要中转站。

一位来自法兰西的冒险家成为安条克亲王

沙蒂永的雷纳德动人的一生

1159年4月12日，安条克

对于拜占庭皇帝曼努埃尔一世而言，十字军国家不是他最头疼的问题。他最关心的并非是不是有十字军从欧洲赶来东征，而是如何用聪明的政策保护拜占庭的边境。在与沙蒂永的雷纳德的争斗中，这一点表露无遗。

复活节主日这一天，拜占庭皇帝曼努埃尔一世在盛大的欢迎仪式中进入安条克城。浩浩荡荡的随从队伍主要由斯堪的纳维亚禁军和瓦良格卫队组成。皇帝身着紫袍，头戴珍珠王冠。为皇帝牵马者便是沙蒂永的雷纳德。耶路撒冷国王鲍德温三世没有戴王冠，也没有佩武器，尾随在皇帝之后，此外还有众多王国的贵族。为期一周的庆典正式开始，安条克居民对拜占庭皇帝的好感大大增强。

◇ 沙蒂永的雷纳德逮捕了安条克的宗主教艾莫里（细密画，13世纪）

一周即将结束之时，阿勒颇的埃米尔努尔丁派来全权代表，进行和谈。这让十字军感到十分愤怒。他们一度以为，皇帝会和他们一起进军攻打阿勒颇。努尔丁提出了优厚的条件：释放大约 6000 名十字军俘虏，派军队攻打塞尔柱突厥人。曼努埃尔一世同意了。

◇ 卡拉克，沙蒂永的雷纳德的城堡，位于今天约旦境内，1188 年被萨拉丁攻占

拜占庭皇帝来到安条克纯属意外。他的到来与沙蒂永的雷纳德的行为有关。雷纳德本来是法兰西国王路易七世的随行人员之一，因为不想返回法兰西而留在了耶路撒冷。开始，他为耶路撒冷国王鲍德温三世服务。不久，安条克亲王的遗孀康斯坦丝注意到他。鲍德温三世同意后，康斯坦丝于 1153 年下嫁这位年轻的十字军骑士。雷纳德于是成为安条克的亲王，当然安条克的居民和其他显贵们并不愿接受他。

拜占庭的宫廷也为这一事件表示愤怒。因为康斯坦丝并未征得最高领主，也就是拜占庭皇帝的同意。曼努埃尔一世极不情愿地承认了这门婚事，但是附加了一项条件：雷纳德必须与亚美尼亚的托洛斯一战。雷纳德开始同意，最后却和托洛斯结成联盟。他和亚美尼亚贵族一起攻占并且洗劫了拜占庭皇帝的皇家领地塞浦路斯岛。

1158 年秋，曼努埃尔一世率领大军向东进发，托洛斯急忙逃往山区。雷纳德向皇帝投降。曼努埃尔再三考虑之后，决定原谅他。这一次，皇帝又提出了新的条件：雷纳德必须将安条克的宫殿腾空，给曼努埃尔享用；为拜占庭帝国提供一支军队；还要把当地的罗马天主教宗主教换为东正教宗主教。

曼努埃尔一世通过向东部进军的行动，为自己赢得了威望。他与努尔丁达成的和平协议，保证了朝圣之路 20 年畅通无阻。雷纳德则在 1160 年抢劫途中被阿勒颇的领主所擒。不论是皇帝还是法兰克贵族都不想搭救他，因此他坐了 16 年的地牢。1177 年，他重获自由之后，和守寡的斯蒂芬妮结婚，成了耶路撒冷王国下属约旦河东岸的领主。1187 年，他被萨拉丁斩首。

十字军传奇，揭示了在家守候的女性的命运

失踪的沃代蒙伯爵雨果一世回到家乡

1163年，洛林

丈夫去参加十字军东征期间，与妻子做伴的，只有不知丈夫生死的恐惧，而她们还要照顾家庭，继续生活。

◇ 十字军还乡：夫妻团圆，约12世纪

公认已经死在东征途中的十字军骑士沃代蒙伯爵雨果一世，在失踪16年之后又回到了妻子勃艮第的安娜身边。

第二次十字军东征时，他随着法兰西国王路易七世的大军一起出发前往圣地，留在家中的妻子多年没有得到他的任何音讯。许多人建议安娜宣布丈夫已死，以便改嫁他人；但是安娜从来没有放弃希望，坚信丈夫一定能回来。

1487年，南锡的方济各会教堂中，一座12世纪的雕塑记录了重逢的这一刻：沃代蒙伯爵雨果衣衫破烂，拄着拐杖站在他的妻子身边；他的妻子安娜，一只手放在雨果的胸口，做出欢迎的姿势。

这样一个有历史原型的传奇故事，是十字军时代许多女性命运的写照。参加十字军的誓言中，有一段参考了马太福音：“凡为我的名撇下房屋，或是弟兄、姊妹、父亲、母亲、（古卷在此有：妻子）儿女、田地的，必要得着百倍，并且承受永生。”（《圣经·马太福音》第十九章第二十九节）

男子参加十字军，往往意味着女性必须独自打理财产，养活家庭。许多骑士担心自己的妻子改嫁，便让妻子进入修道院，修道院也会得到一笔捐助。也有人在出发前留下遗嘱，比如骑士富尔克·德·勒普莱西马塞就是这样。他写道，万一自己死去，自己的女儿就应该结婚或者进入修道院。

离婚扫清障碍

国王不得近亲结婚

1162 年 2 月，耶路撒冷

耶路撒冷王国从建立的第一天起就不断面临各种威胁，但王国还是在各种磨难中得以留存。不过，这并不仅仅因为北部的最大威胁努尔丁不愿付出代价攻占耶路撒冷。

耶路撒冷宗主教在盛大的庆典中为新国王阿马尔里克加冕。年仅 33 岁的鲍德温三世在一次旅行中不幸染病去世。由于没有留下子嗣，他把王位传给了自己的弟弟。贵族们还是不愿放弃自己可能成为国王的机会，他们没有针对阿马尔里克提出异议，但是他的妻子库特奈的阿格尼丝成了大家攻击的对象。她是阿马尔里克的表亲，近亲结婚在教会中是不允许的。在宗主教和贵族们的要求下，阿马尔里克只能宣布自己的婚姻无效。

拜占庭加强和十字军国家的联系

曼努埃尔一世和一位西方公主结婚

1161 年 12 月 25 日，君士坦丁堡

拜占庭皇帝曼努埃尔一世·科穆宁是拜占庭帝国历史上最显赫的几位君王之一。灵活的政治谈判技巧和明智的婚姻策略，给帝国带来了和平与经济上的繁荣。

一对年龄相差甚远的男女走进了君士坦丁堡圣索菲亚大教堂。41 岁的拜占庭皇帝曼努埃尔一世·科穆宁，领着 16 岁的新娘——安条克的玛利亚走到了祭坛前。

1159 年，皇后苏尔茨巴赫的贝尔塔去世，她生前选择了“伊琳娜”作为自己在东方的名字。曼努埃尔派遣使团到耶路撒冷国王鲍德温的宫廷求亲，希望给自己找到一位十字军国家的公主。此举可以加强他和十字军国家的联系。最后的人选，

◇ 皇帝曼努埃尔一世和他年轻的妻子安条克的玛利亚

确定在了两名女子身上：玛利亚——安条克的康斯坦丝的女儿；梅利桑德——的黎波里伯爵雷蒙德二世的女儿。两位公主都是王国中有名的美女，也是国王鲍德温的表亲。鲍德温三世不愿安条克公国和拜占庭关系过密，所以他选中了生活在的黎波里的梅利桑德。其兄雷蒙德三世得知此消息，准备了巨额的嫁妆送到拜占庭。拜占庭方面却久久没有答复。失去耐心的雷蒙德最后派遣使团到拜占庭宫廷问讯，得到的居然是拒绝：皇帝已经决定娶安条克的玛利亚为妻。曼努埃尔没有说明原因，或许是因为有谣传说梅利桑德或许并非婚生。毕竟，其父母关系不和是国中尽人皆知的事情。这一拒绝让梅利桑德悲痛欲绝，一年后她便郁郁而终。不过，对这位美丽公主的怀念并未停止，她成了中世纪法国骑士浪漫小说《远方的公主》中主人公的原型。

愤怒的雷蒙德要求曼努埃尔一世退还嫁妆，遭到拒绝。于是，他将本来用于婚礼的 12 艘大船改造成了战舰，攻击了塞浦路斯岛。当然，这对皇帝没有什么影响。

尼罗河畔的战斗

阿马尔里克国王出兵埃及

1163 年 9 月，培琉喜阿姆

埃及在 12 世纪后半叶经历了严重的危机。于是，十字军和穆斯林都伺机而动。毕竟，控制埃及是控制近东的关键。

耶路撒冷国王阿马尔里克出兵埃及，攻占了培琉喜阿姆城。战争的借口是 1160 年在鲍德温三世治下的埃及没有缴纳岁币。阿马尔里克轻易穿越了苏伊士的地峡，尼罗河的洪水使他无法继续前进。埃及的哈里发希尔汉摧毁了两座尼罗河上的大坝，逼得阿马尔里克没有办法，只能退兵。当他不在王国时，努

尔丁又进犯的黎波里伯国这个最薄弱的十字军国家。当然，最后在埃及的请求下，努尔丁改变计划，进军埃及。

圣墓大教堂，也就是耶稣复活堂完工

十字军修建的圣墓大教堂正式建成

1164 年 8 月，耶路撒冷

圣墓大教堂对于许多基督徒而言是地上信仰的中心，而建在耶稣墓上的大教堂，其建筑反映了大家的良苦用心。

1149 年 7 月 15 日，圣墓大教堂祝圣并投入使用，但是并没有完全建成。直到阿马尔里克做国王时，才全部完工。教堂的大厅中有象征着世界肚脐的“翁法伦”，它位于基督死后敷油之处。圣墓大教堂共有五座中殿，坐落在基督耶稣的墓上。12 世纪建成的大教堂一直留存到今日，经历了无数次火灾、地震和人为破坏，也被无数次修缮。

◇ 今日幸存的圣墓大教堂主体建筑建成于 12 世纪的十字军时代

圣墓的地点由君士坦丁大帝的母亲海伦娜确定。她在受洗之后到耶路撒冷朝圣时，在耶路撒冷角斗场找到了圣墓和几个十字架。最早的圣墓教堂由君士坦丁大帝下令修建。公元 326 年开始动工，公元 335 年投入使用。公元 614 年，波斯人焚毁耶路撒冷，这座教堂也几乎被完全烧毁。

倭马亚王朝于公元 638 年开始统治耶路撒冷。倭马亚王朝允许基督教继续留存，并保留了圣墓大教堂。直到 1009 年，法蒂玛王朝的哈里发哈基姆一世

圣墓大教堂完工日期之争

曾经的哥尔各达小堂，也就是今日的亚当堂，拱门上有这样几行金字:

“此地乃圣所，因着基督的血而成圣。这一神圣我们无法加增。这座教堂，坐落在此守候圣地的建筑，于7月第十五天，在众多宗主教在场之时，由在位第四年的富尔彻宗主教祝圣。这一年正是攻占金碧辉煌的圣城五十周年纪念，也是我主诞辰1149年。”

有史学家认为这段文字中的1149年是特别选择的年份，用以纪念十字军攻取耶路撒冷五十周年。编年史中并未有1149年建筑完成的记载，而教堂的部分建筑直到12世纪才完成。这样才将所有圣所建在了同一个教堂之内。1170年，来到耶路撒冷的维尔茨堡的约翰记载道：“圣坛是新近建成的，为的是纪念复活的奥迹。”

十字军国家的教堂建筑——风格各异

十字军在圣地站稳脚跟后，第一件事就是修缮圣地的多处圣所。新建

◇ 耶路撒冷圣墓大教堂

才下令拆毁教堂。除了几道墙之外，原来的建筑荡然无存。20年后，拜占庭皇帝被允许修复教堂。皇帝康斯坦丁九世·莫诺马赫发布命令，教堂于1048年修缮完毕。

第一次十字军1099年攻下耶路撒冷时，一个人数不多的修道团体住进了圣墓教堂。同年，布永的戈特弗里德成为“圣墓的保卫者”，圣墓大教堂交给了奥斯定修会管理。前来朝圣的人太多，教堂里挤得水泄不通，十字军开始扩建教堂。此后的50年中，不断的修改和扩建加固，让圣墓大教堂成为一座气势恢宏的建筑。

◇ 耶路撒冷圣墓教堂内部结构

努尔丁抓住十字军虚弱之机

安条克之战

1164 年 8 月 10 日，亚塔

耶路撒冷王国与阿勒颇的埃米尔努尔丁之间的关系充满了变数。无论是和平协议还是兵戎相见，双方都在争夺对近东的统治权。努尔丁则凭借一条奸计，获得了阶段性胜利。

安条克亲王博希蒙德三世带领约 600 名骑士，在亚塔附近攻击努尔丁的军队，惨败而回。败北的原因是十字军中了奸计。他们追击佯装失败的穆斯林军队，陷入了敌人准备好的包围中。被擒获的骑士中有许多重量级的贵族，比如的黎波里的雷蒙德和吕西尼昂的雨果。所

立的十字军国家也大力修建新的教堂。参加十字军的有不少建筑师和工匠，他们在建造教堂时参考了当地的建筑特色。因此十字军国家的教堂逐渐形成了独特风格。

十字军修建的第一座教堂是 1102 年完工的圣保罗大教堂。这一略微有些粗糙的建筑位于塔尔索斯。教堂呈四方形，有三座中殿。这座教堂似乎略带法国北部的罗曼风格，不过拱顶由圆形变为尖圆形。这种风格显然受到了阿拉伯建筑的影响。教堂的柱子则是古罗马风格。

伯利恒的圣诞教堂，是唯一一座在十字军到达圣地时保存比较完好的建筑。这座教堂由君士坦丁大帝建于公元 4 世纪，被毁坏后由查士丁尼重新修建。十字军在教堂中加入了哥特式的回廊，其他部分没有改动。1100 年圣诞节，鲍德温一世在此地加冕。

十字军国家的教堂，结构相对比较简单，大多数为方形结构。中殿的长度和配殿相同，在较厚的墙壁上直接嵌入龛位，而不是建立单独的结构，外面无法看到。提尔大教堂的平面图以十字架为基础，其横殿的长度较短，

这也是十字军教堂的特色之一。还有几座教堂，比如耶路撒冷的圣安娜教堂和凯撒利亚的大教堂，祭坛上方的穹顶用飞扶壁支撑。十字军建立的教堂极少采用高塔。

与西方的教堂相比，大多数十字军教堂比较矮扁。一个比较重要的原因是缺乏木材，所以建筑师必须放弃使用这种材料。而且比较矮的建筑能够更好地抗震。若是想找出所有十字军教堂的风格元素可并不容易。罗曼风格所用石块一般由随军的石匠来制作，结合了拜占庭和亚美尼亚传统。留存下来的彩绘以拜占庭风格为主，比如伯利恒教堂的马赛克也肯定是拜占庭风格。其内容往往是拉丁教会和东正教会的圣徒的事迹，而且用希腊文和拉丁文两种文字做铭文。

◇ 努尔丁居住的叙利亚阿勒颇城内的宫殿

有战俘被拴在一起带往阿勒颇。

战斗源于努尔丁的进攻。这位阿勒颇埃米尔得知耶路撒冷国王率军远征埃及，立即出兵攻打毫无防备的安条克。亚塔附近的哈朗要塞首先被努尔丁围困。博希蒙德三世立刻向拜占庭和的黎波里求援。拜占庭军队即将到达时，努尔丁假装让军队解除围城，全军撤离。博希蒙德的军队随后追赶，因此落入了圈套。

如此一来，安条克城完全失去了防御能力。努尔丁的谋士建议他千万抓住机遇，一举拿下安条克城。埃米尔却拒绝了。他担心在进攻安条克的时候，自己的老巢被拜占庭攻占。况且拜占庭还会派大军再来夺回安条克。对于努尔丁来说，宁可有个十字军的小国做邻居，也比挨着大帝国好。很快，他释放了此前俘获的拜占庭将领，赎金只要150条丝质外袍。

耶路撒冷国王阿马尔里克得知安条克有危险，立即调集人马向北面进发。他和努尔丁达成协议，交纳巨额赎金，赎回了博希蒙德和托洛斯。然而，努尔丁拒绝交出的黎波里伯爵雷蒙德三世。在拜占庭的要求下，阿马尔里克无奈带军南下。国王前脚刚走，努尔丁就占领了小要塞巴尼亚斯，威胁向加利利进军。加利利的男爵最后以巨额赎金躲过了被攻打的命运。

塞尔柱军队结束了法蒂玛王朝在开罗的统治

萨拉丁成为埃及的大维齐尔

1169 年 3 月，开罗

因为伊斯兰国家之间的争斗和多变的结盟政策，十字军国家一直处于比较安全的状态。但是，当阿勒颇的埃米尔决定征服埃及的时候，萨拉丁的机会终于来临了。

库尔德人将军谢尔库赫因为吃得太饱而被撑死。他两个月前受努尔丁的委托，带领一支叙利亚大军进入埃及，目的是消灭这群什叶派异端，置法蒂玛王朝于死地。

萨拉丁也跟着出征埃及，他率领的是一支人数较少的小部队。谢

◇ 萨拉丁成为埃及苏丹（手绘本）

写给萨拉丁的赞美诗

在穆斯林军队从叙利亚出发进攻埃及的队伍中，有一位乌萨马·伊本·姆恩奇达赫。萨拉丁因叔父谢尔库赫去世而成为埃及的维齐尔时，他也在场。后来萨拉丁成为埃及苏丹和叙利亚苏丹，他与十字军之间的战争都被乌萨马记录下来。他还为萨拉丁写了一首英雄颂：

“埃及已经年老色衰，因着他重新找回了昔日的美丽和辉煌；埃及拒绝了多少天之骄子，直到这位解放者带着他的刀剑到来。他守卫埃及仿佛狮子守卫自己的洞穴；他保护埃及仿佛眼皮保护眼睛一般，一根草也不能进入。”

◇ 开罗萨拉丁宫殿以及开罗的穆罕默德·阿里清真寺

尔库赫这位27岁的侄子骁勇善战，足智多谋。征战埃及只是他远大前程的一小步而已。

对于谢尔库赫和萨拉丁而言，进攻埃及恰逢良机。1167年，开罗的哈里发曾经向十字军求援，要求共同抵抗来自叙利亚的进攻。结果却引狼入室，十字军在耶路撒冷国王阿马尔里克的带领下想利用这次机会征服埃及。埃及的科普特教徒也站在十字军一边。战斗异常激烈，哈里发又被迫向努尔丁求援。

阿勒颇埃米尔派兵进入埃及，法蒂玛王朝的丧钟正式敲响。谢尔库赫用毒计害死了开罗的维齐尔，自己坐上了这个位子。他死后，所有权力都落入他的侄子萨拉丁手中。

耶路撒冷国王阿马尔里克非常清楚埃及和叙利亚落入同一个人手中意味着什么。他分别向教皇和拜占庭求援。教皇毫无反应，拜占庭派来的舰队又无功而返。阿马尔里克带领军队攻占了埃及的达米埃塔，但是没有达到原来的目的，军事行动失败了。十字军撤军还有一条原因：阿马尔里克看准努尔丁和萨拉丁之间的关系一定会破裂。

果然，几个月之后努尔丁就派兵遣将讨伐埃及。这一次是为了让萨拉丁臣服。萨拉丁避而不战。法蒂玛王朝最后一位哈里发死去，萨拉丁成了埃及无可争议的统治者。

借参与十字军，威尼斯扩展了自己的权力范围

竞争对手：拜占庭在海上与威尼斯正面交锋

1170年，拜占庭

重量级的海上霸主威尼斯参与十字军本来就三心二意。随着时间流逝，威尼

斯获得的特权越来越多，这让拜占庭皇帝颇为愤怒。

在没有任何事先通报的情况下，拜占庭帝国境内的许多威尼斯商人忽然被捕，财产货物船只都被查抄没收。这次突击行动是拜占庭皇帝曼努埃尔一世·科穆宁所为。于是拜占庭和威尼斯之间的友好关系全面破裂，威尼斯多年来获得的各种商业优惠也全部被取消。

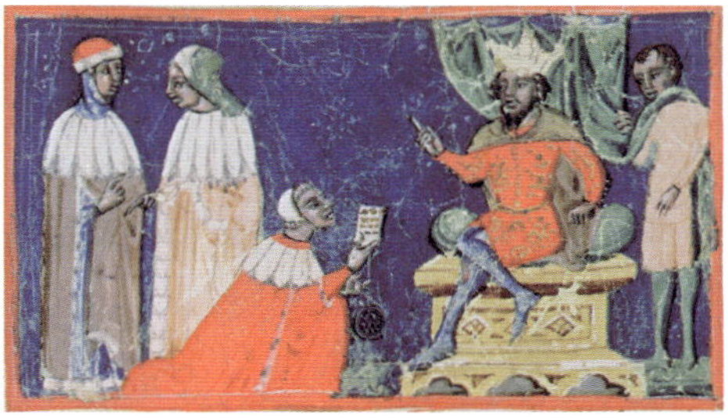
◇ 神圣罗马帝国皇帝腓特烈一世·巴巴罗萨接见威尼斯使团

此前，曼努埃尔一世还从匈牙利手中侵占了克罗地亚、波斯尼亚和达尔马提亚，此举同样伤害了威尼斯在巴尔干半岛上的利益。对于拜占庭的经济而言，威尼斯商人是巨大的威胁。不断发生的利益冲突，让拜占庭和威尼斯从友好商贸伙伴变成了仇敌。

拜占庭的背信行为最终带来恶果：威尼斯参与了第四次十字军东征，侵占了达尔马提亚的城市札拉（1202 年），洗劫了君士坦丁堡（1204 年）。如此，威尼斯在博斯普鲁斯海峡有了重要的落脚点。同时它还拥有了一些希腊岛屿和希腊本土的领地，这让威尼斯逐渐成为“亚得里亚海的女王”。

新上任的东正教皇主教在地震中死去

十字军重新任命罗马天主教宗主教

1170 年 6 月 29 日，安条克

作为对进攻塞浦路斯岛的赔偿，曼努埃尔一世要求沙蒂永的雷纳德把罗马天主教宗主教换成东正教宗主教。但是，突发事件让一切计划泡汤。

安条克的圣彼得大教堂中，新上任的东正教宗主教阿塔纳修斯正在和神职人员们进行弥撒。忽然间，地震袭来，一干人等不幸身亡。叙利亚发生了百年不遇的大地震，十字军在其中看到了上帝的审判。东正教宗主教阿塔纳修斯还埋在废墟中，博希蒙德三世便找到罗马天主教宗主教艾莫里，请求他复职。东正教执掌安条克宗主教之职到此结束，时间颇为短暂。曼努埃尔一世无暇顾及此事，他正忙着在奇里乞亚的军事行动。为了安慰拜占庭皇帝，博希蒙德找到耶路撒冷国王阿马尔里克，王国军队帮助拜占庭军队在奇里乞亚重新建立统治。拜占庭和安条克公国的紧张关系得到缓和，曼努埃尔一世也不再寻求让东正教神职人员执掌安条克的宗主教之职。

十字军和穆斯林的联盟

阿马尔里克国王和阿萨辛派结盟

1172 年，耶路撒冷

对于十字军而言，穆斯林统治者之间的争斗，是自己获取和平生存的重要契机。因此，尽管时效极短，十字军国家也必须和穆斯林结成同盟。

阿萨辛派的使团抵达耶路撒冷王国，觐见阿马尔里克国王。这个 1140 年在叙利亚山区中成立的伊斯兰异端教派与努尔丁为敌，其刺杀手段令世人闻风丧胆。尽管 1152 年的黎波里伯爵雷蒙德二世被阿萨辛派刺客刺杀，但阿萨辛派与十字军并未公开为敌。

不知什么原因，十字军认为阿萨辛派有可能皈依基督教。于是，阿马尔里克取消了阿萨辛派向托尔托萨的圣殿骑士团缴纳的岁贡。并且他许诺派出使团，访问“山中老人”——阿萨辛派的首领拉希德丁·锡南。

但是，使团在回程中被圣殿骑士消灭。阿马尔里克愤怒地带领一支军队前往西顿，将肇事者瓦尔特·德·勒梅斯尼逮捕，关进了地牢。阿萨辛派接受了阿马尔里克的道歉。如此，十字军找到了一位穆斯林盟友。

◇ 今日伊朗境内的阿剌模忒堡要塞是阿萨辛派的中心

埃及苏丹入主叙利亚，威胁十字军

埃及苏丹萨拉丁占领大马士革

1174 年 11 月 26 日，大马士革

1174 年 7 月 11 日，耶路撒冷国王阿马尔里克去世。继位的鲍德温四世不仅年轻，而且身患麻风病，十字军国家一度群龙无首。从埃及通往叙利亚的道路顿时畅通无阻，萨拉丁抓住机会，使自己成为整个地区的霸主。

萨拉丁率领大军来到大马士革城门前，居民开城迎接。地方长官伊本·阿尔莫克单得知萨拉丁的大军开来时，曾经向十字军国家求援。但是，阿马尔里克去世后，十字军国家没有能力进行任何军事行动。若是向阿勒颇求援，大马士革将重新变成阿勒颇的属地。努尔丁已经于 1174 年 5 月 15 日去世，本该即位的努尔丁之子萨利赫·伊斯玛仪·马立克年仅 11 岁，被居缪施特金篡权成功。本来马立克与母亲一起生活在大马士革，听说萨拉丁大军前来，便逃到了阿勒颇。大马士革还曾尝试向摩苏尔求援，但遭到了拒绝。无奈之下，大马士革只好投降。

◇ 1177 年，蒙吉萨城堡附近，十字军在耶路撒冷国王鲍德温四世的带领下战胜了萨拉丁

萨拉丁只在大马士革停留了一夜，第二天接着率大军北上。1174 年 12 月 9 日，他攻占了霍姆斯，紧接着开始进攻阿勒颇。尽管萨拉丁成功地消灭了摩苏尔的救兵，但阿勒颇坚固的城墙还是抵御住了他的进攻。萨拉丁只得撤军，与阿勒颇达成休战协定。不过，摩苏尔和阿勒颇的联军单方撕毁协议，和萨拉丁开战。萨拉丁毫无畏惧地迎敌，将两座城市的联军打败。1175 年 6 月 24 日，他又一次围攻阿勒颇，阿勒颇最终投降。萨拉丁成为叙利亚和埃及苏丹，权力达到了新的高峰。

萨拉丁的下一个目标就是耶路撒冷。耶路撒冷国王鲍德温四世率军迎战。

萨拉丁本以为十字军此时不堪一击。但当他的军队通过拉姆拉以南离蒙吉萨城堡不远的狭窄峡谷时，十字军发动突袭。1177 年 11 月 25 日的蒙吉萨战役，十字军大获全胜。这次胜利只给十字军国家争取到了不长的时间。由于缺兵少将，鲍德温四世下令加固和翻修要塞，至于进攻大马士革或者埃及则因为资源严重不足无法实现。毕竟，富饶的埃及有用之不竭的战争资源。萨拉丁也很快重整旗鼓，达到了实力的巅峰。

拜占庭皇帝曼努埃尔一世不能再为十字军国家提供保护

拜占庭惨败给塞尔柱人

1176 年 9 月 17 日，密列奥塞法隆

1176 年成为拜占庭历史上的转折之年。在塞尔柱突厥苏丹基利杰·阿尔斯兰二世的大举进攻下，曼努埃尔皇帝的权力分崩离析。

拜占庭皇帝曼努埃尔一世·科穆宁所率大军，在茨布里兹山口附近惨败。附近早已废弃的密列奥塞法隆城堡成为这次惨败的见证者。苏丹基利杰·阿尔斯兰二世趁拜占庭大军在峡谷中时大举进攻，轻而易举获得胜利。拜占庭皇帝被迫认输，逃回了君士坦丁堡。

按照与塞尔柱突厥人达成的协议，曼努埃尔下令正在修建的两座要塞苏伯拉昂和多里莱乌姆停工。这次惨败让拜占庭元气大伤。军队死伤惨重，拜占庭无法再组织对叙利亚的进攻，也无法为安条克公国提供保护。

◇ 拜占庭与塞尔柱突厥人交战（手绘本，13 世纪）

对于十字军国家而言，密列奥塞法隆之战是一个巨大的转折。尽管曼努埃尔一世从来没有公开保护过耶路撒冷，但是拜占庭帝国的存在，总是对穆斯林统治者们的威慑。

教皇寻求神秘的拯救者

约翰王传奇

1177 年，罗马

陌生的东方激发了许多欧洲人的想象，所以有许多传说和谣言流布。其中最为传奇的人物要数祭司王约翰。按照传说，他将拯救基督徒。

教皇亚历山大三世派出一小队使者，到埃塞俄比亚寻找传说中的祭司王约翰。没有人见过这位国王，历史中对他也没有任何记载，关于他的传说却很多。在记述神圣罗马帝国皇帝腓特烈一世·巴巴罗萨事迹的传记《皇帝腓特烈本纪》中，该传记的作者、神学家弗赖辛的奥托有过一些记载。这位生活在 12 世纪中叶的主教认为祭司王约翰出身自东方博士家族。奥托没有写出祭司王约翰的所在地。据说祭司王约翰战胜了波斯人，并且会帮助基督徒们抵御穆斯林。另外一位编年史作者认为，祭司王约翰是“三个印度的统治者”，而且曾经给曼努埃尔一世·科穆宁写过书信，告知了自己到来的时间——不过拜占庭方面从来没有这方面的记录。位于尼罗

“希腊火”：中世纪攻城战和海战中的超级武器

在与穆斯林的交战中，十字军见识到了一种新的武器——“希腊火”（也称为“拜占庭火”）。当时的编年史作者记载，这种武器“隆隆作响，像在空中飞翔的火龙一般”。其实拜占庭早在公元 7 世纪后期就开始使用这种武器，主要用在与阿拉伯人的海战中。其制造技术已经失传。可以确定的是，“希腊火”遇到水就会点燃，当然也可以点燃后放在投石机中。在碰撞产生的压力之下，“希腊火”可以爆炸。人们猜测，其主要成分是石油、硫黄、盐类和生石灰。

◇ “希腊火”在五百年中被认为是超级武器（细密画）

河三角洲的达米埃塔，于 1220 年第五次十字军东征时被攻占，一度有人认为祭司王约翰会在这里出现。祭司王约翰应该生活在埃塞俄比亚，不过历史上没有找到他的存在线索。在后来的历史进程中，他的形象与一些蒙古可汗混合在了一起。

◇ 教皇亚历山大三世，1159 — 1181 年在位

这样一位传奇人物，当然也成为文学的主题。圣杯史诗《年轻的提图勒尔》，大约在 1270 年由沃尔夫拉姆·冯·埃申巴赫所作，其中祭司王约翰是圣杯的守护者。15 世纪中叶，祭司王约翰传奇的影响还是挥之不去。航海家葡萄牙王子恩里克在派遣船只沿着非洲海岸向南航行时，还嘱咐船长除了寻找新的商道之外，一定要留心打听祭司王约翰的消息。

法兰克人的风俗

叙利亚的阿拉伯作家乌萨马·伊本·姆恩奇达赫，同时也是一位战士。由于偶尔的结盟，他有机会接触到十字军的风俗。1164 年结束戎马生涯之后，他开始写作。他与十字军相处的岁月，可以在他的自传《学习典范之书》当中找到。这样一份独特的历史文本，记录了完全不同的十字军形象。乌萨马肯定了十字军的力量和勇气，这在东方已经成了谚语。不过，他觉得十字军的医疗技术十分原始，而且不注意身体护理，并且行为淫荡。

耶路撒冷国王请求休战

萨拉丁放过了十字军

1180 年 5 月，大马士革利塔尼河之战中，鲍德温四世只是侥幸才没有被俘虏。十字军国家需要一段喘息的时间。

耶路撒冷国王派出使团，请求萨拉丁暂时休战。萨拉丁犹豫许久，同意了这个请求。休战时限为两年。的黎波里开始没有加入休战协议，不久雷蒙德三世也加入了这个协议。

此前，鲍德温四世和雷蒙德三世在 1179 年联合起来，向北部进军，准备找萨拉丁的侄子报突袭之仇。

◇ 萨拉丁一直被视作智慧和勇敢的统治者（J. 里杰斯，版画，18 世纪）

他记载了这样一则趣闻：一个葡萄酒商人回家，发现妻子和另外一个男人在床上。

“这怎么回事？”他问。“我太累了，实在没有办法，就躺在床上休息一会儿。”“那干吗躺在我的床上？”“这床铺好了呀。”“可是我老婆也在床上！”“这床是你们的，我又不能将她赶走。”这位商人于是说：“我说，你可小心点，别再发生这样的事了。”

利塔尼河一役，萨拉丁先是打退了雷蒙德率领的圣殿骑士，之后进攻鲍德温四世的军队。两位十字军国家的首领是靠河水以及对岸的博福尔特城堡才侥幸逃脱。无数骑士或死于非命，或落荒逃走。那些被萨拉丁抓住的贵族则要重金才能赎回。

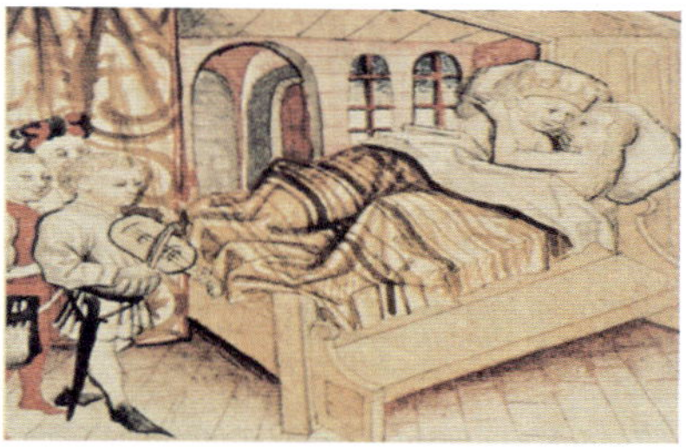

◇ 十字军在男女交往上的态度开放

这次胜利让萨拉丁信心大增，他又包围了约旦河上游的雅各伯斯福尔特。1179 年 8 月 29 日，他成功攻克此地。不过，他还是同意了休战协定。原因可能是叙利亚收成不好，闹起了饥荒。

一次偷袭导致战火重燃

沙蒂永的雷纳德破坏了休战协定

1181 年夏，泰马绿洲

从 1180 年开始为期两年的休战，因为沙蒂永的雷纳德一次冲动的行为，

◇ 阿拉伯商队（13 世纪细密画）

只维持了不到一年。萨拉丁和耶路撒冷国王之间重新开战。

曾经的安条克亲王沙蒂永的雷纳德，此时是约旦河东岸的领主。他袭击了一支从大马士革到麦加的穆斯林商队。这位冒险家看着每日从眼前经过的许多满载商队，却因为休战协定保护商人，无法痛快劫掠一番，早已窝了一肚子火。

这次劫掠事件之后，萨拉丁向耶路撒冷国王鲍德温四世提出抗议，要求赔偿货物。雷纳德拒绝，而他的上级封君鲍德温四世又没有继续追究，萨拉丁于是劫持了一艘前往埃及朝圣的船只，把船上 1500 人押为人质。雷纳德依然拒绝赔偿，战争遂无法避免。

王位之争

耶路撒冷王国内斗

1186 年 8 月，阿克

耶路撒冷宗主教加冕鲍德温四世的姐姐西比拉为耶路撒冷女王，这样她的丈夫吕西尼昂的居伊就成为国王。但是，加冕典礼没有一位贵族出席，原因是他们违反了本来约定好的继承顺序。这次夺权由王国总管约瑟林促成。他以公事为借口，将摄政的黎波里的雷蒙德三世支开去提比里亚。如此，西比拉和居伊取得最高权力这一事就无人阻拦了。

被忽悠了的贵族们不愿放弃自己的被选举权，于是向纳布卢斯的最高法庭提起诉讼。但由于加冕已经完成，法庭也束手无策。

内部争斗并未让军事要地失守

萨拉丁围攻十字军要塞卡拉克

1183 年 11 月 20 日，卡拉克十字军国家落入萨拉丁之手，不过是时间问题。十字军国家的贵族不和，患有麻风病的国王鲍德温四世让军队的战斗力大打折扣。萨拉丁要夺回耶路撒冷，必须首先攻占耶路撒冷王国的东部和北部。

萨拉丁包围了死海东部的卡拉克城堡。一是因为他和城堡主人沙蒂永的雷纳德有仇，二是因为此城堡位于连接埃及和叙利亚的重要商道旁边。尽管城堡守军

◇ 今日约旦境内十字军城堡卡拉克的门拱，这座城堡建于 11 世纪，由佩恩·勒·布泰利耶主持修建

毁灭性的惨败

阿拉伯编年史作者伊本·艾西尔这样描绘哈丁会战的血腥场面：

“萨拉丁对他的儿子说：只有国王的旗帜倒下，十字军才会被打败。他说这话的时候，那旗帜倒下了。萨拉丁立即下马，眼含热泪，磕头感谢安拉。国王旗帜倒下的过程记录如下：十字军撤到一座小山丘上。穆斯林的猛烈进攻，让极度缺水的十字军招架不住，突围失败。他们看到大势已去，都倒在地上投降。穆斯林攻上小山丘，捣毁了国王的营帐。那里所有的十字军都成了俘虏，包括国王、贵族戈特弗里德、他的兄弟莱茵霍尔德、克拉克的领主、吉拜尔的领主、霍弗伊的儿子、圣殿骑士团大团长，还有许多骑士。死去的人多得让人不敢相信还有人生还，而被俘虏的人又多到让人无法相信有人死去。十字军从到达巴勒斯坦以来，从未有这样的惨败。一年后，我来到战场，依然看到尸骨堆积如山。还有些骨骸散落在各处，那都是野兽们啃食的结果。”

并不知道萨拉丁要来，但他们还是成功地撤回了城堡。萨拉丁下令九台攻城机同时开火，猛攻要塞。

雷纳德觉得自己非常安全，以至于根本就没有中断正在进行的庆祝活动。这次是庆祝11岁的伊莎贝拉公主与17岁的多隆的汉弗莱四世联姻，这样会给王国带来和平。此前，王国贵族因为重病的鲍德温四世将摄政职位交给姐夫吕西尼昂的居伊而不满，只有一些小贵族屈从了这个决定；而大多数贵族非常厌恶居伊。大家普遍认为，居伊没有能力担任摄政。很快，这个看法就被验证了。1183年，萨拉丁的一支军队从大马士革出发进犯加利利，居伊毫无办法。当两支大军对垒时，居伊既没有进攻也没有准备防守，导致军心涣散。在大多数士兵眼里，居伊是个懦夫，随他征战的贵族们都说他没有任何决断力。回到耶路撒冷，居伊和鲍德温四世发生矛盾，于是国王撤销了他的摄政职位，改立姐姐西比拉在第一次婚姻中留下的儿子，也就是鲍德温自己的侄子做了继承人。居伊黯然回到自己的领地亚实基伦和雅法伯国，宣布效忠鲍德温国王。国王把雅法的统治权收回，亚实基伦则照旧由居伊管理。居伊和国王之间的关系再也回不到从前，但是鲍德温四世并未能说服姐姐西比拉与居伊解除婚约。所有为居伊说情的贵族全都被赶出了耶路撒冷宫廷。

◇ 穆斯林军队进攻十字军（手绘本插画，14世纪）

雷纳德当时不在国王身边，并未参与其事。此次他借着婚礼邀请了王国的贵族，为的是让大家重新恢复一心，君臣和解。

为解卡拉克之围，国王鲍德温四世派出了援兵，由的黎波里伯爵雷蒙德统领。但是国王坚持督战，于是这位麻风病国王被抬到了战场上。军队赶到卡拉克附近，萨拉丁撤退。胜利的欢呼中，国王被抬进了城堡。不过，他的到来并未能让所有贵族尽释前嫌。

一则有关此次卡拉克之围的轶事，见证了萨拉丁的宽容和双方的相互尊重。

约旦河东岸的斯蒂芬妮第三次结婚，嫁给了雷纳德。新娘的母亲令人将婚宴的美食装入碗中，送到萨拉丁那里。萨拉丁则询问新人住在城堡的哪个位置，下令那里的军队撤离，不许进攻。

此次不成功的围攻之后，萨拉丁撤回了大马士革。这个具有重要战略意义的卡拉克城堡，成了萦绕他心头挥之不去的情结。一年后，他又率领大军来到城堡脚下，但还是没有成功。他甚至尝试将城堡中的守军吸引出来，但是未果。耶路撒冷又派出了援军，萨拉丁再次撤退。他带领一部分部队向北进发，越过约旦河，洗劫了加利利地区。

耶路撒冷王国大部分落入穆斯林手中

十字军毁灭性的惨败

1187 年 7 月 4 日，哈丁

萨拉丁率领一支庞大的军队进犯，耶路撒冷王国动员了所有能动员的骑士，要和萨拉丁决一死战。两年前，鲍德温四世去世。围绕着王位继承问题的激烈权斗，使得王国的实力受到极大损害。

加利利海西面有座小山名叫号角山，十字军大军缺水，失去了战斗力，无数十字军战士就是在这里死在了萨拉丁军队的刀剑下。在这场旷日持久的战斗中，许多勇敢的战士也未能幸存。耶路撒冷的众多贵族，如国王居伊、他的兄弟阿马尔里克、沙蒂永的

哈丁会战后：向基督教世界的呼吁

哈丁战役的惨败之后，欧洲出现了许多关于十字军的诗歌，内容是要求贵族们更加努力奋斗。同时代著名的游吟诗人葛桑·斐迪特（约 1170—1202 年）描述了这一奇耻大辱：

“不信上帝的人，在他行大能之地成了不肖子孙，侮辱上帝；每个人，尤其是贵族，都有义务到那里去。没有人能说自己虔诚地信仰上帝，却没有实际行动。若是谁能首先站出来，那将是无比的光荣。上帝会感谢他，他的行为将让他备受赞誉。”

这里的“他”，或许指的就是英格兰国王“狮心王”理查。他在哈丁会战后第一个站出来，参加十字军。

◇ 哈丁战役中死去的十字军骑士，19 世纪历史画

雷纳德、多隆的汉弗莱和圣殿骑士团大团长都被俘虏。众人被带到萨拉丁的帐篷。这位苏丹放过了这些贵族，只有一直抢劫穆斯林商队的沙蒂永的雷纳德被他亲手砍了头。骑士团的骑士们则被萨拉丁交给了一群狂热的苏菲派穆斯林。他们将所有骑士杀死，其余俘虏被送到大马士革。贵族们被安置在比较舒适的区域，其他人则被卖做奴隶。

耶路撒冷王国历史上最庞大的一支军队全军覆没，王国也从此一蹶不振，连阿克主教带到战场上的圣物真十字架也落入穆斯林手中。

十字军国家领主的妻子是萨拉丁的间谍

安条克的西比拉出卖了十字军

1187 年，安条克

这位安条克的亲王夫人，被萨拉丁用金钱和礼物收买，将十字军的数量和行动方向密报给萨拉丁。

萨拉丁在向耶路撒冷进军的时候，安条克也受到了进攻。博希蒙德三世所有的防御行动全部被穆斯林击败。博希蒙德三世的妻子西比拉是萨拉丁的间谍。十字军的所有防御行动，萨拉丁在战斗前就得到了密报。博希蒙德似乎没有意识到自己的妻子是间谍。这位女领主甚至还和亚美尼亚贵族们一起，想要取消博希蒙德前两次婚姻中子嗣的继承权。

博希蒙德和安条克的西比拉是在他与希腊妻子不和之后姘居的。他的第一任妻子被赶走，第二次婚姻破裂，让宗主教非常不快。而且西比拉婚前名声不好，行为放荡。宗主教认为博希蒙德犯有重婚罪，将他逐出教会。博希蒙德虽然对绝罚抱着无所谓的态度，但这加深了他与教会的矛盾。

萨拉丁攻占耶路撒冷

十字军丢失圣城

1187 年 10 月 2 日，耶路撒冷

十字军国家的衰落早已开始，哈丁会战则是十字军的最后一次抵抗。失去耶路撒冷，对十字军国家而言是致命一击。

穆斯林历法中第七个月的第 27 天，正是伊斯兰教先知穆罕默德在耶路撒冷升天之日，正是在这一天，萨拉丁带领军队进入耶路撒冷。这次和平的交接前有过无数次谈判。

◇ 萨拉丁的军队轻而易举地攻占了耶路撒冷（约 1400 年法国手绘本）

围攻耶路撒冷只用了 12 天。9 月 27 日，萨拉丁开始攻城。两天之后，他们就在十字军 88 年前攻破耶路撒冷的地方再次破城。但是这次城中的基督徒们防守成功。不过，耶路撒冷大势已去，失守是迟早的事。第一个建议投降的就是东正教皇主教希拉克略。负责耶路撒冷城防守的伊贝林的巴利安表示赞成。9 月 30 日，巴利安前往萨拉丁的营帐，和他谈判具体的投降事宜。经过长久磋商，萨拉丁还是显现出了大度。他不希望耶路撒冷遭到破坏。巴利安和这位苏丹最后确定了 3 万第纳尔的赎金，用来买 7000 人的性命。但是城中本来居住了两万人，故大多数人被贩卖为奴隶。

萨拉丁占领耶路撒冷之后并未像十字军当年那样屠杀，城中也没有发生抢劫或者伤人事件。在萨拉丁的命令下，军队在街道巡逻，防止有穆斯林伤害基督徒。几天之后，三大队难民逃离了耶路撒冷。第一队由圣殿骑士团带领，第二队由医院骑士团带领，第三队由巴利安和宗主教带领。难民们寻找安身之所非常艰难。提尔只接收了能够战斗的男人，的黎波里正在经历食物短缺，而且

◇ 萨拉丁下令将圣墓大教堂的右门用砖封住

此前也接纳了许多难民，所以闭门拒绝。直到安条克，大多数难民才安顿下来。

东正教基督徒留在了耶路撒冷。他们曾向萨拉丁表示，愿意毫无抵抗地投降并打开城门。那些富有的东正教教徒们购买了许多人去楼空的地产，萨拉丁也号召穆斯林和犹太人迁入城中居住。

耶路撒冷陷落的消息传到拜占庭，皇帝伊萨克二世·安格洛斯给萨拉丁写信表示祝贺，并请求归还东正教的圣地。萨拉丁先是犹豫不决，最后还是同意了这个请求。他决定不破坏圣墓大教堂。按照他的理解，基督徒并没有崇拜这座建筑物本身，而只是纪念这个地点。当然，他在基督徒还没有完全撤离时就已经派人取下了岩顶寺上的十字架。

1187 年 10 月 9 日，在重新翻修的阿克萨清真寺中，萨拉丁举行了感谢祭。这位苏丹达成了他的愿望。现在，十字军在圣地只有几个小据点了。

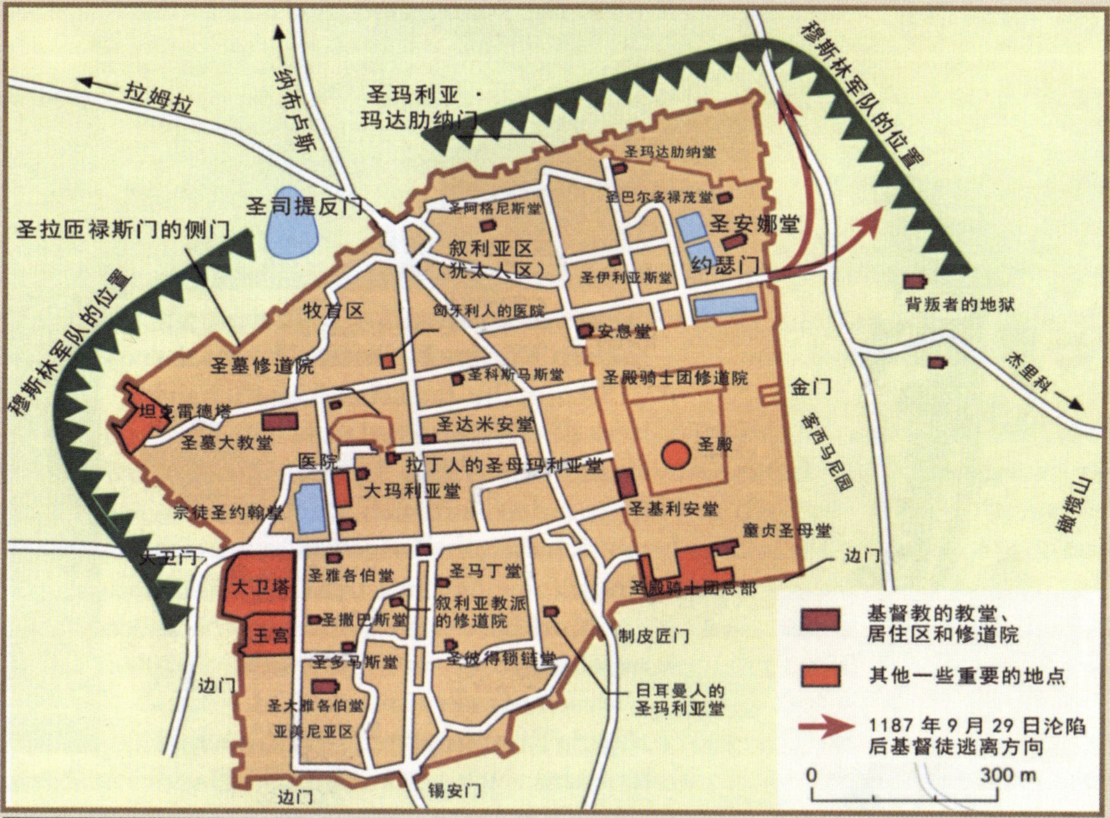
拉姆拉
纳布卢斯
圣玛利亚·玛达肋纳门
穆斯林军队的位置
圣司提反门
圣拉匝禄斯门的侧门
穆斯林军队的位置
圣玛达肋纳堂
圣巴尔多禄茂堂
圣阿格尼斯堂
圣安娜堂
叙利亚区（犹太人区）
约瑟门
圣伊利亚斯堂
牧首区
匈牙利人的医院
安息堂
背叛者的地狱
圣墓修道院
圣科斯马斯堂
圣殿骑士团修道院
金门
杰里科
坦克雷德塔
圣墓大教堂
圣达米安堂
客西马尼园
医院
拉丁人的圣母玛利亚堂
圣殿
大玛利亚堂
宗徒圣约翰堂
圣基利安堂
橄榄山
童贞圣母堂
大卫门
边门
大卫塔
圣雅各伯堂
圣马丁堂
圣殿骑士团总部
王宫
圣撒巴斯堂
叙利亚教派的修道院
制皮匠门
圣多马斯堂
圣彼得锁链堂
边门
日耳曼人的圣玛利亚堂
圣大雅各伯堂
亚美尼亚区
边门
锡安门
基督教的教堂、居住区和修道院
其他一些重要的地点
1187 年 9 月 29 日沦陷后基督徒逃离方向
0
300 m

◇ 攻占耶路撒冷

君士坦丁堡的陷落
1188—1216 年

综述（1188—1216 年）

前两次十字军东征，显然让近东地区的穆斯林更加团结。库尔德人、埃及人及叙利亚苏丹萨拉丁，成功地消灭了所有其他穆斯林统治者，占有了叙利亚和埃及的广大地域。尽管萨拉丁还没有对十字军国家进行“圣战”，但是在穆斯林阵营中早就出现了这种想法。统治者用之来统一人心，征服异教徒。而萨拉丁的行动主要出于政治上的考虑。面对勇猛的十字军，他必须得想方设法缔结政治联盟。最终，他取得了胜利。这的确要归功于埃及的丰厚资源以及他本人的足智多谋。比如，他建立了一支专门的舰队用以在海上攻击朝圣者。哈丁会战中，他战胜了耶路撒冷王国的军队。耶路撒冷由于没有任何防御能力，最终落入萨拉丁之手。十字军被逼到了三个城市：安条克、的黎波里和提尔。一度繁荣的耶路撒冷王国如今收缩成了海边的狭长小国，军事上不再有进攻能力。任何想要再夺回圣地的尝试都因为伊斯兰教在军事和战略上占到先机而失败。这时，一个新的战略目标被纳入了伊斯兰教统治者的考虑范围：君士坦丁堡，拜占庭帝国的首都。

新形势

第三次十字军东征有两个显著特征。第一个特征是此次东征对近东的影响较小，而对欧洲的影响较大。哈丁会战失利和耶路撒冷失守，让英格兰和法兰西将持续多年的英格兰王位继承权之争暂时搁置一边；教皇格里高利八世成功地让两位对手——腓力二世·奥古斯都和"狮心王"理查重归于好，共同参加十字军东征。1189年，英格兰国王亨利二世去世，"狮心王"理查成为继承人，英法参加十字军更加容易。关于东征费用的问题，也有了新的解决办法。英格兰和法兰西都引入了十字军税。第二个特征是神圣罗马帝国皇帝第一次亲自参与东征，并且组织了大军。为了保证胜利，皇帝在出发之前就与拜占庭和萨拉丁进行了谈判。去往圣地依然有两条可以选择的道路。神圣罗马帝国皇帝腓特烈一世·巴巴罗萨选择了更古老的方式——陆路，腓力和理查则选择了水路。这也是十字军最后一次选择比较艰难的陆路方式去往圣地。意大利的商业城市已经可以提供足够的船只，可以省时省力地将大批军用物资和人员运往圣地。

圣地僵局

此次十字军面对的局面非常不利。十字军国家陷入争斗之中。尽管如此，此次东征最初还是取得了胜利。1189年8月，耶路撒冷国王吕西尼昂的居伊发动了一次冒险的军事行动，袭击被穆斯林攻占的要塞阿克，引来了长达两年的围困。

◇ 腓特烈一世·巴巴罗萨和他的两个儿子——罗马人的国王亨利六世和施瓦本公爵腓特烈（约1180年）

对于德意志的十字军而言，踏上小亚细亚土地后厄运连连。1190年，神圣罗马帝国皇帝巴巴罗萨溺水身亡，许多十字军就地掉头回家，只有一小部分加入了法兰西国王的队伍，在英法两国国王的领导下进攻阿克。这座城市无法抵挡强大的十字军，1191年终于被攻破。腓力二世立即赶回了法国，而"狮心王"意欲收复耶路撒冷。萨拉丁这次遇到了一位强大的对手。尽管理查的军队人数远远少于萨拉丁，但是勇猛的理查取得了胜利，突进到了雅法。尽管最后"狮心王"未能夺回耶路撒冷，但他为耶路撒冷王国夺回了大片海岸的土地，给十字军国家带来了新的生机。

1192年，"狮心王"击退了萨拉丁对雅法的进攻，他与这位苏丹达成了

和平协议。这给十字军国家带来了和平，同时，他们也要付出巨大代价：十字军国家被迫交出许多重要的军事据点，但是朝圣者可以自由前往圣墓。这项和平协议在欧洲遭到了普遍的批评。对于许多人来说，“狮心王”应该做的不是谈判，而是和穆斯林在战场上一决雌雄。

◇ 第三次十字军的中心人物：英格兰国王“狮心王”理查和埃及—叙利亚苏丹萨拉丁（1250 年，瓷砖）

经济利益逐渐成为主要因素

第三次十字军东征的结束，也标志着传统意义上十字军观念的消失。不惜一切代价征服圣地的想法，慢慢被各种利益集团所操纵。短时间内，意大利北部的商业城市成了东征中的关键力量。威尼斯拥有最强大的舰队，与近东各方都有协议，于是成为无可争议的强权一方。第四次十字军东征，威尼斯成为重要的参与方。这个富裕的城市共和国提供资金帮助，作为交换条件，它获得了大量商业利益。这次十字军东征开始时，威尼斯总督恩里科·丹多洛就要求十字军帮助他夺取达尔马提亚海岸城市札拉。这位总督和埃及苏丹关系友好，索性把十字军的目标由原来的埃及变成了拜占庭首都君士坦丁堡。尽管威尼斯在拜占庭已经拥有了优惠待遇，但是这种待遇朝不保夕，拜占庭随时可以取消这些商贸特权。另一方面，拜占庭与塞尔柱突厥人交战惨败，皇帝的权力急剧缩水。人们普遍怀疑，拜占庭皇帝并非真心支持十字军国家。于是，对拜占庭的不满慢慢累积，最终以战争收场。在威尼斯的主导下，君士坦丁堡被攻克，遭到洗劫。

洗劫君士坦丁堡

在君士坦丁堡发生的洗劫和屠杀，成了十字军东征历史上最严重的污点之一。1204 年威尼斯和十字军在此建立了帝国，但只维持了一年。这个帝国与保加利亚人交战惨败，元气大伤。拜占庭也无法恢复曾经的强盛。这样一来，十字军国家就失去了重要的保护和盟友。政治环境对十字军东征的影响也逐渐受到了批评。比如阿拉贡的编年史作者拉蒙·穆塔内尔（约1270—1336年）认为，从13世纪开始，十字军东征被滥用，东征的对象变成了异端甚至是教内的兄弟，耶路撒冷王国则成了这种滥用的真正受害者。当然，这种批评的声音只占少数，并未成为主流。1212年的儿童十字军，又是十字军历史上悲壮的一章。

教皇和十字军观念：扩张和异端裁判

十字军的要求，已经不再是从穆斯林手中解放圣地。改变这个观念的推动者之一是教皇英诺森三世。尽管进行一次新的十字军东征是他做教皇期间一再强调的，但是同时他会考虑到权力政治的动机：巩固教会在全欧洲内的绝对领导地位。英诺森担任教皇期间，没有一年不对某个地区发动十字军讨伐。十字军东征的号召，他发出过三次。为了征服西西里，他宣布对马克瓦德·冯·安魏勒发动十字军；在巴尔干半岛，他号召对利沃尼亚发动十字军；西班牙那里，他号召对穆斯林发动十字军。对法国南部的异端阿尔比派（又称“卡特里派”）发动十字军，则彻底改变了十字军观念。阿尔比十字军持续了整整20年，血债累累。本来是针对异教徒和穆斯林的十字军，忽然间掉转枪口，开始针对欧洲境内的异端。而教皇英诺森三世巧妙地把十字军观念和异端裁判联系在了一起。新创立的异端裁判所，成为对信仰进行审查的核心机构。颇有谋略的英诺森三世将十字军观念固化成了机构，其中还包括为十字军提供财政上的保障。1215年的第四次拉特兰会议，通过了征收十字军税的决议。

德意志东部的十字军

12世纪中叶，十字军观念最关键的转变要数对所有异教徒的武装传教。这些异教徒和圣地没有任何关系。一些德意志的贵族没有参加十字军去圣地的东征，而是参加了对欧洲北部和东部的十字军。

教皇塞莱斯廷三世许诺，给所有利沃尼亚教区的守卫者与十字军相同的赎罪条件。12世纪90年代，对巴尔干半岛有系统的征服正式开始。首先是来自

◇ 威尼斯总督恩里科·丹多洛在圣马可教堂与十字军结盟（卡洛·萨拉切尼，油画，1619）

德意志北部和弗兰德地区的骑士，他们成立了一个传教修会，抵达了道加瓦河下游的利沃尼亚人那里。后来，1198年于圣地成立的条顿骑士团成为德意志东扩的重要力量，从此，修会国家和十字军国家具有同等地位。1201年，里加主教阿尔伯特在那里成立了主教区。一年以后，他为了向利沃尼亚和拉脱维亚异教徒传教，成立了德意志骑士修会，全名是“利沃尼亚基督骑士宝剑兄弟会”（宝剑骑士团）。1207年，阿尔伯特成了这里的领主。他将治下三分之一的土地赠与兄弟会管理。

西方再一次动员，准备夺回圣地

欧洲新一轮十字军热情高涨

1188年3月27日，美因茨

耶路撒冷的陷落，让欧洲进入了警戒状态。曾经对圣地的忽视瞬间消失。被严重扩大化的十字军观念重生，并传遍了欧洲所有的宫廷。

神圣罗马帝国皇帝腓特烈一世·巴巴罗萨召唤众诸侯到美因茨召开“基督帝国会议”。教皇也派出了使团，要求贵族们参加十字军。

帝国贵族们热情高涨。皇帝腓特烈一世此时正在权力的巅峰。他年轻时曾经随着叔父康拉德三世参加过第二次十字军。腓特烈一世从维尔茨堡主教

◇ 教皇格里高利八世号召新的十字军（木刻画，1900年）

戈特弗里德手中接过十字架，再一次发誓参加东征。这时他已经66岁高龄，依然下决心要夺回圣地。为了东征，他准备了整整一年。他将自己的儿子亨利六世任命为帝国摄政，以防不测。至于老对手“狮子”亨利，皇帝则给他两条路：要么自己出资参加十字军，随他出征；要么自我流放三年。“狮子”亨利选择了自我流放。他前往岳父的英国宫廷，去那里生活了。

◇ 法兰西国王腓力二世·奥古斯都（1841年肖像画）

腓特烈一世也为征途做了一定的准备。他给沿路所有的统治者都写了书信，通知自己的到来。他甚至还给萨拉丁送去书信，请求萨拉丁归还圣地。他与萨拉丁约好，1189年11月，双方在埃及尼罗河畔的索安之地进行决战。

1187年10月29日，教皇格里高利八世发出通谕。通谕中，他用悲愤的语言形容了圣地基督徒的悲惨境地和穆斯林的血腥屠杀。他严正批评欧洲没有提供足够的帮助，应对此负责。教皇号召所有的信徒参与解放圣地的行动。参加十字军的人，凡承认且悔改所犯之罪的都可得赦免。除此之外，教皇还指出，十字军可以获得免税待遇，不过市民和农民参加十字军之前需要征得领主同意。教皇还规定，死于东征的十字军，其财产不得被侵占。教皇又在五年之内将每周的斋戒日增加到了三天。

教皇格里高利八世还提出了新的要求。在写给国王和贵族的其他信函中，他提出欧洲内部必须休战七年。休战的成果他没能活着见到。仅仅在位57天，教皇格里高利八世于12月17日去世。他的继任者，克雷芒三世，继续他未完成的事业。

罗马的号召，并非是发动十字军的唯一号召。安条克宗主教艾莫里9月也通过巴尼亚斯主教，给英格兰国王亨利二世带去书信。他在信中形容了圣地基督徒的艰难，请求帮助。提尔大主教则翻越阿尔卑斯山，去找法兰西和英格兰国王。英国坎特伯雷大主教则为十字军做了精彩的布道。

◇ 神圣罗马帝国皇帝腓特烈一世·巴巴罗萨参加十字军（细密画，1188 年）

所有的这些倡议和号召的确有了成果。第一个响应的，就是阿基坦的理查，也就是后来的“狮心王”。在图尔的大教堂中，他公开宣誓参加十字军东征。此时英格兰国王亨利二世和法兰西国王腓力二世正在交战，参加十字军似乎不太可能。然而，艰苦谈判后，双方达成将英格兰王位传给理查的协议。双方共同参加十字军由此成为可能。1188 年 1 月，两位国王在诺曼底会见时共同起誓，确认了这一点。此后不久，弗兰德伯爵腓力也发誓参加十字军。之后更有无数的贵族纷纷效仿，愿意陪同自己的国王前往圣地。

专项税收资助十字军

参加十字军是耗费钱财的活动。每一个参加者，不论是朝圣者、骑士或者是士兵，都需要自己出资，自己筹备粮食。即使跟随领主出征的战士，装备也必须自己准备。许多骑士必须找到富有的出资人，还有人不得不卖掉所有地产——这当然对家庭生计构成了巨大威胁。比如诺曼底公爵罗伯特为了东征就抵押了整个公国。国王参加十字军的费用将会是天文数字。法国国王路易九世东征六年期间，他必须向骑士和步兵支付雇佣费，还有在圣地维修和建筑要塞的费用。据估计，路易九世东征的费用大约相当于王国 12 年的收入。因此，英格兰国王亨利二世和法兰西国王腓力二世引入“萨拉丁什一税”，使得十字军筹资有了新办法：让所有国民都必须为十字军埋单。

逃税可能面临革教

所有人必须缴纳“萨拉丁什一税”

1188年1月末，勒芒欧洲统治者利用新一次十字军的热情设立了特别税种，来给十字军筹资。

英格兰国王亨利二世的参议会通过决议，决定设立新的税种。以后，所有法国人和英国人都必须拿出收入的十分之一，用以支持耶路撒冷王国和十字军，前提是缴税人没有参加十字军。勒芒诏书当中明确规定：若是不缴纳此税者，则面临革教处罚。

◇ 农民上缴什一税（木版画，1866年）

什一税的征收由各地的教区执行。征收时，必须有教区神父、一名骑士团团员、一名国王的特派员、一名男爵的特派员以及一名主教的特派员在场。当然，即使这样的保障，依然未能让征收的每一分钱都用在十字军东征上。

亨利二世治下，唯一没有征收“萨拉丁什一税”的，是苏格兰国王“狮子”威廉一世。他没有强迫自己勤俭节约的男爵们上缴此税。

坚固的城墙，过少的驻军

萨拉丁攻占医院骑士团守卫的萨永城堡

1188年7月29日，拉塔基亚附近

耶路撒冷到手之后，为了能彻底摧毁十字军国家，萨拉丁派兵攻打十字军最后的几座要塞。

萨永城堡地处要地，在十字军时代也被称为索恩城堡。这里最早由拜占庭人建成，最后被萨拉丁成功占领。

◇ 萨拉丁苏丹战胜了十字军（细密画）

萨拉丁的军队先是休养生息，补充完备之后向北穿过布恰平原，从医院骑士团的要塞克拉克骑士堡前路过。似乎这座要塞过于坚固，萨拉丁无法攻破。他选择围攻托尔托萨，得手后进入了拉塔基亚。洗劫完这座拜占庭繁华的都市，萨拉丁的下一个目标就是附近的萨永要塞。

驻守此地的十字军首领是萨永的罗伯特伯爵。为加强防守，他下令挖了一道长 850 米、深 12 米的壕沟。这座要塞的主塔高 22 米，建于 1108—1132 年间，墙壁厚度达到了 4 米。但是要塞中守军人数大大不足，没有能顶住穆斯林接连不断的进攻。十字军永远地失去了萨永城堡。尽管萨拉丁极少来这里，它还是改名为“萨拉丁城堡”。

持续两年的战斗

围攻阿克

1189 年 8 月 28 日，阿克

耶路撒冷失守之后，十字军国家似乎失去了所有防御能力。出人意料的是，国王居伊竟然带领他的军队进攻阿克。这一看上去似乎绝望疯狂的举动，却带来了意外的转折：基督教夺回圣地的行动开始了。

◇ 阿克坚固的城墙（今以色列阿卡）

吕西尼昂的居伊率大军在阿克以东的贝鲁斯河岸扎营。耶路撒冷国王的这一举动，是尝试要在风暴中夺取阿克这个要地。尝试最后以失败告终。无奈之下，国王只好撤军，等待增援。几天以后，第一批从欧洲出发的十字军抵达圣地。一支丹麦人和弗里斯兰人的舰队靠岸，意大利的舰队载着法国和弗拉芒地区的军队也到了。9 月底，一支未选择陆路的德意志十字军在图林根的路德维希的带领下，也乘船到达圣地。

◇ 十字军进攻阿克

如此众多的军队完成集结，对于萨拉丁而言敲响了警钟。他迅速率领大军从北部逼近，首先攻占了博福尔特城堡。穆斯林军队向十字军营地发动第一波进攻，被十字军击退。10 月 4 日，十字军首先发起进攻，和萨拉丁的军队展开血战。双方伤亡惨重。萨拉丁最后似乎略占上风，十字军也守住了营地，没有退后一寸。来自欧洲的援军不断赶到，神圣罗马帝国皇帝腓特烈一世率领的大军也从陆路逼近圣地。萨拉丁向众多穆斯林统治者求援，援军随即从亚洲赶来。尽管军中的摩洛哥和西班牙部队已经开了小差，但是萨拉丁军队的总人数还是增加了。于是，在阿克城外十字军的包围圈之外，萨拉丁又将十字军包围。海上又来了 50 艘十字军军舰，他们带来了新鲜的食物补给。萨拉丁则想方设法为埃及来的补给舰队打开通道。整个冬天，两支大军就这样僵持着。常有零星战斗，从没有分出胜负。据亲历者讲述，双方的关系在对垒当中越来越融洽，经常会有友好的交谈，甚至在过节时还互相邀请。

随着僵持状态的延续，双方都开始受到饥饿和瘟疫的侵袭。十字军的所有进攻都被打退，穆斯林的所有进攻也没有成功。1190 年秋，一场瘟疫在两军营地中蔓延。十字军阵营中，耶路撒冷女王西比拉和她的两个女儿也未能幸免，相继死去。

1191 年 3 月，舰队终于带来了扭转局面的消息：法兰西国王和英格兰国王来到了圣地。

以计策拖延了城堡失陷的时间

十字军要塞博福尔特城堡失守

1189 年 7 月，西顿南部

返程途中，苏丹萨拉丁又攻占了许多十字军城堡。

长时间的围困之后，坚固的十字军军事要塞博福尔特城堡失守。坐落在利塔尼河上的这座城堡，是西顿的莱茵霍尔德的领地。这位领主对伊斯兰教及伊斯兰文学的了解让萨拉丁惊叹。莱茵霍尔德还曾经表示要皈依伊斯兰教，并且向萨拉丁要求给自己三个月思考的时间。三个月过后什么都没有发生，萨拉丁于是要求莱茵霍尔德将城堡献出来，作为他未履行承诺的赎金。萨拉丁把莱茵霍尔德带到城堡门前，让他命令城堡守军投降。守军用阿拉伯语说投降，而法语回答的内容是抵抗。萨拉丁被这条计策欺骗了。最终他还是清醒了过来，把莱茵霍尔德关进了大马士革的地牢里。

上帝没有允许人们杀害异教徒

对十字军东征的批评

1189 年，英格兰

第三次十字军出发的同一年，神学家中间出现了对十字军批评的声音。

英国神学家和法学家拉杜尔夫·尼格尔发表了一篇文章《论战争》。在这篇文章中，他批评了教皇们号召十字军的做法，认为发动战争是和基督教信仰相违背的。他认为“参与十字军能赎罪”的观念也是错误的，因为上帝不能接受罪人的服务，赎罪人必须首先认罪并且洗清罪过。他还提出疑问：杀害撒拉森人是否正确？他给出的答案是：“基督曾说，我不要罪人的死。他们和我们一样，是上帝的造物……流他们的血即是流人血，不是合适的补赎行为，或者至少不能赎清任何罪过。”

十字军有了新的积极领导者

理查一世成为英格兰国王

1189年9月3日，威斯敏斯特大教堂

继承英格兰王位时，“狮心王”理查一世同时还在法国拥有大片土地。他是亨利二世和阿基坦的埃莉诺的儿子，是一位充满魅力的国王。

◇ “狮心王”骑马戎装像（1824年）

理查一世从1172年开始成为阿基坦公爵。如今，他在威斯敏斯特大教堂敷油，加冕为英格兰国王。他从小接受法国骑士教育，酷爱游吟诗。他是那个时代骑士理想的典型。实际上，他一生中在英国停留的时间非常短暂。刚刚登上王位不久，他就着手准备两年前发誓参加的十字军。伦敦的犹太人居住区在国王加冕典礼进行时遭到市民的攻击。这个居住区处在国王的保护下。理查对此感到很气愤，但他手下维护伦敦治安的士兵们对市民的举动没有采取任何干预措施。

◇ 法兰西国王腓力二世出海参加第三次十字军东征（细密画，约1490年）

国王的最主要挑战是如何在短时间内筹集大量的资金，用以资助十字军东征。他提前征税，还出售了一些官职，筹措来的资金主要用于建造船只。一位编年史作者记载：若是能有买主，国王甚至愿意将伦敦变卖。

把帝国交给首相威廉·隆格尚之后，理查在整个伦敦瞩目下动身前往圣地。他与法兰西国王腓力二世达成协议，在十字军途中搁置一切争议，互不进攻对方领土。

神圣罗马帝国皇帝腓特烈一世·巴巴罗萨率军出发

第三次十字军东征开始

1189 年 5 月，雷根斯堡

腓特烈一世·巴巴罗萨皇帝组建了第三次十字军中人数最多的一支军队。这也是历次十字军东征中最庞大的军团。为了此次东征，他在政治层面上也进行了详尽准备。欧洲对于皇帝前往圣地充满期待，认为他一定能够达到目标，夺回圣城。

大军从多瑙河出发，神圣罗马帝国皇帝腓特烈一世亲自率领德意志军队出征。大军顺流而下。据一位编年史作者记载，共有大约 3 万人出征，其中一半是训练有素的骑士。现代历史学者们普遍认为这一数字有些夸张，但是至少应该有大约 1.5 万人。皇帝此次只允许训练有素的战士参加十字军。每个参加的人都要检查是否带足了两年的补给。不过，出发之时还是有小小的遗憾：来到雷根斯堡的贵族人数远远低于预期。

腓特烈一世在数月前就已经派出使节前往匈牙利、拜占庭，甚至派人面见塞尔柱苏丹基利杰·阿尔斯兰二世。他向他们保证，他的大军将和平过境，不会侵扰地方。德意志贵族们还在拜占庭皇帝伊萨克二世派来的使团面前发誓，一定保证和平。但是，德意志军队尚未进入拜占庭境内，伊萨克二世就把皇帝派去的使团囚禁起来。拜占庭此举是想要以使节做人质以确保军队的和平过境，但此事激怒了腓特烈一世。

皇帝死后，十字军失去了前进的动力

腓特烈一世·巴巴罗萨淹死在奇里乞亚

1190 年 6 月 10 日，小亚细亚

神圣罗马帝国皇帝腓特烈一世率领军队势如破竹，锐不可当。他们冲破了塞尔柱突厥人的防线，迅速向圣地逼近。但是，皇帝突然离世，让十字军不知

德意志传说——基夫豪塞尔山上的皇帝

腓特烈一世死后不久，出现了许多关于他的传奇。有传说认为，亚历山大大帝也是在同一条河中被淹死的。还有古老的预言说，这条河会让“人中至大者”沉沦。

此后数百年，流传着一则关于皇帝行宫蒂勒达附近图林根山区中基夫豪塞尔山的传奇。1147 年，皇帝曾经在蒂勒达行宫短暂停留。根据这则传奇，皇帝依然活着，并且居住在地下的宫殿中。他坐在象牙椅上，手在面前的大理石桌子上支撑着头。皇帝火红色的胡子不断生长，这时已经垂在地上。每 100 年，皇帝会醒过来，转动头颅环顾四周。他会要求忠诚的侏儒仆人阿尔布雷希特到外面看看，那盘旋在天上的乌鸦是否还在。若是它们消失，他就可以重返人间，将和平与统一带给德意志人。理想化的巴巴罗萨随着时间不断形成，到浪漫主义时期又达到了新的高峰。现在基夫豪塞尔山上的纪念碑，直到 19 世纪才由德意志皇帝威廉一世下令建造，他认为自己完成了巴巴罗萨未竟的事业。

所措。这最终导致整个行动失败。

5 月中旬，十字军终于来到伊康（今日科尼亚）。这里有塞尔柱苏丹基利杰·阿尔斯兰的宫殿。十字军在此取得一场大胜。苏丹的儿子没有听从父亲的命令，率先攻击十字军，最终被打败。战斗前，十字军忍饥挨饿已经 15 天了，胜利后的十字军径直冲进城中。由于战斗中有大量伤亡，十字军在城中肆意杀害百姓，抢劫食物。苏丹基利杰·阿尔斯兰撤到了十字军无法攻下的坚固要塞中。他下令开放市场，让十字军可以自由购买食品、马匹

◇ 描绘腓特烈一世生平场景的手绘本，其中包括他率领十字军出征

◇ 神圣罗马帝国皇帝腓特烈一世的遗体被人们从萨勒夫河中捞起

等物。他还用 20 名人质做抵押，保证十字军在前进途中不再受袭扰。

但是，这场辉煌胜利之后，皇帝腓特烈一世·巴巴罗萨在骑马穿过萨勒夫河（今名格克苏河）时，不幸溺水身亡。还有些史料记载，他是在洗澡时不幸溺水的。究竟发生了什么，就连亲眼目睹者也无法确定。直到今日，这位皇帝的死因依然是谜。现代历史学家倾向于这位年近七十高龄的皇帝是死于心肌梗死。无论如何，他的突然离世让十字军陷入了慌乱。很多人认为这是上帝的意志，立刻收拾行囊返回德意志。只有一小部分人继续乘船去圣地，或者在皇帝的儿子施瓦本公爵的带领下，继续从陆路前往安条克。皇帝的遗体被放在醋中保存起来，由十字军带到塔尔索斯的大教堂安葬。

◇ 施泰因塔莱本附近基夫豪塞尔山上的腓特烈一世纪念碑

绝望在继续前行的十字军中不断蔓延。7 月初，德意志十字军终于到了安条克。所有人都已经筋疲力尽。他们的补给还比较充足，但是一场瘟疫夺去了许多人的生命。阿克之战后，幸存者只有区区数百人。接替皇帝领军的施瓦本公爵腓特烈也身染瘟疫去世。这标志着此次十字军彻底失败。

阿克专门照顾德意志朝圣者的护理站逐渐演变成了条顿骑士团。

圣殿骑士团买下地中海岛屿

塞浦路斯落入“狮心王”手中

1191 年 5 月末，塞浦路斯

塞浦路斯本是拜占庭领地，这里被自立为帝的伊萨克·杜卡斯·科穆宁统

◇ 位于塞浦路斯岛上的东正教童贞天使教堂

治已经五年。

英格兰国王“狮心王”理查一世率领舰队进攻了今日利马索尔附近的塞浦路斯军队。守军力量薄弱，不堪一击，很快理查便取得胜利。仅仅一个月之后，这位自封的拜占庭皇帝就将塞浦路斯无条件送给了英格兰国王。

灵活的结盟政策，让伊萨克在塞浦路斯岛上苟且偷生了五年。开始他和西西里的诺曼人结盟，之后又和奇里乞亚的亚美尼亚人结盟，最后他又成了埃及苏丹萨拉丁的仆从。

“狮心王”理查一世夺取塞浦路斯之后，逼迫伊萨克·杜卡斯归还此前拜占庭从英格兰舰队一艘搁浅军舰上抢夺的东西。

不久之后，“狮心王”将塞浦路斯卖给了圣殿骑士团，价格是 10 万黄金。圣殿骑士团只凑足了购买金额的一半，剩下的一半只好向塞浦路斯的居民勒索。

理查一世显示出优秀的军事才能

萨拉丁受挫

1191 年 9 月 7 日，阿尔苏夫

第一次萨拉丁和“狮心王”理查面对面的战斗以理查的胜利告终。阿尔苏夫之战的胜利，对于十字军而言有很强的象征意义。交战双方在战斗中的损失都不大。

◇ “狮心王”理查一世和他的军队在前往圣地的途中

战斗持续了整整一天，以萨拉丁战败收场。“狮心王”理查一世的这次胜利并非是什么关键性胜利，但是打破了萨拉丁不可战胜的神话。萨拉丁的气势被削弱了。

多次失败之后，十字军终于取得了胜利

攻占阿克成功

1191 年 7 月 12 日，阿克

英格兰军舰到达圣地，为十字军攻占阿克起到了决定性作用。而“狮心王”理查一世下令集体处决俘虏，则为此次胜利蒙上了阴影。

在未征得萨拉丁同意的情况下，阿克向十字军投降。英格兰国王理查一世的舰队到达圣地，给人数少于敌人的围城十字军打了一剂强心针。十字军加强对阿克的进攻，萨拉丁的援助路线也被完全切断。

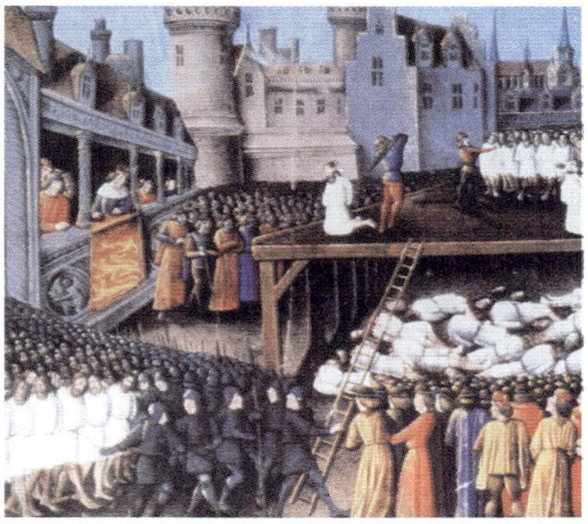

◇ 阿克大屠杀：处决穆斯林战俘（细密画，约 1490 年）

献城条约规定，必须释放 1500 名十字军俘虏，缴纳高额赎金，并且归还 1187 年夺走的真十字架。“狮心王”理查一世和奥地利公爵之间发生了争执，与萨拉丁达成的协议也一拖再拖，无法履约。在萨拉丁下达最后通牒之后，“狮心王”理查为了能尽快前往耶路撒冷，决定进行一场冷血屠杀。大约 3000 名幸存下来的城中守军，被带到远方穆斯林军队可以看到的一侧，悉数处决。

萨拉丁不得不让步

达成休战协议

1192 年 9 月 2 日，雅法

英格兰国王“狮心王”理查一世与萨拉丁之间的战斗，最终以一纸和平协议结束。

萨拉丁派出的使团觐见理查一世时，理查一世正身染重病。使团带来了萨拉丁的休战协定：未来三年中，双方停止战斗。第二天，萨拉丁在理查派去的使团见证下签署了协议。

理查一世凭借 50 艘战舰和为数不多的战士，经过血战打败了萨拉丁人数占绝对优势的军队，让萨拉丁夺取雅法的计划彻底失败，将萨拉丁逼到了谈判桌前。这一和平协议，为十字军保证了南到雅法的沿海城市的安全。朝圣者可以自由前往圣地，通行无阻。穆斯林也可以自由往来，不受限制。代价是割让亚实基伦。但是，和平协议对正急于赶回英国的“狮心王”理查而言，已经是最有利不过了。

骑士做保镖

参加利沃尼亚十字军也可赦罪

1193 年，罗马

教皇将十字军和巴尔干半岛基督教化相结合。

所有参加利沃尼亚十字军，保护利沃尼亚教区不受该地区异教徒侵略者，都将得到赦罪。这是教皇塞莱斯廷三世的承诺。

首先来到利沃尼亚的是德意志和斯堪的纳维亚地区的商人。他们来采购琥珀、木材和皮草。12 世纪，熙笃会的修士们跟随商人而来。他们的传教在当地人中获得了一定成功，教堂不断兴建。 1184 年，利沃尼亚教区在于克斯屈尔成立。主教区不断受到周围异教徒的抢劫攻击，阿尔伯特主教向德意志骑士发出呼吁，希望他们提供保护。而教皇关于赦罪的承诺，让援军的到来成为可能。

主教很清楚，若想在利沃尼亚长久生存，必须有坚实的统治土壤。1200 年，他为发动十字军布道，目标显然是扩大地盘。阿尔伯特建立了里加城，号召大家前往居住。1202 年，在熙笃会的帮助下，主教成立了一个由北德骑士组成的骑士团，用以保护里加以及教区的土地。

将十字军作为与教皇和解的手段

斯陶芬皇帝亨利六世发愿参加十字军

1195 年 3 月 31 日，巴里

神圣罗马帝国亨利六世攻占西西里之后，他需要得到教皇的支持。毕竟，教皇是西西里岛的领主。而参加十字军，是赢得教皇塞莱斯廷三世支持的最好手段。

加冕为西西里国王不久，神圣罗马帝国皇帝亨利六世在众人面前发誓参加十字军。数日之后，他在帝国会议上号召发动十字军。

◇ 亨利六世准备的十字军东征因为他的突然去世而中断（细密画，马内塞斯手稿，约 1300 年）

亨利六世在公开宣布之前，并未将参加十字军的决定通报给教皇。他请求枢机主教们在皇帝和教皇之间传递消息。教皇本来因为自己的西西里岛被人夺走感到不快，所以犹豫不决。直到 7 月 25 日，他才同意发动十字军，并发表布道。在德意志，响应者如云，众多贵族和教会领袖都愿意跟随皇帝东征去往圣地。亨利六世出发之前，还安排了帝国皇位的继承人。1196 年，他两岁的儿子腓特烈被选举为罗马人的国王。

这一次十字军东征准备得非常仔细，意大利的商贸城市也支持亨利六世。但是，第一艘船还没有下海，皇帝就于 1197 年 9 月 28 日在墨西拿去世。

一位伟大的统治者

东方哀悼萨拉丁

1193 年 3 月 3 日，大马士革

大度勇猛的萨拉丁，成为伊斯兰教最理想的统治者之一。

埃及和叙利亚苏丹萨拉丁由于突发高烧而不幸病逝。与“狮心王”理查一

从莱辛到司各特：萨拉丁成为众多文学作品中的人物

在欧洲，萨拉丁备受尊敬。一般认为，他为人大度宽容，具有骑士风度。他死后不久，就出现了许多关于他的王朝的传奇。这是一个科学和艺术迅速发展的时代。在法国和西班牙的一些传奇中，萨拉丁甚至来到了欧洲，而他内心实际是一位基督教骑士。在阿拉伯文学中，萨拉丁成了和奥马尔哈里发、哈伦·希拉德比肩的统治者。

18 世纪时，萨拉丁在欧洲成了理想化的开明君主。德意志诗人戈特霍尔德·埃夫莱姆·莱辛在他的戏剧《智者拿单》中将萨拉丁塑造成为丰碑型人物。这部以十字军时代为背景的剧作，描述了犹太人、基督徒和穆斯林共存时所遇到的问题，是宣传宽容和思想自由的代表作。小说《护身符》中，英国作家沃尔特·司各特也对这位苏丹进行了细致描写。

在阿拉伯语文学中，拿单将萨拉丁描述为伊斯兰教的理想统治者。

◇ 戈特霍尔德·埃夫莱姆·莱辛的剧作《智者拿单》

世达成休战协定后，1192 年 11 月他回到大马士革。来年 2 月时，在接见一支麦加来的商队时，萨拉丁突然一病不起，最后去世。他的长子阿夫达尔继承了苏丹之位。

英格兰国王必须接受神圣罗马帝国皇帝为自己的封君

“狮心王”理查成为囚徒

1192 年 12 月，维也纳附近

从圣地返回英国的途中，“狮心王”被囚禁。这改变了欧洲的政治格局。

“狮心王”理查打扮成普通朝圣者，但还是被奥地利公爵利奥波德五世的手下认出。他当即被抓起

来，遭到囚禁。此前在阿克之战中，利奥波德与理查不睦，反目成仇。利奥波德将“狮心王”带往雷根斯堡，神圣罗马帝国皇帝亨利六世则与英国谈判赎金事宜。“狮心王”被关在帝国城堡特里斐尔斯中一年多。按照亨利六世的说法，抓他是因为理查与萨拉丁签订休战协议，出卖了耶路撒冷王国。另一方面，这位斯陶芬皇帝有自己的考虑：韦尔夫家族的“狮子”亨利可能会借助“狮心王”的力量重返巴伐利亚和萨克森，这将威胁斯陶芬家族的统治。因此，亨利要求理查必须接受自己为领主。这样一来，理查就无法再和韦尔夫家族结盟了。理查接受了这个条件。他缴纳了高额赎金，于 1194 年被释放。

◇ “狮心王”理查在奥地利被抓（细密画，约 1200 年）

条顿骑士团成为圣地的第三个基督教骑士团

条顿骑士团成为重要的政治力量

1198 年 9 月，阿克

圣殿骑士团和医院骑士团成立不过数年，其麾下的德意志骑士人数不多。直到第三次十字军东征时，条顿骑士团才成立。条顿骑士团很快成为神圣罗马帝国皇帝的左膀右臂，为帝国东扩做出了巨大贡献。

耶路撒冷国王和罗马教皇正式承认条顿骑士团。条顿骑士团最早可以追溯到 1190 年。攻占阿克时，一些来自不来梅和吕贝克的商人将商船上的船帆拆下，搭建了临时帐篷。他们以圣约翰医院骑士团为榜样，为来自德意志的朝圣者和受伤的十字军提供照顾——这座临时帐篷以圣母为主保。第三次十字军东征因为皇帝的不幸去世而失败后，一些德意志的十字军骑士不再返回家乡，而是留在圣地帮助这群商人。攻占阿克后，他们筹措资金购买了城内的一片花园，建立了一家医院和一所圣母教堂。

后来，这个兄弟会转变为骑士团。它的会规沿袭了其他两大骑士团的传统。条顿骑士团的团服是白色的罩袍，上绣黑色十字架。耶路撒冷国王阿马尔里克二世将阿克的一座城塔交给条顿骑士团守卫。利用获得的捐赠，条顿骑士团购买了蒙特福特城堡。这座城堡被称作“固若金汤城堡”，是骑士团大团长的居所。

◇ 条顿骑士团大团长（左）和团员（彩色木版画）

骑士团的第一任到第三任大团长，历史上没有留下记载。到第四位大团长，来自图林根的赫尔曼·冯·萨尔察时，骑士团的地位大幅上升，史书上才有了详细记载。骑士团在教皇那里受到不同寻常的重视，所以神圣罗马帝国皇帝腓特烈二世后来将条顿骑士团作为顾问和助手，尤其是在针对教皇的问题上。获得教皇承认的骑士团，其成员有免罪之特权，很快有很多重量级贵族加入。其在德意志本土的影响力随之大增。

教廷幸事

教皇英诺森三世

1198 年 1 月 8 日，罗马

在教皇英诺森三世的领导下，中世纪的罗马教廷达到权力的顶峰。一个高效运作的教廷，给了教皇最大限度的领导权，让教皇成为真正的基督教领袖和基督代言人。

38 岁的赛格尼的洛塔里欧被选为塞莱斯廷三世教皇的继任者，他的母亲是罗马贵族。当选之后，他深知肩上重担，立刻就开始在法律和神学上为教廷打下坚实基础。

担任教皇之前，他在巴黎和博洛尼亚接受了良好的神学教育，在神学上颇有造诣。《圣经》中的最高祭司就是教皇，教皇对所有基督徒都有领导权。做教皇的前几年，他一直努力改革，使教廷变得高效。他同时加强教权，巩固了罗马教廷的中心位置。

对教廷与世间君主们的关系，英诺森三世曾做出过说明。名义上，他是世间所有国王和皇帝的领主。实际上，他对神权与教权之间的关系做过一番深刻的比喻：正如太阳和月亮那样，上帝创造它们，让它们分别执掌日夜；同样，上帝创造了两种权力，天主教会管理灵魂，世俗政权管理身体。

◇ 教皇英诺森三世接见圣方济各和其修会成员（湿壁画，约 1300 年）

在对待神圣罗马帝国皇帝、英国以及法国世俗王权的政策上，英诺森三世还是显示出注重实际的一面。英诺森三世调停奥托四世和施瓦本的菲利普之间的王位斗争，同时他非常看重西西里王国的统治权。1209 年，他为奥托四世加冕。当皇帝向意大利进军，意图征服西西里王国时，教皇英诺森三世将奥托四世逐出教会。作为后来的神圣罗马帝国皇帝腓特烈二世的监护人，他帮助后者于 1212 年登上了德意志王位。

为了解放耶路撒冷，团结所有基督徒的力量

教皇号召第四次十字军东征

◇ 教皇英诺森三世（位于苏比亚科的自治会院区教堂壁画，13 世纪）

1198 年 8 月 15 日，罗马

解放耶路撒冷，对于教皇来说，是必须倾尽全力追求的目标。

英诺森三世当选教皇之后仅仅几个月，就号召进行新的十字军东征。此前教皇就已经给圣地送去了资金和食物，以表支持。教皇将耶路撒冷王国余下的部分当作自己的领地。他制定了一系列的法律规定，帮助调停王国内部的争端。

十字军东征的号召发出后，教皇又进行了一系列外交活动，以确保东征顺利进行。他首先和拜占庭皇帝阿莱克修斯三世取得联系，重新提及拉丁教会和东正教会合一的事宜。教皇还派遣宣传东征的特使前往法兰西和德意志，重点对贵族们进行布道，号召他们参加十字军。他写信给在阿克的耶路撒冷国王，承诺用所有力量支持他。做了这么多准备工作，十字军的号召却并未立即见效。

教皇准备出战

西西里落入霍亨斯陶芬人之手

1198 年 11 月 24 日，巴勒莫

教皇英诺森三世将西西里岛纳入自己统治范围的尝试失败了。

斯陶芬家族的家臣马克瓦德·冯·安魏勒登陆西西里，一路攻城略地。他想要为皇帝的儿子腓特烈夺取这块地盘。教皇英诺森三世指责马克瓦德是想占领西西里岛并据为己有。他号召大家团结起来抗争。后来，教皇组织了一支军队，要将马克瓦德赶出西西里。教皇的军队初战告捷，1200 年，马克瓦德在蒙雷阿莱被打败。但是，教皇的军队很快没了资金，只得作罢。马克瓦德则和巴勒莫王国的宰相结了盟。

富尔克·德·讷伊的激情布道，感染了越来越多的法国人

埃夫里比武大会上，骑士们参加十字军

1199 年 11 月，埃夫里城堡

十字军东征尽管经历了众多失败，但还是有很强的号召力。在一次法国贵族的聚会中，这种号召力完整体现出来。

香槟伯爵提伯尔德（其他史料中也称为特巴尔德或者提包特）邀请附近的贵族和朋友们参加他组织的比武大会，地点在埃纳河边的埃夫里城堡。

其实，“比武大会”也是一种军事训练，在此过程中经常会发生重伤事件。

但是，比武大会在中世纪非常流行。这一次埃夫里的比武大会有着特别之处。骑士竞技尚未结束，大家就开始了对新的十字军东征的讨论。对于主办方而言，这个议题正是他感兴趣的。提伯尔德是“狮心王”理查和法兰西国王腓力二世·奥古斯都的侄子，他的兄弟亨利正生活在圣地。伯爵建议，大家应该听听一位布道者的宣传。教皇英诺森三世亲自指定的法国宣传特使富尔克·德·讷伊站在了众贵族面前。他的布道感染了所有人，在场的每一个人都表示要参加十字军。这个决议由使节带给了教皇。

◇ 骑士之间的比武（手绘本插画，梅露辛娜手稿）

教皇于 1198 年 8 月发出十字军东征的号召，普通百姓间响应者最多。贵族和骑士们的积极性也逐渐被调动起来。当时，提伯尔德身边聚集着弗兰德的伯爵、布卢瓦伯爵路易、蒙特福特的西蒙，还有众多来自法国北部和荷兰的贵族。布吕赫城堡的堡主内勒的约翰立刻组建了一支军队，亲自率领，走海路前往圣地。欧坦主教瓦尔特也做好准备，从马赛出发。不久之后，北意大利的贵族在蒙特费拉特的博尼法斯侯爵的带领下，也动身前往圣地。

第四次十字军的主力想要从威尼斯出发，乘船航海前往圣地。作为大军首领，提伯尔德派遣维拉杜安的若弗鲁瓦前往威尼斯，与威尼斯总督恩里科·丹多洛谈判。提伯尔德自己却没能看到大军出发。1201 年，他在准备过程中去世。

教皇开征新税，为十字军的高昂费用筹措资金

教会为十字军装备埋单

1199 年 12 月，罗马

与前任不同，为资助十字军，教皇英诺森三世引入了特别税项。

为了给第四次十字军提供资金支持，教皇英诺森三世想出了聪明的办法。

所有教会高级神职人员，如枢机主教和主教，必须上缴自己收入的十分之一；其余所有神职人员，必须上缴四十分之一的收入。每一间教堂必须为十字军设专门的捐款箱。英格兰和法兰西的国王也愿意拿出自己收入的四十分之一。一些修会，比如熙笃和普雷蒙特雷修会，必须上缴自己收入的五十分之一。若是不能兑现朝圣誓言，也必须为此上缴费用作为补偿。教皇还将每个补赎者上缴费用的四分之一用来资助十字军。每个资助十字军战士一年的人，都可补赎罪过。

历次十字军东征都需要大量经费，此次也是如此。但所有筹集来的资金，还是不够支付十字军的费用。1215 年的第二次拉特兰大公会议上，教皇不得不再往前一步。教皇要求教会中每一个神职人员都必须缴纳收入的二十分之一，主教和枢机主教们必须缴纳十分之一的收入。对于教众，神职人员将会做捐款动员，或者征收特别税项。

◇ 英诺森三世正式要求所有神职人员必须缴纳收入的百分之五以资助十字军（手绘本，14 世纪）

这样的决议虽然惹来批评，但批评的声音最终落于下风。德意志游吟诗人瓦尔特·冯·德尔·弗格瓦德曾经写有一首诗，用来形容众人的抵触情绪。他认为，教皇此举是塞满了自己的口袋，让德意志人更贫穷：“我想那些银子去圣地的不会太多。”

数学上的大转变

西方接受阿拉伯数字

1202 年 9 月，比萨

列奥纳多·斐波那契是比萨商人圭哥利莫·波那契奥的儿子。他在阿尔及利亚的贝贾亚学会了阿拉伯数字系统，从而在意大利受到欢迎。

斐波那契的数学著作《计算之书》正式出版。在这本书中，他所有的运算

◇ 阿拉伯数字的演变

都采用印度阿拉伯数字。这本书主要讨论了许多实际运用，比如货币和利息的计算。列奥纳多还将阿拉伯对于未知数的称呼引入了书中。在另外一本著作中，他对几何问题进行讨论，比如对面积和体积的运算。斐波那契由此成为西方最重要的数学家之一。

航海商业城市的暗度陈仓

威尼斯要挟第四次十字军的军队

1202年9月，威尼斯

第四次十字军面临的最大困难，是除弗兰德伯爵腓力之外，其他人都没有运兵的舰队。威尼斯为十字军提供帮助，却是出于自己的利益考虑。

阿拉伯科学促进了西方的进步

在伊比利亚半岛上，阿拉伯人和西方人之间的学术交流成为可能。长久以来西班牙东北部是基督教地区中唯一能在天文学和数学上的水平与阿拉伯世界相媲美的。比利牛斯山里波尔的圣塔·玛利亚修道院首先将一些阿拉伯文的学术资料翻译成了西方拉丁文。欧里亚克的吉尔贝特可能就在此学习过数学，他后来成为教皇西尔维斯特二世（946—1003年）。正是这位教皇将印度阿拉伯数字推广到了欧洲，不过这一数字系统直到13世纪才真正成为主体，尤其是在代数上。采用阿拉伯数字，尤其是引入零的概念后，才让欧洲人从罗马数字中解脱出来，能够进行复杂的数学及天文计算。

另外重要的一方面是将失传已久的古希腊哲学和阿拉伯哲学家们的著作翻译为拉丁文；12世纪最重要的翻译家是克雷莫纳的吉拉尔德。他将72部古希腊和阿拉伯哲学书籍翻译为拉丁文，其中包括许多亚里士多德的著作，这为经院神学提供了新的思考原料。另外一本比较有影响力的书要数写于 820 年左右的阿尔赫瓦里斯密代数学，这本书介绍了数字的进位制，并对最基本的运算即加减乘除进行了介绍。除此以外这本书还介绍了平方根的算法。大约 200 年之后，另外一位阿拉伯数学家找到了解有两个未知数的方程的办法。天文学方面，吉拉尔德翻译了阿尔—法加尼和贾比·伊本·艾夫拉赫的书籍。借助这些书籍，欧洲学会了使用指南针计算太阳和月亮方位的办法，于是可以预测日食和月食。医学方面的译本也促进了新的药物以及疗法的发展；衣料和皮革的染色技术也从东方获得了新的方法。

圣·尼可洛·迪·丽多是一座小岛，第四次十字军东征就在这里集结，然后登船前往埃及。船只由威尼斯提供。由蒙特费拉特的博尼法斯率领的这支军队，却无法缴纳威尼斯要求的高昂费用。十字军 1000 艘船以及一年的食宿，威尼斯要求提供 85000 科隆银马克作为经费。威尼斯还答应提供 50 艘军舰护航，条件是十字军征服的所有土地，有一半要归属威尼斯。

十字军无法缴纳如此高昂的费用，只好听从威尼斯总督恩里科·丹多洛的调遣。总督立即和埃及使节谈判，达成了贸易协定。总督向埃及保证，不会让十字军进犯埃及。威尼斯这种两面三刀的做法，十字军全部知晓，但是他们无法采取任何行动。

教皇将十字军逐出教会

在威尼斯的唆使下十字军攻占札拉

1202 年 11 月 14 日，札拉

十字军越来越偏离自己夺回圣地的目标。他们不再受西方统治者和教皇的控制，而成为政治斗争的工具。

仅仅三天，威尼斯和十字军联军就攻下了达尔马提亚海岸边的札拉。这座城市自 1181 年起属于匈牙利王国。因其重要的地理位置，这里一直是威尼斯与匈牙利国王争夺控制达尔马提亚地区的焦点。

在占领后的洗劫过程中，威尼斯人和十字军之间大打出手。经过众多调停，

◇ 在法国十字军的帮助下威尼斯攻占了匈牙利王国城市札拉

双方才达成和解。札拉被攻陷并洗劫的消息传到教皇英诺森三世耳中，这位圣彼得的继承人大为震怒。利用十字军做打手，去攻打一座和圣地没有关系的城市，这种做法绝对无法容忍。他将所有参加此次十字军的人全部逐出教会。后来教皇得知，此事并非十字军主使，威尼斯才是幕后黑手，他又撤销了对十字军的革教令，把威尼斯人逐出了教会。威尼斯总督对此毫不在意。他已经和十字军首领蒙特费拉特的博尼法斯商议好，下一个目标是君士坦丁堡。大军在札拉过冬，直到 1203 年 4 月才动身前往拜占庭。

拜占庭王位之争——东西教会是否应该合并

新的目标：十字军进攻君士坦丁堡

1203 年 7 月 5 日，君士坦丁堡

第四次十字军最终卷入拜占庭的内部争斗中。

十字军开始围攻拜占庭首都君士坦丁堡。第一次进攻被击退，十字军首先攻占了君士坦丁堡对面金角湾的城市加拉塔。

◇ 十字军攻占君士坦丁堡（细密画）

拜占庭皇帝阿莱克修斯三世·安格洛斯于 1195 年成功篡位。他将自己兄弟伊萨克二世推翻，关进大牢。伊萨克的儿子——皇子阿莱克修斯成功逃脱。他前往西欧寻找自己的姐夫——施瓦本的菲利普，请求姐夫提供帮助，驱逐篡位者。在菲利普的介绍下，阿莱克修斯也加入在

札拉城休整的十字军队伍。作为对十字军帮助推翻阿莱克修斯三世的补偿，他承诺愿意支付巨额款项，并答应让东正教会和拉丁教会合并。进攻君士坦丁堡，对威尼斯人来说是再好不过的计划。1203年5月，双方签署了相关协议。

7月17日，威尼斯人终于在君士坦丁堡城墙上撕开了口子。篡位者阿莱克修斯三世闻风而逃，逃走时带走了拜占庭国库中所有的财富。城中官员从牢中救出了被刺瞎双眼的前任皇帝伊萨克二世。他们告诉十字军，可以结束战斗了，因为皇位归于原主了。

阿莱克修斯愿意接受自己的父亲为摄政王。8月1日，他在圣索菲亚大教堂加冕为阿莱克修斯四世。十字军首领也参加了加冕典礼。但是，阿莱克修斯无法兑现自己关于支付巨额款项的承诺，这导致了他与十字军的关系恶化。1204年1月，在一场由内廷阴谋发起的人民起义中，阿莱克修斯四世最终被杀害。

一位编年史作者这样记载：史上还从未自一座城市中抢得如此多的财宝

十字军劫掠君士坦丁堡

1204年4月12日，君士坦丁堡

十字军的掠夺，毁灭了东方基督教最重要的城市之一。不论是教堂还是修道院，包括馆藏丰富的图书馆，都被洗劫。这座拜占庭帝国的都城，900年的文明，毁于一旦。

◇ 第四次十字军攻占君士坦丁堡（丁托列托油画，16世纪）

猛烈的进攻后，十字军占领了君士坦丁堡。第四次十字军两位最重要的首领——威尼斯总督和蒙特费拉特的博尼法斯，允许手下在未来的三天中随意抢劫。威尼斯一直想要攻占君士坦丁堡，让来自欧洲的皇帝在此登基，不过人选一直没有确定。

攻占君士坦丁堡的理由是人民起义。在这次由内廷阴谋引发的起义中，

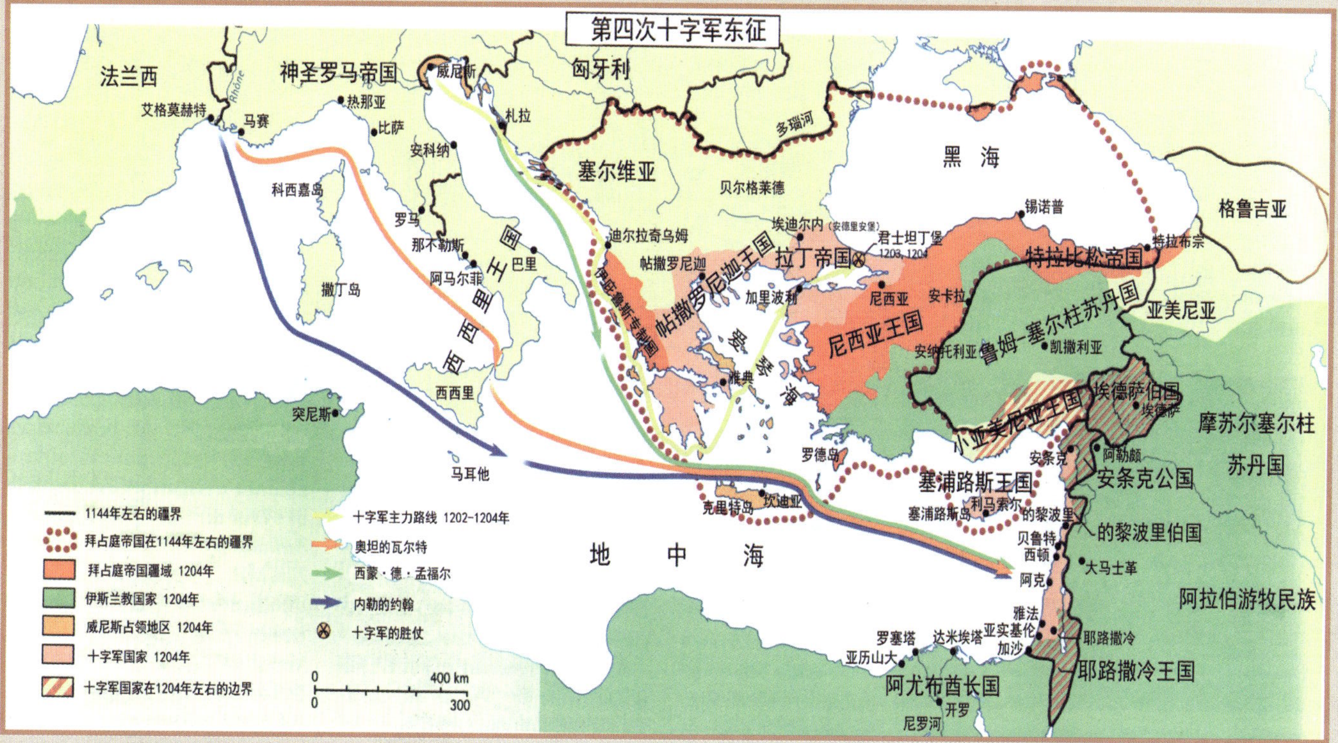

◇ 第四次十字军东征路线示意图

阿莱克修斯四世被废黜，然后被活活勒死。他的父亲，即太上皇伊萨克二世，几天之后不明不白地死去。阿莱克修斯三世的女婿阿莱克修斯五世·杜卡斯登基加冕做了皇帝。他当皇帝后第一件事就是火速加固城防，但还是为时已晚，没有挡住十字军的进攻。

持续三天的洗劫，是十字军历史上最可怕的事件之一。他们没有放过任何一处地方，包括修道院和教堂。威尼斯人抢走了所有的财宝，法兰西人则把所有拿不走的付之一炬。十字军屠杀儿童和俘虏，强奸妇女，犯下了种种暴行。一位同时代的编年史作者尼西塔斯认为，就连撒拉森人也比十字军还仁慈些。另外一位编年史作家这样写道：史上还从未自一座城市中抢得如此多的财宝。最后按照协议，所有战利品在十字军、威尼斯人和未来的皇帝之间分配。

圣物：信仰的展现

12世纪和13世纪是圣物崇拜的高峰。圣物是指那些圣徒留下来的物品或者是其骸骨。十字军从东方带回了大量的圣物。对圣物的崇拜是一种信仰的展现，人们认为通过接触和观看这些圣物，可以获得某种超自然力量的帮助。拥有圣物的地点因此也会受到特别的尊重，而圣物匣的艺术价值亦是无与伦比。12世纪制作了大量的圣物匣。

◇ 三王圣物龛（手绘本）

法国世俗贵族包容南部的宗教异端

与阿尔比派的第一次交锋

1204年，卡尔卡松

清洁教派的分支阿尔比派支派，在法国贵族的庇护下，逐渐在法国南部传播开来。

在贝济耶、卡尔卡松和特兰卡维尔家族子爵的主持下，教会和阿尔比派的代表进行了辩论。阿尔比派一直比较谨慎，尽量避免与教会正面冲突，该派的教义是来自东方的摩尼教和基督教的混合，教

规要求信徒守贞并反对罗马教会，教会认为他们的说法为异端。

◇ 卡尔卡松——阿尔比派与教会辩论的地点

阿尔比派除了严格禁欲之外，还反对教会所有的圣事、祭坛、十字架以及圣像，当然也包括圣徒圣物等等。当地的贵族对阿尔比派大多表示宽容，所以阿尔比派才更加自信。1167年，清洁派的这个支派就在图卢兹召开了跨地区的所谓“大公会议”。特兰卡维尔由于距离巴黎遥远，伯爵的宫廷实行比较宽容的宗教政策，伯爵甚至能容忍一位清洁派的主教。法国国王对此非常不满，但是并未采取行动。

弗兰德伯爵鲍德温成为拉丁化的拜占庭帝国首位皇帝

博斯普鲁斯海峡之畔，诞生了新的帝国——罗马尼亚

1204年5月16日，君士坦丁堡

阿莱克修斯五世逃走之后，威尼斯和十字军物色到了新的皇帝。这位皇帝本来也居住在君士坦丁堡。皇帝的头衔比实际的权力重要许多。新的拉丁化帝国取名“罗马尼亚”，但是它缺少实际的国家形式。

圣索菲亚大教堂中，再一次进行了加冕典礼。弗兰德和埃诺伯爵鲍德温九世正式加冕成为皇帝，即拉丁帝国（亦称“罗马尼亚帝国”）的“鲍德温一世”。名义上，皇帝拥有对所有拜占庭地域的统治权，当然除去按照协议交给威尼斯和十字军管理的部分。10月1日，皇帝召开宫廷会议，一口气分封了600名领主。其中，第四次十字军的首领，曾经也是皇位大热门的蒙特费拉特的博尼法斯，成为塞萨洛尼基王国的国王。

新的罗马尼亚帝国制定了新的宪法，参照的是耶路撒冷王国的法律。所有

的政治事务，皇帝必须和帝国参议院进行协商。参议院也是军队的最高权力机关，有权撤销皇帝的行政决定。

◇ 威尼斯总督丹多洛为鲍德温一世加冕

懦弱的女王

耶路撒冷的伊莎贝拉去世

1205 年，阿克

耶路撒冷女王伊莎贝拉与所有的耶路撒冷王国统治者都有血缘关系。若是她能在政治上有些雄心壮志，或许会有更多作为。

第四任丈夫阿马尔里克二世逝世不久，伊莎贝拉也去世了。她是居住在阿克的最后一位耶路撒冷女王。丈夫去世后，塞浦路斯岛的统治权也掌握在了伊莎贝拉手中。

她 13 岁的长女——蒙特费拉特的玛利亚继承了王位。实权掌握在伊莎贝拉同母异父的兄弟——伊贝林的约翰手中。这位统治者三年中一直小心翼翼地治理王国。但是，所有恢复王国的尝试最终都失败了。骑士们都去更富有的地方发展，没有能再组织起新的十字军。

异端——信仰不纯正者

“异端”（Katharer）可能出自教会对清洁派的称呼。其概念的定义，是在和清洁派的交锋中慢慢形成的。“异端”与“邪说”，其实是两个不同的概念。“邪说”者，是指那些受洗并愿意保留基督徒名号，但是否认

法国迫害异端的血雨腥风

针对阿尔比派的十字军

1209 年 4 月，里昂

教皇英诺森三世将与异端的斗争和十字军联系起来。对异端的反抗，演变为有关纯正信仰的战争。这样一来，教会可以对异端发动十字军了。

里昂城门前，聚集了一支在教皇

英诺森三世号召下集结的军队。1208年10月，教皇要求对图卢兹伯爵雷蒙德六世（1156—1222年）以及其领地内的阿尔比派异端采取行动。所有参加这次行动的人员将获得与十字军相同的赦罪权。不过，法兰西国王腓力二世对教皇的号召无动于衷。无奈，教皇只好派熙笃修道院的院长以及两名主教前往该地区，开展调查和动员工作。

雷蒙德伯爵手下一位据说是阿尔比派异端的封臣，将三位教皇特使杀害了。而伯爵对此无动于衷。教皇英诺森三世要求雷蒙德对此暴行负责，下定决心对阿尔比派调查到底。1200年左右，阿尔比派在法国西南部活动异常频繁，尤其是在山区。阿尔比派教义中有两个神，善神创造了精神世界，恶神创造并统治物质世界。因此，阿尔比派成员必须过纯洁的生活，不允许吃蛋和肉类，也不喝牛奶，并且节制性欲。阿尔比派认为教会是恶神所造世界的一部分，所以拒绝神父的帮助和指导。这种对教会的批判态度让他们大受欢迎。1167年，阿尔比派在巴列—德阿兰成立了自己的教区。鉴于这种异端对信仰的危害，加之其迅速蔓延，教廷决定采取行动。

或拒绝上帝的信仰和教会的学说。教会早期出现过许多团体，其对教义的看法与教会存在严重分歧。直到基督教成为国教之后，教会为了保证信仰的传递，才开始对“邪说”进行纠正。到11、12世纪，这一定义开始发生转变。“异端”主要是指信仰异教，在行为和想法上偏离了基督教信仰核心的人，尤其是敌视教会和教皇，抵制其一切决议者。比如瓦勒杜派和清洁派，他们破坏现有的社会秩序，滥用权力，对社会构成了巨大威胁。12世纪，对于“异端”不再像对待“邪说”那样，仅施以宗教上的惩罚方式如革教或补赎等等，还会有行政上和经济上的处罚。

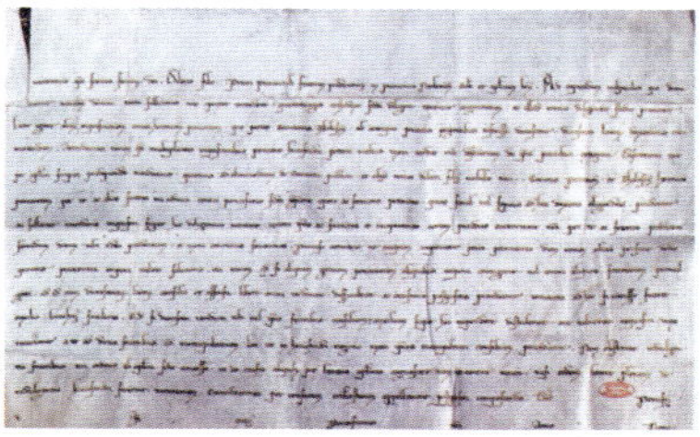

◇ 教皇英诺森四世通谕，要求教会对抗异端

◇ 1226年在蒙特塞居要塞火烧阿尔比派（木版画，约1880年）

此后的20年中，教会发动了“阿尔比十字军”，数万人被杀害。庇护阿尔比派的雷蒙德伯爵，尽管和教会达成和解，但是也失去了贝济耶和卡尔卡松的城堡。蒙特福特的西蒙，一位来自法国北部的男爵接管了这些地盘。他成了这次十字军的大赢家之一。十字军攻占了一座又一座城堡，不断进入山区寻找躲藏的阿尔比派成员。

1218年，蒙特福特的西蒙去世，法兰西国王路易八世接手继续领导阿尔比十字军。阿尔比十字军直到1226年才结束。1229年，路易的遗孀卡斯蒂利亚的布兰卡在巴黎签署合约，将法国南部的绝大部分纳入法兰西国王的统治之下。

◇ 阿西西的圣方济各（13世纪）

阿西西的方济各，让神贫理想在欧洲盛行

乔万尼·伯纳多内成立方济各会

1209年5月，罗马

托钵修会的成立，标志着一种新型的修会出现。修士们模仿耶稣的生活方式，他们没有固定的居所，到处行乞，帮助穷人，并为科学做出贡献。第一个这类修会，就是阿西西的方济各成立的方济各会。

10名修士在阿西西的方济各的带领下，身着简朴的羊毛披风，来到圣彼得大殿，站在教皇英诺森三世面前。他们不愿意接受奥斯丁会和本笃修会的会规，而愿意过更贫穷的生活。他们希望教皇能够批准他们成立自己的修会。教皇英诺森三世最终同意了。于是，他们谦卑地称呼自己为“小兄弟会”。圣方济各则按照教皇的交代，制订了没有能够流传到今日的简短会规。

阿西西的方济各，本名乔万尼·伯纳多内。1206 年，聆听完一次主教的布道之后，他决定过贫穷的生活。他本出身于阿西西城富有的布料商人家庭。为了实现自己的理想，他放弃了所有的财产。首先跟随他的是阿西西的一位贵族和一位法律学者。后来，慢慢有更多人加入。

圣方济各传达的信息感染了许多人。那时的教会已经更有权力和金钱，而他的理想是为城市中不断增多的穷人服务，这也符合基督教的信仰。

神贫理想的特别之处在于，加入修会的人不一定是修士，修道院生活不是必需的。阿西西的圣方济各成立的并非是有组织和拥有众多特权的修会。他只是想帮助人们在贞洁、谦卑和神贫的状态中生活，并帮助别人。正是在这样的思想下，出现了在俗兄弟会，其成员往往有家庭和职业，但是依然可以过修道生活。

圣方济各自己只是短暂领导这个托钵修会。1220 年，他因操劳几乎双目失明。不久，他隐居到阿西西北部的阿维纳尔山上。1224 年，他在经历神迹后获得“基督五伤”，这更确立了他的神贫理想。

1226 年 10 月 3 日，圣方济各去世了，年仅 45 岁，去世时身无分文。此时方济各会已经在全欧洲拥有了众多兄弟，约 1 万名会众。这个“小兄弟会”成了中世纪教会中的一股清风，让欧洲越来越多的修道院加入圣方济各的行列。大学中，也有很多人愿意追随方济各，成为方济各会成员。他们建立了专门的学术中心，慢慢形成了方济各会独特的神学体系。

阿哈伊亚公国的王朝

法兰西人统治伯罗奔尼撒半岛

1205 年秋，摩里亚

一些十字军利用第四次十字军东征建立了自己的统治。

经过一场大战，香槟伯爵雨果的孙子——尚普利特的威廉，与他的朋友维拉杜安的若弗鲁瓦一起，在摩里亚大获成功。这两位来自法国的统治者在半岛上建立了自己的统治。

◇ 维拉杜安的若弗鲁瓦（木版画）

1209 年，威廉被召回家乡，继承其兄弟在勃艮第的财产，他去世后，摩里亚的统治全部落到若弗鲁瓦的手中。阿哈伊亚王朝就此开始。

若弗鲁瓦也参与了攻占君士坦丁堡后举行的谈判，他写了一部古法语的历史专著《征服君士坦丁堡的历史》以记载发生的事件。作为拉丁帝国皇帝在巴尔干地区的将领，他还参与过几次与保加利亚人的战争。

◇ 蒙特福特的西蒙率领军队在贝济耶进行大屠杀（木版画，1875 年）

无差别屠杀

贝济耶的血腥暴行

1209 年 7 月 22 日，贝济耶

阿尔比十字军在法国南部进行了血腥屠杀。

十字军不费什么力气就打下了朗格多克地区的贝济耶城。这群十字军来自里昂。主教曾要求居民们放弃城市，和平投降，但是没有成功。十字军将城中 1.5 万人全部屠杀，不管他们是天主教徒还是阿尔比派教徒。

虔诚的狂热：数千名青年动身前往圣地

无谓的孩童十字军伤亡惨重

1212 年初，科隆

十字军东征的号召在法兰西和德意志引起了一波奇怪的风潮。骑士们失败之后，一些懵懂的孩童居然踏上了征程。

三王圣物龛前，一个名叫尼古拉斯的男孩子给大家布道，号召十字军。孩

◇ 宗教狂热：孩子们参加十字军（木版画，18 世纪）

子们可以比大人做得更好，大海将会为他们分为两半，他们将解放圣地——这位尼古拉斯如此说道。几周之内，科隆便聚集了大量的孩子和青年，他们的目标是取道意大利，再想办法前去解放圣地。

孩童十字军兵分两路。按照编年史作者的说法，第一队大约有 2 万人。但是只有不到三分之一的人坚持翻越了阿尔卑斯山，到达热那亚。在热那亚，孩子们过了一夜。他们无法以祈祷分开大海。一部分人留在热那亚，另一部分去了比萨，登上两艘船前往圣地。不过绝大多数人都退出了十字军。

“追随者一个接一个……”

《科隆国王编年史》这样记述 1212 年出发去圣地的孩童十字军：

“复活节和圣灵降临节时，在德意志和法兰西……有数千名六岁到成年人之间的孩子，不顾父母、亲戚和朋友的反对……参加了十字军。很多人直接放下手中的活儿，加入了他们。

“这一年，来自不同阶层不同年龄的孩子们发誓参加十字军，他们宣称这是上帝对他们的安排，要他们去圣地解放耶路撒冷。很多年轻人和妇女跟随他们，和他们一起前往圣地。他们之中还混有一些坏蛋。有些人随身带的盘缠，还有每日沿途好心人的捐助，都被这些坏蛋抢走，孩子们什么也没得到。其中一个坏蛋被大家在科隆抓住吊死。但是那些孩子们……很多因为炎热、饥饿和脱水而死去。还有一些孩子翻过了阿尔卑斯山，到达意大利，被伦巴第人劫去，最后受尽屈辱才能回家。”

尼古拉斯自己到了罗马，受到了教皇英诺森三世的接见。教皇教导他等到

◇ 第四次十字军东征

◇ 孩子和青年在科隆集结出发前往圣地

地中海商圈火热的奴隶贸易

奴隶是廉价的劳动力。战争之后，被俘虏的人往往都会被贩卖为奴隶。总的来说，奴隶的重要来源是陌生的文化圈——斯拉夫人一度曾经是奴隶的重要来源，这也是为何今日英语中的“奴隶”一词与“斯拉夫人”称谓同源。爱琴海和黑海沿岸，以及北非，都是奴隶的来源地。不过，也有许多奴隶来自阿拉伯地区、伊比利亚半岛、科西嘉岛以及萨丁岛。

奴隶贸易本来一直由阿拉伯人和犹太人垄断。后来，威尼斯、热那亚和意大利南部的城市也逐渐加入竞争。奴隶的主要供应商是突厥人和蒙古人，还有海盗。在阿拉伯地区，奴隶是可以继承的遗产。伊斯兰教对管理奴隶有详细的规定。给奴隶自由是让真主喜悦的事，一旦决定就不可更改。奴隶也可以向主人支付赎金为自己赎身。

长大成人再参加十字军不迟。1213年初，只有极少数孩子回到了莱茵兰，尼古拉斯不在其中。一些失去孩子的父母找到尼古拉斯的父亲，愤怒地将他吊死。

另外一队孩童十字军运气也不佳。他们到达了安科纳，然后继续前往布林迪西港。一些人的确成功登船前往圣地，但绝大多数都掉头回家了，只是回到家乡的人少得可怜。

悲剧：孩子们被贩卖为奴隶

孩童十字军被出卖

1212 年秋，亚历山大港

围绕着孩童十字军出现了许多传说，但其真实性难以保证。

一艘载着 700 名孩子和青年的大船到达了埃及。这些来自法国的孩子被当作奴隶卖掉了。最大的买家是当地的行政长官，他让这些孩子在土地上做农活。

这一记载来源于一个 1230 年从中东回到法国的修士。他曾经陪伴年轻的克卢瓦埃的斯蒂芬参加孩童十字军。这位极具魅力的斯蒂芬在巴黎布道，召集了许多孩童和他一起前往耶路撒冷，解放圣地。最后，大约 3 万名孩童在马赛集结，他们中没有人超过 12 岁。这位修士记载，从马赛总共出发了七艘船，两艘遇到海难沉没，其余五艘一靠岸就被撒拉森人包围。那时孩子们才知道，从一开始他们就是要被送到北非的奴隶市场卖掉。

◇ 奴隶市场（阿拉伯手绘本，1237 年）

这些孩童中的很多人刚刚抵达阿尔及利亚海岸的贝贾亚就被出售了。还有一部分，包括这名修士在内，被运往埃及，那里奴隶的价格要高一些。还有一小部分被带去了巴格达的奴隶市场。在那里，18 名儿童因为拒绝皈依伊斯兰教而殉教。

这位修士之所以最后恢复了自由，是因为埃及的行政长官对西方的语言和科学非常感兴趣，他买了一些会读写的奴隶，不让他们参加体力劳动，只是进行翻译和秘书的工作。这位行政长官也没有强迫他们改宗伊斯兰教。

关于孩童十字军的下落，只有这位年轻修士的记载。而这位修士也消失在了历史的长河中，他的身份成谜。

一种异端学说在穷人中迅速传播

波格米勒派在巴尔干半岛上迅速扩大影响

1211 年 2 月，大特尔诺沃

波格米勒派（斯拉夫语中意为“上帝的喜乐”）在小亚细亚和西南欧拥有众多信众。这个诺斯替教派的支派被罗马教廷判为异端。

保加利亚沙皇鲍里尔召开大公会议，针对波格米勒派采取行动。当然，他的首要考虑是扩大自己的地盘，击败对手。1207 年，鲍里尔作为沙皇卡洛扬唯一的成年子嗣继承大统。卡洛扬的前任——阿森一世沙皇的儿子们均对此表示不满。鲍里尔于 1218 年被伊凡·阿森二世推翻。新沙皇停止了对波格米勒派的迫害。波格米勒派正是在他治下获得了极大影响。

波格米勒派的首创者是保加利亚或马其顿一位名叫波格米勒的神职人员。他大约于 930 年左右在保加利亚传道。该派有和诺斯替派类似的二元论思想，排斥世界，也拒绝所有的圣事，包括任何形式的教会。这一派别随回乡的十字军传到了意大利北部和法国南部，也对阿尔比派有所影响。

波斯尼亚是波格米勒派信众最多的地方。在班·库林治下，这一教派成为国教。统治者本人和他手下一万多名封臣一起改信这个教派。这样一来，库林就可以从信奉天主教的匈牙利独立出来。教皇英诺森三世一再要求匈牙利国王伊姆雷对治下的异端有所作为，但他拒绝对波斯尼亚使用武力。1227 年和 1245 年，教廷又两次号召对波格米勒派发动十字军，但没有成功。在达尔马提亚、克罗地亚和保加利亚地区，波格米勒派甚至有了自己的教皇。

◇ 斯托拉茨的一座波格米勒派成员的石棺（波斯尼亚）

巴尔干地区的波格米勒派直到突厥人进攻时才消失。

西班牙的胜利

收复失地运动的标志性战役

1212 年 7 月 16 日，纳瓦斯

德托洛萨之战彻底改变了基督徒和穆斯林之间的力量对比，摩尔人王朝开始衰落。

在安达卢西亚，卡斯蒂利亚国王阿方索八世率领大军，与摩尔人埃米尔安-

◇ 纳瓦斯—德托洛萨之战中基督徒获得决定性的胜利（F. 德·保拉·油画，19 世纪）

纳西尔率领的大军遭遇。一场大战，摩尔人全军覆没。教皇英诺森三世赋予了收复失地运动与十字军相同的地位。在大主教罗德里戈·希梅尼兹·德·拉达富有激情的布道的鼓舞下，西班牙骑士们在托莱多集结，向南部进发。这次胜利之后，最重要的要塞悉数落入西班牙人之手。

◇ 成吉思汗狩猎图（中国丝织品）

东方的新势力

蒙古人攻占中都

1215 年夏，中都

中都陷落，标志着中国开始落入蒙古人之手。

蒙古骑兵在成吉思汗的带领下攻占了女真人的土地，摧毁了中都。蒙古对中国的统治开始了。忽必烈汗 1267 年将中都改名为大都，定为帝都。

宗教大会针对异端展开讨论，决定设立宗教裁判所

第四次拉特兰大公会议重新改革教会

1215 年 11 月 1 日，罗马

这次大会上，教皇英诺森三世加强了统治。会议的中心议题是教会改革和解放圣地。

大约 2000 名高级神职人员参加了这次大公会议，其中有大约 70 名大主教、400 名主教、80 名修道院院长和众多的代表。耶路撒冷宗主教也从东方赶来，

◇ 身穿盔甲的沃尔夫拉姆·冯·埃申巴赫（细密画）

批评十字军的声音

不只是沃尔夫拉姆·冯·埃申巴赫批评十字军。不过大多数批评都集中在十字军被滥用上，而不是批判十字军本身。第二次十字军东征失败后，就有公开反对的声音出现。尤其是在德意志十字军惨败之后，出现了更多批评的声音。一位来自维尔茨堡的编年史作者认为，十字军风险太大，容易被误导，行为鲁莽。英国神学家和法学家拉杜尔夫·尼格尔的批评更加尖锐。他认为，不惜一切代价杀害异教徒，上帝不会喜欢。

百姓中对十字军的看法也在不断转变。百姓经常要交税资助十字军，而十字军的消耗往往是天文数字。后来，十字军偏离了解放圣地的路线，批评声音更大了。阿拉贡编年史作者拉蒙·穆塔内尔认为，十字军被滥用了，不论是阿尔比十字军还是攻占君士坦丁堡，都是为了让人们听从于罗马。

亚历山大港和安条克的宗主教则派来了使者。派来使团的还有英国、法国、阿拉贡、匈牙利、耶路撒冷、塞浦路斯以及罗马尼亚。

英诺森三世为到场的听众致大会开幕词，感动了许多人。大多数会谈都是非公开进行的，公开讨论只有三次。这次大公会议最终通过了 71 项决议，全部写入教会法中。最重要的一项是真教会的声明，而真教会具有普世性。还有关于异端审判的决议：所有主教都有责任追查治下的异端，审问嫌疑人。于是，宗教裁判所成为教会的组成部分。所有世俗贵族则被要求将异端赶出自己的领地，而且在即位时必须发誓，保护纯正信仰。若是不能兑现，当地主教有权将其绝罚。

为解放圣地，教会重新对所有神职人员征收新税种。所有教会人员必须在未来三年内上缴其收入的二十分之一，为下次十字军筹集资金。教皇和红衣主教要上缴的是普通教职人员的两倍。十字军将得到更好的组织和管理，避免像第四次十字军那样的事件再次发生。

这次拉特兰大公会议还通过一项决议，规定世俗法庭不得干扰宗教法庭，而且当两者冲突时，教会法庭高于世俗法庭。

◇ 宗教裁判所（油画，约1500年）

沃尔夫拉姆·冯·埃申巴赫在史诗中呈现了十字军消极的一面

十字军理想受到挑战

1215年秋，图林根

十字军的失败，以及战败的血腥场面，引发了许多基督徒的深思。他们批判十字军理想，寻求新的出路。其中最著名的要数用中古德语写成的史诗《维勒哈尔姆》。

诗人沃尔夫拉姆·冯·埃申巴赫在图林根侯爵的宫廷开始创作这首英雄史诗。主人公是奥兰治的威廉。这首诗的灵感，源于古法语的英雄传奇《阿里斯康之歌》。《阿里斯康之歌》描述了穆斯林与基督徒在普罗旺斯发生的战争，主人公是查理·马特的孙子，图卢兹的威廉。他身为阿基坦公爵，在对撒拉森人的战争中屡立奇功。最后，他在自己出资建立的杰洛尼修道院中度过晚年。威廉很快成为传奇人物。

沃尔夫拉姆借鉴了这个故事，把时代背景改在十字军时期。穆斯林国王特拉梅尔带领一支庞大的军队进攻普罗旺斯，主人公维勒哈尔姆出征迎战。当年维勒哈尔姆劫持了特拉梅尔的女儿阿拉贝尔，让她受洗改名为吉伯格，又娶她为妻，穆斯林国王因而前来复仇。骑士们非常勇敢，但维勒哈尔姆的军队还是败下阵来。他逃回了自己的城堡，重新组织军队。在特拉梅尔的儿子雷讷瓦尔特的帮助下，他终于将穆斯林赶出了普罗旺斯。最后战役结束，维勒哈尔姆让人将穆斯林国王的尸体涂抹香膏，送回家乡。

这首史诗尽管也和十字军有关，但是并没有拘泥于十字军理想。与此前的作品如《罗兰之歌》不同，沃尔夫拉姆并未让宗教成为战争的理由。这首诗尚不能被理解为对和平的呼唤，但确实对所谓的“正义战争”提出了质问。而由奥古斯丁和托马斯·阿奎那提出的“正义战争”是十字军的理想源泉之一。

在维勒哈尔姆身上，我们看到了战争的双重性：即使是在战场外，维勒哈尔姆也显得残酷而暴力。比如他冷血地杀害了手无寸铁出逃的亲戚。这让维勒哈尔姆与十字军小说中的理想形象大为不同。

◇ 《维勒哈尔姆》三部曲手抄本（13 世纪后半叶）

沃尔夫拉姆也在书中塑造了不同的穆斯林形象：他们不再是邪恶的代言人，作者也没有侮辱他们的信仰。战争开始前，吉伯格曾要求大家尽量寻求宽容和解。这位维勒哈尔姆的妻子在参议院发表演说，认为即使是异教徒，也和基督徒一样是上帝的子民，也应该有权得到人道的对待。这也与往常十字军文学中见到异教徒就杀的套路大不相同。

沃尔夫拉姆还在史诗中表现了基督徒和穆斯林在战争中遭受的痛苦。不同人的倾诉描绘了双方都必须面对的残酷。

沃尔夫拉姆的著作在同时代的人中引起了强烈反响。《维勒哈尔姆》有许多手抄本流传，与沃尔夫拉姆的另外一本著作《帕西法尔》一样大受欢迎。而且保留下来的手抄本大多数来自骑士团的图书馆，也就是说，骑士团对《维勒哈尔姆》情有独钟。

十字军失去了号召力
1217—1258 年

综述（1217—1258 年）

13 世纪初，无论是战略上还是军事上的暗淡境况，都只能让人得出一个结论：十字军不可能再夺回圣地。于是，13 世纪的十字军东征开始有了新的转变：军事行动不再是首选，更多采用政治和外交手段。十字军不再大批出发，而是形成小的朝圣团体，有规律地朝圣。十字军东征变成了许多细碎的小波纹。不断有小股十字军前往圣地，甚至还形成了每年武装朝圣和非武装朝圣的旺季。大的事件，比如埃德萨或者耶路撒冷的陷落，不再是发动十字军的理由。此时的十字军更多考虑政治上的需要，或者是援助圣地的十字军国家。不再有形成十字军大潮的理由，所以 13 世纪没有一次大的十字军运动。蒙古人突然出现，1258 年占领了巴格达。西方一度认为出现了一个新的盟友。事实上，蒙古人只在乎自己的扩张。所以，拦路者无论是基督徒还是穆斯林，都是他们的敌人。历史学家普遍认为，对于十字军国家而言，蒙古人的威胁远远大于穆斯林，对抗他们需要更多的力量。

十字军减少，朝圣人流增加

十字军的重要盟友是意大利的商业城市。只有它们才有足够的资金和战船将军队从欧洲运到圣地。每年秋天和春天，这些商业城市会集中提供两次圣地之旅，其目的本来是为了商业交通，但越来越多的朝圣者却参加到其中。因此，朝圣之旅呈现季节性高峰。这些商业城市随着人流的增加不断获利，最终它们打破了骑士团对朝圣之路的垄断，成为真正的赢家。马赛和威尼斯是最重要的运输提供方，而骑士团每年只能运输大约6000人。13世纪，人流停留在圣地的时段也和这些商业城市的运输旺季吻合。大多数朝圣者都按照商业城市的规定停留几个星期，然后直接返回，等到下次秋季和春季的运输旺季再来朝圣。

日常的和平共处

十字军东征是战争性质的活动。但在停战之时，穆斯林和基督徒也会长期和平共处。尤其是在西欧，人们对伊斯兰教的看法有了转变。12世纪末，人们还相信穆斯林是异教徒。到了此时，欧洲人眼中的穆斯林已经是严格的一神信仰者，不过他们拒绝任何形式的偶像。双方对骑士理想的看法有很大相似性，于是出现了西方作者记述“崇高异教徒”的故事。除此以外，西方对《古兰经》也不再陌生。克吕尼修道院大院长彼得·维尼拉比利斯于1143年将《古兰经》翻译为拉丁文。尽管此时还不存在真正意义上的宗教宽容，但是这个时代对于人文主义的内涵已经有了深刻的理解。这一点在宫廷文化的教育中有所体现。同化作用越来越强，十字军骑士越来越适应他们的生存环境，也越来越与生存环境相一致。他们建造的宫殿采用了阿拉伯最新的取水系统，保证一直有新鲜用水。基督徒也越来越多地使用公共浴场，按照东方的习惯烹调食物，也借鉴东方香料和菜谱。有些十字军骑士甚至公开拒绝食用猪肉。十字军的服饰也越来越多地受到了东方的影响。服饰的东方风格体现在很多方面：丝绸制作、带有包头巾的斗篷、金线装饰的衣料，还有阿拉伯风格的鞍具，大马士革钢制作的宝剑。12世纪，留胡子也成为被普遍接受的现象。在圣地和在欧洲不同，男人被割去胡子被认为是种羞辱。女性的服饰也适应了东方风格，不少女性佩戴头巾，妆容也具有当

◇ 第五次十字军东征攻打埃及：十字军在达米埃塔之战中战胜穆斯林（插画，15世纪）

地特色。哈里发和维齐尔图书馆中的藏书不是什么人都能看的。不过，圣地的神职人员一直努力将各种资料翻译为拉丁文。

西班牙的学术中心

伊比利亚半岛上的情形则大不相同。数百年的宽容政策让科学交流成为可能。犹太教和基督教可以正常进行宗教活动，基督教甚至被允许有自己的主教和教堂。知识和文化的交流在这样的和平环境中得以进行。穆斯林有更先进的采矿技术，铅、铁、金和水银矿得到大量开采。还有制作奢侈品的技艺，穆斯林在这方面也非常发达（比如科尔多瓦的皮革加工、宝石切割等）。阿拉伯人保留了许多被翻译为阿拉伯语的希腊文古典著作。于是，在西班牙出现了一股热烈的翻译大潮。众多的数学、医学以及哲学著作被从阿拉伯文翻译为拉丁文。天文学也取得长足进步。直到今天，一些星辰的名字还带有阿拉伯文。推算日月食时间也成为可能。医学方面，阿拉伯学者胡南因·伊本·易斯哈格（810—873 年）的著作《医学导论》被翻译为拉丁文，成为该领域的经典著作之一。中世纪的拉丁文医学汇编《小艺术》借鉴了其中许多内容。同时，还出现了一批按照阿拉伯方式建立的药房。科尔多瓦成为重要的学术中心。公元 1000 年左右，这里有 27 所大学，图书馆藏书约 40 万卷，这些重要的古籍都被翻译为拉丁文。通过阿维森纳（伊本·西那的拉丁文译名，1037 年在哈马丹去世），许多医学以及哲学著作被翻译到欧洲。这些古典著作为欧洲的学术发展做出了重要贡献。尤其值得一提的是，古希腊哲学著作（如亚里士多德的作品）由阿拉伯文翻译为拉丁文，这为神学的进步提供了新的思想来源。

◇ 伊比利亚半岛摩尔人艺术：伊斯兰贵族在对话（格拉纳达的阿尔罕布拉宫中国王厅屋顶绘画）

未征得教皇批准的十字军

罗马教皇对十字军渐渐失去了影响力。神圣罗马帝国皇帝腓特烈二世进行的十字军东征最能说明这一点。首先，教皇不接受皇帝参加十字军的誓言，因为英诺森三世坚持认为教皇应该成为十字军的首领。后来，因为皇帝生病，没有按时兑现十字军承诺，教皇便把皇帝逐出了教会。皇帝也不管教皇那一套，前所未有地自己单干。这次十字军不仅没有教皇的批准，而且没有采取军事手段，而是通过政治手段达到目的。另外，皇帝对耶路撒冷王国王位有继承权。他迎娶了耶路撒冷国王的女儿——耶路撒冷的伊莎贝拉。十字军东征中，她生完儿子不久便死去。腓特烈名义上代替儿子行使王国摄政之权，实际上是名副其实的耶路撒冷国王。

◇ 神圣罗马帝国皇帝腓特烈二世执掌耶路撒冷王国（14 世纪绘画）

由于腓特烈二世，耶路撒冷归属基督徒大约 14 年。而且，腓特烈二世治下还包括王国北部的土地。这是十字军的最后一次外交成果。当然，穆斯林被允许继续留在耶路撒冷。他们可以自由拜访自己的圣地。不过，这一点招致教皇和耶路撒冷宗主教的批评。

这次十字军的成功，从本质上彻底改变了十字军在西方的意义。对十字军缩手缩脚的批评慢慢变得越来越激烈。为了给十字军筹集经费而不停上涨的税收，加上毫无进展的军事行动，让十字军失去了号召力。很多贵族发誓参加十字军，却从来没有兑现誓言。十字军由针对异教徒转变为针对异端。人们不禁越来越怀疑：屠杀基督教的兄弟姐妹，怎么能获得救赎呢？

蒙古人成为新的力量

蒙古大汗决心向西扩张，这个决定打破了十字军和穆斯林之间的力量平衡。13 世纪，人们对于世界的认识也发生了改变。十字军此前一直把穆斯林当作

圣地唯一的异教徒，而现在出现了新的敌人。开始时，蒙古人作为从远东来的敌人并不受重视。人们只知道在哈拉和林的宫廷有基督徒，尽管是聂斯托利派。这个教派在公元 432 年以弗所大公会议上早已被认定为异端，但是它的确传播到了波斯，甚至远到中国和西藏地区。教皇尝试与哈拉和林的大汗沟通，结果不尽如人意。蒙古人开始扩张，对十字军和穆斯林都产生了巨大影响。后两者必须随时准备应对数量和军事上更强大的敌人。

西欧对此并未提供任何帮助，这一点十字军国家也非常明白。而且，欧洲东部边界也遭到蒙古人进犯。法兰西国王路易九世参加十字军东征弄得血本无归，让军事行动失去了意义。商业城市早已经控制了一切。它们非常富有，有足够的船只。但有一点：这些商业城市只为自己的利益考虑。到 13 世纪中叶，十字军控制的所有地盘全部失去了保护。面对来自东方的威胁，十字军束手无策。夺回圣地已经毫无希望。

编年史大事记（1217—1258 年）

没有统一的计划，而且船只不足

混乱的第五次十字军东征

1217 年 6 月，布林迪西和墨西拿第五次十字军东征时，十字军在西方已经如家常便饭一般。十字军被用来达到各种政治目的，而非解放耶路撒冷。

一小股法国十字军在南意大利集结，准备出发东征，却找不到能够运送他们的船只。教皇英诺森三世此前在第四次拉特兰大公会议上呼吁再次进行东征，并且提供了资金支持。奇怪的是，似乎大家都忘记了要把钱用

托钵修会：到处旅行布道的无产者

13 世纪，出现了一种当时修士们未曾见过的新兴运动。此前，对于修会而言，每个修士作为成员是没有私人财产的。这时，出现了整个修会都没有财产的“托钵修会”。托钵修会的灵感来源于那些最早的基督徒，他们往往没有私人财产。以他们为榜样，修会既没有房屋也没有土地，所以不能通过劳动来换取收入，修士的生活全靠别人的施舍。托钵修会不像

本笃修会和熙笃修会那样有固定的修道院，修士们在修道院中过修道生活，他们以耶稣及其门徒为榜样，到处乞讨，宣讲福音。这样的一种特别方式，触及了教会的体制。方济各会修士和教会高层之间产生了激烈的讨论：教会是否应该像基督那样成为无产者？

几位教皇最后决定，将这次讨论限于教会内部，承认了修会的会规。1223 年，圣方济各从教皇洪诺留三世那里得到了正式批准。新成立的道明会通过布道与异端做斗争。1220 年，罗马教廷正式承认了道明会，并将宗教裁判所交与道明会管理。第三次十字军东征时在海法附近成立的托钵修会加尔默罗会于 1226 年获得教皇承认。

◇ 加尔默罗会修士和修女（木雕，17 世纪）

在购买或者租借船只上。

准备阶段，英诺森三世曾致信阿迪尔苏丹，警告他大军压境。英诺森三世希望埃及苏丹能够和平放弃耶路撒冷。1216 年，十字军的布道传到法国。贵族们并未受到教皇热情的影响，几乎毫无反应。1216 年，洪诺留三世继英诺森三世成为教皇，也没能唤起大家的积极性。这两位教皇一直努力，希望能有一次大规模十字军东征，最终都没有成功。

十字军在南意大利等待补给时，奥地利公爵利奥波德到了。本来，奥地利公爵打算加入匈牙利国王安德烈二世的军队，所以他只带了一小股部队来到斯普利特。但依然没有足够的船只。不过奥地利公爵还是找到了办法。他把所有人塞上了一艘船，16 天之后顺利抵达阿克。匈牙利国王又过了 14 天才到达圣地，而且也只带了一部分军队。因为他只能找到两艘船，大部队还停留在斯普利特原地待命。几乎同时出发的，还有塞浦路斯的雨果，他的军队也动身前往阿克。

如此混乱的组织状况到了圣地也没有改善。耶路撒冷国王布里讷的约翰认为自己是理所应当的军事首领。

奥地利—匈牙利军团则愿意听从安德烈二世的指挥。塞浦路斯人只听命于自己的国王雨果。如此一来，根本无法组织起对耶路撒冷的有效进攻。对手阿迪尔苏丹白等一场。这些散乱不堪的军队只能去圣地北部，进行一些不痛不痒的军事行动。

◇ 教皇英诺森三世在第四次拉特兰大公会议上号召进行新的十字军东征

托钵僧成为和平使者

阿西西的方济各拜访埃及苏丹

1218 年，达米埃塔

圣方济各认为传教才是保存圣地的最好办法。所以他出发去东方拜访苏丹，进行他的和平传教。

撒拉森人逮捕了前去觐见苏丹的圣方济各，把他带到了阿迪尔面前。按照一个编年史作者的说法，这位“野蛮人”苏丹，一见到圣徒就立刻平静下来，连续聆听圣方济各的布道长达数天。苏丹当然不能对宗教问题进行公开的讨论。但是几天之后，苏丹充满敬意地派大队人马将圣方济各护送到了十字军的大营。一位编年史作者记载，苏丹阿迪尔非常担心“他军队中的一些人受方济各布道的影响，会皈依基督教”。

◇ 圣方济各在埃及苏丹面前布道（佛罗伦萨的巴尔迪小洗礼堂祭坛画）

一年半的围攻之后，达米埃塔落入十字军手中

十字军在埃及取得第一个胜利

1218 年 5 月，达米埃塔

第五次十字军东征是针对埃及的。

大队十字军来到了尼罗河三角洲上最坚固的要塞、埃及第二重要的港口城市达米埃塔前。弗里西亚和莱茵兰舰队突然出现，让守军大为惊讶。十字军在尼罗河西岸面临该城的地方建立了营地，开始进攻。

◇ 教皇特使佩拉吉乌斯抵达了进攻埃及城市达米埃塔的十字军营地（15 世纪）

利用新型装置——由两艘柯克船承载的攻城塔，十字军占领了尼罗河小岛上最坚固的要塞铁索塔。这座要塞与达米埃塔相连，之间布置有特殊铁索。需要时铁索可以升起，切断尼罗河上的船只往来。达米埃塔城还控制在穆斯林手中。秋天，欧洲有援兵赶到。枢机主教、教皇特使佩拉吉乌斯·迪·阿尔巴诺随援军而来。他染指十字军的领导权，这让耶路撒冷国王布里讷的约翰有些不快。当然，这些争执并没有让苏丹卡米尔对营地的偷袭获得成功。苏丹由此想与十字军和谈。他提出条件，愿意将除约旦河东岸以外的耶路撒冷王国卖给十字军。耶路撒冷国王布里讷的约翰同意这个建议。但由于佩拉吉乌斯的反对，计划泡汤。

苏丹卡米尔从兄弟阿尔·穆阿扎姆那里获得了援军。可惜，他没能阻挡十字军于 1219 年 11 月 5 日攻占达米埃塔。由于饥饿和瘟疫，城中的居民最终放弃了抵抗。大多数人被流放或卖为奴隶。孩子们被强迫接受洗礼，从而得到了赦免。

达米埃塔失守，让伊斯兰国家陷入恐慌。十字军却因为内部争斗而实力大减。布里讷的约翰宣布自己为达米埃塔的领主。佩拉吉乌斯则坚持此城属于所有十字军，应该由十字军代表教会接管。1220 年，耶路撒冷国王愤怒地返回了阿克。

匈牙利国王十字军在政治和军事上双重失败

安德烈二世在圣地取得大量圣物

1218 年，阿克

匈牙利国王安德烈二世与拉丁帝国皇位无缘，干脆多抢些圣物。

尽管耶路撒冷宗主教强烈抗议，安德烈二世还是带了大批圣物回匈牙利。其中包括摩西的兄弟亚伦的杖，宗徒圣多马的右手，宗徒圣巴尔多禄茂的右手，圣女童贞玛加利大的头骨，还有圣司提反的头骨。让匈牙利国王最得意的要数一口缸，迦南的婚礼上，耶稣应该就是在这口缸中把水变成了酒。

这支奥地利和匈牙利组成的联合十字军人数不多，在这位国王的带领下从阿克出发，到达了加利利海。他们越过加百农，横穿整个加利利地区，一路上并未取得什么军事上的胜利。洗劫了拜桑城之后，这支十字军的主要任务集中在了收集圣物上。对于解放耶路撒冷，这支军队未起到任何作用。

沃尔夫拉姆·冯·埃申巴赫在自己的作品中关注十字军的命运

《帕西法尔》：当东方遇到西方

1220 年，埃申巴赫

沃尔夫拉姆·冯·埃申巴赫不仅仅在自己的作品中批评十字军——比如《维勒哈尔姆》，他的另外一部作品《帕西法尔》也描述了东方和西方的和解。

诗人沃尔夫拉姆出生在今日的沃尔夫拉姆斯—埃申巴赫，死后也葬在了这里。1210 年，他完成了一部重要著作《帕西法尔》，将十字军理想和亚瑟王传奇结合在一起。在这部中世纪的教育小说中，一位骑士对冒险的渴望最后转变成了对上帝的追求。

寻找圣杯的过程中，主人公帕西法尔遇到了一位浑身装饰着宝石的富有的外国骑士。这位外国骑士骑着一匹阿拉伯马。两位骑士遇到一起，展开了殊死搏斗。两个人都拼到筋疲力尽。此时，帕西法尔的宝剑突然断裂。但那位外国骑士没有杀死帕西法尔，而是将自己的宝剑也扔到了森林里。他摘下头盔，帕西法尔才认出，原来这位外国骑士是他同父异母的兄弟法莱菲兹。他们的父亲加姆勒特与东方女王贝拉坎妮结合生下了法莱菲兹。最后，两人手挽手来到亚瑟王的营帐。法莱菲兹高贵的举止让所有人惊讶不已。

沃尔夫拉姆安排这样的剧情，可以理解为一种特殊的艺术手段。事实上，帕西法尔是在和自己战斗。他最终输了，却由于东方兄弟的大度，避免了不必要的难堪。

法莱菲兹在与所有人的对话中，都展示了良好的教养和悟性。书的最后，法莱菲兹决定受洗。这是一种中世纪文学的程式化场面，没有影响到这部史诗想要传达的信息：两种文化相遇，产生碰撞和摩擦，实质上仿佛两位同父异母的兄弟相遇一样。基督教骑士和东方骑士都是真正意义上的血亲。沃尔夫拉姆想要借此部史诗，让双方达成和解。

◇　帕西法尔与同父异母的兄弟决斗（手绘本插画，13 世纪）

埃及闹剧

阿拉伯人重新占领达米埃塔

1221 年 7 月，尼罗河畔

十字军内部的不和，最终导致其费了九牛二虎之力夺回来的达米埃塔失守。

从达米埃塔出发，十字军深入埃及，继续远征。由于教皇特使佩拉吉乌斯和耶路撒冷国王布里讷的约翰不和，军队力量衰弱。国王一再告诫说要小心尼罗河泛滥，佩拉吉乌斯还是决定迅速进军。十字军攻占沙里姆沙赫。在这座城市附近，大军被埃及苏丹卡米尔困住，退回达米埃塔的路也被封死。

8 月底，枢机主教佩拉吉乌斯决定投降。他愿意交出达米埃塔，只要苏丹卡米尔保证军队能够和平撤离。双方最终达成了长达八年的和平协议。9 月，苏丹的军队重新入驻达米埃塔。十字军则返回家乡。十字军第五次出征无果而终。

神圣罗马帝国皇帝缔结条件优越的婚约

腓特烈二世成为耶路撒冷王国的统治者

1225 年 11 月 9 日，布林迪西

1220 年，神圣罗马帝国皇帝腓特烈由教皇洪诺留三世加冕，成为神圣罗马帝国皇帝。利用聪明的手段，他成了耶路撒冷国王。

布林迪西大教堂中，14 岁的伊莎贝拉（约兰德）嫁给了 31 岁的腓特烈二世。第二天早晨，腓特烈二世正式通知新娘的父亲布里讷的约翰：他将从约翰那里接手王国摄政权，统治耶路撒冷王国。

◇ 神圣罗马帝国皇帝腓特烈二世与耶路撒冷女王布里讷的伊莎贝拉二世结婚

教皇赞成这次婚姻，因为腓特烈二世可以兑现他 1215 年参加十字军时的承诺。当初腓特烈把参加十字军的时间一拖再拖。至少现在，皇帝看上去有模有样地实施了具体的计划。被解除了摄政权的布里讷的约翰逃到罗马。教皇将托斯卡纳一些属于教廷的土地赐给了他，算是让他得到了一些安慰。

腓特烈二世再次决定，推迟两年参加十字军。但是，他毕竟签署了《圣吉尔马诺协议》，确定了 1227 年 8 月必须渡海去圣地。而且，他在罗马留下了 1000 名骑士和 10 万盎司黄金作为抵押。若是违约，那就分文不剩。

腓特烈将妻子送进了巴勒莫的后宫。1228 年 4 月 25 日，她生下一个男孩，取名康拉德。六天之后，年仅 17 岁的女王伊莎贝拉因病去世。

蒙古骑术：和战马融为一体

蒙古的骑兵并不仅仅是在数量上优于对手，他们的速度也占巨大优势，配合弓箭进行攻击。蒙古骑兵一天可以行进120公里，这样的速度让防守者很难有时间集结足够的防御力量。若是在开阔地点交战，蒙古人则可以凭借自己精湛的骑术占上风。蒙古人从来都是一波一波发动攻击，以最快的速度接近敌人，射箭之后再迅速撤离。这样敌人慢慢就会被打散和削弱。蒙古人还经常使用假装撤退的策略，有时甚至是许多天不见踪影，诱使敌人进行追击。一旦敌人追击失去了阵形，蒙古人立刻进行闪电般的进攻。他们弓箭的射程可达900米，在短距离内可以射穿盔甲；蒙古人自己则是外着锁子甲，内穿棉甲进行防护。

蒙古骑术最基础的技巧就是要和战马的行动融为一体；双手执弓拉满，不扶马鞍，而全靠膝盖操纵战马。由于战马在行进中产生的天然颠簸，会让弦上之箭也随之颠簸，为了保证准确度，必须在马匹四蹄离地时相对平稳的一瞬间发射。

这对骑手和战马之间的配合提出

新势力登上历史舞台：热那亚控制的商业中心遭到洗劫

蒙古人成为长期威胁

1223年，苏达克

一直以来，西方只是听说成吉思汗的大规模扩张，还一度认为他是基督教的秘密盟友。实际上，蒙古人的军队对整个亚洲构成了最大的威胁。

蒙古将领速不台和哲别率领的蒙古军队，从北面进攻克里米亚半岛，摧毁了热那亚在这里建立的商业中心。这次洗劫突然来临，因为本来这支军队是要征服花剌子模（大约相当于今日的伊朗）的。连成吉思汗本人也正在返回位于贝加尔湖南面的首都哈拉和林途中。

蒙古骑兵仿佛暴风一般，席卷了

◇ 杰出的骑手：蒙古人狩猎（卷轴，约1300年）

里海沿岸的城市。雷伊和加兹温这两座城市英勇抵抗，所有人都被屠杀，只有一些手工工匠幸免于难，被带回了大汗的帝国。然后，这支蒙古军队入侵阿塞拜疆，征服格鲁吉亚，一路突飞猛进打到了克里米亚。1222 年 5 月 31 日，他们又在亚速海附近大败兵力强大的罗斯人的军队。

如此，成吉思汗的帝国从印度洋直到西伯利亚，从朝鲜直到波斯湾。蒙古人的军事行动让西方陷入了恐慌。最开始，在达米埃塔十字军军营中还流传大卫王攻占了波斯，现在要解放耶路撒冷了。现在大家意识到，新的敌人来了。蒙古人的侵略并不像很多人想象的那样，只是一次性的事件。蒙古人成了长期威胁，不仅仅是对穆斯林而言，对于东方的基督徒亦是如此。另外一点也很清楚，那就是在西亚已经没有任何一支军队能阻挡蒙古人的进攻了。

了极高的要求，而蒙古人则是从小便开始训练。训练的一部分就是要不使用马鞍而操纵战马完成各种战术动作。同样重要的是拉弓和射箭，不仅仅要顺着骑行方向射箭，还要逆着骑行方向射箭。在训练中必须能够正向和反向射中杆子上插着的南瓜；而骑手必须仅靠身体操纵战马。在训练中时有死伤事故发生，比如未控制好的情况下战马可能和杆子撞在一起。骑术训练通过比武和狩猎得到了进一步加强。

◇ 成吉思汗建立了蒙古帝国（波斯细密画）

欧洲东部，条顿骑士团成为稳定地区局势的重要因素

条顿骑士团基督教化普鲁士

1226 年 3 月，里米尼

欧洲东部和巴尔干地区，有欧洲最后的异教徒。向他们传教，一直是欧洲

◇ 骑士团第一位省级团长赫尔曼·巴尔克

的重要任务之一。对于世俗统治者而言，这是相当具有吸引力的目标。条顿骑士团既有军事手段，同时又是修会。他们双管齐下，既传教又获得土地。

神圣罗马帝国皇帝腓特烈二世允许条顿骑士团大团长赫尔曼·冯·萨尔察向维斯瓦河以东的库尔姆地区（今日波兰的海乌姆诺）及普鲁士全境传教。传教过程中获得的所有土地，都归骑士团所有。皇帝恩赐的此项特权，史称“里米尼金玺诏书”。它保证了骑士团在上述所有地区的法制权和土地归属，而且不需要对帝国尽义务。这样一来，条顿骑士团就有了法律上的特殊地位，这在帝国中绝无仅有。“里米尼金玺诏书”宣告了一个新的骑士团国家的诞生。

同一年，马佐夫舍公爵康拉德向条顿骑士团求助，希望骑士团帮助抵抗普鲁士。若是骑士团答应，他将把库尔姆地区送给骑士团。这个事件和“里米尼金玺诏书”无关。早在 1215 年，库尔姆就成为传教的重点地区，但是一直未能取得任何成果。无数次的传教，都因普鲁士野蛮入侵马佐夫舍和库尔姆而失败。现在，要由条顿骑士团接手传教工作了。

1230 年 9 月 12 日，教皇格里高利九世批准条顿骑士团向普鲁士传教。1222—1223 年，教皇曾批准对普鲁士和波罗的海沿岸地区发动十字军。现在，骑士团既有教皇的批准，又有皇帝的金玺诏书。他们马上对普鲁士和利沃尼亚展开行动。

1230 年，在十字军的配合下，条顿骑士团渡过维斯瓦河，向普鲁士进军。此地森林沼泽众多，前进的路途颇为艰辛，只有在干燥的夏季才能进军。尽管条件艰苦，骑士团还是完成了任务。他们率先在托伦（1231 年）、库尔姆（1232 年）和马林韦尔德尔（1233 年）建立了军事要塞。

随着军事行动的展开，定居计划也在推进。大多数定居者来自波希米亚。1233 年末，大团长为库尔姆和托伦颁发城市特权，同时还批准了贵族、市民

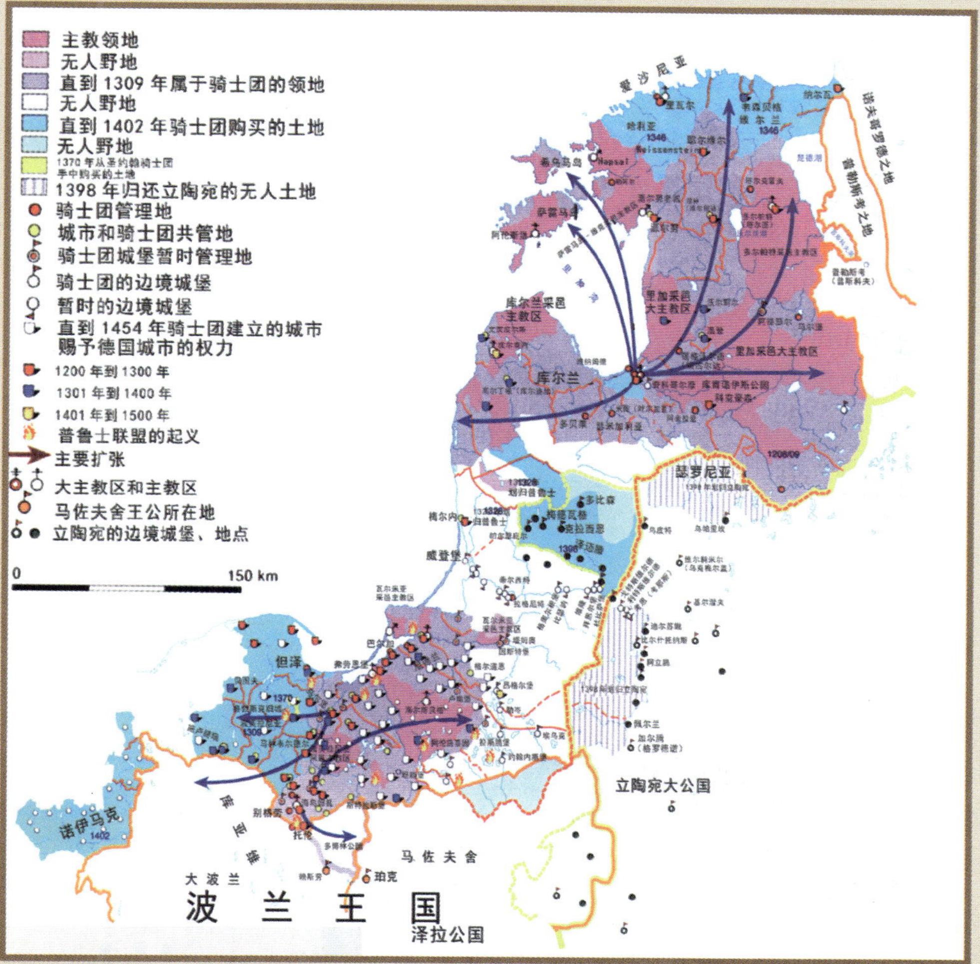

◇ 1226 年条顿骑士团得到库尔姆地区的封地后，直到 15 世纪中叶，疆域不断扩大

和农民的各项权益，统一了货币和度量衡。这些规定不仅仅是针对新建立的城市，所有新成立和现存的乡村也同样要遵守这些规定。

定居和传教计划进展顺利，普鲁士的大部分地区都已经皈依罗马公教。但是，1242 年，在波美拉尼亚公爵希温托佩乌克的鼓动下，已经皈依的普鲁士人发动了叛乱。

骑士团并没有对普鲁士人采取屠杀或者清除的策略。尽管也有血腥的战斗，也有强迫皈依，但是绝大多数情况下，普鲁士贵族是自愿接受洗礼、成为这个新骑士团国家一员的。许多农民得以保有自己的村庄，与新来的定居者享有同等权利。而且这些新定居者开垦土地，让许多荒野变为可用的农田。

对利沃尼亚的征服则与此不同。于克斯库尔主教阿尔伯特 · 冯 · 布克斯霍夫登成立了一个军事修会，保护信众不受抢劫。1204 年，教皇英诺森三世承认了该修会，该修会正式成为“利沃尼亚基督宝剑兄弟会”。1237 年惨败给利沃尼亚人之后，该兄弟会并入了条顿骑士团。

骑士团国家分为三个省，利沃尼亚省和普鲁士省各有一位省级团长，神圣罗马帝国境内的地区则交给德意志团长。国家的最高元首是骑士团的大团长，大团长之下有五位部长分管不同的部门：战争、财政、行政、公共福利和公证。

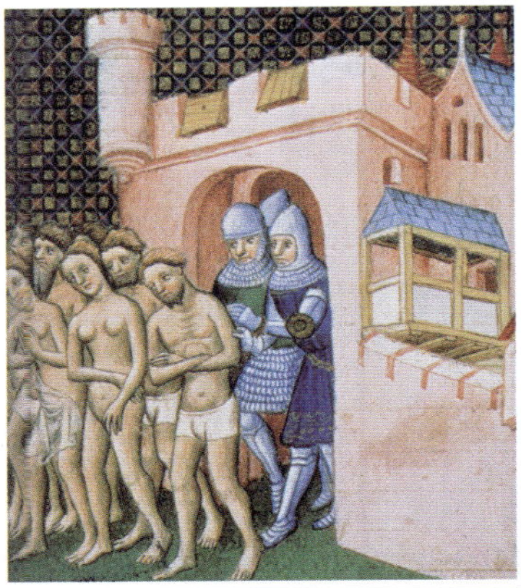

◇ 1213 年米雷一战中西蒙 · 德 · 孟福尔战胜了雷蒙德六世后，阿尔比派被俘虏（手绘本插画，14 世纪）

法国中心地带的十字军

阿尔比十字军结束

1229 年 4 月 12 日，巴黎附近的莫城

对清洁派的斗争持续了整整 20 年，最终的和平通过政治手段得以实现。异端并没有被完全消除。

《莫城和约》正式生效，标志着阿尔比十字军正式结束。图卢兹伯爵雷蒙德七世必须把众多地产以及位于法国北部的土地上缴法兰西国王，图卢兹的城墙也不得再设防。

然而，教皇英诺森三世仍委托十字军扫平清洁派。1219 年 6 月 12 日，以后来的法兰西国王路易八世以及 20 名主教为领军，约 1 万名弓箭手和 600 名骑士进攻法国南部城市马尔芒德。这座城市中绝大多数居民都是忠于教会的罗马天主教徒，但他们还是遭到了洗劫。后来发生的屠杀，除了恐吓没有任何其他目的。甚至连妇女和儿童都未能幸免。

雷蒙德七世和其父一样，站在阿尔比派一边。尽管一度击败国王的军队，但是随着时间的流逝，抵抗国王和教会的战争最终失败。1226 年，路易八世在十字军班师途中去世。他未成年的儿子路易九世继承王位，阿尔比十字军的首领们则继续奉行先前的烧杀抢掠政策。

和平协议最终达成，雷蒙德七世把自己的女儿嫁给了路易九世的兄弟普瓦捷的阿方索。这样一来，雷蒙德死后，图卢兹伯国就成了法兰西国王的领地。可以说，阿尔比十字军在事实上促进了法兰西王国的统一进程。

交出耶路撒冷

神圣罗马帝国皇帝腓特烈二世写给埃及苏丹卡米尔的信：

“我是你的朋友。你非常明白，我是西方众贵族之首。难道不正是基督教成就了耶路撒冷这座城市吗？难道不正是你们破坏了她吗？因此我请求你们把现在的耶路撒冷交给我，这样我回到西方不至于在众国王中受羞辱。我也愿意放弃能从中得到的利益。”

◇ 神圣罗马帝国皇帝腓特烈二世的印章（1214 年）

尽管被革教，皇帝还是参加了第六次十字军东征

腓特烈二世加冕为耶路撒冷国王

1227 年 8 月，布林迪西

十字军的历史上，第一次出现皇帝违背教廷的意愿，参加十字军向耶路撒

冷进发的事情。

神圣罗马帝国皇帝腓特烈二世组建了一支庞大的军队，向圣地进发，展开了第六次十字军东征。出发时瘟疫横行，但这并未耽搁大军的行程。舰队按时登船出发。然而，腓特烈二世病倒了，大军被迫折返。教皇格里高利九世将皇帝逐出教会。1228 年 6 月，皇帝再次出发。9 月 7 日，皇帝抵达阿克，在当地人的热烈欢迎下入城。

◇ 皇帝腓特烈二世在圣墓大教堂将圣地的王冠戴在了自己头上

到达圣地后，腓特烈二世立即着手同苏丹卡米尔进行谈判，后者对归还耶路撒冷和一些地区提出了新的条件。皇帝下令军队大规模调动，最终逼迫苏丹于 1229 年 2 月 18 日在雅法签署和平协议。按照这一协议，双方休战十年零五个月又四十天，耶路撒冷、提尔以及西顿附近的大部分土地重新归属十字军所有，而穆斯林可以自由进出耶路撒冷，到岩顶寺和阿克萨清真寺朝拜。

教皇和耶路撒冷宗主教强烈反对这一和平协议，两者都拒绝为腓特烈二世加冕。1229 年 3 月 18 日，腓特烈二世不顾教会的抗议，还是在弥撒声中走进了圣墓大教堂，自己将耶路撒冷国王王冠戴在了头上。加冕的这一天，腓特烈二世发表宣言，致“世界上的各邦各国”，将自己比作《圣经》中的大卫王。此时教皇派军队入侵西西里，皇帝只得返回，1229 年 5 月 1 日从阿克动身。

在海梅一世治下，加泰罗尼亚和阿拉贡王国不断逼退摩尔人

成功收复巴利阿里群岛和巴伦西亚

1229 年 12 月 31 日，拉斯帕尔马斯

在教皇格里高利九世的支持下，享有和十字军同等权利的收复失地运动不

断进行，加泰罗尼亚王国不断向地中海方向扩展。首先收复的是巴利阿里群岛。几乎同时，大陆上的巴伦西亚也落入加泰罗尼亚人之手。西西里和萨丁尼亚岛也成为加泰罗尼亚的领土。

加泰罗尼亚国王海梅一世在新年之夜接受了麦地那·马尤卡（帕尔马）埃米尔阿布·叶海亚·穆罕默德的投降。马略卡岛在名义上被收复。事实上，征服岛上的居民又消耗了海梅一世几年的时间。

◇ 攻占马略卡岛（湿壁画，约 1280 年）

进攻巴利阿里群岛，更多是受经济利益的驱使。加泰罗尼亚王国最重要的经济来源是地中海上的安全航道。凭借航道才可以和其他国家进行贸易。但是，巴利阿里群岛上的阿拉伯海盗劫掠所有船只，给从马略卡岛出发的船只带来了巨大威胁。1228 年，海梅一世决定征服巴利阿里群岛。教皇格里高利九世支持这次行动，认可其为“十字军”。1229 年 1 月，教皇正式颁布诏书，确认了这项特权。

经过八个月的准备，海梅一世率领约 1500 名加泰罗尼亚和法国南部骑士，以及大约 1.5 万名步兵，于 1229 年 9 月 1 日出海。三位大主教随军出征，以显示教廷对此次十字军出征的支持。大军毫发无损地登上了彭萨湾，埃米尔派来迎战的第一支军队被轻易地打败。

◇ 阿拉贡国王“征服者”雅各伯（海梅一世）（细密画）

海梅一世给埃米尔提出条件：若是不战而降，他将保留所有人的性命。埃米尔拒绝了这个条件，于是加泰罗尼亚国王下令开始发动进攻。12 月 31 日，城墙的一部分被攻破，帕尔马的埃米尔慌忙逃往北部。海梅的军队攻进城中，洗劫长达八天。大部分居民被屠杀，只有很少一部分逃到了格拉纳达或者北非。十字军还摧毁了帕尔马城中所有宗教建筑，包括大清真寺。

不久之后，在废墟之上建造大教堂的工程就开始了。直到今天，这座大教堂依然是马略卡岛上帕尔马城的标志性建筑。埃米尔的宫殿阿尔穆戴纳宫，被改建成了海梅一世的行宫。

巴利阿里群岛剩下的部分很快都被攻占。埃米尔的军队被挤压到了马略卡岛的东北部。一部分埃米尔军队藏匿在山洞中，被海梅一世的军队用烟熏了出来。到1232年，马略卡岛已经牢牢掌握在加泰罗尼亚手中，阿拉伯人彻底失去了踪影。

马略卡岛旁边的小岛梅诺卡岛暂时幸免。因为该岛同意缴纳岁币，愿意臣服。13世纪末，阿拉伯人离开了梅诺卡岛，该岛顺理成章地归属加泰罗尼亚。

马略卡岛的陷落，为加泰罗尼亚进攻巴伦西亚穆斯林王国创造了前提条件。早在1225年，海梅一世就曾尝试进攻巴伦西亚，但是最后行动失败。1229年，巴伦西亚的穆斯林统治者请求海梅一世提供帮助，解决家族内部纠纷，双方达成协议。后来，海梅一世组织的进攻主要针对城市和人口聚集地，绕过了阿拉伯人的军事要塞。这样一来，军事要塞失去了补给，不攻自破。这一阶段的行动结束后，他终于可以公开宣战了。1232年，阿拉贡的贵族攻占了穆斯林王国北部，紧接着开始进攻巴伦西亚城。此时，开往巴伦西亚的军队已经被教廷认可为十字军，享有特权。五个月的进攻之后，1238年9月，巴伦西亚失守。对这个穆斯林王国发动的十字军，则持续到1245年才全面结束。整个地区都控制在了加泰罗尼亚之手。

◇ 在巴利阿里群岛上与摩尔人激战的加泰罗尼亚十字军

历史终于迎来了崭新的一页。加泰罗尼亚方言分布的地理区域，和海梅征服的地区大致相同。直到今日，加泰罗尼亚地区的民族独立情绪依然极盛。

不来梅贵族用尽手段，扩大地盘

十字军指向叛乱的施特丁根地区

1230 年，不来梅

在德意志境内，十字军被政治利用，彻底沦为工具。

在不来梅的斋戒期会议上，大主教吉尔哈德二世宣布施特丁根地区的农民为异端，决定对这个位于威悉河和杭特河之间的地区发动十字军。这个地区最早的定居者，于 12 世纪从荷兰来到这里。为了能开垦这片潮湿不堪的沼泽地，当地被赋予一系列特权。于是，施特丁根地区的人们（意思就是沼泽边上居住的人）组建了一个特殊的农民共和国。

◇ 阿尔腾讷施之战中施特丁根的农民军被打败（木版画）

25 年前，这里就已经发生了一次叛乱。奥尔登堡伯爵的两座城堡被袭击，遭完全摧毁。1229 年，农民拒交什一税，引发了武装冲突。农民军打得主教的骑士们四散奔逃。条顿骑士团大团长赫尔曼·冯·萨尔察尝试在双方间斡旋，也没有任何成果。

开始时，教皇格里高利九世并未同意此次十字军出征。直到 1233 年 6 月，他才认可了此次行动。7 月，第一批十字军开往当地，结果被打了回来。不来梅大主教再次发出十字军号召。这一次，一支更庞大的军队集结完毕。1234 年 5 月 27 日，农民军在阿尔腾讷施附近被消灭，所有村庄都遭到洗劫。施特丁根地区被划入了奥尔登伯国。

托钵僧搜寻并起诉异端

教皇委托道明会负责宗教裁判所

1233 年，罗马

对异端的调查工作，逐渐成为教廷的重点。异端裁判所的成立，标志着一个全新调查机构出现。它可以对异端进行问讯。

教皇格里高利九世任命两名道明会修士为蒙彼利埃和图卢兹地区的异端裁判员。在这两个地区，清洁派活动十分猖獗。道明会成了教会中首个承担异端裁判工作的修会。1231 年 1 月，有关异端裁判所的相关法律正式颁布。

道明会负责系统性地对异端嫌疑人进行排查和听证、审理和裁判。异端裁判有法可依：若是遭到起诉，出庭证人身份将保密；最终不悔改并被世俗法庭处决者，没有按照教会礼仪安葬的权利，其后代也要受到相应的调查。

◇ 教皇洪诺留三世认可道明会会规

世俗法律也对这一项教会的特殊权力进行了有效补充。1232 年，神圣罗马帝国皇帝腓特烈二世制订了处置异端的有关规定，将异端定性为政治罪犯，并且要“用刀剑对付信仰的敌人，消灭所有异端”。同时，腓特烈二世还宣布，由维尔茨堡的道明会院长及修士负责信仰方面的调查工作。在德意志境内，异端审讯机构是皇帝指定的，受皇帝和帝国的特别保护。

不久后欧洲便出现许多反对的声音，异端裁判所却一直持续到了现代。1542 年，教皇保罗三世将宗教裁判所交与一个由红衣主教组成的委员会负责。这个委员会对信仰和礼仪进行管理，后来演变为今日梵蒂冈教廷的信理部。

对于来自东方的骑兵，欧洲人毫无胜算

里格尼茨之战：蒙古人威胁欧洲

1241 年 4 月 9 日，里格尼茨

1240 年年末，蒙古人的骑兵第一次出现在俄罗斯境内。他们征服了基辅，继续向匈牙利和波兰进攻，让整个西方陷入恐慌之中。

在里格尼茨（今日波兰的莱格尼察）附近，下西里西亚公爵亨利二世率领

德意志军民和从波兰逃出的难民一起，与鞑靼人——欧洲人这样称呼蒙古人——展开了一场大战。最终，在拔都可汗的猛攻下，防守一方彻底失败，下西里西亚公爵战死。战前他曾向教皇和皇帝求援，但是后两者完全没有意识到威胁的严重性。此役之后，教皇格里高利九世号召大家对鞑靼人发动十字军，神圣罗马帝国皇帝腓特烈二世也号召所有欧洲贵族团结起来抵御外敌。但受到威胁的地区还是各自为政。

◇ 基督教世界惨败，蒙古人在里格尼茨战胜了波兰—德意志联军（铜版画）

据传说，里格尼茨之战中第一次使用了以火药推进的火箭。但是历史资料并不能证明这一点。事实上，蒙古人从 1232 年起就掌握了这种武器。据说，蒙古人在进攻一座中国城市时，守军用这种武器守城。于是，蒙古人掌握了这种武器的使用方法。这种武器便于携带，对骑兵的确是有效的补充。

里格尼茨之战胜利，成吉思汗的孙子拔都可汗率领部队进入卢萨蒂亚，朝东南方向前进。4 月 11 日，蒙古军团的一部分在蒂萨河大击匈牙利军队。此时窝阔台可汗去世，拔都可汗为了能够参与继承人的竞选，带领军队东撤。因为这样，才勉强保住了欧洲中部的安全。

最终，拔都可汗占领了俄罗斯南部。他成立的钦察汗国位于第聂伯河和伏尔加河之间，被西方人称为“金帐汗国”。

十字军热情高涨，又发生了迫害犹太人事件

针对犹太人的新一轮暴行

1235 年 12 月，富尔达

整个十字军东征期间，迫害犹太人事件屡屡发生。最后结果往往是血腥的。

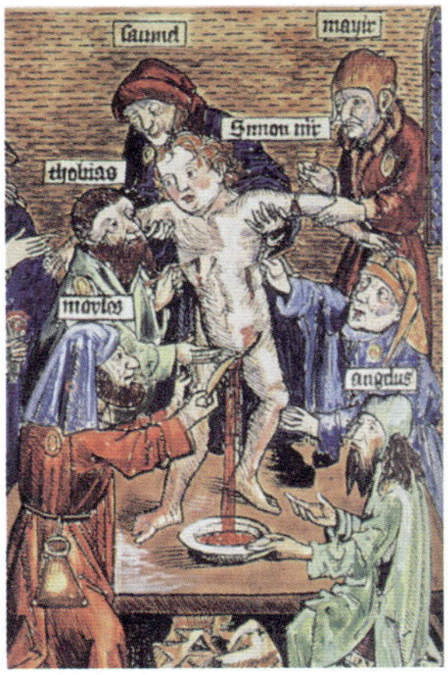

◇ 基督教男孩特伦托的西蒙被犹太人放血杀害

一次富尔达一个磨坊主的家突然着火，他的五个孩子不幸丧身火场。很快，这件事就被怪在了犹太人的身上。人们普遍认为，是犹太人杀害了这些孩子，他们需要这些孩子的血液来制作某些神秘的药物。尽管教皇英诺森四世和神圣罗马帝国皇帝腓特烈二世一再强调，这些针对犹太人的指控是毫无根据的，富尔达的地方长官还是逮捕了 32 名犹太人。酷刑之后，犹太人承认了自己的罪行，最终被处决。

为调查富尔达的这次事件，腓特烈二世下令成立专门的调查组。调查由皈依基督教的犹太人负责。最终，1236 年哈格瑙的宫廷会议对当事人做出了无罪判决。事实证明，犹太人的法律禁止他们食用任何动物的血液，食用人的血液更是不可能。虽然如此，有关犹太人的谣言并未终止，一直持续到近代。

对犹太人的厌恶不断增长，这和 13 世纪犹太人在法律上受到歧视有很大关系。1215 年，教皇英诺森三世禁止犹太人担任公务员。犹太人需要在服饰上做记号，表明自己是犹太人。皇帝腓特烈二世则将犹太人置于自己的保护之下。虽然他们担任要职，却是皇帝的私人财产。

摩尔人失去了重要的学术中心

科尔多瓦变成基督教世界的一部分

1236 年 6 月 29 日，科尔多瓦

科尔多瓦作为穆斯林帝国的政治文化中心，已经有 300 年之久。失去这座城市，为伊比利亚半岛上的阿拉伯文化敲响了丧钟。

◇ 位于科尔多瓦的清真寺（现科尔多瓦主教堂）西侧入口

卡斯蒂利亚和莱昂的国王费尔南多三世攻占了科尔多瓦。这也是十字军在安达卢西亚攻占的第一座重

要城市。按照当时的记载，科尔多瓦大约有50万居民，和君士坦丁堡以及巴格达不相上下。占领该城之后，所有摩尔人都被赶出城外，而基督徒迁进城中。清真寺也被改建为教堂。不过，犹太人社区没有受到任何影响，犹太人被允许保留自己的财产。

洗浴文化开始流行欧洲

通过与东方的贸易以及文化交流，许多东方的习俗渐渐渗透到了西方。此前欧洲对这些习俗有所听闻，却从未真正流行。中世纪，由于受到基督教禁欲的影响，罗马时代一度流行的洗浴风俗已经消失。每个月泡澡一次，比较符合教义。而在土耳其浴场中，十字军享受到了每天泡澡的待遇。以科尔多瓦豪华浴场为榜样，众多公共浴场在欧洲各地纷纷出现，成为人们休闲聊天的场所。许多城市中，洗浴成了一种流行的文化。

来自塞浦路斯的摄政女王

耶路撒冷的新女王

1243年6月5日，阿克

神圣罗马帝国皇帝腓特烈二世的儿子康拉德这一年已经15岁。他终于正式成年，可以继承耶路撒冷王国的王位了。但是，这位国王决定留在西方。

在诺瓦拉的菲利普的建议下，十字军国家的贵族、意大利商业城市的代表以及众多教会神职人员在耶路撒冷宗主教的宫殿中举行会议，决定在康拉德抵达圣地之前，为王国寻找一位暂时代理职位的摄政女王。香槟的爱丽丝作为康拉德的叔祖母，同时也是塞浦路斯的女王，正式当选王国摄政，代表康拉德在耶路撒冷王国行使职权。直到1246年去世前，她一直兼任摄政职位。

普鲁士异教徒的叛乱，最终以缔结和平协议告终

普鲁士与条顿骑士团交战

1242年，条顿骑士团国

乖张的普鲁士人不服从条顿骑士团的统治，发动了叛乱。

◇ 条顿骑士团的骑士们在战斗中（约1322年）

普鲁士人的叛乱震动了整个条顿骑士团国。战争中，波美拉尼亚公爵希温托佩乌克二世也站在了普鲁士一边。这导致了骑士团只勉强守住托伦、库尔姆、埃尔宾和雷登四座城堡。危急的形势直到1249年2月7日才得以结束。在列日大主教雅各伯的调解下，双方达成了《基督堡和平条约》。按照此条约，普鲁士人必须皈依罗马公教，与异教习俗割断联系，承认条顿骑士团为唯一的统治者。所有皈依的普鲁士人都获得了人身自由。

花剌子模突厥人无情地洗劫和焚毁圣城

十字军永远失去了耶路撒冷

1244年8月23日，耶路撒冷

神圣罗马帝国皇帝腓特烈二世于1229年达成的和平协议，给耶路撒冷带来了十年的平静。然而，一股新的危险从东方袭来。它不仅威胁着圣地的十字军，还威胁着阿拉伯人。

大约1万名骑兵攻占了耶路撒冷。这群花剌子模骑兵和突厥人有亲缘关系，他们来自波斯东部。城中所有基督徒都被占领者赶出了家园。自此之后，十字军再也没有能夺回耶路撒冷。

1238年3月，埃及苏丹卡米尔去世，他的继承人之间爆发了内战。花剌子模人趁机攻入叙利亚北部，在当地大肆洗劫。正在这混乱之时，神圣罗马帝国皇帝腓特烈二世与卡米尔苏丹达成的和平协议到期，卡拉克的安·纳昔尔利用这个机会向耶路撒冷进军。此时圣城已经不再归阿克管辖。从1232年起，腓特烈二世任命一位来自意大利南部的贵族理查·费兰吉里管理圣城。理查曾经陪伴皇帝参加了第六次十字军东征。他没能组织起足够的军队守城。1239年，

圣城轻而易举落入安·纳昔尔之手。得到圣城之后，安·纳昔尔下令拆毁了许多防御工事，其中包括大卫塔。不过，他还是撤回了卡拉克城堡。1243 年，费兰吉里离开圣地回到欧洲。耶路撒冷的统治权被交还给十字军国家的摄政王。

花剌子模人对圣城的进攻来得太突然。等十字军意识到大难临头为时已晚。圣殿骑士团和圣约翰骑士团一起加入守城战斗，依然无法挡住突厥人的进攻。1244 年 7 月 11 日，十字军在巷战中失去了圣雅各修道院。

从十字军国家那里已经不能指望得到任何救援，所以守城军队向卡拉克的安·纳昔尔求救。后者派来了一些军队。起初，这些军队的出现让花剌子模人大吃一惊。他们和守军谈判：若是交出耶路撒冷，则可以和平撤军。

8 月 23 日，花剌子模最终占据了上风。耶路撒冷遭遇了一场前所未有的灾难：所有商店都被抢劫焚烧；花剌子模人冲进正在举行弥撒的圣墓大教堂，将里面的教士和僧侣全部屠杀；当地的东正教教徒也未能幸免。耶路撒冷历任国王的遗体被从墓中拖出破坏。耶路撒冷焚毁殆尽，花剌子模人接着朝埃及的方向前进。

大约 6000 名耶路撒冷居民试图逃往雅法，其中包括许多妇女儿童。很多

十字军的反应：派人前往罗马求援

1244 年耶路撒冷失守之后，十字军对穆斯林的敌视增强了。阿拉伯编年史作者伊本·艾西尔这样描述十字军的反应：

“耶路撒冷沦陷之后，一些法兰克人身穿黑色的外袍漂洋过海，去往各地求救，当然也前往罗马。为了能打动人们，他们把弥赛亚——愿主福安之——流血的场面展示给大家。他们这样解释道：‘看！这是我们的救主，而这是穆斯林的先知穆罕默德，他就是这样迫害我们救主的！’所有的法兰克人，无论是男人还是女人，都如潮水般涌来。那些不能来的，要替能来的出钱。一个法兰克俘虏曾经向我讲述过，他是家中的独生子，母亲为了他能参加十字军，购买武器装备，把房子卖掉了。法兰克人热情高涨，他们愿意战胜途中的任何困难。”

人以为灾难已经过去，却在返回途中被杀害。另外一些人在路上遇到了强盗，性命不保。最终到达雅法的耶路撒冷居民不足 300 人。

◇ 16 世纪时奥斯曼苏丹苏莱曼命人在耶路撒冷老城的周围修建了坚固的城墙

自此，耶路撒冷失守长达 700 年。圣地不再是十字军的目标，耶路撒冷成了一个理想中的符号。

1245 年，教皇英诺森四世在里昂的大公会议上号召大家帮助十字军国家。此时他与神圣罗马帝国皇帝腓特烈二世正在为欧洲的领导权争得不可开交，最终无人响应。

十字军和穆斯林联盟

拉佛比埃战役的浩劫

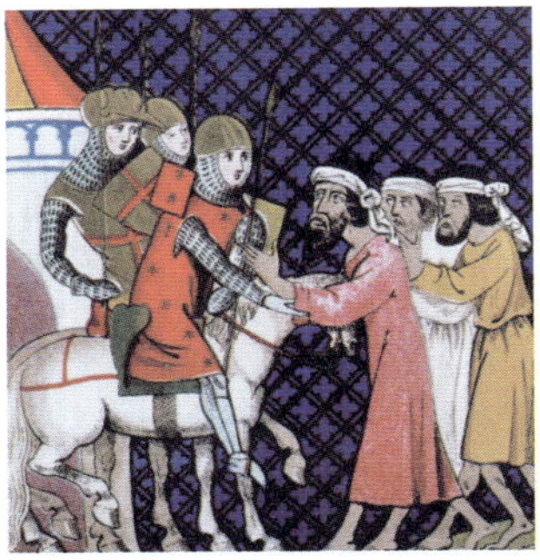

◇ 十字军与穆斯林谈判

1244 年 10 月 17 日，拉佛比埃

穆斯林军队和十字军结盟，抵抗来自突厥花剌子模和埃及阿尤布王朝军队的进攻。

花剌子模军队和埃及军队联盟，与十字军自哈丁会战（1187 年）以来最大规模的一支军队相遇。双方在加沙以北几公里的地方展开激战。十字军有超过 1000 名骑士，其中大约 300 名来自圣殿骑士团和圣约翰骑士团。霍姆斯的贵族阿尔·曼苏尔以及阿勒颇的贵族安·纳昔尔，分别率领来自叙利亚的穆斯林军队站到了十字军一边。

十字军—穆斯林联军人数上占优势，但是战争形势突然翻盘。几个小时之内，整条叙利亚人的战线溃不成军，十字军则全军覆没。这场惨烈的战斗，十字军一方超过 5000 人战死，约 800 名战俘被掳往埃及，只有极少数人逃脱。

拉佛比埃的浩劫，让十字军多年苦心经营、通过外交手段建立的优势消失殆尽。骑士团的力量也被削弱，无力再辅助战事，只能守住城堡。此战中十字军的伤亡仅次于哈丁会战。

十字军国家没有完全覆灭的原因，不过是埃及苏丹阿尤布首先要征服大马士革和叙利亚的穆斯林统治者，然后，他才对只控制海岸少量土地的十字军国家下手。

罗马希望蒙古人成为盟友

传教无功而返

1245 年 4 月，里昂

蒙古人似乎可能成为基督教世界的盟友。在可汗的宫廷中，就有许多聂斯托利派基督徒。因此，罗马教廷做出努力，希望蒙古人能为圣地的十字军国家提供帮助。

◇　蒙古部族间的战争（波斯细密画，13 世纪）

蒙古人：善于学习且不屈不挠的征服者

蒙古人来自亚洲中部，他们使用的语言和突厥语、鄂温克语非常接近。11 世纪末以来，他们在今日蒙古国的东北部开始发展壮大。蒙古帝国的首领是大汗，他将自己视为长生天派遣的统治者。第一个蒙古帝国于大约 1150 年覆灭。1206 年，在蒙古帝国的会议上，大家选举铁木真做了成吉思汗。在他的手中，这个民族焕发了生命。成吉思汗建立了强大的军队，在帝国中建立了新的管理体系。同时他还受其他民族的启发，研制了新型武器和攻城机械。比如他参考中国的技术，研制了新型的机械和火箭。从突厥人那里，他学习了骑射技术。除此之外，成吉思汗还制订了统一的书写文字。

蒙古人对中国以及西方的扩张，对各地区构成了巨大威胁。被征服的民族被剥夺了所有反抗的机会。所有城市都被屠灭，任何形式的谋反都被残酷镇压。蒙古人直接将征服的地区清空，把耕地转变为草原。

◇ 蒙古的骑士（瓷砖画）

在方济各会修士若望·柏郎嘉宾（1182—1252 年）的带领下，一队教廷使臣到达了位于哈拉和林的可汗宫廷。他们随身带着教皇英诺森四世的亲笔信。教皇在信中提出希望可汗能受洗成为基督徒。这个教廷使团出使长达 15 个月。他们穿越了俄罗斯和中亚，到达哈拉和林时受到了热烈欢迎。贵由汗对教皇的答复是要求教皇必须向他俯首称臣，带领所有西方的贵族赶到哈拉和林，向大汗朝拜。1247 年，方济各会修士们的信终于抵达罗马。信中明确告诉教皇，蒙古人只对征服感兴趣。

1247 年，另一个使团在道明会修士伦巴第的阿瑟兰的带领下到达了大不里士。那里是拔都汗的汗庭。拔都汗愿意和罗马结盟，共同对抗埃及的阿尤布王朝。他派遣两名使臣，随阿瑟兰共同前往罗马。但这两位使者根本不是全权代表。他们在罗马停留一年，未有任何协议达成。最终，他们两手空空地离开了罗马，结盟之事也不了了之。教廷的第三批使团于 1248 年动身。结果，他们在哈拉和林被视为被征服的国家来进贡的使臣，所有礼物也被视为贡品。

◇ 路易九世乘船出发去东征（法国细密画，14 世纪）

第七次十字军东征的第一站是塞浦路斯，目标是埃及

圣路易出发参加第七次十字军东征

1248 年 8 月，艾格莫尔特

法兰西的路易九世从险些致命的疟疾中康复。于是，他决定参加十字军东征。此后多年，他都大力筹备远征圣地。

路易九世带领约 1 万名臣下，从法国南部新建造的港口艾格莫尔特出发。威尼斯人担心东征会破坏自己与埃及的贸易关系，拒绝提供帮助。这位国王自行在热那亚和马赛组织了运输舰队。

为这次东征，路易九世准备了整整三年。所有封臣，包括教会的神职人员，都必须缴纳十字军税。他也为王国做了内政外务上的安排，以便在出征时保证国内的稳定。路易九世与英格兰国王亨利三世达成了和平协议，还要向神圣罗马帝国皇帝腓特烈二世通报自己的东征——毕竟，他是现任耶路撒冷国王的父亲。

1248年9月17日，庞大的舰队抵达塞浦路斯。十字军与其他军队会师，一起制订了作战计划。大家一致同意，将埃及作为首要目标。1218年用达米埃塔来交换耶路撒冷，这段往事还留在人们的记忆中。路易九世想要快速进军，被骑士团的大团长们拦住。他们建议，先等危险的冬季风暴过去。

十字军中瘟疫蔓延

法国香槟伯爵的宫廷管家让·德·儒安维尔这样形容达米埃塔城外肆虐的瘟疫：

“在我刚才介绍的两场战役之后，大军的痛苦开始了：9日后，死者的尸体开始漂浮在水面上（据说是因为人的胆囊腐烂所致），漂到了连接我们大军两座营地的桥边。尸体太多，无法通过较低的桥面。整个河面上都是尸体，足有数十米长。这场不幸之外，天气干旱，一滴雨都没有，我们的腿开始变得干燥。腿上的皮肤开始变黑，其质地仿佛靴子皮质一样。凡是得了这个病的，牙龈也会肿胀发炎。几乎没有人能幸存。鼻子流血便是死亡的前兆。”

◇ 圣路易动身参加他的第一次十字军东征（法国手绘本插画，约1325—1350年）

团长们还建议，和埃及的阿尤布王朝谈判。因为圣地的格局发生了变化：霍姆斯的苏丹被他的堂兄弟，阿勒颇的苏丹赶出了自己的领地，正向埃及求援。骑士团正在和阿尤布苏丹谈判，若是对方提供帮助，则有换回圣地的可能。路易九世却拒绝和异教徒谈判。他宁可和他们在战场上兵戎相见。

路易九世在塞浦路斯停留之时，许多需要帮助的贵族来拜访他。拉丁帝国皇后布里讷的玛丽亚（1222—1275 年）请求他帮助对付尼西亚的希腊皇帝。路易九世拨给安条克的博希蒙德 600 名弓箭手，帮他抵御土库曼斯坦的强盗。由于停留不前，大军有了新的麻烦：抵达塞浦路斯的军队数量远远高于预期，本来给远征埃及准备的粮草已经消耗殆尽。最终，大军于 1249 年 5 月 13 日从利马索尔出发。

教皇号召对皇帝发动十字军

十字军占领亚琛

1247 年 10 月 3 日，科隆附近的沃林根

教皇格里高利九世号召对“异端皇帝”腓特烈二世发动十字军。原因是教皇与皇帝之间的权力斗争。尤其是在意大利的统治权问题上，双方斗争激烈。

◇ 建于 805 年的亚琛大教堂的中庭

忠诚于教皇的一方，比如科隆、美因茨和特里尔的大主教，以及其他一些贵族，选举荷兰伯爵威廉二世作为斯陶芬家族的“对立国王”。这位对立国王头几年过得并不顺利。他的军队围攻亚琛长达半年，只为让这位对立国王加冕。1250 年，神圣罗马帝国皇帝腓特烈二世去世，威廉二世还在继续为了让大家能够承认自己而努力。直到一年以后，这位虔诚的国王才赢得了德意志北部贵族的支持。

西班牙穆斯林的首府成为卡斯蒂利亚王国的一部分

费尔南多三世攻占塞维利亚

1248 年 11 月，塞维利亚

13 世纪前半叶，伊比利亚半岛上收复失地的运动推进迅速，成果丰硕。

自 1163 年起，塞维利亚便是伊比利亚半岛上穆斯林统治地区的首府。围攻两年之后，这里终于落入卡斯蒂利亚—莱昂国王费尔南多之手。穆斯林失去了西班牙南部重要的统治中心。仅仅数年，费尔南多三世就征服了直抵大西洋的所有土地。

这座安达卢西亚的城市，是在穆拉比特王朝和其继承者穆瓦希德王朝手中焕发光彩的。塞维利亚成为首府之后，穆斯林修筑了新的城墙。最终，这些城墙没有挡住费尔南多三世的猛烈进攻。城中所有穆斯林居民被迫离开塞维利亚，那时城中大约居住了 7 万人。其实 12 世纪时，城中所有基督徒和犹太教徒也被赶出了城外。

塞维利亚成了卡斯蒂利亚王国的首府。被攻占前仍然在施工的清真寺宣礼塔，在费尔南多三世的命令下，成为重新建造的大教堂的一部分。国王死后就葬在此处。

法国国王路易九世攻占了尼罗河上重要的战略城市

达米埃塔重新被十字军控制

1249 年 6 月 4 日，尼罗河三角洲

达米埃塔第二次在圣地争夺战中扮演了关键角色。埃及的阿尤布王朝本来以为路易九世会带领十字军在叙利亚登陆。

路易九世的舰队却抵达了达米埃塔。6 月 5 日清晨，大军在晨雾的掩护下登陆，与埃米尔法赫鲁丁率领的守军展开了战斗。一天的战斗后，穆斯林撤军回城，死伤惨重。城中的居民慌乱不安。这一切让埃米尔决定，立即撤离达米

◇ 路易九世带领十字军进攻埃及城市达米埃塔（14 世纪）

埃塔。大部分穆斯林都随着埃米尔撤离，城中的基督徒则迅速把这个消息告诉了城外的十字军。

第二天早晨，大军入城，欢庆胜利。和往常一样，对达米埃塔的改造立即开始了。大清真寺被改为大教堂，骑士团分配到了建立分部用的房屋地产，十字军国家的贵族们也都得到了自己的封地。热那亚人和比萨人因提供了舰船，也得到一些市场的经营权。就连反对此次东征的威尼斯人，也得到了一个市场的经营权。

这个夏天，达米埃塔成为十字军国家的首府。不过，食物很快出现短缺。阿尤布苏丹身染重病，向十字军提出交换条件：若是十字军撤离达米埃塔，埃及愿意放弃耶路撒冷。路易九世拒绝了这个条件。苏丹召集军队，在尼罗河上游的曼索拉城驻扎。贝都因战士则四处袭扰，让达米埃塔城外变得非常不安全。10 月 24 日，新的十字军从法国到达。尽管所有十字军国家的贵族都表示反对，路易九世还是决定向开罗进军。

十字军在曼索拉战役中惨败

路易九世被马木留克俘虏

1250 年 2 月 8 日，曼索拉

主要由法兰西人组成的十字军，在前往开罗的途中，于曼索拉遭遇拦截。

战斗中，法兰西人开始占了上风，而最终的胜利属于阿尤布王朝的军队。

和圣殿骑士一起，法王路易九世的弟弟阿图瓦的罗贝尔率领十字军先头部队渡过巴尔阿萨希尔河。罗贝尔从路易九世那里得到了明确命令，不得擅自进攻埃及军队。但是，罗贝尔想利用自己在时间上的优势，直接冲锋，打对方一个措手不及。同行的圣殿骑士不同意罗贝尔的想法，他还是率兵进攻了几公里外位于曼索拉附近的埃及军营。罗贝尔的计划成功了：在骑士的冲锋下，埃及军队四散奔逃。包括主帅埃米尔法赫鲁丁在内，许多人死于非命。

罗贝尔夺取了埃及营地，圣殿骑士依然建议他等待路易九世的大军过河，会师之后再做下一步安排。罗贝尔则想一鼓作气，连曼索拉也一并攻下。于是，他追击逃散的埃及军队。守城的马木留克采取了聪明的战术：他们大开城门，让骑士鱼贯而入。等到他们深入小巷，马匹无法转身时，马木留克发动了进攻。最终，只有少数骑士侥幸逃脱。包括王弟阿图瓦伯爵罗贝尔本人在内，大多数人死在了马木留克的弯刀之下。

◇ 曼索拉之战中路易九世被俘虏（细密画，14 世纪）

路易九世带领大军过河，先锋部队惨败的消息传到军中。第一波来自曼索拉的进攻，在路易九世的指挥下被抵挡回去。但是击退马木留克并不轻松。十字军士气低落，让人不由得想起往事——第五次十字军东征时，十字军攻占达米埃塔之后，几乎在相同的地点被迫撤退。大军安营扎寨尚未完成，2 月 11 日，埃及军队再次突袭。还是在路易九世的指挥下，马木留克的进攻被击退。

艰苦的战斗之后，十字军度过了长达八周无所事事的营地生活。同时，埃及军队的人数不断增加。为十字军运输补给的船只也被马木留克拦截。饥荒和瘟疫肆虐十字军营地。情势危急，路易九世被逼无奈，向埃及苏丹提出用达米埃塔换耶路撒冷的条件。埃及人非常清楚，此时的十字军已经没有力量再构成什么威胁。所以，苏丹拒绝了路易九世。路易九世只得下令撤军。

4 月 5 日，士气低落的十字军拔营撤军。马木留克并没有停止进攻。这次，十字军没能组织有效的抵抗。勇敢的路易九世国王身染瘟疫，这意味着十字军的命运已定。十字军国家的贵族再次提出和谈，条件依然是用达米埃塔换耶路撒冷。正当马木留克准备接受这个条件时，一位被埃及人贿赂了的传令官忽然下达“国王的命令”，要求所有人缴械投降。事实上，路易九世从来没有发出过这样的命令。最终，所有人放下了武器，成了埃及人的俘虏。无法再继续行进和战斗的人，全部被埃及人屠杀。在阿尤布苏丹的继承者图兰沙的命令下，埃及人每天斩首 300 名十字军。血腥屠杀持续了整整一周。路易九世也被拴上锁链，带到曼索拉，成了阶下囚。

◇ 路易九世在尼罗河边与埃及人战斗（手绘本插画，15 世纪）

想赎回国王，不仅要交出达米埃塔，而且还要缴纳巨额赎金——金额相当于法国国王两年的税收总和。

路易九世回到阿克

国王重获自由

◇ “圣徒”路易九世

1250 年 5 月 6 日，达米埃塔

为了国王能重获自由，双方进行了艰苦的谈判。这也让国王被囚禁了许久。

宫廷总管戈特弗里德·德·萨尔吉纳将达米埃塔交给了穆斯林。这是实现释放路易九世国王的最重要一环。

同一天，路易九世及一起被俘的十字军国家贵族们被带到了达米埃塔。缴纳过赎金的第一部分，所有人被放回了阿克。路易九世的弟弟普瓦图的阿方索，在全部的赎金交齐之前被留在达米埃塔做人质。

国王的国库已经空空如也，只得找其他的办法。得知圣殿骑士团正在运输一大笔财宝，国王便采取暴力威胁，最终圣殿骑士团只好将财宝悉数献上。普瓦图的阿方索才得以被释放。

7 月 3 日，路易九世公开宣布，所有人可以返回家乡，而他本人愿意留在十字军国家。7 月中旬，国王的兄弟和众贵族从圣地出发，返回欧洲。只有大约 1400 人留在了阿克。

◇　信使传递重要消息（12 世纪）

中世纪的邮政行业

路易九世国王被俘的消息传到欧洲时，已经过了数周。那时欧洲的信息传递尚不发达。直到 13 世纪，商贸城市才开始出现固定的邮政行业。比如有记载称，1260 年在锡耶纳和佛罗伦萨之间就有专门的邮政机构。商人之间传递信息的网络不断发展。到 14 世纪，地中海上形成了复杂的系统，有些地方甚至出现了准时送达的邮政服务。比如从威尼斯到君士坦丁堡，每六天可以发信；从佛罗伦萨到西班牙，每天都有送信业务。

穆斯林建立的阿拔斯王朝，早在 11 世纪就发展出了比较发达的邮政系统。整个国家的系统由哈里发宫廷中一名专员负责，主要路线有叙利亚到埃及、巴格达到伊朗甚至远达中国边界，以及巴格达到麦加。固定的距离上设置了驿站，其中有供骑乘的骆驼。在战争和危急的时候，除了那些每天能跑 180 公里的长跑信使之外，还有信鸽。这大大缩短了信息传递的时间。

受到十字军东征热情的鼓舞，法国出现了新的大规模暴动

牧羊人十字军——法国的一次群众运动

1251 年 4 月，亚眠

国王路易九世失败的消息传到法国，引发了一场由下层农民掀起的人民暴动。

在一位名叫雅各伯的所谓“匈牙利大师”带领下，大约 3 万名“牧羊人十字军”的参加者聚集在了亚眠。据史学家猜测，这位雅各伯可能是一位能言善辩的熙笃会修士。牧羊人十字军来自法国北部、弗兰德和皮卡第，主要是底层的人民。他们的目标是解放圣地，拯救国王。至于教皇号召对神圣罗马帝国皇帝斯陶芬家族的腓特烈二世发动十字军，是否在一定程度上促成了这次十字军，史学界无法确定。

◇ 牧羊人十字军烧毁了朗格多克地区的加隆河畔凡尔登城的城塔，其中躲藏了约 500 名犹太人（手绘本插画，约 1375—1400 年）

从亚眠出发，牧羊人十字军浩浩荡荡前往巴黎，渐渐地人数增加到 10 万。在巴黎，牧羊人十字军受到法国太后及摄政卡斯蒂利亚的布兰卡的热情接见。她本人对此次十字军表示支持。

但是，牧羊人十字军很快变得极端。他们杀死了许多教士和贵族，这让太后逐渐开始反对这次十字军。这伙暴民进攻图尔、奥尔良和布尔日，屠杀当地的犹太人。最终，贵族们只好采取军事手段。1251 年 6 月 16 日，牧羊人十字军的首领被杀。逃脱的暴民们南下，一直扩散到马赛和南英格兰，但是很快在当地被平息。

直到今日，关于这次运动的起因和准确目的，仍是众说纷纭。牧羊人十字军一方没有留下任何资料，只有敌对一方对牧羊人十字军的记录。由于记录者本人带有明显偏见，给历史研究留下许多困难。

神学家和伟大的哲学家

托马斯·阿奎那在巴黎成为讲师

1252 年，巴黎

中世纪盛期，对神学以及教会做出巨大贡献的高级学者，基本集中在巴黎大学。其中最有代表性的，要数托马斯·阿奎那。他将古希腊哲学家亚里士多德的哲学融入基督教神学中。

经过自己在科隆的老师大阿尔伯特推荐，托马斯·阿奎那进入了巴黎的学术中心。他开始教授伦巴第人彼得（1100—1160 年）的学说。短短五年以后，托马斯·阿奎那就和方济各会修士波纳文图拉（圣文德）一起，成为巴黎大学的教授。他在那里教书，直到 1259 年。1259 年起，托马斯·阿奎那到罗马以及多所道明会学校任教。1269—1272 年，他又回到巴黎大学。

上帝存在的论证

节选自托马斯·阿奎那的《神学大全》：

"论证上帝的存在有五种方式。第一种……是从运动中证明。运动……是确定存在的，但是动者必须被另一动者推动才开始运动……我们必须回溯找到运动的第一因。这运动的第一因，就是大家所说的上帝。"

◇ 《神学大全》手绘本中的一页（15 世纪中叶）

托马斯·阿奎那对古希腊哲学家亚里士多德的学术思想进行了整理和组织，这让他成为中世纪盛期最重要的神学家。古希腊哲学家的著作，通过精通阿拉伯文的阿维森纳和阿威罗伊等人的翻译，得以完全保留。西班牙的修士们做了大量由阿拉伯文至拉丁文的翻译工作。这为托马斯·阿奎那研究古希腊哲学提供了可能。托马斯·阿奎那关于亚里士多德的看法，有些地方与阿拉伯学者的

◇ 古希腊哲学家亚里士多德（铜版画）

观点相近。时人一度认为他有异端嫌疑。保守的奥古斯丁派哲学家认为托马斯·阿奎那是秘密的阿威罗伊派。1270 年，教会判定阿威罗伊派对亚里士多德进行了错误的解释。

这个时候，托马斯·阿奎那正在众多秘书的帮助下，撰写最重要的著作《神学大全》。由于他本人能力超常，所以能够借助数名秘书，同时撰写书中的不同章节。这本书本来是大学学生学习用的课本，在书中，这位道明会修士讨论了 3000 多种神学基础知识，也包含他本人的哲学思考。所有章节都采用相同的格式：首先提出一个问题，之后是两个完全相反的答案，然后是对这两个答案的讨论，最终是对其中一个答案的驳斥。

托马斯利用亚里士多德哲学，赋予了神学新的学术意义。对他而言，上帝的隐秘可以用理智来把握。人有发展理智的天然要求，而智慧则是所有灵魂活动中最高者。人的自由意志来自理智（理智主义）。

◇ 托马斯·阿奎那接受圣灵的启发（版画）

按照托马斯·阿奎那的学说，人最重要的莫过于躯体与灵魂和谐统一。没有灵魂的躯体无法存在，因为灵魂是躯体最重要和基础的形式。另一方面，灵魂无法离开躯体而存在，因为灵魂在躯体内，与躯体同在。传统基督教哲学看轻躯体的存在意义，托马斯·阿奎那的学说是一个新的进展。

他的另外一部重要著作是《哲学大全》。其中，托马斯·阿奎那主要论述了非基督教的哲学，尤其是阿拉伯伊斯兰哲学。还有一部重要著作《论真理》，主要记录了他的一些学术和辩论文章。

针对普鲁士的十字军

柯尼斯堡成立

1254—1255 年交接，埃尔宾

桑比亚半岛上不断出现普鲁士人的叛乱。新的十字军行动要给这一地区带来和平。

在波希米亚国王奥托卡二世的带领下，一支十字军从埃尔宾出发，目的地是普列戈利亚河河口。这一支十字军中，有许多条顿骑士团的骑士。他们趁着哈夫河结冰过河，进军桑比亚半岛。一位编年史作者记载，按照通常针对异教徒的战争惯例，很多村庄被烧毁，许多人被杀害，或者被强行施洗。在普列戈利亚河旁边一座被摧毁的普鲁士要塞基础上，十字军用木头和土堡建立了军事要塞。两年后，这座要塞改为石质结构。1260 年，要塞再次改造，加强了防御工事。为了纪念此次十字军的首领奥托卡二世，他们命名此地为“柯尼斯堡”（意为“国王堡”）。

以此为起点，十字军对普鲁士进行了多次军事行动。1286 年，十字军征服整个桑比亚半岛。柯尼斯堡迅速发展为重要的商业中心，1368 年加入汉萨同盟。

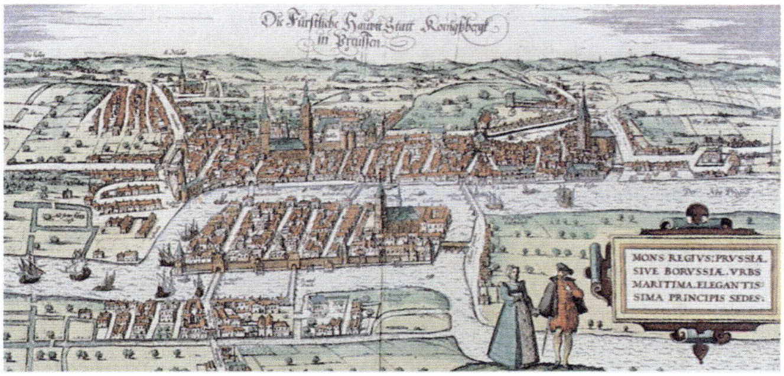

◇ 普列戈利亚河边的柯尼斯堡，接近斯图拉潟湖河口（1590 年鸟瞰图，彩色铜版画）

法国国王路易九世以结盟抵御面临的危险

路易九世执掌十字军国家

1254年2月，阿克

1250年，神圣罗马帝国皇帝腓特烈二世去世。他的儿子耶路撒冷王国国王康拉德并没有出现在圣地，耶路撒冷的名义摄政无人接手。此时法国国王路易九世正逗留在阿克，他于是成了实际上的统治者。

法国国王路易九世与大马士革的安·纳昔尔·尤素福达成了为期两年的停战协议。面对蒙古人的威胁，苏丹只得与十字军结盟。

此前不久，从埃及回师的大马士革军队还入侵了十字军国家。阿克、海法和凯撒利亚三个地方的要塞，在路易九世的主持下得到了加强，以抵御进攻。无论是大马士革的苏丹还是埃及的统治者艾别克，都不想和路易九世开战。毕竟，法国国王名声在外。尽管这位圣徒国王所有的军事行动都是灾难，但他正直的性格很受大家欣赏。

不再有任何十字军从欧洲赶来。1250年英格兰国王亨利三世起誓参加十字军，但他一再向教皇请求延期出发。路易九世的兄弟们也拒绝向他提供任何帮助。1252年，四处寻找盟友的路易九世终于说服了叙利亚的阿萨辛派，与阿萨辛派达成了共同防御的条约。国王的母亲——摄政太后布兰卡去世，路易九世不得不返回家乡。1254年4月24日，他极不情愿地登船，7月到达法国。

◇ 位于阿克的圣让·德阿克教堂（今日以色列的阿卡）

这位法国国王失败的军事行动，给十字军国家留下了无法弥补的损失。尤其是骑士和士兵的缺乏，导致十字军国家无力保护自己。尽管如此，他在阿克的四年，仍然带来了稳定。路易九世回国时，十字军国家并没有意识到损失了什么。但在此以后，人们发现，若是没有路易九世的威望，十字军国家内部的争斗根本无法平息。

在阿拔斯王朝的执掌下，世界级的大都市变成了区域城市

巴格达未能抵御住蒙古人的进攻

1258 年 1 月 22 日，巴格达

早在 1254 年，蒙哥汗就制订了要将蒙古帝国扩张到地中海沿岸的计划。蒙古人的出现，改变了整个亚洲的格局。

在旭烈兀的带领下，一支庞大的蒙古军队包围了巴格达。重型攻城机械被蒙古人从中国运到了这里。他们甚至利用船只，截断了流经巴格达的底格里斯河。

◇ 蒙古军队围攻巴格达，此城是由阿拔斯王朝 728 年在底格里斯河的一个河套区域建立的（细密画，14 世纪）

巨大的蒙古帝国

1254 年，法兰西国王路易九世派遣的使臣——方济各会修士卢布鲁克的威廉，到达了位于哈拉和林的蒙哥汗宫廷。他很快发现，自己处在当时世界外交的中心：这里有希腊皇帝的使团、叙利亚哈里发的使团、德里国王的使团、塞尔柱突厥人的使团。还有库尔德斯坦和俄罗斯贵族的使团，哈拉和林也有欧洲人定居，比如一位来自巴黎的珠宝商，还有一位来自俄罗斯的建筑师。

按照卢布鲁克的说法，在宫廷中他没有发现任何宗教或种族方面的歧视。最重要的职位都由大汗的家庭成员出任，但是各部门的长官来自亚洲各民族。似乎各个宗教之间也能和平相处。大汗本人信仰萨满教，但是他也会参加基督教、伊斯兰教和佛教的庆典。统治阶层中，还有基督教聂斯托利派。因此蒙古人对西亚的基督教地区有着特别的宽容。

当然，这位方济各会修士也很快发现，大汗不能接受世界上有其他任何统治者。所以，蒙古人征服整个亚洲也就不足为奇了。大汗的兄弟忽必烈可汗主要负责全面征服中国，其他

兄弟负责向印度扩张。波斯的统治权交给了蒙哥汗的另外一个兄弟旭烈兀。大汗是整个蒙古帝国的君主。拔都汗则在伏尔加河畔建立了钦察汗国（金帐汗国）。

攻占巴格达之后，叙利亚成了蒙古人的下一个目标。1260 年，阿勒颇沦陷。同年，大马士革遭受相同命运。蒙古人出现在地中海沿岸不过是个时间问题。对于十字军而言，他们已经被完全包围。蒙古人的出现，让当地的穆斯林无暇再顾及十字军国家。不过，这只是短暂的泡沫。蒙哥大汗去世，蒙古帝国陷入了危机。蒙哥汗的儿子太年幼，继承者之间发生了严重争执。所有远征的蒙古大将都停止了前进。他们必须返回权力中心，去争夺继承权。

◇ 蒙古人进攻一座中国的城市（印度细密画，约 1590 年）

巴格达哈里发穆斯塔欣试图和旭烈兀谈判，后者根本不接见哈里发派出的使臣，反而加紧对城墙的攻势。最终，巴格达东侧城墙开始倒塌。2 月 10 日，蒙古人入城，哈里发和所有守城军队以及文官全部投降。旭烈兀将他们全部杀掉，一个不留。即使哈里发把所有财宝都送给了蒙古人，依然没能换回性命。接下来，蒙古军队对巴格达进行了洗劫和屠杀。40 天中，大约 8 万城中居民被杀。少数幸存者躲藏在隐蔽之所，才逃脱此劫。男孩女孩都被卖为奴隶。幸免于难的，只有在教堂中避难的基督徒。

◇ 方济各会修士卢布鲁克的威廉在蒙古做客

这归功于大汗宫廷中的聂斯托利派基督徒为他们求情。

3 月末，由于惧怕城中尸体成堆而导致大规模瘟疫，旭烈兀带领军队撤离。这支蒙古军队继续朝哈马丹和阿塞拜疆前进，只在巴格达留下了一名行政长官。聂斯托利派主教马基卡搬进王宫，重建巴格达的工作艰难进行。40 年之后，巴格达才成为重要的省会城市，但是面积只比蒙古人入侵前的十分之一略大。

1254 年，蒙哥汗在哈拉和林继承大汗位，重新开始向西扩张。亚美尼亚国王海屯立刻觉察到了蒙古人进攻可能造成的危险。1254 年，他前往哈拉和林，向蒙古帝国称臣，得以保全自己的国家不受侵略。而且，所有教堂和修道院都不需要缴纳税款。

1256 年 1 月，一支庞大的蒙古军队向西方进发。此次军事行动经过周密准备，突厥斯坦和波斯都建造了专门的道路和桥梁，供大军行进。为了保证马匹有充足粮草，还清除了路上所有的畜牧生产。每个蒙古部落都必须派出五分之一的丁壮参加远征。

◇ 瓦斯塔尼门曾经是巴格达巨大城墙的一部分，建于蒙古人进攻前约 100 年，巴格达是阿拔斯王朝的首都

蒙古人的第一个目标，就是阿剌模忒堡的阿萨辛派总部。1256 年 12 月，这支巨大的军队抵达这里。坚固的城墙只阻挡了蒙古人区区数天。哈拉和林大汗下达命令，杀死所有阿萨辛派。破城之后，仅屠杀就持续了数周，只有极少数人逃到了山里。

意大利人挑起了十字军国家的内战

在阿克发生的贸易战争

1258 年 6 月 4 日，阿克

商业城市比萨、热那亚、威尼斯和马赛不仅仅争夺商业重地，也在争夺十字军国家的权力。

◇ 威尼斯人从热那亚人手中夺过了阿克（油画，16 世纪）

在对阿克统治权的争夺中，48 艘来自热那亚的军舰，对阵 38 艘来自威尼斯和比萨的战舰。威尼斯将领提埃坡罗是一位非常杰出的战略家，让热那亚人损失了 24 艘船和 1700 名士兵。热那亚人只得放弃阿克的商业利益，退回提尔。

两年前，阿克城中热那亚区和威尼斯区就曾经爆发武装冲突。教皇亚历山大四世尝试调停，结果失败。这些商业城市之间的敌对局面，最终导致了内战。贵族和骑士团总是或多或少地站在某个商业城市一边。比如圣殿骑士团支持威尼斯，而圣约翰骑士团支持热那亚人。就连耶路撒冷国王家族也一样被卷进了内战当中。威尼斯人站在摄政的普莱桑斯女王一边，她替自己五岁的儿子塞浦路斯的雨果三世掌管王国。热那亚则站在了斯陶芬家族康拉丁的一边，他是神圣罗马帝国皇帝腓特烈二世的孙子。

直到 1261 年 1 月，内战各方才终于达成和平协议。贸易战争最终以各方获得独立的贸易区而结束。

十字军国家的悲惨结局
1259—1314 年

综述（1259—1314 年）

13 世纪中叶开始，十字军国家的生存受到严重威胁。残存的几座城市、城堡和靠近海岸的土地，越来越难守住。除了十字军国家的内部不和，穆斯林一方政权的更替才是最主要的原因。阿尤布王朝覆灭，马木留克王朝开始统治埃及——这些突厥人为战争培养的奴隶夺取了权力。在马木留克苏丹拜巴尔一世（1260—1277 年在位）统治时，埃及年年对十字军国家发动袭击。开始袭击还主要集中在城市的郊区。农田和果园被破坏，城市的供给受到严重影响。之后，拜巴尔一世开始进攻要塞和城堡。海边的居民遭到洗劫，所有建筑连地基都不剩，以至于夺回失地意义都不大。1266 年，萨芬特城堡（位于今日采法特）失守，拜巴尔一世在此地建立了约旦河西岸第一个据点。这座城市成了拜巴尔的统治中心，所有进攻圣地南部的军事行动都以这里为起点。十字军国家的灭亡，不过是时间问题。

马木留克——野心勃勃的统治者

出自萨拉丁家族的最后一位阿尤布王朝统治者——埃及和叙利亚的苏丹巴赫里，为了增强军事实力，为马木留克设置了专门的统治区域，也就是巴赫里马木留克。这个决定改变了历史的走向。这位苏丹去世后仅一年，1249 年，马木留克谋杀了他的儿子，成功篡权夺位。马木留克虽然保留了原有的行政机构，但是这些曾经的奴隶士兵重新组织了整个国家。过去比较松散的地方管理，被中央集权代替。所有地方的管理者，都被马木留克的官员代替。这些官员直接受苏丹的领导，要经常向苏丹报告。于是，一个中世纪的军事独裁政权出现。马木留克开始从埃及出发，征服了整个近东。统治叙利亚的阿尤布王朝曾尝试入侵埃及，恢复旧的统治秩序，最终以失败告终。蒙古人入侵叙利亚，也给马木留克的扩张制造了有利条件。来自远东的侵略者灭亡了阿尤布王朝。1260年，马木留克在阿音扎鲁特之战中战胜了蒙古军队，成为伊斯兰世界的盟主。马木留克的第一位苏丹拜巴尔一世是富有远见卓识的政治家和军事家。他下令，本来该由民间机构控制的行政部门交给军方控制。埃及的境外省（大马士革、阿勒颇、卡拉克和萨芬特）本由马木留克的管理者统治，再派一位军方长官进行监督，以防止发生叛乱。在小亚细亚，不断有突厥人加入马木留克，这让苏丹的军队不断壮大，慢慢成为强大的军事力量。

◇ 1289年马木留克攻占的黎波里城

十字军国家纷争不断

13世纪下半叶，沿海的十字军城市政局动荡。这大约可以归结于三个原因。首先，缺乏明确的首领。为争夺耶路撒冷王位，贵族们爆发了激烈的争斗。塞浦路斯的雨果三世，从吕西尼昂的梅利桑德那里购买到王位的安茹的查理，都认为自己有继承权。这导致圣地的贵族不断地站队，争斗不断。因此，十字军国家没有任何统一的防御政策。其次，曾经一度是圣地军事主力的骑士团也和贵族不睦，所以各自为政，只有在对自己有利时才提供支持。比如圣约翰骑士团和圣殿骑士团都有足够的兵力，但是在马木留克威胁圣地的那些年，他们没有联合起来进行过哪怕一次军事行动。同时，骑士团的大团长往往卷入耶路撒冷王国的王位之争，这导致骑士团之间互相不信任。骑士团甚至有时还和马木留克结盟，为的是争夺更多的利益，保住自己的领地以及经济优势。

造成局势动荡的第三个原因是在圣地拥有据点的意大利商业城市。这些城市有自己的舰队和军队，而且数量不断增长。最早几次的十字军东征中，比萨、热那亚、阿马尔菲和威尼斯的舰队是十字军进行军事行动最重要的保障。

这些商业城市是为了获取地中海沿岸城市作为商业据点，才为十字军提供帮助的。的确，它们也在圣地获得了非常多的商业特权。这一方面当然促进了圣地的经济发展。另一方面，这些特权让商业城市发展迅速，力量壮大，越来越多地独立行事。它们利用这些据点，向西欧运送糖、香料、丝绸、棉花、药品和胡椒，然后从西欧运送武器、纺织品和食物卖给阿拉伯商人。主要的商贸城市是提尔和阿克。不断扩张的贸易和巨大的财富，促使商业城市拥有更庞大的舰队，成为近东中独立的军事力量。但是，这支军事力量只服从商业利益。热那亚和威尼斯是圣地贵族们经常结盟的伙伴，而这两座城市之间越来越多地爆发冲突。海战不断发生，导致十字军国家没能对马木留克的进攻做好充足准备。

13 世纪下半叶，许多城堡和城市就这样不断落入穆斯林手中。首先是阿尔苏夫和凯撒利亚（1265 年），然后骑士团也失去了自己的城堡。1289 年，的黎波里沦陷于埃及苏丹嘉拉温之手。欧洲迅速派来了援兵——一支由 25 艘战舰组成的威尼斯和阿拉贡舰队，但是一切为时已晚。1291 年 3 月，艾什赖夫率领一支庞大的军队从埃及出发，向北方前进。与来自所有马木留克控制地区的军队会合之后，大军浩浩荡荡开往阿克。最终，阿克失守，十字军在圣地的最后一个据点消失。圣地重新被穆斯林控制。

未能和蒙古人结盟

13 世纪中叶，蒙古人并未停止他们的扩张政策。旭烈兀可汗时消灭了阿萨辛派，1258 年又征服了巴格达。当他们逼近海岸时，遇到了马木留克军队的抵抗。马木留克这时是十字军和蒙古人共同的敌人。但是蒙古人也在威胁欧洲，所以最终十字军没有与蒙古人结盟。另外，蒙古帝国内部的政治情况发生了变化。大汗统治的帝国分裂成为四大汗国，波斯的伊儿汗国越来越有独立的趋势。俄罗斯南部的金帐汗国和马木留克结成联盟，想要赶走马木留克的伊儿汗国转向欧洲寻求盟友。阿克沦陷之后，伊儿汗国努力想和欧洲的贵族国王结成盟友，对付不断扩张的马木留克。但是这些努力失败了。伊儿汗国承诺，若是夺回圣地，愿意将其赠送给基督徒。这未能打动欧洲的贵族。若是伊儿汗国与欧洲结盟成功，历史可能会重写，十字军至少能夺回圣地的一部分。不过，欧洲对此已经失去了兴趣。

欧洲接受十字军国家的灭亡

1291 年阿克沦陷，十字军国家彻底消失。这一消息震惊了整个欧洲。一轮新的发动十字军的呼声重新出现。但是，没有任何一次十字军计划变为现实。罗马教廷和法兰西国王的宫廷中经常出现这样的计划。宫廷中的办事官员开始制订东征计划，还会征求军事专家的意见。比如圣殿骑士团和圣约翰骑士团的两位大团长雅克·德·莫莱和富尔克·德·维拉雷，就经常被问询。宫廷官员甚至还计算了需要的兵力以及前进的路线，做好了财政上的预算——但是，这些计划从未实现过。最全面的一次计划，出自威尼斯人马里奥·萨努多·托尔塞洛之手。他的计划是：首先针对埃及的马木留克政权，利用政治和经贸联盟对其进行制裁，削弱其力量；然后派一支小型但是战斗力很强的海军从海上出

◇ 导致恐慌的军队：蒙古人在忽必烈汗的率领下采用大象作战

发，陆路则派一支庞大的军队紧随其后。甚至连加泰罗尼亚地区著名的神秘学学者拉蒙·柳利也受神学启发，制订了一次十字军东征的计划。可是，再没有十字军去往东方，解放圣地。十字军东征慢慢演变成了一种象征。罗马教廷进入了瘫痪状态，伊儿汗国的阿鲁浑在这里停留了整整半年，却未能在寻找盟友的问题上前进一步。骑士团也陷入了危机，无法组织十字军。

◇ 因涉嫌异端，圣殿骑士被逮捕并送上火刑架（细密画，14 世纪）

不仅是因为他们丢失了在圣地的军事据点，更是因为他们要面对严重的指责。批评者认为骑士团出卖了十字军，而且还靠战争发财，变成了异端。圣殿骑士被公开审判。法国国王和教皇联起手来，剥夺了他们的所有财产。他们被判为异端，许多财产转给了圣约翰骑士团。条顿骑士团费尽心思，才侥幸逃脱劫难。他们在普鲁士的马尔堡找到了新的家园，把征服欧洲东部作为新的使命。圣约翰骑士团则征服了罗得岛，将这里作为骑士团的总部，为朝圣者提供船只和照顾。“征服圣地”已经从圣约翰骑士团的宗旨中被永远抹去了。

编年史大事记（1259—1314 年）

蒙古帝国的分裂

汗位之争

1260 年春，哈拉和林

蒙哥汗去世之后，他的兄弟之间爆发了激烈的汗位争夺战。蒙古帝国内部的争夺，让近东地区有了喘息的机会。

1259 年蒙哥汗去世，他的两位兄弟忽必烈和阿里不哥分别召开了忽里勒台大会。在这两次单独的会议上，两个人各自被选为大汗。支持忽必烈做大汗的，主要是远征中国的军事将领们；阿里不哥的支持者主要是蒙古贵族。

◇ 最终成为大汗的忽必烈可汗狩猎图

这两次选举都是无效的，因为都没有足够的相关人员出席。忽里勒台大会召开的时候，金帐汗国的别儿哥汗和波斯的伊儿汗都不在哈拉和林。最终，忽必烈降服了自己的弟弟，成为大汗。紧接着，高加索地区发生了战争，别儿哥和旭烈兀之间爆发了领地之争。金帐汗国的可汗奉行偏向穆斯林的政策，旭烈兀则偏向基督徒，因此他与自己统治下帝国西部边界的穆斯林不睦（如大马士革）。不过，旭烈兀未能赶走别儿哥和他的军队，后者得以在高加索地区迫害基督徒。

拜占庭再次崛起

十字军失去伯罗奔尼撒

1259 年 10 月，佩拉冈尼亚

伯罗奔尼撒从 13 世纪初开始被十字军贵族统治。在拜占庭皇帝米海尔八世·帕里奥洛格斯的进攻下，十字军的统治分崩离析。

马其顿西部边境，拜占庭皇帝米海尔八世·帕里奥洛格斯的军队与阿哈伊亚的统治者维拉杜安的威廉的军队展开激战。尽管十字军一方有西西里国王曼弗雷德的骑士以及希腊士兵帮助，最终还是输掉了战斗。所有的贵族都被俘虏，被迫割让马伊纳、米斯特拉斯和莫奈姆瓦夏的城堡。伯罗奔尼撒东部重新归于拜占庭之手。米海尔八世此举，也为拜占庭重新夺回半岛奠定了基础。

针对波罗的海地区的十字军遭遇失败

立陶宛人战胜了利沃尼亚的条顿骑士团

1260 年 7 月 13 日，杜尔贝

征服波罗的海东岸异教徒的过程，不断因人民起义而受阻。十字军面临的

最大威胁来自立陶宛人。

◇ 条顿骑士团团徽（条顿骑士团教堂，法兰克福）

利沃尼亚条顿骑士团输给了立陶宛人。一年前，瑟米加利亚人和库洛尼亚人（波罗的海诸族之中的两支）公开向条顿骑士团宣战。之后，他们不断侵扰边界，抢劫冲突不断。一场决战在所难免。

立陶宛人扩张的土地，仿佛一把利剑插在条顿骑士团控制的利沃尼亚和普鲁士之间。其实1251 年立陶宛国王明道加斯已经皈依罗马天主教。但是，当条顿骑士团开始控制立陶宛的边界时，国王感觉受到威胁，随即决定叛教，与条顿骑士团开战。

杜尔贝之战后，1261 年 1 月，在马佐夫舍地区又爆发了波卡尔维兹特之战。明道加斯又战胜了条顿骑士团和波兰人联军。普鲁士再次叛变，导致条顿骑士团两线作战，节节败退。1272 年，签署过战败条约的瑟米加利亚人又叛变。直到30年后，局势才终于平定。很多人逃往立陶宛，成为条顿骑士团在波罗的海地区最大的敌人。

◇ 条顿骑士团使得利沃尼亚地区基督教化（13 世纪，铜版画）

不可战胜的蒙古人撤军，马木留克转向进攻十字军国家

被削弱的蒙古军队败于马木留克之手

1260 年 9 月 2 日，阿音扎鲁特

马木留克战胜蒙古人，拯救了伊斯兰教，也消灭了来自东方最大的威胁。自此以后 200 年间，马木留克称雄近东。

歌利亚池附近，1183 年十字军曾在这里战胜了强大的萨拉丁。而今日，怯的不花率领的蒙古军队与古突兹苏丹和拜巴尔一世将军率领的马木留克军队在此一决雌雄。蒙古军队人数少于马木留克。蒙哥汗去世后，大部分军队都撤回了哈拉和林。马木留克使出妙计，让蒙古人认为敌人的兵力远远不足。加之蒙古军队未能获得关于敌军人数的准确消息，以致判断失误。蒙古人追击佯败的拜巴尔一世，陷入了马木留克设好的圈套，被古突兹苏丹率领的主力包围。蒙古人拼死抵抗。但是，当主将怯的不花被俘并遭处决后，蒙古人败局已定。

◇ 成吉思汗和他的大将哲别在战斗中：蒙古帝国的时代行将过去

马木留克的这次胜利，改变了整个近东地区的力量对比。十字军国家的丧钟就此敲响。马木留克从埃及出发往北进军时，还和十字军达成了和平协议。现在，他们的态度一百八十度大转变。阿音扎鲁特大捷之后仅仅五天，古突兹苏丹入主大马士革。阿勒颇一个月之后也被攻陷。曾经因为蒙古人而逃往埃及的埃米尔们又回到了原地。这样，马木留克就控制了叙利亚的一部分。

1260 年 10 月 23 日，另外一桩突如其来的事变，让局势对十字军更为不利。回师埃及的路上，拜巴尔一世叛变。他在亲信面前杀死了苏丹，篡权夺位。古突兹苏丹一向对待十字军国家相对温和，也是惧怕十字军会对他采取军事行动。拜巴尔一世则完全不同，他对十字军国家非常仇恨。第一次经过阿克时，拜巴尔一世就建议苏丹吞并该城，被苏丹拒绝。如今，拜巴尔一世急切地想要将所有基督徒都从近东清除掉。

班师途中，所有将领发誓向拜巴尔一世效忠。回到埃及后，这位新的埃及苏丹开始为进攻十字军国家进行准备。

罗马尼亚帝国 60 年匆匆而去

拜占庭重新夺回君士坦丁堡

1261 年 7 月 25 日，君士坦丁堡

十字军和威尼斯人扶植的拉丁帝国，没有足够的军事力量进行防御。这一

帝国的灭亡，也由意大利商业城市的贸易战争引起。

在热那亚舰队和军队的支持下，拜占庭共治皇帝米海尔八世·帕里奥洛格斯攻取君士坦丁堡，就此终结了 1204 年第四次十字军东征建立的拉丁罗马尼亚帝国。

罗马尼亚帝国能够存活，主要是靠强大的意大利商业城市支持。这些商业城市看重的是商业利益，要在君士坦丁堡设立自己的商业机构。该帝国最重要的支持者是威尼斯。威尼斯在拉丁罗马尼亚帝国境内拥有无数地产。

在阿克贸易战争中失败的热那亚，找到拜占庭皇帝做新盟友。这位拜占庭皇帝成功地攻占了大片土地。1261 年，他与热那亚正式签署协议，保证拜占庭境内所有热那亚商人的特权——协议中也包括了这位拜占庭共治皇帝米海尔八世将要得到的地盘。热那亚为他提供军事支持。

不过，被夺回的君士坦丁堡不复从前的光辉。最大的赢家是热那亚，它得到了黑海边上所有重要的商业城市。这些地区越来越重要，因为蒙古人的扩张打通了中亚的商道。

1258 年，米海尔八世·帕里奥洛格斯登上共治皇帝之位。攻取君士坦丁堡，让他名望大增。他去掉了共治头衔，正式加冕为拜占庭皇帝。他的竞争者约翰四世·拉斯卡里斯被刺瞎双眼，关进了大牢。米海尔八世释放了 1259 年被俘虏的阿哈伊亚贵族维拉杜安的威廉。这让他得到了希腊北部的三座城堡，作为他进一步攻占伯罗奔尼撒的跳板。皇帝最大的威胁来自安茹的查理。在推翻了西西里岛上的统治者斯陶芬家族之后，查理将自己的精力集中在夺取君士坦丁堡上。

罗马的政治战

对西西里王国发动十字军东征

1265 年 6 月 28 日，罗马

1258 年，神圣罗马帝国皇帝腓特烈二世的儿子曼弗雷德宣布自己为西西里国王。他争取控制帝国在意大利的领土，陷入了与教廷的纷争中。

◇ 13世纪末，安茹的查理下令将那不勒斯雄伟的新堡改建为自己的住所。

为了推翻西西里政权，教皇克雷芒四世号召对曼弗雷德国王发动十字军。西西里的新统治者是安茹的查理，法国国王路易九世的兄弟。

曼弗雷德被逐出教会，而参加此次十字军者，享有与前往圣地的十字军同等的特权。这次十字军的动员进行得比较成功，在法国大约有4万人参加了此次十字军。他们在安茹的查理带领下，从罗马出发，向南开往西西里。

安茹的查理扩张成功

斯陶芬家族在西西里王国的统治结束

1266年2月26日，贝内文托

战胜曼弗雷德后，安茹的查理成为西西里的统治者。作为教皇的臣下，他无条件地保护教会的权利。

◇ 安茹的查理与曼弗雷德激战（约1370年绘）

意大利平原上的贝内文托，天刚破晓，安茹的查理指挥庞大的法国军队从森林中冲出，进攻曼弗雷德率领的联军。情急之下，这位斯陶芬国王只能临时拼凑了一支由撒拉森人、意大利人、德意志人和加泰罗尼亚雇佣军组成的联军。

战斗仅仅持续了一个小时。法国骑士们似乎没有被长途跋涉削弱力量。他们冲散了曼弗雷德的联军，大家溃散奔逃。到晚上，战场上大约有3000具尸体。曼弗雷德国王失踪了。两天后，人们在死人堆中找到了他的尸体。查理下令在战场上堆好石堆，竖起十字架，纪念这位国王。科森扎的大主教却下令将这位“异端”的尸体扔到别的地方。贝内文托之战后，斯陶芬人再也无法组织反击。军队已经解散，将领非死即囚。撒拉森人向新的国王安茹的查理效忠。早在大战前，这位国王已经于 1 月 6 日在罗马加冕完毕。

5 月 15 日，教皇克雷芒四世宣布安茹的查理完成了他的使命。但是教廷很快意识到，这位新的西西里国王只服从于自己的利益，并且开始了大规模的扩张。

十字军诗人

唐怀瑟踏上最后一次征程

1266 年

只有少数德意志诗人到达过圣地，留下过亲笔见证。最著名的一位，要数游吟诗人唐怀瑟。

诗人唐怀瑟死于旅途。他的诗歌，展示出受过良好教育的骑士的风度。历史学家猜测，他曾接受过神学教育，可能做过教士。这位来自巴伐利亚—萨尔茨堡坦豪森家族的游吟诗人一度生活在维也纳。

◇ 身着条顿骑士团团服的游吟诗人唐怀瑟

唐怀瑟的诗歌涉及各种题材，其中有他作为朝圣者在圣地的见闻。海德堡的《马内塞诗歌集》中，将他描绘成身着条顿骑士团团服的骑士。他的作品中既有爱情诗歌也有世俗诗歌，还有戏仿宫廷诗歌的作品。唐怀瑟还写了许多“十字军诗歌”。这些诗歌的主题是承认自己的罪过，请求上帝原谅，引导他走正义的道路。14 世纪晚期，逐渐出现了有关唐怀瑟的传说。按照这些传说，他被维纳斯引诱到了魔山上。最后他浪子回头，去罗马朝圣，请求教皇赦免，可惜最终没有成功。

西西里王国的新国王公开处决了康拉丁，斯陶芬家族灭亡

安茹的查理战胜了最后一位斯陶芬家族的统治者康拉丁

1268年8月23日，塔利亚科佐附近

安茹的查理夺取西西里王国的行为，在神圣罗马帝国境内激起了新一轮的愤怒。神圣罗马帝国皇帝腓特烈二世的孙子康拉丁出兵意大利，誓要夺取西西里王国。

施瓦本公爵康拉丁是斯陶芬家族最后的合法继承人，广受民众的欢迎。他率领军队与安茹的查理的部队展开激战。战斗开始时，他似乎占上风。直到安茹的查理亮出了撒手锏，一支埋伏好的部队突然杀入战场。局势大逆转，德意志军队最终战败。

康拉丁在逃亡的路上被抓住。他以莫须有的叛国罪被定为死刑。10月29日，安茹的查理下令将这位斯陶芬家族的公爵和他的十几名亲信一起在那不勒斯广场上公开斩首。那不勒斯的这次公开行刑史无前例。此前还从未有贵族囚犯被公开处决过。

◇ 斯陶芬家族最后一位继承人施瓦本公爵康拉丁在那不勒斯广场被斩首（17世纪历史画）

一位加泰罗尼亚学者创立了“爱的哲学”

拉蒙·柳利超越了宗教界限

1263 年年初，马略卡

地中海区域基督教、犹太教和伊斯兰教文化的碰撞，启发了拉蒙·柳利。他开始进行超越宗教界限的思考。

◇ 拉蒙·柳利（1620 年，油画）

拉蒙·柳利（雷蒙·卢尔）有一次在给一位女士写情诗时，眼前出现了五次基督被钉十字架的场景。这位富裕的宫廷官员于是决定，放弃自己放纵的生活，把自己的一生献给三项事业：向穆斯林传教；给不信基督的人写一本最好的书；推动教皇和贵族建立教授包括阿拉伯语等外语的修道院，向外国人传教。这一转变，记在了柳利雇人写下的自传中。

拉蒙·柳利变卖了自己所有的财产，多次参加朝圣旅行，其中有一次是前往北非。因为与当地的穆斯林神学家进行了对话，柳利一度面临死刑的惩罚。

在许多个人研究的文章中，他探讨了哲学问题。此外，柳利对基督教神学，尤其是伊斯兰神学进行了深入研究。他甚至称自己为“阿拉伯基督徒”，还有阿拉伯语著作。柳利在他的作品中也使用加泰罗尼亚方言。似乎他是第一个用这种方言解释复杂科学问题的学者。

柳利对地中海区域的各种哲学流派都持比较开明的态度。他的作品受到新柏拉图主义、犹太教、基督教以及伊斯兰教的影响，并且有所发展。他一生著书甚多，流传下来的作品大约有 290 部。他最大的创新，在于提出了“爱的哲学”。在这一哲学的框架下，人们可以接受基督教、犹太教和伊斯兰教乃至异教徒的各种思想。柳利认为，按照“爱的哲学”生活的人，能够超越宗教的界限。其最高境界，就是博爱的人与慈爱的上帝在神秘学上的结合，让两者不分彼此。

不论是在基督教还是伊斯兰教中，柳利的批评者都非常多。早在 14 世纪，他的理论就受到尖锐批评。1376 年，加泰罗尼亚地区的宗教裁判员宣布其 20 部作品为禁书。同一年，教皇格里高利十一世也下令查禁他的大多数作品。直到 15 世纪和 16 世纪，这位加泰罗尼亚哲学家和神学家才受到越来越多的学者的重视。教皇的禁令后来也取消了。拉蒙·柳利的学说启发了许多学者，如乔瓦尼·皮科·德拉·米兰多拉、萨库的尼古拉和焦尔达诺·布鲁诺都受到了他的影响。

十字军国家的末日：最大的要塞失守

安条克被马木留克攻占

1268 年 5 月 18 日，安条克

十字军国家治下为数不多的领地，一个接一个落入埃及马木留克苏丹拜巴尔一世手中。

在苏丹拜巴尔的指挥下，埃及军队对安条克开始了猛烈的进攻。尽管安条克城墙坚固，最终还是被敌军撕开一个缺口。埃及大军鱼贯而入，屠杀了城中所有人——拜巴尔苏丹特别命令紧闭城门，不能放走一个。军队在大街上看到一个杀一个，躲在屋里的人被贩卖为奴隶。只有一些非常富有的居民，缴纳了巨额赎金之后得以侥幸逃脱。甚至连一些穆斯林编年史作者，都对这样的血腥暴行感到愤慨。

◇ 身着石棉的马木留克救火队员

安条克公国存世 171 载，安条克城是十字军国家中最富庶的城市。该城被洗劫一空，往昔风光一去不返。安条克也是拜巴尔苏丹最后攻占的几座十字军国家城市之一。1260 年，马木留克战胜蒙古人之后，开始大举清除圣地的十字军。1265 年 3 月 5 日，拜巴尔苏丹攻取了凯撒利亚，把整座城市连同城堡

夷为平地。不久之后，海法也沦陷。紧接着是圣约翰骑士团执掌的阿尔苏夫城堡。埃及苏丹的下一个目标，就是远目可及的十字军重镇阿克。

早在 1266 年年初，两支埃及大军浩浩荡荡开往阿克。守城的法国人在增援部队帮助下，最终抵御住了敌人，逃过一劫。不久之后，十字军国家再度遭受重创。因为大势已去，圣殿骑士团控制的萨芬特城堡在拜巴尔许诺守城军队可以撤离后，和平投降。苏丹却背信弃义，还是把守军全部斩首。占领萨芬特城堡，让拜巴尔控制了整个加利利地区。

另外一支马木留克军队在埃米尔嘉拉温的带领下，入侵亚美尼亚和奇里乞亚。亚美尼亚军队大败，埃及人带着大批战利品和约 4 万名俘虏得胜回朝。拜巴尔立即下令大军朝安条克进军。安条克缴纳了大笔贿赂，这支军队最终掉头。

1267 年，拜巴尔再一次带兵攻打阿克。这一次阿克还是防守成功，但是威尼斯和热那亚商人的内讧严重削弱了军队的战斗力。一年后，拜巴尔再次组织进攻，取得了丰硕的成果。雅法的统治者——伊贝林的约翰一味仰仗和拜巴尔达成的保护条约，认为自己相当安全，没有做任何形式的防守。结果雅法被拜巴尔攻占。这位苏丹拆毁了雅法的宫殿，把木材和大理石运往埃及，用来建一座新的清真寺。

相比城市的沦陷，骑士团控制的军事要塞失守，影响更为严重。1268 年，博尔福特城堡失守，妇女和儿童侥幸逃往提尔，所有男人都被卖为奴隶。拜巴尔重新加固了这座城堡，留下重兵把守。这样一来，这位埃及苏丹在拿下安条克之前，已经控制了十字军国家的大部分地区。

一位诗人塑造了理想的十字军骑士形象

吕特伯夫塑造出坦克雷德

1270 年，巴黎

法国作家吕特伯夫写了超过 50 首有关十字军东征的诗。与其他诗人一起，他们共同塑造了理想的十字军骑士形象。

在长篇史诗《新圣地哀歌》中，法国诗人吕特伯夫塑造了一位名叫坦克雷德的诺曼骑士。这位骑士勇敢、骄傲，是十字军骑士的理想化形象。这位诗人笔下的骑士，无私忘我地为着解放耶路撒冷圣城而战斗；即使是对那些不信教的异教徒，也富有骑士风度。在耶路撒冷的城门前，坦克雷德用宝剑战胜了一位不知名的骑士。后来真相大白，原来这位骑士是一位他景仰的异教女士所装扮。此时，她求坦克雷德为自己施洗。这一场景后来被很多戏剧借用，比如意大利诗人托尔夸托·塔索的史诗《被解放的耶路撒冷》（1575年）也有此场景。后来很多音乐家也围绕此题材进行创作，其中包括蒙特威尔第和莫扎特。

◇　法国骑士青铜雕像（酒器，13世纪）

热情高涨的西班牙人参加十字军——但是回天乏术

阿拉贡人第一次向圣地出发

1269年9月1日，巴塞罗那

伊比利亚半岛上的统治者曾经将十字军的概念局限在自己的领地上；海梅一世在收复失地运动中取得决定性胜利之后，十字军的目标转变为圣地。

阿拉贡国王海梅一世带领一支庞大的军队下海，发誓要解放耶路撒冷；但是刚刚出海就遇到灾害性天气，大部分的船只无法再继续前进；国王只得带领大部分船只返回，只有少数军舰在国王的私生子费尔南多·桑切斯和佩德罗·费尔南德斯的率领下向圣地出发。

11月末这支小型军队抵达阿克，热情的西班牙人要求立即向那些异教徒开战。他们到来之时恰逢马木留克苏丹拜巴尔一世撕毁了与十字军国家的休战协议，一支3000人组成的军队正在阿克城外。最终还是在圣殿骑士的强力掩护下，西班牙人才侥幸逃出了敌人的包围圈而没有遭受灭绝的命运。此外十字军一方军力不足，因为一支法国军队跑到城外去抢劫还未归队。回程的路上法国人发现了马木留克军队，并立即发起了进攻。一场战斗后法国人溃不成军，只有极少数人侥幸活了下来。西班牙人知道后催促首领带他们前去营救，但是首领并未同意。不久之后阿拉贡人就登上了返回伊比利亚半岛的舰船，此次十字军无果而终。

◇ 海梅一世在他的营帐中（壁画，14 世纪）

瘟疫夺去了法国中世纪最伟大君主的生命

法兰西国王路易九世死在第二次参加十字军东征的途中

1270 年 8 月 25 日，突尼斯

马木留克苏丹拜巴尔一世在圣地大举攻城略地，驱赶十字军。这并未在欧洲引发巨大反响。只有不知疲倦的法国国王，重新踏上了东征的道路。

突尼斯的军营中，法国国王路易九世死于大瘟疫。三年前，这位国王在道明会修士的影响下，毅然再次踏上十字军征途。尽管此时他已经 53 岁。

国王一位多年的老友儒安维尔，此次拒绝与他一同前往圣地。多年前，这位老友曾经和国王在前一次十字军东征中并肩作战。这让很多后世的历史学家认为，许多法国贵族都拒绝了这位国王，没有和他一起前往圣地。最新的研究表明，情况并非如此。此次十字军中有众多重量级贵族。

◇ 法兰西国王路易九世的临终祈祷（彩绘玻璃窗，利萨克，法国）

此次十字军一开始便制订好了作战计划：路易九世带领军队通过叙拉古，直接航海到达埃及，攻击拜巴尔的老巢。结果计划突然发生了转变：1270 年 7 月，国王宣布向突尼斯进军，

◇ 圣徒路易九世在十字军东征中英勇杀敌

企图让当地的埃米尔穆斯坦绥尔皈依。这一变化让大家惊讶不已。支持这个计划的，还有国王的兄弟安茹的查理。他也加入了这个计划。这位西西里国王甚至坚定了路易九世的想法。或许正是这位查理向他的兄长鼓吹突尼斯的埃米尔很轻易就会皈依吧。至少有一点可以确定，那就是穆斯坦绥尔接纳了许多参加西西里起义的人。

面对十字军的威胁，穆斯坦绥尔加固了突尼斯的城防。战斗并没有发生。十字军中发生了严重的瘟疫，法国国王路易九世是头一批受害者之一。当安茹的查理到达突尼斯时，他的兄长已经去世。在此次东征再一次变成灾难之前，查理利用自己的外交手腕拯救了被瘟疫所困的十字军。他与埃米尔达成了协议，然后返回了意大利。

◇ 金雀花王朝的爱德华一世及其妻子（手绘本）

英国王位继承人遭带毒匕首行刺

英格兰王子爱德华前往巴勒斯坦

1271 年 5 月 9 日，阿克

英国国王亨利三世很久之前就发誓参加十字军。由于内战，一直迟迟未能出征。最终，他动员儿子——英国王位的继承人爱德华前去东征。

英格兰的爱德华带领1000名骑士抵达阿克。未到达圣地之前，他一直希望自己的部队能成为圣地的一支重要援军。他到了那里才发现，巴勒斯坦的情况糟糕透顶。威尼斯人与埃及苏丹拜巴尔热火朝天地做着军火生意。爱德华就此事质问威尼斯人，威尼斯人居然出示了阿克最高法庭颁发的合法经营执照。

塞浦路斯的援军虽然到达，但由于国王缺席，他们不肯出战。爱德华王子

无奈之下只好向蒙古人求救。确实有一支万人左右的蒙古军队从安纳托利亚出发。由于惧怕马木留克王朝拜巴尔苏丹的实力，几场小规模战斗之后，他们便匆匆撤军。

1272 年年初，爱德华意识到，他在圣地无所作为。只好和拜巴尔苏丹展开休战谈判，以保证耶路撒冷王国十年又十个月的和平。按照这一协议，十字军国家得以保留从西顿到阿克之间的领地，可以自由去拿撒勒朝圣不受侵扰。这一休战协议对拜巴尔非常有利，因为他正准备集中所有精力，和卷土重来的蒙古人作战。

但拜巴尔听到谣言，这位英格兰王位继承人秘密准备带领一支大军夺回巴勒斯坦。于是，他找人去刺杀爱德华。一名杀手冲破护卫的防线，用一把带毒的匕首刺伤了英格兰王子。爱德华大病一场，还是逃过了死神的魔掌，休养几个月后终于恢复健康。为了洗清自己参与谋划暗杀的嫌疑，拜巴尔还专门派使臣探望重病的英格兰王子。

最终，由于亨利三世生命垂危，而且自己在圣地也无所作为，1272 年秋，爱德华离开了阿克，登船返回英格兰。

收复失地运动在各地全面展开

西班牙成立新骑士团

1273 年，格兰塞尔夫

西班牙各地成立了许多骑士团。这一轮成立热潮，与保卫已收复土地的巨大需求有关。另外，众多战线上层出不穷的战斗也需要大量人手——战斗的目标，是将穆斯林彻底赶出伊比利亚半岛。

卡斯蒂利亚及莱昂国王阿方索十世组建了一个新的骑士团，其首要任务就是在海上与穆斯林作战——这个骑士团以卡拉特拉瓦骑士团为榜样，名为西班牙的圣母玛利亚骑士团。它获得了位于

◇ 骑士团成立人：“智者”阿方索十世国王（同时代绘画）

加的斯湾的重要港口圣玛利亚港。不过，这一骑士团的寿命并不长久。

该骑士团的海上行动战绩平平，围攻阿尔赫西拉斯城也没有成功，反而让卡斯蒂利亚的海军力量元气大伤。最后，该骑士团接受了新任务：保卫格拉纳达边境。

圣地亚哥的圣雅各布骑士团，在 1280 年的莫克林之战中损失了许多成员，最终兼并了西班牙的圣母玛利亚骑士团。1170 年成立的圣雅各布骑士团，按照国王的命令驻守边界，尤其是要保证通往圣地亚哥—德孔波斯特拉朝圣之路的安全，保护朝圣者不受摩尔人的进攻。该骑士团的许多成员出身西班牙名门望族，已经婚配者也可参加。1175 年，教皇亚历山大三世承认该骑士团，并领受了对该骑士团的直接领导权，以抵御撒拉森人的进攻。

格里高利十世成为教皇

十字军计划无法实现

1271 年 9 月 1 日，维泰博

列日的大主教特巴尔多·维斯康蒂曾经陪同英格兰王子爱德华前往圣地。成为教皇之后，他的十字军号召始终无人响应。

列日大主教当选为教皇格里高利十世。这位最后的“十字军东征教皇”，一生致力于十字军动员。他向勇敢的男人们发出的号召传遍了欧洲，甚至到达了冰岛和格陵兰地区，却没有任何人响应。一些编年史作者记录了人们的冷淡反应。人们普遍认为，十字军东征的对象已经严重扩大化，成为教皇权力斗争的工具。

教皇格里高利十世制订了拯救圣地的庞大计划

大公会议决定发起新的十字军

1274 年 5 月 7 日，里昂

教会改革和发动新的十字军，这两项是在教皇格里高利十世主张下召开的

◇ 和平条约保证了自由贸易：一只载有奇异动物的商船抵达海港城市（约 1412 年手绘本插画）

本次大公会议的主要议题。不过，决议没有得到实行。

这是第二次里昂大公会议。数百位主教参加了第一次全体会议，史料上记载了大约 250 名主教的名字。此次大公会议共有六次全体会议，一直持续到 7 月。拜占庭皇帝米海尔八世·帕里奥洛格斯派来代表团参加此次大公会议。广受瞩目的还有蒙古大汗，他派来 16 名与会使者。大汗希望与基督徒结盟，共同对付马木留克苏丹拜巴尔。为此蒙古帝国境内允许基督教自由传教。

第二次全体会议上，教皇格里高利十世号召全面发动十字军东征，却没有提到具体日期。尽管大多数与会主教反对，教皇还是决定在未来的六年中征收十字军税，为十字军东征筹集资金。9 月 20 日，教皇格里高利十世宣布所有神职人员必须上缴收入的十分之一。他还引入了赎罪券，禁止在未来数

和平的代价——十字军国家与敌人达成协议

1244 年耶路撒冷失守之后，苟延残喘的十字军国家只能通过一系列与穆斯林达成的和平协议来换取生存的时间。马木留克苏丹拜巴尔不断地逼近，迫使偏安在阿克的十字军国家政府不断地签署条约。其中最重要的条约是以安茹的查理为中介人，由英格兰王子爱德华与马木留克苏丹拜巴尔签署的。1272 年 5 月 12 日的这份条约应该保证十字军国家十年又十个月的和平。这个奇异的期限是因为将穆斯林日历换算为公历造成的。

1271 年的黎波里伯国也和拜巴尔苏丹达成了类似的协议，得以存活。在这一协议中，双方不仅同意暂时休战，还达成了有关税收和遣返逃跑奴隶的项目。双方还就边界地区的税收达成一致意见，并且保证商队的安全——无论是穆斯林还是基督徒的商队。

年内进行战争。

教皇将东正教会重新纳入大公教会的目标最终失败了。参加大公会议的拜占庭使团愿意接受罗马的领导，并且为此签署了相关协议——6 月 29 日，东正教主教们和拉丁教会的主教们一起做了弥撒，还表示愿意接受罗马大公教会的教义。他们作为拜占庭帝国皇帝的使者，为了能找到盟友遏制安茹的查理的不断扩张，愿意做任何妥协。但这份里昂大公会议上签署的协议，并不为东正教内有影响力的教长们所认可。

◇ 圣波纳文图拉（圣文德）是方济各修会最重要的神学家之一，他参加了里昂大公会议（1629 年油画，弗朗西斯柯·德·苏巴朗）

大公会议制定的许多教会改革措施，绝大部分也未能得到实施。原来意在限制托钵修会的规定，最终无法实行。另外一项计划要将所有骑士团合并成为一个大骑士团，也没有实施。此次大公会议成功之处在于，重新制定了教皇选举的程序。前一任教皇去世后，教皇由红衣主教们召开的秘密会议选出，不得受任何外界干扰。

耶路撒冷国王的头衔，成了欧洲政治斗争的玩物

安茹的查理购买耶路撒冷的统治权

1277 年，阿克

接受耶路撒冷国王头衔的安茹的查理，野心勃勃地要成为地中海地区的霸主。实际上，耶路撒冷王国此时面临内忧外患：内部为了争夺继承权而争斗激烈，且经济衰退；外敌马木留克的扩张，持续削弱着王国的力量。

安条克的玛利亚，把自己的耶路撒冷王位继承权卖给了安茹的查理。康拉丁 1268 年被安茹的查理处死，而她是康拉丁最直接的亲属。康拉丁活着时，保有“耶路撒冷国王”的头衔。康拉丁被处死，也标志着斯陶芬家族在圣地的

◇ 安茹的查理接待一位封臣（湿壁画，13 世纪）

统治正式终结。当时耶路撒冷国王的头衔转给了安条克—吕西尼昂的雨果三世。1267 年，这位雨果从同名的表兄弟那里继承了塞浦路斯国王和耶路撒冷摄政王头衔。当然，安条克的玛利亚是他争夺耶路撒冷王冠最有力的竞争对手。

倒卖国王头衔是一场政治丑闻，并不仅仅因为安条克的玛利亚把继承权贱卖给了残杀自己亲人康拉丁的安茹的查理，这一举动也坑了被十字军国家最高法庭加冕的耶路撒冷国王雨果三世。塞浦路斯国王雨果二世于 1267 年去世之后，耶路撒冷王位争夺战已经开打。作为雨果二世的直系亲属，雨果三世立即要

基督教与伊斯兰教的对话

十字军东征在近东的行动，让基督教和伊斯兰教有了直接的接触。双方在很多问题上有着根本的分歧，尤其是在基督的身份和地位的问题上——伊斯兰教只把他当作先知，而并非神的儿子。

十字军东征，无论对于基督教还是伊斯兰教，都是转折点。双方开始把“圣战”作为宗教的一部分。这种思想也导致了时至今日两大宗教的许多冲突。

十字军东征时代，穆斯林的国家机构尚不清晰。短短几十年内，十字军建立的健全体制让穆斯林大吃一惊。不过，几个世纪之后穆斯林才把十字军国家的管理机构融入自己的统治中。

与努力学习阿拉伯文和伊斯兰文化的西方人不同，穆斯林彻底排斥任何欧洲的价值观。他们集中所有精力，就是要赶走十字军。当这一点达成时，似乎穆斯林获得了历史性的胜利。在奥斯曼帝国的旗帜下，穆斯林的扩张行动一直持续。1453 年，君士坦丁堡被攻占；1529 年，穆斯林军队围攻维

也纳。最终，胜利不过是过眼云烟。十字军东征之时，东方文明发达进步。但最终欧洲还是成为文明的中心。

两大宗教未能进行有成效的对话。这一点从十字军东征时代直至今日，依然未能实现。在这场碰撞中，宗教激进主义不断增强。

◇ 不同文化的沟通者大阿尔伯特将亚里士多德的著作从阿拉伯文翻译为拉丁文（湿壁画，1352年）

求行使摄政王权力。十字军国家的最高法庭为此特别进行了调查，最终裁决塞浦路斯的雨果三世拥有合法继承权。1269年，雨果三世正式加冕为耶路撒冷国王。玛利亚对这次裁决进行了书面抗议。

最后，玛利亚卖掉了耶路撒冷王国的继承权。安茹的查理交钱之后立即出兵，军队由圣塞维里诺伯爵罗杰带领开往阿克。罗杰则被查理任命为全权代理人。这下，十字军国家残存的部分立刻分裂为两个阵营：阿克和圣殿骑士站在安茹的查理一边；提尔和西顿表示，除了雨果我们谁也不认。

支持雨果的这一派，显然实力更弱些。圣殿骑士与雨果发生过矛盾：圣殿骑士团曾经购买了一座村庄，事先并未征得封君雨果的认可。恼羞成怒的雨果干脆撂挑子，直接去塞浦路斯度长假，也没有在耶路撒冷指定任何代理人。圣殿骑士团和威尼斯盟友趁此机会大发横财。在条顿骑士团和热那亚人的再三请求下，雨果才草率指定伊贝林的巴利安为代理人。当时情况已经相当糟糕：阿克的大街小巷，光天化日之下经常能见到的场景就是来自伯利恒的穆斯林商人与来自摩苏尔的聂斯托利派基督徒商人武装械斗。前者受圣殿骑士团保护，后者则把圣约翰骑士团当作自己的靠山。不仅如此，威尼斯和热那亚商人之间也经常发生武装冲突。

圣塞维里诺的罗杰到达阿克之后，在威尼斯人和圣殿骑士团的帮助下，确实得到了不少支持。这位安茹的查理任命的全权代理，出示了安条克的玛利亚、安茹的查理甚至是教皇约翰二十一世出具的证明。接着，他便在阿克的宫殿竖起了查理的大旗，将“耶路撒冷国王”的头衔加在了查理身上。贵族们本应该把罗杰当作国王的全权代理人，让他享受全权代理的待遇。但是，贵族们对此有点犹豫不决。他们赶紧派人到塞浦路斯找雨果，问他能否允许解除君臣效忠的誓言。雨果干脆闭门不见。第二批使臣依然没有见到雨果。众贵族一看这架势，干脆全部一齐向新国王“耶路撒冷的查理一世”表示效忠。

安茹的查理当上耶路撒冷国王的同一年，还发生了一件大事：马木留克王朝苏丹拜巴尔在大马士革去世。在这位苏丹手中，马木留克迅速扩张，吞并了不少十字军国家的土地——实际上，十字军国家已经丧失了所有内地领土，剩下的不过是海边从海法到拉塔基亚的狭长地带。1275 年，拜巴尔出征奇里乞亚。1277 年，他正式征服蒙古保护下位于安纳托利亚的塞尔柱苏丹国。不久后，蒙古伊儿汗国的阿巴加又率领大军夺回了塞尔柱苏丹国。此君曾多次向西方递出橄榄枝，希望能结盟共同对付马木留克，最终没有结果。教廷主要受安茹的查理的误导。对于查理来说，蒙古人是老对头拜占庭人和热那亚人的朋友，敌人的朋友自然就是敌人了。在查理的命令下，圣塞维里诺的罗杰与威尼斯人、圣殿骑士团和马木留克的新苏丹嘉拉温结盟。罗杰和马木留克王朝达成了为期十年的和平协议。的黎波里伯爵博希蒙德七世紧随其后，和嘉拉温达成了和平协议。的黎波里伯国内部矛盾也激化了。过去五年中，博希蒙德七世与圣殿骑士团、叛变的封臣之间，血腥冲突不断。

学术的火花

神学家大阿尔伯特去世

1280 年 11 月 15 日，科隆

伟大的神学家大阿尔伯特是经院神学高峰的开创者之一。他对古希腊哲学家亚里士多德的研究，影响了当时欧洲的神学。

大阿尔伯特去世后，被安葬在一座修道院的教堂中。他的研究涉及神学、哲学和自然科学，这让他获得了“全能博士”的绰号。他的确是精通多门学科的学者。宝石、矿物、植物、农业和动物都是大阿尔伯特研究的对象。在这些领域，他取得了和神学一样高的成就。他最重要的贡献是把自然科学的知识和哲学、神学知识结合在一起。由于大阿尔伯特翻译了亚里士多德的著作，他在当时的学术界享有极高的声望。在翻译过程中，他还去除了许多阿拉伯文化对亚里士多德的误读。

安茹的查理在西西里的统治轰然倒塌

西西里晚祷结束了权力斗争

1282 年 5 月 31 日，巴勒莫

西西里国王安茹的查理的严酷统治让百姓苦不堪言，最终引发了起义。查理没能留好退路，他的权力瞬间崩塌。

一件微不足道的小事——圣神教堂的一位新娘被劫走——在晚祷钟敲响之时瞬间引发了一场起义。安茹家族的军队措手不及，被起义的百姓杀得片甲不留。紧接着，起义群众袭击了居住在巴勒莫的法国居民。仅仅一个月，西西里岛狼烟四起，安茹的查理的统治分崩离析。

与安茹的查理结盟的教皇马丁四世，作为西西里王国的最高封君，拒绝接

◇ 《西西里晚祷》：西西里岛居民起义反抗法国统治者（弗朗切斯科·海兹，油画，1846 年）

受起义军的要求。无奈之下，起义军向阿拉贡和巴伦西亚国王彼得罗三世寻求帮助。这位国王的妻子正是西西里最后一位斯陶芬国王曼弗雷德的女儿。假托向非洲发动十字军之名，彼得罗三世率领军队抵达墨西拿。他被当地百姓拥戴为国王。教皇得知此事，将彼得罗三世逐出了教会，但是没有任何效果。后来，在马略卡和那不勒斯海战中，彼得罗的舰队又取得决定性胜利，击垮了安茹的军队。

西西里晚祷事件不是单纯的朝代更替。岛上居民团结一心，推翻外来统治者建立的军政府，让西西里有了独特的民族认同感。西西里方言成为这种认同感的基础。

东部殖民继续深入

东普鲁士被骑士团征服

1283 年夏，索多维亚地区

普鲁士抵抗条顿骑士团整整 50 年，战事不断——最终，条顿骑士团还是完成了普鲁士的基督教化。

索多维亚地区的首领斯科夫曼德撤退到白俄罗斯地区。多年来，他一直成功抵抗条顿骑士团的进攻。撤军之前，他将刚俘获的条顿骑士团成员路德维希·冯·利本采尔释放。斯科夫曼德撤军之后，条顿骑士团拆毁了斯科门特尔湖畔的军事要塞。索多维亚人的另外一个首领康特吉利斯也放弃抵抗，率领手下部落皈依了基督教。他们被转移到了桑比亚半岛，在那里定居。

索多维亚地区基督化，标志着整个针对普鲁士的十字军行动结束。胜利之后，条顿骑士团向农民发出倡议，以优厚的条件请他们去普鲁士定居——前往当地定居的农民可获赠土地。大批移民从西里西亚、法兰克尼亚、石勒苏益格—荷尔斯泰因、梅克伦堡和下萨克森迁往普鲁士。14 世纪的前 30 年，是移民的高峰期。

当然，普鲁士的基督化并没有完成。条顿骑士团国的疆域到达了尼曼河中游地区。尽管如此，叛乱时有发生，但是不再出现有组织的大型军事抵抗。

◇ 条顿骑士团骑士在德国东部遇到了东拓的农民家庭（约 1935 年彩色印刷品）

1277 年，条顿骑士团征服了普列戈利亚河地区。骑士团继续奉行不断扩张的政策，征服索多维亚地区。同一年，波格萨尼亚人和巴尔蒂亚人反叛，条顿骑士团大区团长康拉德·冯·蒂尔贝格平定了叛乱。紧接着，他带领骑士朝尼曼河中游进发。骑士们到达了涅戈钦湖南部，深入索多维亚地区，打败了索多维亚人的军队。征服这一地区，整整用了五年。即使是立陶宛人派出大批援军，也未能帮索多维亚人挽回败局。骑士团破坏了沿途所有军事要塞，摧毁了大型居住区。最后，当地人被全部赶走，撤往东方。

1284 年，康拉德·冯·蒂尔贝格趁着尼曼河冰期渡河，继续向东方前进。当地人没能组织起有效反抗，条顿骑士团迅速摧毁了当地的军事设施。夏天时，当地领主带兵进行反抗，没有任何结果。最终还是立陶宛人杀入该地，把地盘扩大到了桑比亚半岛。斯科夫曼德这时也重新加入战局。最后他发现自己无力反抗。1285 年，他接受基督教，受洗成为基督徒。其他的索多维亚人首领还在继续反抗。不久，他们放弃抵抗，撤往立陶宛，依然没有接受基督教。

皈依基督教后，当地贵族们从条顿骑士团那里获得了非常丰厚的待遇。以斯科夫曼德为例，他在格尔道恩附近获得了一块巨大的领地。另外一位名叫坎特格尔德的贵族，皈依基督教之后，带领大约 1600 名手下加入了条顿骑士团国，也获得了大片的土地。

完成扩张之后，新征服的领地需要大批新居民，这一过程持续了漫长的时间。西普鲁士已经吸收了大量的新移民，东普鲁士很难在短时间内再找到新的迁居者。当地森林茂密，沙化严重，这也吓退了不少移民。此外，立陶宛和波兰的边界未定。直到 1309 年，条顿骑士团征服东波美拉尼亚，把骑士团总部从阿克迁到了马尔堡（今波兰境内），才有更多定居者来到东普鲁士。

普鲁士人原有的村庄被重新分配。普鲁士农民比新居民获得的土地小一些。

不过，相应地原有的普鲁士农民也只需缴纳低一些的税赋。

女性神秘主义的高峰

神秘主义女诗人去世

大约 1282 年，海尔夫塔修道院

神秘学是指在内心中静观上帝的学问。13 世纪，神秘学成为一种有关虔诚的新兴学术运动。这一运动中，涌现了无数文学佳作。

◇ 马格德堡的麦希蒂尔德（木版画）

熙笃会修女马格德堡的麦希蒂尔德去世了。她是用德语记录下自己所见幻象的第一位女性作家。她的著作《上帝的流动之光》，在当时盛行的教众虔诚运动——伯格音派中非常受欢迎。贵族出身的麦希蒂尔德也参加了这一运动。

马木留克王朝威胁十字军国家

孩童登上耶路撒冷王座

1286 年 8 月 15 日，提尔

耶路撒冷王国终于有了一位新国王，贵族们终于团结一心，可惜，这并不能扭转王国灭亡的命运。马木留克王朝仍在一步步蚕食着十字军国家。

耶路撒冷宗主教的代理人博纳科尔索·德·格洛利亚大主教，为塞浦路斯的亨利二世加冕。这个 15 岁的年轻人成为耶路撒冷新国王。

神秘主义：上帝临在的精神经历

神秘主义的起源，历史上无法考证。神秘主义的目标，是身体和灵魂对上帝临在的直接体验，即“基督的新娘”——灵魂虽在人世间，却与上帝神秘地合一。这种合一的前提，是有节制的生活和冥想。其出现是可遇不可求的，合一时往往会看到异象，进入超脱的状态。

神秘主义多次受到教廷和教会的批评与怀疑。14 世纪，越来越多的普通教徒加入到神秘主义中来，尤其是许多女性教徒。这让教廷一度对神秘主义进行调查，以判断其是否为异端。神秘主义追求个人体验，很容易走火入魔。另外，在神秘主义中无法保证遵守教义。毕竟，和上帝的合一是无法用语言表达的，这也是神秘主义的一部分。教会需要对其进行严格审查。

巴勒斯坦——直到今日依然动荡不宁

十字军攻占圣地之后，建立了完备的管理机构，让这片富饶的土地获得了短暂的繁荣。十字军国家消亡后，巴勒斯坦也日渐衰落。没有人再来定居。丰饶的土地无人耕种，逐渐荒芜。灌溉系统被战争破坏后，再也无人建立。唯一比较富裕的，是地中海沿岸的一些城市，以及圣城耶路撒冷。

1516 年，奥斯曼帝国征服巴勒斯坦。19 世纪的最后 25 年，犹太人才开始有计划地重新回到巴勒斯坦定居。很快，当地的穆斯林就和犹太人发生不睦。第一次世界大战时，英国占领了巴勒斯坦。1922 年，巴勒斯坦成为

◇ 今日以色列境内的阿克废墟

新国王甚至得到了三大骑士团——圣殿骑士团、圣约翰骑士团和条顿骑士团一致的支持。

几周之后，亨利二世任命伊贝林的鲍德温作为圣地的全权代理人，自己返回了塞浦路斯岛。新王登基的喜庆气氛，并不能掩盖耶路撒冷危急局势所带来的忧虑。一年前，马木留克王朝苏丹嘉拉温夺去了马

◇ 巴勒斯坦的儿童在加沙地带游行抗议以色列的占领

尔卡布城堡——圣约翰骑士团最重要的城堡之一。在没有遇到什么抵抗的情况下，马木留克大军接着前进，占领了拉塔基亚。蒙古的伊儿汗国一直想建立抵御马木留克的阵线，最终没有成功。此时耶路撒冷王国已经虚弱不堪，以至于伊儿汗国从未考虑过要与其结盟。

第三个十字军国家灭亡

马木留克攻占的黎波里

1289 年 4 月 26 日，的黎波里

拜巴尔苏丹在位时，不断进攻的黎波里伯国。的黎波里伯国的面积已经缩小成海岸边很小的狭长地带。

马木留克苏丹嘉拉温带领一支庞大的军队，用攻城机摧毁了西南城墙，冲入的黎波里城内。市民们只进行了零星抵抗。面对数量庞大的马木留克军队，战斗很快结束。城中所有男人都被屠杀，女人和孩子被贩卖为奴隶。屠城之后，马木留克苏丹下令完全拆毁该城，防止十字军再来攻占。几公里之外的朝圣者山脚下，苏丹建立了一座新城。

为何马木留克苏丹嘉拉温破坏与的黎波里之间的休战协议，史书上没有记录。尽管十字军国家一直是他的眼中钉，但这位苏丹最重要的利益，是保证与热那亚、威尼斯的贸易畅通，所以完全没有必要如此大动干戈。或许，此次出兵的借口是威尼斯向苏丹求救。威尼斯宣称，热那亚人将垄断整个东方的贸易。

英联邦的一部分。纳粹在欧洲大规模迫害犹太人时，大批犹太人来到了巴勒斯坦。犹太人不断移民，为建立一个新的民族国家提供了先决条件。

1948 年以色列建国后，冲突不断升级。1967 年的“六日战争”中，以色列占领了约旦河西岸和加沙地带，本属于英联邦的巴勒斯坦地区并入以色列。直到 1988 年，巴勒斯坦民族解放阵线才代表巴勒斯坦人建立了自己的国家。1993 年，冲突双方达成协议，赋予巴勒斯坦国部分自治权。一年后，巴勒斯坦民族权力机构成立，开始行使自治权。1996 年，巴勒斯坦举行大选。2000 年年末，尽管在政治上取得进步，巴勒斯坦还是和以色列产生冲突（阿克萨群众起义）。直到今日，流血冲突依然持续，没有平息。

在敌人未曾接近的黎波里之前，该城的防御力量就已经因为热那亚和威尼斯之间的利益争斗严重削弱了。1287年，伯爵博希蒙德七世去世，没有留下子嗣继承爵位。当地贵族和市民成立了自治城市，开始行使政府职能。当时的市长是巴尔托罗缪乌斯·恩布利亚科，他来自热那亚贵族家庭。三大骑士团支持博希蒙德伯爵的妹妹露西娅掌管的黎波里。威尼斯开始也站在露西娅一边。露西娅却表示愿意承认热那亚在当地获得的一系列特权，后来还成为女伯爵。她和威尼斯的冲突便不可避免。

嘉拉温率领大军从埃及出发北上时，并没有公开自己进攻的目标。的黎波里伯国之中，没有人想到苏丹会攻来，所以根本没有采取任何防御措施。直到马木留克大军出现在城外，骑士团才紧急调遣骑士前来应战。威尼斯人看到的黎波里大势已去，立刻撤走了所有舰船。就连热那亚人都火速撤离了该城。露西娅女伯爵在骑士团首领的保护下，逃到了塞浦路斯。

◇ 的黎波里的坦耶尔清真寺上的清真言

的黎波里沦陷之后，孤零零的阿克城中慌作一团。人们一直以为苏丹会允许基督徒居住在海岸边的几座城市中，不会刀兵相见。的黎波里的灭亡，打破了这种幻想。尽管如此，亨利二世还是尝试着与嘉拉温苏丹议和，以换取和平。

的黎波里灭亡的消息传到欧洲，震动了所有国家。教皇尼古拉四世立刻请求所有国王尽可能提供帮助，并要求所有教职人员号召十字军。但没有任何人理睬教会的请求。曾经参加过十字军东征的英格兰国王爱德华一世，此时把精力集中在苏格兰。热那亚扣留了一些埃及商船，算是应付差事。当嘉拉温封锁亚历山大港，不允许热那亚商人进出时，知趣的热那亚人便与嘉拉温达成休战协议，释放了所有商船。德意志和希腊的使团干脆纷纷拜访埃及——欧洲对的黎波里的沦陷坐视不管。

狂热的人们参加十字军

阿克血流成河

1290年8月，阿克

◇ 马木留克骑兵（阿拉伯手绘本插画，15世纪）

教皇发动十字军的倡议，在意大利北部终于得到了响应。参加十字军的是一群无所事事的投机者。

在威尼斯总督儿子尼古拉斯·提埃坡罗的指挥下，20艘军舰载着农民、临时工和投机者到达了十字军城市阿克。这支来自意大利北部的杂牌十字军，是响应了教皇尼古拉四世的号召来到圣地的。他们要来击退马木留克。与先前的黎波里的情况不同——那里是热那亚人的地盘，阿克是威尼斯人的商业重镇。为了保住阿克，威尼斯投入人力物力财力，组织了此次十字军。

教皇并不相信威尼斯人参加十字军是出于虔诚。所以，他命令逃到罗马的的黎波里主教担任此次十字军的最高指挥。抵达阿克之后不久，事实就证明了教皇的担忧是正确的。这支十字军每日想的就是横行乡里，到处抢劫，很快惹起了众怒。他们还迫害当地正常生活的穆斯林农民和商人。路上遇到的每个穆斯林，都被他们杀害。他们错误地以为，只要留大胡子的就一定是穆斯林，不少基督徒也成了受害者。这支十字军的首领经常拿不出钱，无法按期支付这支杂牌军的军饷，所以首领根本没有任何威望，也无法下令阻止屠杀。当地贵族和骑士团也只能将其中一些作乱之徒关押起来。

这些暴行最终传到了马木留克苏丹嘉拉温的耳朵里。他以此为借口，宣布与阿克的休战协议无效。阿克贵族们迅速派人到苏丹那里，解释自己对这些行为没有办法控制，请求苏丹原谅，并多多包涵。嘉拉温早就下定决心，血债血偿。大军准备出发的同时，嘉拉温散布谣言，声称自己要进军非洲，让基督徒们暂时留在圣地。一名马木留克士兵将消息传给圣殿骑士团团长威廉·德·博热，告诉他情况紧急。但是一切为时已晚，阿克最终没能组织有效的防守。

1290年11月4日，嘉拉温率领一支庞大的军队从开罗出发，朝阿克方向前进。大军出发不久，嘉拉温忽然染病去世。他的儿子艾什赖夫即位，带领军队继续前进。

绝对不是火星语：法兰克语——十字军国家的特殊语言

十字军国家是多种文化和语言的碰撞之地，这给人们相互的交流造成了一定的困难。12世纪时，十字军国家的贵族大约共有6000人，其中一半在耶路撒冷王国，另一半生活在的黎波里伯国、安条克公国和埃德萨伯国；这些十字军国家的最高层在日常生活中使用的语言是法语。十字军国家的文学作品也以法语为主。一位来自德意志的十字军曾抱怨，为了找到说德语的人他花了九牛二虎之力。十字军国家的官方语言和当时大多数欧洲国家一样是拉丁语，所有的官方文书都使用拉丁语。十字军国家的居民——生活在中层和底层的人们——则多用阿拉伯语；对于大多数十字军

东征的骑士寥寥无几

十字军国家的最后求救

1290年秋，阿克的黎波里沦陷之后，与马木留克达成的休战协定让最后一个十字军国家暂时得以喘息。只有很少的骑士从欧洲出发提供帮助。

英格兰国王爱德华一世的谋士瑞士人格朗松的奥托朝圣地出发。和他

◇ 十字军的最后要塞——阿克危在旦夕

◇ 商业贸易促进了新语言的产生：十字军国家中巴札（波斯语“市场”之意）上的地毯商人（19 世纪历史画）

同行的，还有爱德华一世亲自指定的几名骑士。他们的任务是帮助圣地最后一座城市阿克。东征的骑士中，有一位名叫约翰·德·格莱利。

早在 1270—1272 年间，格朗松的奥托就曾陪同当时还是英格兰王子的爱德华来到圣地。自爱德华登基以来，奥托一直忠心耿耿为国王服务。

格朗松的奥托到达阿克时，城中正在热火朝天地准备迎击马木留克大军。圣殿骑士团和圣约翰骑士团所有能够战斗的人员全部参加守城。条顿骑士团大团长康拉德·冯·福伊赫特万根呼吁全欧洲的骑士前来援助阿克。塞浦路斯国王亨利二世的兄弟阿马尔里克也率

而言，这是一种陌生的语言，尽管很多人很快就能在日常交流中使用这种语言。当越来越多的意大利商人来到圣地时，意大利语也成为日常生活交流的一种重要语言。拜占庭帝国境内人们主要使用希腊语，他们使用通俗的希腊语称十字军为“Phrangoi”——法兰克人。

据语言学家们研究，随着时间的不断推移，十字军国家的语言逐渐发展成为一种混合了阿拉伯语、法语、晚期拉丁语和意大利语的独特语言，最后慢慢发展成为一种通用语——即法兰克语。法兰克语（“Lingua franca”）这个名字还是威尼斯人首先使用的。这种语言的词汇量不是很大，因为其主要的用途就是日常交流和商业交易，而且其语法也相对简单。关于这种语言并没有留下任何书面的文字资料。在十字军国家灭亡之后法兰克语还留存了很长时间，直到 19 世纪阿尔及利亚依然使用这种语言。但是最终这种语言消失了。现今语言学的专用术语中，通常还把一种混合语或者世界性语言称为“Lingua franca”。

语言学家们普遍认为这种法兰克语是最早的混杂语言，或称其为“皮

钦语”。皮钦语是一种由英语、法语、西班牙语和葡萄牙语混杂的现代语言，其形成和曾经的法兰克语有类似之处。皮钦语的名称来源于英语单词“business”，其主要的用途也是在贸易和商业中。

领援军赶到，并且担任此次守城战斗的总指挥。城中每个健壮的居民都武装起来，准备为守城做出自己的贡献。当时阿克城中居民大约 3.5 万人。教皇尼古拉四世向欧洲所有统治者发出呼吁，总共却只有不到 1000 名骑士，还有大约 1.4 万名士兵参加这场保卫阿克的生死之战。

1291 年 4 月，马木留克大军开始进攻阿克。亨利重新加固的城墙起到了很好的防护作用。为解围城之急，在格朗松的奥托的配合下，圣殿骑士于 4 月 15 日夜间冲出城外，突袭马木留克营地。尽管此次偷袭成功，但是绝大多数骑士都在黑暗中被帐篷绳子绊倒，或阵亡或被俘。只有很少的骑士回到了阿克，包括格朗松的奥托。阿克最终被攻占之后，他乘船逃到了塞浦路斯岛。回到英国后，奥托和爱德华一世一起与威尔士作战，还对英国的城堡建设产生了重要影响。

马木留克王朝攻占最后的十字军国家

阿克！阿克！！

1291 年 5 月 18 日

阿克，这座见证了十字军国家鼎盛时期的城市，一直是马木留克王朝想要除掉的对象。阿克沦陷，标志着十字军国家的正式覆灭。

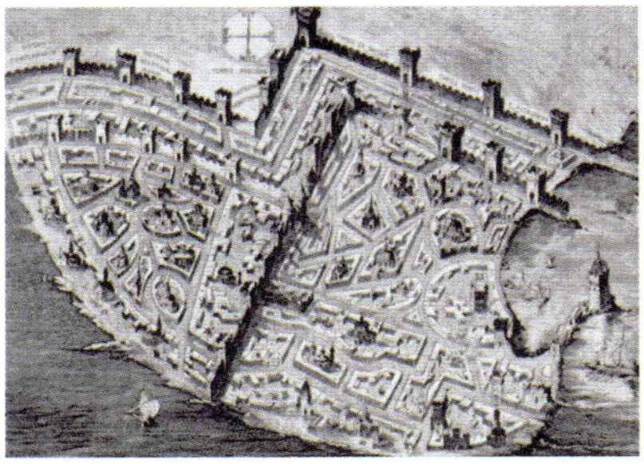

◇ 阿克城鸟瞰图（19 世纪版画）

马木留克苏丹艾什赖夫下令，对阿克展开疯狂猛烈的进攻。城中的 3.5 万名居民，和赶来增援的 1000 名骑士和 1.4 万名士兵，一起加入了阿克保卫战。就连阿拉伯编年史作者也惊讶于十字军的勇气。然而，这一次勇气没能改变注定的命运。由6万名骑兵和16万步兵组成的庞大军队，4月6日包围了这座城市。阿克在劫难逃。

被包围之后，阿克军民最后一次和苏丹谈判，希望能在一定条件下和平撤离。所有派出的使者，不是被扣留就是被斩首。威尼斯由于和艾什赖夫苏丹达成特殊协议，背叛了阿克，没有派出任何舰队来增援。

马木留克大军的100台攻城机火力全开，很快阿克的城墙就损毁严重。当最高的城塔“恨天塔”倒塌时，马木留克大军像潮水一样冲进了阿克。守城的军民和冲进来的马木留克大军展开了激烈的巷战。由于寡不敌众，无数人阵亡。圣殿骑士团大团长威廉·德·博热战死。圣约翰骑士团大团长受重伤，拼死保护国王亨利二世乘船逃往塞浦路斯。

◇ 英勇的十字军一直战斗到了最后（多米尼克·路易斯·帕佩蒂，油画，1845年）

占领阿克之后，艾什赖夫开始着手系统性地破坏阿克。他要让这座城市再也没有人来居住，再也不能对马木留克王朝产生任何威胁。所有民居和市场都被放火焚毁，骑士团的驻地和城墙上的高塔也都被一点点拆解。剩下的巨大城墙孤零零留在那里，自生自灭。这些见证了历史的城墙，今日还矗立在地中海的岸边。优美的圣安德烈大教堂被完全搬到了开罗。为让新苏丹艾什赖夫威名远扬，开罗建了一座新清真寺。圣安德烈大教堂的所有材料被用来装饰这座新清真寺。40年后，一位德意志朝圣者来到只剩下断壁颓垣的阿克，可他只找到了两座没有被完全拆毁的教堂。

随着阿克沦陷，十字军国家的最后据点也陷落了。海岸上剩余的地盘根本无法继续坚持，很快遭到了相同的命运。提尔一向被认为是坚不可摧的要塞。最终，守军撤离，放弃了抵抗。西顿在阿克陷落之后是圣殿骑士团所有财宝的存放地。守城军队看到马木留克军队接近，迅速放弃了西顿，撤到最近的小岛上。苏丹占领西顿之后，很快就填海建造了一座栈桥，攻占了这座小岛。接着，这支马木留克大军转向贝鲁特。贝鲁特的大教堂被改建为清真寺。同一天，苏丹的军队攻占了海法。他们拆毁了加尔默罗山上的修道院，杀害了所有修道院中的修士。十字军国家正式灭亡，剩下的只有两座属于圣殿骑士团的城堡：阿特立特和托尔托萨。不久之后，它们也落入马木留克王朝手中。

马木留克奉行坚壁清野的策略，所有海岸地带可能用作要塞的地点，全部被夷为平地。这样，法兰克人再也不能来到圣地居住了。甚至连丰产的果树林都被砍倒，农业灌溉设施也被破坏，所有农田变成了荒漠。

十字军国家彻底消亡，持续近 200 年轰轰烈烈的十字军东征，留下的只有传说和废墟，引发了人们的无限想象。

投机者罗杰·德·弗洛尔，靠着阿克一役的灾难大发横财

充满争议的圣殿骑士兼雇佣军

1291 年 5 月，阿克

冲进阿克城的马木留克烧杀抢掠，城中的居民陷入恐怖之中。很多人试图登船逃跑，于是有不少投机者趁机倒卖船票，大发横财。

◇ 罗杰·德·弗洛尔（湿壁画上的画像）

罗杰·德·弗洛尔来自德国，大约 30 岁。他作为圣殿骑士，管理阿克港中一艘属于圣殿骑士团的船只，也是这艘船的船长。马木留克杀入阿克城，大批商人和贵族用重金购买逃难船上的座位，只求逃命到塞浦路斯岛。

罗杰的父亲曾是神圣罗马帝国皇帝腓特烈二世的驯鹰师。罗杰幼年时父亲不幸早逝，家中财产尽失，他无奈加入了圣殿骑士团，受骑士团的委派前往阿克。他的第一桶金就是靠阿克之战中敲诈富有商人和贵族赚到的。因行为不端，他被圣殿骑士团开除。这位投机家离开骑士团之后，成了西西里国王腓特烈三世手下军队的副统帅。与

拜占庭皇帝安德洛尼卡二世·帕里奥洛格斯谈好条件之后，他成了拜占庭“加泰罗尼亚雇佣军团”的首领。他带着这群西班牙雇佣军横行乡里，与土耳其人作战。战绩不错的罗杰从皇帝那里得到了贵族头衔，并且迎娶了皇帝的侄女玛利亚。后来，拜占庭皇帝还授予他“恺撒”头衔。

基督徒被赶出叙利亚海岸区域

圣殿骑士放弃托尔托萨要塞

1291 年 8 月 3 日，托尔托萨

阿克沦陷，圣地北部整个海岸地区完全暴露在了马木留克军队面前。甚至连骑士团都无法组织任何有效的抵抗。

发现寡不敌众，圣殿骑士决定放弃位于叙利亚岸边的托尔托萨要塞。圣殿骑士团大团长威廉·德·博热在阿克守卫战中阵亡，少数幸存的骑士乘几只小船逃到了塞浦路斯。事实很快证明，面对强大且人数众多的马木留克军队，十字军的抵抗是以卵击石。很多残存的十字军据点都自动放弃，避免更大的损失。

◇ 圣殿骑士撤军（湿壁画，12 世纪）

1099 年第一次十字军东征攻占了托尔托萨要塞。当地因为一幅极有价值的圣母像而成为朝圣地点。为了能更好地保护耶路撒冷，1152 年耶路撒冷国王鲍德温三世将托尔托萨交给圣殿骑士守卫。圣殿骑士团在这里建造了坚固的城堡，扩建了原有的港口。1188 年，萨拉丁曾经进攻这里。圣殿骑士成功守住了托尔托萨。萨拉丁撤军之后，圣殿骑士继续对此地进行扩建。1270 年，马木留克苏丹拜巴尔再次率领大军攻城。圣殿骑士团只能用一部分岸边的土地来交换和平。12 年后，圣殿骑士和嘉拉温苏丹达成休战协定，为期十年——协定即将过期之时，艾什赖夫苏丹率兵占领了已经无人驻守的要塞。与托尔托萨隔海相望的鲁万德岛，则继续被圣殿骑士守卫了 11 年。

蒙古人的威胁消失

东方局势新变化——蒙古帝国分裂

1294年夏，北京

成吉思汗之孙忽必烈治下，蒙古帝国面积达到最大。忽必烈去世后，这个庞大的帝国开始四分五裂。

忽必烈是蒙古帝国最后一位大汗，这一年夏天在北京去世。忽必烈的兄弟们一直想在波斯、叙利亚和南俄罗斯成立自己的帝国，但是他们一直处在忽必烈的松散统治之下。忽必烈去世后，这种松散联盟土崩瓦解。

◇ 蒙古人与日本人交战（细密画，1293年）

蒙古的可汗们一直对基督教实行较宽松和平的政策。当马木留克威胁圣地时，伊儿汗国的阿尔贡曾经一度寻求和十字军结盟，共同遏制马木留克。他向西方所有统治者和教皇派去了使者，可是所有努力都没有取得成果。教皇因为伊儿汗国不愿受洗，最终拒绝了结盟的请求。

忽必烈去世后，蒙古人开始从叙利亚撤军。

圣约翰骑士团寻找新家

攻占罗得岛：圣约翰骑士团新总部

1306年5月27日，塞浦路斯岛上的利马索尔

失去圣地，对于所有骑士团都是沉重的打击——他们失去了自己的总部。于是，他们开始着手寻找新家。条顿骑士团重点进攻波罗的海诸国，圣约翰骑士团则把眼光放在了地中海的小岛罗得岛上。

热那亚海盗维尼奥洛·迪·维诺里，从拜占庭皇帝安德洛尼卡那里租借到了管理科斯岛和莱罗斯岛两岛的权力。他与圣约翰骑士团大团长富尔克·德·维拉雷在塞浦路斯岛上会面。维诺里向大团长建议，一同攻占希腊的十二群岛，将占领的土地平分。富尔克还特地前往欧洲，找到教皇克雷芒五世，希望教皇支持他的计划。几艘圣约翰骑士团的船只，在热那亚舰队的帮助下，登陆罗得岛，开始征服这座岛屿。11 月，菲勒莫要塞投降，圣约翰骑士团在该岛上获得一席之地。1308 年，一次意外又帮了骑士团一把。塞浦路斯的海军拦截了从君士坦丁堡出发的一支舰队，这支舰队上的

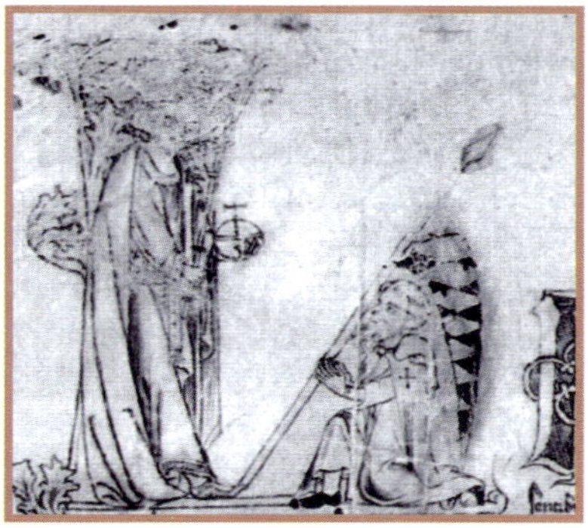

◇ 1337 年路易四世皇帝将立陶宛交与条顿骑士团

转变之时：骑士团的新生

阿克陷落，让所有骑士团都陷入困境之中。骑士团成立的目的就是保护圣地以及朝圣者。而现在，他们不得不放弃这一目标。圣殿骑士团和圣约翰骑士团暂时撤离到了塞浦路斯岛。因为财力和军事实力强大，它们备受猜忌。因此，它们被迫寻找新的栖身之所，甚至拥有东普鲁士的条顿骑士团也陷入了危机。首先，条顿骑士团在威尼斯设立了一个专门的分支，继续维持和圣地的联系。骑士团内部分成想法不同的两派。一派认为，骑士团应该把精力集中在圣地；另一派则认为，条顿骑士团的重点应该是普鲁士。1309 年，条顿骑士团大团长齐格弗里德·冯·福伊赫特万根决定将总部迁往普鲁士的马尔堡城堡。14 世纪，条顿骑士团的主要任务是征服立陶宛的异教徒。教皇博尼法斯八世曾经批评条顿骑士团从来不把传教列为第一要务，而是把压迫当地人和聚敛财富作为首要目标。还有人指控条顿骑士团奉行异教习俗，将受伤的团员杀死，进行火葬。经过长期的努力，

条顿骑士团才逃脱了一劫，没有遭遇和圣殿骑士团相同的命运。条顿骑士团下属的里加兄弟会被教皇绝罚。最后，在当时的大团长卡尔·冯·特里尔的努力下，骑士团最终洗清了嫌疑。

圣约翰骑士团在圣殿骑士团被审判之后，获得了该骑士团的大笔财产。将总部迁至罗得岛之后，直到 1522 年奥斯曼帝国扩张之前，圣约翰骑士团总部一直固定不变。1365 年和 1396 年，圣约翰骑士团还以罗得岛为基地，进行了两次十字军东征。1440 年击退马木留克，1480 年击退奥斯曼，更让圣约翰骑士团名声大振。罗得岛最终失守，神圣罗马帝国皇帝查理五世将马耳他岛交给了骑士团。在这里，圣约翰骑士团继续抵御奥斯曼帝国。瓦莱塔成为骑士团新的总部，马耳他岛在骑士团手中获得了新的繁荣。直到法国大革命时，骑士团的大部分财产被侵占。1798 年，拿破仑攻占马耳他，骑士团又失去了这个总部。

◇ 马耳他岛上的这片森林是当年圣约翰骑士团所种植的

士兵是来增援罗得岛的。被俘虏军队的首领也是罗得岛人。他为了活命，愿意为圣约翰骑士团做中间人，劝降罗得岛。8 月 15 日，罗得岛投降。这里后来成了圣约翰骑士团总部。骑士团把这里建成了中世纪最重要的海港城市。对于十字军而言，这也是一次不小的胜利。

罗得岛逐渐转变为一个独立公国，形式类似于条顿骑士团建立的骑士团国。攻占罗得岛不久，圣约翰骑士团就面临一次严重的政治危机。大团长富尔克被指控生活奢靡，独断专行，让骑士团负债累累。1317 年的叛变，差点要了大团长的命。两年后他被罢黜，由埃利翁·德·维勒纳夫继承大团长之职。

罗得岛逐渐成为朝圣者去往圣地的重要中转站。圣约翰骑士团也给这里带来了新的生机。岛上的最大城市被一分为二，一部分给罗得岛当地人、希腊以及犹太商人居住，另外一部分专供骑士团团员居住。两大区域之间被一道城墙隔开。大团长居住的宫殿另有城墙保护。这三道城墙组成的三层圆圈形状，象征着教会信道者组成的联盟。这座骑士城的中心，象征着耶稣基督为王。人们也按照其生活的区域，划分为不同阶层——希腊居民属于底层，农民是封建领主的下属。骑士团属于独立机构，拥有高度的自由。除了拓展农业之外，圣约翰骑士团还大力发展医疗事业，为伤患服务。1314 年，罗得岛成立第一家医院。14 世纪末，医院全部建成。

◇ 罗得岛上圣约翰骑士团大团长的宫殿

在圣约翰骑士团进攻罗得岛的时候，圣殿骑士团正在法国受审。富尔克·德·维拉雷知道，教皇将把圣殿骑士团的财产交给圣约翰骑士团。同时，他也害怕有一天圣殿骑士团的命运发生在圣约翰骑士团身上。他向法国国王腓力建议，只有骑士团进行改革之后，才能得到圣殿骑士团的财产。不久，教皇克雷芒五世制定了改革骑士团的措施。他限制了圣约翰骑士团的一些特权，要求骑士团公布收入明细。1314 年，克雷芒五世教皇去世。新任教皇约翰二十二世大力支持骑士团，将所有圣殿骑士团的财产交给了圣约翰骑士团，没有提出任何特别要求。

◇ 圣约翰骑士团攻占罗得岛（19 世纪版画）

圣殿骑士团曾经拥有大量地产，但真正交给圣约翰骑士团的并不多，大多数都被世俗贵族侵占，尤其是法国，反对把圣殿骑士团的财产转给圣约翰骑士团。不过，后来的几年中，圣约翰骑士团在欧洲的财产翻了一番。

圣殿骑士团遭到审判

法国的大搜捕

1307年10月13日，巴黎

关于圣殿骑士行为不端的谣言越来越多，最终导致骑士团被查禁。

法国国王发出密令，下令所有官员在法国境内搜捕圣殿骑士。所有骑士团的财产被登记没收。逮捕的理由是圣殿骑士团涉嫌异端，品行不端。法国国王腓力四世抢在教皇之前展开调查。教皇克雷芒五世开始表示反对，因为圣殿骑士隶属于教皇而不归法国国王管理。最后，在圣殿骑士团高层认罪之后，教皇于11月22日下令逮捕所有圣殿骑士，包括塞浦路斯岛上的圣殿骑士。所有圣殿骑士团的财产都被没收。在巴黎，许多圣殿骑士不承认刑讯逼供得出的口供。1309年5月13日，54名骑士由于屡教不改而被判为异端罪，绑上火刑架活活烧死。

◇ 法王腓力四世下令烧死圣殿骑士（14世纪细密画）

最后的圣殿骑士团据点

马木留克攻占鲁万德岛

1302年夏，托尔托萨附近

蒙古伊儿汗国的合赞可汗进攻叙利亚时，圣殿骑士希望能与其结盟，共同对付马木留克。最终，鲁万德岛被马木留克攻占。

马木留克舰队进攻鲁万德岛时，岛上仅有一些圣殿骑士守卫。这座岛与托尔托萨隔海相望。由于给养不足，几天之后，守岛一方战败投降。鲁万德岛是十字军在圣地海岸的最后一个据点。

一纸空谈

新的十字军号召

1307 年夏，阿维尼翁

圣地完全失守，欧洲出现了许多十字军东征的计划——只是没有一次付诸实施。

圣殿骑士团大团长雅克 · 德 · 莫莱向教皇克雷芒五世提交报告，计划进行新的十字军东征。他提出首先应该派出十艘大型军舰掌握制海权，1.5 万名骑士和 4 万～ 5 万名步兵紧随其后，发起进攻。所有军队应该从塞浦路斯岛出发，在叙利亚的海岸登陆。

终章 十字军东征影响深远

为夺回圣地而进行的十字军东征，在西方基督教世界看来是失败了。第一次十字军东征以不可思议的动力和勇气，取得了奇迹般的胜利，最终建立了十字军国家。短短200年，十字军国家便消失殆尽。在这个时代中，没有哪个欧洲贵族不曾披挂东征，到圣地朝圣，为从穆斯林手中夺回圣地而战。1291年，阿克陷落于马木留克之手，十字军国家成为历史，十字军理想也慢慢消逝。纵观十字军东征整个过程，最大的赢家应该是那些意大利商业城市。即使是在阿克沦陷之后，它们依然继续着地中海沿岸的贸易。商品和文化的交流，让欧洲接触到许多东方的特质。有历史学家认为，欧洲哥特建筑中常见的尖拱窗便与十字军东征有关。十字军东征最重要的影响之一是教皇地位的变化。如果说在东征之前欧洲贵族大多对教皇言听计从，后期无数次无果的十字军号召则表明，教皇的影响力大为衰落。1099年，十字军攻占耶路撒冷，这逐渐在伊斯兰世界中成为一个符号。这个符号经常被圣战分子利用，成为以暴制暴的理由。

十字军东征曾一度是教皇的手段

东西教会大分裂之后，拉丁教会一直希望能与东方教会重新共融。十字军东征对拜占庭帝国产生了深远的影响。东方拉丁帝国的建立（1204—1261年），给本来就衰落不堪的拜占庭帝国雪上加霜。拜占庭帝国最终于1453年被奥斯曼帝国吞并，教会重新合一终究无法实现。欧洲境内，十字军一度成为教皇对付与自己意见不合者的手段。无数次发生在欧洲境内的十字军，让这个手段失去了信誉。最终，滥用十字军也报应到了教廷自己身上：1378 年，西方拉丁教会再次发生大分裂，两名对立的教皇互相称对方为异端，宣布向对方发动十字军，导致欧洲陷入了整整 40 年的战乱中。后来，在英国、法国和勃艮第出现了一次运动，试图通过重新进行十字军东征，把内部矛盾外向化。当然，该运动还是无果而终——1396 年向尼科波利斯进军失败，同时欧洲出现了第三位对立教皇，让情况更加糟糕。直到 1417 年康斯坦茨大公会议召开，这次分裂才终于结束。除了教皇滥用十字军外，许多世俗统治者也乐此不疲，为的是扩大自己的地盘。1415 年，扬·胡斯在康斯坦茨被判为异端，被执行火刑。这导致了波希米亚叛乱，引发了后来的“胡斯战争”。西吉斯蒙德皇帝号召德意志贵族进行了五次十字军东征，实际上是皇帝欲巩固自己在波希米亚的统治。十字军失败之后，西吉斯蒙德皇帝接受了胡斯派深深扎根于波希米亚的现实。后来再进行的两次十字军东征，也没有结果。宗教改革时代，十字军的对象变成了新教徒。但是这时十字军的号召已经失去了力量。尽管 1544 年的特伦托大公会议上将“清除信仰上的纠纷”与十字军联系起来，30 年战争中也偶尔会提到十字军的名号，但十字军已不再有强大的号召力。

宗教之间的矛盾

天启宗教的特点，是向世界宣示真理。因此，对于不信教或者信其他宗教的人，带有或多或少的歧视。伊斯兰教的先知穆罕默德也曾规定，不得迫害犹太教徒和基督徒，因为他们毕竟是有经人。早期的哈里发国家当中，犹太教徒和基督徒并没有遭到严重迫害。但是，十字军东征使得伊斯兰教重新发掘了自己的圣战传统，失去了曾经的宽容。暴力只能传播暴力的种子，十字军在近东的行为让暴力不断升级，让本来就刚性的伊斯兰教变得更加强硬。于是，势不两立的敌对双方慢慢形成，马木留克王朝便是这种暴力升级的恶果。

“吉哈德”便是穆斯林对十字军的反应。十字军也带有迫害犹太人的倾向。尽管犹太人并非十字军的目标，但是由于犹太人在欧洲的许多行为值得商榷（比如放高利贷），所以十字军运动往往导致民众一轮又一轮地迫害犹太人。在西班牙进行的收复失地运动中，这种排外倾向颇为明显。比如直到15世纪，格拉纳达一直在穆斯林控制下，最后才被收复。1492年1月2日，人称“博阿迪尔”的阿布·阿卜杜拉·穆罕默德签署协议，将格拉纳达交还给西班牙人。本来在协议中，穆斯林和犹太社区都将得到保留。但是，3月31日，一道诏书命令所有犹太人必须在指定时间内离境。当时生活在格拉纳达的大约2万名犹太人逃往塞萨洛尼基。直到1968年，这道诏书才正式撤销。

◇ 寻求避难所：圣约翰骑士团建设罗得岛（15世纪细密画）

今日的十字军，明日的征服者

收复格拉纳达时，西班牙人举行了盛大的庆祝仪式。阿尔罕布拉宫升起十字旗帜，人群一片欢呼，高诵安布罗西圣咏。人群中有个奇怪的人，几天后他将和王室达成一项协议：找到印度，带回黄金，并且传播基督教——这个人便是克里斯托弗·哥伦布。1492年8月初，他乘船出海。他来自意大利，为西班牙王室服务。哥伦布心中有一个梦想，就是利用新发现的海路，重新收复耶路撒冷。有趣的是，寻找东方的哥伦布，最终却发现了西方的新大陆——虔诚的哥伦布认为，这是上帝交给他的任务。随哥伦布而来的西班牙征服者，身上也带有十字军的影子：皈依或者刀剑。这新一代征服者占领了新大陆，继承了十字军的衣钵。他们中许多人都曾与信奉伊斯兰教的摩尔人战斗过。正是在这些战斗中，他们形成了自己行事的风格——这些例子可以在无数的自传中找到。征服者往往虔诚，有极强的荣誉感，愿意为冒险付出生命的代价。最终，教皇也将新征服的美洲作为封地，赐给了这些征服者。

抗击奥斯曼帝国的十字军

奥斯曼帝国穿过巴尔干半岛，朝欧洲的方向不断扩张。这再一次赋予十字军理想以新的生机。1444年，抗击奥斯曼帝国的巴尔干诸国在瓦尔纳（保加利亚的城市）遭遇惨败。奥斯曼帝国迅速扩张，瓦拉几亚、阿尔巴尼亚和希腊先后落入奥斯曼手中。教皇尤金四世竭尽全力，希望组织全欧洲进行一次保卫战。尽管制订了许多计划，最终都没有落实。直到1683年，奥斯曼帝国的军队出现在维也纳城下，欧洲才敲响了警钟。闹得不可开交的诸国终于团结起来，组成神圣同盟。奥地利是最直接受威胁的国家，哈布斯堡王朝号召十字军，保卫基督教世界的屏障。

当奥斯曼帝国进攻俄罗斯时，十字军再一次出现了。1710年，沙皇彼得大帝组织军队抵抗土耳其人，保卫西方世界的“第三罗马”莫斯科。他号召基督教世界提供帮助。但是，最终彼得大帝不得不孤军奋战，1711年败给了奥斯曼帝国。

骑士团撤离

圣地失守之后，三大骑士团——圣殿骑士团、圣约翰骑士团和条顿骑士团经历了完全不同的命运。1312年，圣殿骑士团在法国被判为异端邪说。骑士团遭解散，所有财产被没收，绝大多数团员被送上了火刑架。圣约翰骑士团从圣地撤到了塞浦路斯岛。1306年至1308年，他们从海盗手中攻占了罗得岛。为赶走奥斯曼人，1530年开始，他们将马耳他岛作为总部。1798年，圣约翰骑士团总部遭拿破仑军队进攻。经过两天的战斗，马耳他岛被拿破仑攻占。直到今天，圣约翰骑士团依然是独立的主权国家，尽管没有任何领土。其主要任务又回到了骑士团创立之初的根本——照顾病人和老人。在圣约翰骑士团的旧势力范围——德国、英国和荷兰——后来出现了三个新教的圣约翰骑士团，它们的任务就是照顾

◇ 1492年征服格拉纳达，西班牙收复失地运动中十字军是指导思想

病患。条顿骑士团自1226年开始有了新的使命。条顿骑士团完成了帝国的东扩，于1466年成为波兰的封臣。1525年，骑士团实现世俗化，变为普鲁士，但依然是波兰的封臣。

◇ 突厥人攻占君士坦丁堡

十字军成为比喻用语

十字军东征已经结束700多年，但是“十字军”一词一直不断地出现在历史中。直至今日，十字军依然被经常使用。尽管很多人都已经忘记，数百年前的那一群人，是带着何种心情踏上遥远的征途的。他们中有的人为了财富，有的人为了土地，还有一些人是为了救赎。

十字军人物传记

阿卜杜勒·慕敏

穆瓦希德王朝将领和第一任哈里发，于 1094 年生在特莱姆森（阿尔及利亚），1163 年卒于塞拉（摩洛哥）。作为宗教先行者伊本·图马特的学生和组织者，1130 年开始对穆瓦希德王朝的统治。十年后开始征服周边地区。1144 年他战胜了穆拉比特王朝的大军，在之后的两年中攻占瓦赫兰、非斯、休达和塞拉，终结了穆拉比特王朝的统治。1145 年他派兵前往西班牙，五年内将所有穆斯林统治的区域纳入自己的版图。七年后进军阿尔及利亚并结束了巴努·哈马德的统治。1158 年将诺曼人赶出突尼斯。

阿德尔海德（阿德拉西娅）

西西里女伯爵，1118 年 4 月 18 日卒于帕蒂。曼弗雷德·德尔·瓦斯托之女。她统治西西里成功的秘诀就是公平对待所有种族。1089 年诺曼伯爵罗杰一世的第二次婚姻是与阿德尔海德联姻，为了争取阿德尔海德的兄长亨利掌管的伦巴第人的支持。在罗杰一世去世后她替儿子西蒙和罗杰二世摄政西西里岛。阿德尔海德首先居住在墨西拿，1112 年起居住在巴勒莫。同年她将政府交给罗杰二世。1112 年年末她去耶路撒冷朝圣，并和耶路撒冷国王鲍德温一世结婚。但是为了稳定耶路撒冷王国内部的局势，1117 年 3 月鲍德温不得不抛弃了阿德尔海德，她只得返回西西里。

阿德玛·德·蒙特尔

勒皮主教（约 1087—1089 年），第一次十字军东征中教皇乌尔班二世特使，1098 年 8 月 1 日于安条克去世。他的出生日期不详，可能来自底层贵族瓦伦蒂诺家族。在号召十字军之前乌尔班二世一直和阿德玛有联系。1095 年 12 月前教皇任命他为第一次十字军精神领袖。1096 年 10 月他随着图卢兹伯爵雷蒙德四世前往圣地。在这次困难重重的远征中他是极为重要的调停人，尤其在图卢兹的雷蒙德与拜占庭皇帝阿莱克修斯一世·科穆宁不睦之时。作为断后部队的首领，1097 年在多里莱乌姆大战中他为胜利做出了关键性贡献，十字军战胜了塞尔柱突厥人的苏丹基利杰·阿尔斯兰一世。在进攻安条克期间这位主教不幸染病去世，英年早逝的他成为当时编年史作者笔下的传奇人物。

◇ 阿德玛·德·蒙特尔，躺在灵床上的勒皮主教（细密画）

阿迪尔

埃及苏丹（1200—1218 年在位），约 1144 年出生，死于 1218 年。这位萨拉丁的兄弟是埃及出色的管理者，1184 年开始他逗留在阿勒颇，两年后返回埃及。阿迪尔因为涉嫌染指公款而备受指责，但是他还是给萨拉丁备战筹集到了足够的资金。1193 年萨拉丁去世之后他获得了美索不达米亚作为封地，还和侄子们相争，并最终得胜。1200 年他几乎重新统一了整个帝国，阿勒颇和也门也向他称臣。阿迪尔活着时就将自己庞大的领土分给了儿子们。埃及交给卡米尔；大马士革交给穆阿扎姆；美索不达米亚首先交给安哈德，之后又给费萨尔，最终传给了阿什拉夫。

阿道夫·冯·拿骚

德意志国王（1292—1298年在位），约1255年生，1298年7月2日死于沃尔姆斯附近的格尔海姆。1292年5月5日，他在法兰克福被诸侯们推选为国王，接任哈布斯堡的鲁道夫一世。为了能当选，他许诺给诸侯们大量的好处，削弱了哈布斯堡王朝。1294年他与英格兰国王爱德华一世结盟，共同对付法兰西国王菲利普二世。由于在外交政策上独断专行，并试图在德意志中部建立自己的地盘，造成诸侯们反叛。1298年他被废黜，哈布斯堡家族的阿尔布莱希特一世被选为国王。阿道夫与阿尔布莱希特相争，最终死于沃尔姆斯附近的一场战斗中。

阿法达

法蒂玛王朝维齐尔，生于1066年，卒于1121年。阿法达独裁统治埃及27年，但是第一次十字军东征他比较被动。1099年尽管埃及出兵，在亚实基伦北部扎营，就在等待增援的时候遭到了布永的戈特弗里德的进攻，埃及人被打败。阿法达逃往亚实基伦，未来的数年中对待十字军尽量采取回避态度。1103年其子还是攻占了拉姆拉，1118年，阿法达成功与大马士革结盟共同对抗十字军。三年后他被埃及统治者阿米尔·宾·阿汗雇佣的阿萨辛派刺客刺杀。

阿尔伯特·马格努斯

大阿尔伯特，波尔施塔埃德伯爵。经院神学家，圣徒。约1200年生于巴伐利亚的劳因根，1280年11月15日于科隆去世。这位道明会会士是研究亚里士多德的专家，在巴黎大学教书之后，1248年他在科隆成立了修会学院，并担任院长。在这所学院中大阿尔伯特也兼任教授，并且培养了如托马斯·阿奎那这样优秀的神学家。因其博学多才而得到“马格努斯”（“伟大”之意）绰号。

◇ 阿尔伯特·马格努斯

他既对诸如亚里士多德的哲学深有研究，又在自然科学上造诣超群。此外他还多年担任道明会德国分会的会长，并曾在雷根斯堡担任助教。1931 年被封圣，并成为教会圣师中的一位。

“大熊”阿尔布莱希特

阿斯坎尼家族的巴伦斯特伯爵，勃兰登堡第一任藩侯，1138—1142 年兼任萨克森公爵。约 1138 年生，1170 年 11 月 18 日于施滕达尔去世。与“狮子”亨利一起，阿尔布莱希特是帝国东扩最重要的干将之一。1150 年和 1157 年他攻占了勃兰登堡和哈维尔兰，推广基督教。

亚历山大二世

教皇（1061—1073 年在位），原名安瑟姆，1073 年 4 月 21 日于罗马去世。由于他当选教皇并未征得德意志国王的同意，直到 1064 年在曼托瓦宗教会议上才战胜对立教皇洪诺留二世成为唯一教皇。他继续推行教会改革，并支持伊比利亚半岛上的收复失地运动，加强伊比利亚半岛上的国家与罗马的关系。1068 年阿拉贡成为教廷的封臣。

◇ 教皇亚历山大三世与神圣罗马帝国皇帝腓特烈一世·巴巴罗萨（细密画，14 世纪）

亚历山大三世

教皇（1159—1181 年在位），原名罗兰·班迪内利，出生在锡耶纳，1181 年 8 月 30 日于罗马去世。尽管他与神圣罗马帝国皇帝腓特烈一世·巴巴罗萨不和，并且要对抗四位对立教皇，亚历山大三世还是成功地推动了教会独立。1177 年威尼斯和平协议中，腓特烈一世·巴巴罗萨最终承认了这位教皇。1179 年葡萄牙国王阿方索一世在同意向教廷缴纳岁币后也被正式承认。同一年他在第三次拉特兰大公会议上修改了教皇选举法，规定必须得有超过三分

之二的红衣主教支持才能当选。此次大会的另一项决议是对异端清洁派采取行动。

亚历山大·雅罗斯拉维奇·涅夫斯基

诺夫哥罗德贵族（1236—1263 年），弗拉基米尔大贵族（1252—1263 年），约 1220 年生，1263 年 11 月 14 日于戈罗杰茨（沃尔加）去世。这位诺夫哥罗德贵族雅罗斯瓦夫的儿子奠定了芬兰湾的权力关系，1240 年这位俄罗斯的民族英雄在涅瓦河之战中战胜了瑞典，并获得了称号"涅夫斯基"。1242 年他在冰冻的楚德湖上战胜了条顿骑士团。他接受了蒙古人的统治，1251 年他推动俄罗斯教会和罗马教会合并。因为他对俄罗斯民族做出的巨大贡献，俄罗斯东正教尊亚历山大·涅夫斯基为圣徒。

阿莱克修斯一世·科穆宁

拜占庭皇帝（1081—1118 年），1048 年生于君士坦丁堡，1118 年 8 月 15 日于君士坦丁堡去世。出身于小亚细亚贵族家庭，推翻了尼基弗鲁斯三世之后建立了科穆宁王朝。他挽救了拜占庭不断衰落的局势，让帝国重新焕发生机。和威尼斯以及尼西亚的苏丹结盟之后，他将罗伯特·圭斯卡特带领的诺曼人赶出了拜占庭（1081—1085 年）。在库曼人的帮助下他成功抵御了佩切涅格人进攻君士坦丁堡。在第一次十字军东征的贵族们向他宣誓效忠之后，他允许他们平安过境。靠这一誓言阿莱克修斯一世成功地夺回了尼西亚和曾处在塞尔柱突厥人统治下的小亚细亚。

◇ 阿莱克修斯一世·科穆宁

阿莱克修斯三世

拜占庭皇帝（1195—1203 年在位），1210 年于尼西亚去世。权力欲极强，但性格懦弱。他推翻了自己的兄弟伊萨克二世·安格洛斯之后，还刺瞎了他的双眼。与保加利亚人的战争未有任何结果。1203 年 7 月 17 日威尼斯人和十字军在后来的阿莱克修斯四世皇帝的陪同下攻占君士坦丁堡后，他带着国库逃跑。

阿莱克修斯四世

拜占庭皇帝（1203—1204 年在位），1182 年生于安格洛斯，1204 年 1 月 28 日于君士坦丁堡去世。伊萨克二世·安格洛斯之子。在阿莱克修斯三世篡权推翻其父统治之后，他逃到了西欧。阿莱克修斯成功劝说驻扎在札拉岛上的威尼斯人和十字军帮助他进攻君士坦丁堡，去解救被囚禁的父亲。篡位者阿莱克修斯三世携国库逃跑，阿莱克修斯四世及其父被重新扶上王位。阿莱克修斯四世很快便失去了后台，因为他无力支付事先承诺好给十字军和威尼斯人的高额款项，又无法兑现将东正教会并入拉丁教会的承诺。阿莱克修斯四世在一场拜占庭市民的起义中被杀。

阿方索一世

“斗士”阿方索，阿拉贡和纳瓦拉国王（1104—1134 年在位），约 1073 年生，1134 年于阿拉贡的波莱尼伊诺去世。阿方索战胜了摩尔人之后将自己的王国扩大了两倍。尽管他和莱昂及卡斯蒂利亚国王阿方索六世的女儿乌拉卡结婚，但是在 1109 年阿方索六世去世后他依然没有能将伊比利亚半岛上的两个王国合并。在收复失地运动中，1118 年他攻占了萨拉戈萨，并将其变为首都。被攻占地区的穆斯林获得了阿方索的保护，并享有一定特权。在遗嘱中他想将自己统治的王国三分，并交给骑士团管理，但最终未能实现。

葡萄牙的阿方索一世

“征服者”阿方索，葡萄牙国王（1139—1185 年在位），1110 年生于基马拉斯（布拉加），1185年12月6日于科英布拉去世。其母为卡斯蒂利亚的特里萨公主，父亲为勃艮第伯爵亨利。1128年他摆脱了母亲的摄政；1139年欧里基之战中大胜穆斯林，之后他建立了葡萄牙王朝。四年后卡斯蒂利亚和莱昂国王阿方索七世以及教皇尤金三世承认其国王地位。不过此后他依然处于卡斯蒂利亚的臣属地位。1147年在十字军的帮助下，他从穆斯林手中征服里斯本。此后阿方索一世一直注重葡萄牙社会和经济建设，1179年教皇亚历山大三世也承认阿方索为葡萄牙国王。

阿方索六世

“勇敢者”阿方索，莱昂（1065—1109年在位）及卡斯蒂利亚（1072—1109年在位）国王。生于1040年，1109年6月30日于托莱多去世。作为莱昂国王费尔南多一世的儿子，他继承了父亲的王位。1072年，卡斯蒂利亚在他兄弟桑乔二世被杀后接受他为国王。这位收复失地运动中的英雄称自己为“全西班牙皇帝”，1085年征服了托莱多之后得到了“托莱多皇帝”（Imperator Toledanus）的称号。但是他并未能成功抵抗穆拉比特王朝从北非发起的进攻。尽管萨拉卡和乌克莱斯两场大战败给了穆斯林，阿方索还是能够保有自己的领地。他的女儿乌拉卡嫁给了阿拉贡国王阿方索一世，最终继承了他的王位。

◇ 卡斯蒂利亚国王阿方索六世将葡萄牙交给勃艮第的亨利

阿方索十世

“智者”阿方索，卡斯蒂利亚及莱昂国王（1252—1284年在位），1221年11月23日于托莱多出生，1284年4月4日在塞维利亚去世。1257年他被德意志贵族选为康沃尔的理查的对立国王。作为施瓦本的菲利普的外孙，他最

◇ 卡斯蒂利亚国王阿方索十世（插画）

终并没有统治德意志和意大利。在他的统治下卡斯蒂利亚扩张到了地中海，但是直到攻占加的斯城之前，与摩尔人的交战中他并未能取得重大胜利。作为艺术和科学的爱好者，他大力提供资金支持，将一些希伯来文及阿拉伯文的作品翻译为拉丁语。除此之外他还赞助编纂百科全书，记录了那个时代自然科学、历史以及法律等方面的知识。阿方索十世的诗集《圣母歌集》（*Cantigas de Santa Maria*）非常著名，收录了他本人所写的赞美圣母的诗歌。

阿尔普·阿尔斯兰

本名穆罕默德·伊本·达乌德，巴格达第二任塞尔柱突厥苏丹（1063—1072年在位）。生于约1030年，死于1072年。在他的统治下塞尔柱帝国不断扩张，变成近东最强大的国家。他攻占了亚美尼亚，1071年在曼齐克尔特战役中大败拜占庭军队，由此小亚细亚中部完全落入了突厥人手中。此外他还巩固了塞尔柱帝国在安纳托利亚的统治。

阿马尔里克一世

1163—1174年任耶路撒冷国王，生于1136年，1174年7月11日于耶路撒冷去世。他是安茹伯爵富尔克与梅利桑德所生的第二个儿子，接任其兄长鲍德温三世登上王位。这位精力充沛的战士和领导人数次作战，扩大了耶路撒冷王国的疆域，与拜占庭帝国结为同盟。但是在他的治下耶路撒冷王国还是不可避免地失去了一些土地，对埃及的远征也全部失败，并最终造成埃及政局变动，萨拉丁夺权成功。内政方面，在阿马尔里克的主张下通过了一系列新的法律，并在耶路撒冷王国设立了专门裁决经济和海路方面诉讼的法庭。此外他还大力支持艺术和科学。

安德烈二世

匈牙利国王（1205—1235 年），生于 1176 年或 1177 年，1235 年 9 月 21 日于奥芬（今布达）去世。这位雄心勃勃但是稳健不足的统治者 1217—1218 年间组织一次十字军到巴勒斯坦的东征。他相信此行一定可以攻占拜占庭并当上拜占庭皇帝。因为这位国王在外交上经常铤而走险，1222 年他不得不面对国内贵族的压力，许诺给他们一系列的特权。两年后他颁布《安德烈特权书》，赐予外西凡尼亚的萨克森人一系列特别权利。1211 年，为了征服库曼人而来到布尔岑兰地区的条顿骑士团想要建立自己的国家，最终于 1225 年被安德烈二世赶出该地。

◇ 耶路撒冷国王阿马尔里克一世的印章

安娜·科穆宁娜

拜占庭公主，编年史作者。1083 年 12 月 2 日生于君士坦丁堡，1153 年或 1154 年去世。作为拜占庭皇帝阿莱克修斯一世·科穆宁之女，安娜从小接受了很好的教育。在其父去世后，她为自己的丈夫尼基弗鲁斯·拜耶尼奥斯争取皇位失败，其兄弟约翰二世·科穆宁将她以及母亲伊琳娜一起送入了新成立的圣宠修道院中。1136 年，在丈夫去世后，她开始撰写 15 卷的编年史《阿莱克塞传》，成为第一次十字军东征最重要的资料之一，尽管书中充满了对十字军的偏见和憎恨。《阿莱克塞传》记录了从 1069 年到 1118 年发生的事情，安娜为了撰写此书还专门查阅了拜占庭帝国的档案和资料，还有出征将领的口述资料，当然还包括她自己的回忆。

坎特伯雷的安瑟伦

坎特伯雷大主教（1093—1109 年在任），1033 年生于奥斯塔，1109 年 4 月 21 日在坎特伯雷去世；他被视为经院神学的创始人。1060 年安瑟伦加入了

◇ 坎特伯雷的安瑟伦
（铜版画，出自《名人传》）

本笃修会，英格兰国王“胡佛”威廉二世任命他为坎特伯雷大主教，安瑟伦于是成为英格兰教会的首领。这位神学大家的理论坚持“信仰寻求理解”的原则，为经院神学中将理智与信仰相结合奠定了基础。他的著作《为何上帝降生为人》，对哲学的影响力直到近代的黑格尔。

艾什赖夫·卡里勒

马木留克王朝苏丹（1290—1293 年在位），死于 1293 年 12 月 13 日。与其父亲嘉拉温苏丹的政策不同，他的政治军事政策主要出于宗教动机。1291 年攻陷阿克就是在这位苏丹的领导下进行的。阿克陷落之后十字军最后的军事要塞也逐渐消失；他迅速建立起一支海军守卫叙利亚海岸，并且和威尼斯、阿拉贡达成了商贸协定。马木留克军队战胜了亚美尼亚国王海屯二世，但是却未能从蒙古人手中重新夺回巴格达。一次在尼罗河流域狩猎后他被人刺杀。继承者是他年仅八岁的弟弟。

萨利赫·阿尤布

埃及苏丹（1240—1249 年在位），约 1206 年或 1207 年生于开罗，死于 1249 年 11 月 1 日，阿尤布王朝最后一位重要的统治者，巴勒斯坦的建设者。作为卡米尔苏丹的长子，他在其父去世后成为继任者。因为他需要可靠强大的战士，特别精挑细选了约 1000 名马木留克作为精锐部队。这些奴隶兵是苏丹的私人财产，他们驻扎在尼罗河上的罗达岛上。1244 年 10 月在亚实基伦和加沙地带之间发生的一场战役中击败了叙利亚和十字军的联军，不久后攻占大马士革。1247—1249 年阿尤布又征服了许多土地，由于身染重病他赶回埃及，不久之后去世。

拜巴尔一世

埃及马木留克苏丹，1223年生于钦察，1277年死于大马士革。拜巴尔有鞑靼人血统，被卖到埃及做奴隶兵。1260年他在与蒙古人的作战中屡立战功，颇有威望；这一年10月他杀死了古突兹苏丹并篡位成功。拜巴尔严厉地惩罚所有反对者，保住了自己的权力。尽管一开始他并没有对十字军国家进攻，但是遇到机会也绝不留情。1265年拜巴尔下令将巴勒斯坦几座城市夷为平地，两年后安条克公国在马木留克的猛攻下灭亡，1.6万名城市居民和守军被贩卖为奴。紧接着拜巴尔在叙利亚摧毁了阿萨辛派的秘密联盟。1273年他在毕拉之战中击败了蒙古人，四年后在小亚细亚击败了塞尔柱突厥。努比亚成为埃及的属国，伊斯兰教的圣城麦加和麦地那也被马木留克控制。拜巴尔下令在尼罗河谷修建大坝，改进了灌溉系统。他非常注重发展经济贸易，开罗和亚历山大港很快成为近东与欧洲交换物品的重要集市。

鲍德温一世

耶路撒冷国王，布洛涅伯爵尤斯塔斯与下洛林的伊达之子，生于1058年，1118年2月4日死于埃及的阿里什附近。本来鲍德温按照家族安排应该担任神职人员，因此并没有继承任何家族领土。他和布永的戈特弗里德一起，响应教皇乌尔班二世的号召，参加十字军东征前往圣地。1098年2月8日成为亚美尼亚贵族托洛斯的义子，并成为埃德萨的摄政。1098年3月托洛斯去世之后，鲍德温成为唯一的领主，并成立了第一个十字军国家。布永的戈特弗里德于1100年去世后，鲍德温一世成为耶路撒冷监国，最终他超过了竞争对手塔兰托的坦克雷德，1100年12月25日由耶路撒冷宗主教达格贝尔特在伯利恒的基督圣诞教堂正式加冕为耶路撒冷王国国王。在他的统治下，耶路撒冷王国的领土不断扩大。他征服的最重要的城市有阿尔苏夫和凯撒利亚（1102年）、阿克（1104年）以及贝鲁特和西顿（1110年）。鲍德温为耶路撒冷王国奠定了坚实的基础，北部到戈兰高地，南部直到1116年被他加固的埃拉特。这位国王最后一次出征是1118年，远达尼罗河，但是在回程路上不幸去世。他被安葬在耶路撒冷圣墓大教堂。

鲍德温二世

鲍德温·德·拉·布尔克，耶路撒冷国王（1118—1131年在位），于1131年去世，勒泰勒伯爵雨果之子。他对封臣严格管理并制定合理的法律，为耶路撒冷王国的稳定奠定了基础。他是随第一次十字军东征来到圣地的，其表兄鲍德温一世于1100年将埃德萨伯国交给了他。1104—1108年他被穆斯林俘虏，在鲍德温一世去世之后他登上王位。在不断强大的意大利商业城市比萨、热那亚和威尼斯的支持下，他攻占了提尔。他执政的主要目标是维持王国北部边疆的稳定。1123年鲍德温二世再次被俘，在支付了高额赎金之后恢复自由。对阿勒颇和大马士革的军事行动失败，他只能不断加固耶路撒冷城防。继任者是其女婿安茹的富尔克。

◇ 鲍德温二世找到圣血圣物（布鲁日彩色玻璃窗）

鲍德温三世

耶路撒冷国王（1143—1162年在位），约生于1130年，1162年在的黎波里去世。这位耶路撒冷国王作为鲍德温二世的外孙、安茹的富尔克的长子戎马一生，不断与叙利亚统治者努尔丁交战。外交上他比较偏向拜占庭帝国，与拜占庭帝国皇帝曼努埃尔一世之女狄奥多拉公主结婚。1148年鲍德温三世率领大军进攻大马士革未果。两年后，他在加沙建立城堡，并将城堡交给圣殿骑士团管理。1152年他开始出任安条克的摄政，一年后他成功攻占亚实基伦。对努尔丁的征战并不成功。其兄弟阿马尔里克继承王位。

鲍德温四世

耶路撒冷国王（1174—1183年在位），生于1161年，卒于1185年。他是耶路撒冷国王鲍德温三世的侄子，阿马尔里克一世的儿子，是一位非常实干的统治者，1177年他大败萨拉丁的军队。但是一年后他连续两次败给了萨拉丁。鲍德温四世患有麻风病，1183年他因病退位，1185年辞去了摄政的职务，同一年去世。

鲍德温五世

耶路撒冷国王（1183—1186年在位），生于1177年，1186年9月于阿克去世。蒙特费拉特侯爵威廉七世的儿子，其母是耶路撒冷的西比拉、耶路撒冷国王阿马尔里克一世之女。在鲍德温四世依然在位时，由于其身患麻风病，鲍德温五世成为耶路撒冷国王。作为国王鲍德温四世摄政的的黎波里的雷蒙德三世拒绝为鲍德温五世服务，于是其叔公库特奈的约瑟林三世成为其监护人。鲍德温五世不幸早逝，作为最后一位耶路撒冷国王，他被安葬在圣墓大教堂。

鲍德温九世

弗兰德伯爵和亨内高伯爵（称“鲍德温六世”），东方拉丁帝国第一位统治者（称“鲍德温一世”，1204—1205年在位）。生于1171年，1205年去世。鲍德温是第四次十字军东征的首领之一，在攻占并洗劫君士坦丁堡之后，1204年切断了东西教会的联系。在圣索菲亚大教堂他加冕为新成立的拉丁帝国的皇帝。因为此次东征的其他十字军的首领分治各地，新成立的拉丁帝国无法有效组织起来。1205年阿德里安堡之战中，他惨败给了库曼人和保加利亚人，他本人也在此次战斗后在历史上失去了踪迹。

◇ 威尼斯总督恩里科·丹多洛为拉丁帝国第一位统治者弗兰德的鲍德温九世加冕

拔都汗

蒙古将领及可汗（1242—1255年在位），生于1204年，1255年在萨莱去

◇ 拔都汗

世。在他的带领下，蒙古军队于1236年进入俄罗斯南部的草原地带，此后几年内攻占了梁赞、莫斯科、弗拉基米尔和基辅几个侯国。1241年4月9日，拔都可汗带领蒙古军队在里格尼茨与德意志、波兰骑士会战，最终下西里西亚公爵亨利二世率领的德意志—波兰联军惨败。仅仅两天之后他又在蒂萨河战胜了一支匈牙利军队。当蒙古大汗窝阔台去世的消息传到了拔都军中时，尽管胜绩辉煌，蒙古人还是撤离，没有继续向西进军。最终他们撤到了伏尔加河下游并于1243年在萨莱成立了金帐汗国，其面积包括俄罗斯的大部分领土以及突厥斯坦北部地区。

克莱沃的伯纳尔德

圣徒。约1090年出生在第戎附近的丰泰纳，1153年8月20日于克莱沃去世。这位重要的神学家和布道家在贵族、教士和普通人中间有巨大的影响力。1112年在加入了熙笃会之后，1115年他成为第一个熙笃会修道院——奥布河畔的克莱沃的院长。他一生为熙笃会成立了68座修道院，他也是中世纪神秘主义的奠基人，终身苦修，最终健康状况恶化。1146年他成功劝服德意志国王康拉德三世参加第二次十字军东征。

塔兰托的博希蒙德

安条克亲王。生于1050年或1058年，1111年3月7日于阿普利亚去世。博希蒙德的洗礼名原是“马尔库斯”，是其父罗伯特·圭斯卡特第一次婚姻中唯一的儿子。1081年至1085年他协助诺曼人入侵希腊，1085年7月罗伯特·圭斯卡特去世，博希蒙德同父异母的弟弟罗杰继承了父亲的土地，不过在两次叛乱中他还是在意大利南部有了不少封地。1096年7月他参加十字军并成为第一次十字军东征时最重要的领袖之一。1096年10月他成为拜占庭皇帝阿莱克修斯一世·科穆宁的封臣，1097年7月1日他在多里莱乌姆（今埃斯基谢希尔）

之战中打败了塞尔柱突厥人的苏丹基利杰·阿尔斯兰。1098年6月3日，在连续七个月的围攻之后，因为守城军队叛变，安条克被十字军攻破，最终导致了城中居民被屠杀。6月末在战胜了突厥援军之后，他背弃了曾经对拜占庭皇帝发的誓言，将安条克据为己有并成为其统治者。1100年8月博希蒙德被穆斯林俘虏，囚禁三年受尽凌辱又缴纳了高额赎金之后才恢复自由。他回到了欧洲，1106年与法兰西国王腓力一世的女儿康斯坦丝结婚。进攻拜占庭要塞迪尔拉奇乌姆失败之后，1108年9月他签署了德沃尔条约；条约规定他只能以拜占庭封臣的身份继续统治安条克，并且必须允许东正教宗主教入主安条克。在招兵买马准备对拜占庭重新开战的过程中，博希蒙德在阿普利亚去世。

博希蒙德四世

1187年起担任的黎波里伯爵，1201—1231年兼任安条克亲王。生于1171或1172年，1231年去世，是位十字军国家历史中极具个性的统治者，他在的黎波里伯爵雷蒙德三世去世后且未有子嗣的情况下执掌该国，在其父亲博希蒙德三世去世后继承了安条克公国。他与阿勒颇和安纳托利亚的穆斯林贵族达成协议，与同样有安条克继承权的亚美尼亚—奇里乞亚的国王莱翁一世作战。博希蒙德四世还一直利用热那亚人，与比萨和威尼斯人争斗。圣殿骑士团和圣约翰骑士团的争斗中，博希蒙德四世成为支持圣殿骑士的一派。在的黎波里伯国中他采取灵活手腕，把自治的小贵族管得服服帖帖。在第六次十字军东征时，博希蒙德四世支持神圣罗马帝国皇帝腓特烈二世。

博尼法斯八世

本名本诺德托·凯塔尼，教皇（1294—1303年），约1235年生于阿纳尼，1303年10月11日于罗马去世。1294年圣诞节他成为教皇塞莱斯廷五世的继任者。他担任教皇期间与法国国王“美男子”腓力四世发生了严重冲突。1295年这场斗争正式拉开帷

◇ 教皇博尼法斯八世

幕，因为教皇强迫腓力停止与英国作战。博尼法斯此举是为了能够集中军事力量组织十字军。1302年国王腓力四世要求对法国的神职人员征税，与教皇的矛盾达到了顶峰；教皇颁布通谕《唯一至圣》，在其中博尼法斯坚持所有世俗贵族只是教会意愿的执行者。最终腓力四世获胜，教皇博尼法斯被囚禁。1300年博尼法斯引入了教会千禧年。

蒙特费拉特的博尼法斯一世

塞萨洛尼基国王，1207年在罗多彼色雷斯去世。在法国国王腓力二世·奥古斯都的建议下，博尼法斯于1201年成为第四次十字军东征的首领。或许从这个时候开始他就计划着改变此次十字军东征的目标，新目标是拜占庭首都君士坦丁堡。1204年君士坦丁堡被攻占，博尼法斯和拜占庭皇帝伊萨克二世·安格洛斯的遗孀——匈牙利的玛格丽特结婚，尽管他希望成为新成立的拉丁帝国皇帝，最终威尼斯人还是选择了弗兰德的鲍德温九世。博尼法斯最终成为新王国的国王，统治马其顿和色萨利两地。1207年其女阿格尼丝嫁给了鲍德温的继承人亨利一世。不久之后博尼法斯在与保加利亚人的战斗中战死。他的儿子德米特里未能继承其土地，1224年特奥多洛斯·安格洛斯·杜卡斯将其赶走。

加里斯都二世

◇ 教皇加里斯都二世

教皇（1119—1124年在位），约1050年出生，1124年12月14日于罗马去世。这位谨慎周到的教皇结束了叙任权之争。作为勃艮第伯爵威廉的儿子，1088年他成为维埃纳大主教。1119年2月2日被选为教皇之后，加里斯都二世一直奉行在帝国贵族和教会之间积极平衡的政策，不过由于双方互相不信任，开始时遇到了很大困难。直到1122年9月23日双方最终达成了《沃尔姆斯政教协定》。神圣罗马帝国皇帝亨利五世放弃了叙任权，并保证主教选举完全按照教会法进行。教皇则允许皇帝出席主教及修道院院长的选举。1123 年 3 月，加里斯都二世在拉特兰宫召开宗教会议，《沃尔姆斯政教协定》被正式通过。同时此次会议还讨论加强对圣地朝圣者的保护。

塞莱斯廷三世

原名贾琴托·博博内，教皇（1191—1198 年在位），约 1105 年生，1198 年 1 月 8 日去世。这位温和有耐心的教皇 1144 年被选为红衣主教。他何时当选教皇并没有任何历史记录，1191 年 4 月 14 日祝圣。在他担任教皇期间，发生与神圣罗马帝国皇帝亨利六世的叙任权之争，后者要求自主任命德国主教。塞莱斯廷三世虽然支持亨利六世的敌对派，但是他并未公开反对皇帝。为了能争取教皇对自己的支持，亨利六世建议发起新的十字军东征，但是塞莱斯廷三世一直迟迟不做决定。1197 年亨利六世去世后这场争执得以平息。

◇ 教皇塞莱斯廷三世

达格贝尔特

耶路撒冷宗主教（1099—1101 年在位），1107 年 6 月 16 日在墨西拿去世。达格贝尔特来自比萨，曾担任当地的主教。1092 年教皇乌尔班二世将他提拔为大主教及科西嘉总主教兼任教皇西西里特使。1098 年阿德玛·德·蒙特尔去世，达格贝尔特接替他的职位，作为第一次十字军教皇特使和叙利亚特使。他的出现让此前被选举的阿努尔夫·马勒康涅·德·罗德斯的职位失去了法律效力，1099 年他成为耶路撒冷拉丁教会宗主教。达格贝尔特拒绝了东正教作为十字军国家国教的要求，他将拉丁教会主教任命为东正教教区主管。不过他的独断专行招来了耶路撒冷国王鲍德温一世的不满，1101 年 8 月达格贝尔特被指控谋反和迫害东正教会，最终被罢免。短暂复职之后，教皇特使巴黎的罗伯特又来到圣地将其罢免。1107 年达格贝尔特赶到教皇帕斯卡二世那里成功申诉，但是在返回耶路撒冷途中去世。

恩里科·丹多洛

威尼斯总督（1192—1205 年在任），约 1107 年生于威尼斯，1205 年 6 月 14 日在君士坦丁堡去世。这位威尼斯地中海霸权时代的开创人，出身于古罗马贵族家庭；尽管教皇反对，他最终还是把第四次十字军东征的目标锁定在亚得里亚海沿海城市札拉，并于 1204 年攻打君士坦丁堡。这次十字军建立的拉丁帝国维持到 1261 年。恩里科·丹多洛为威尼斯赢得了埃维亚岛、克里特岛、罗得岛和拉古萨岛这四座岛屿。

成吉思汗

原名铁木真，蒙古大汗。生于 1155 年或者 1167 年，1227 年 8 月 18 日在宁夏去世，庞大的蒙古帝国的建立者。1205 年他战胜了鞑靼人后统一了所有中亚的民族，一年后他被蒙古各部尊为“成吉思汗”（世界的统治者），成为大汗。1207 年打败回鹘人，1209 年征服西夏，1212 年征服中国北部，1215 年占领北京，1219 年占领朝鲜。截至 1221 年蒙古帝国已经扩张到了伊斯兰帝国的北部地区，布哈拉和撒马尔罕之战中蒙古军队血腥屠杀——被征服的民族只能被迫迁居或者服役，而哈拉和林是成吉思汗世界帝国的首都。1221 年大汗翻过兴都库什山脉在印度河之战中打败了花剌子模沙阿的儿子，1223 年在亚速附近战胜了俄罗斯人。这位闻名世界历史的统治者最终于 1227 年死在平定西夏叛乱的路上。在死前他将帝国分给了自己的三个儿子察合台、窝阔台、托雷及其孙巴图。

◇ 成吉思汗像

爱德华一世

英格兰国王（1272—1307 年在位），1239 年 6 月 17 日出生于威斯敏斯特，1307 年 7 月 7 日在卡莱尔附近的布鲁夫去世。他是英格兰国王亨利三世的长子，金雀花王朝最重要的统治者。他加强了议会的地位，并推动了英国法律改革。在加冕之前爱德华与西蒙·德·孟福尔斗争并最终胜利。1271 年爱德华参加十字军前往圣地，在圣地与马木留克苏丹拜巴尔一世谈判并达成和平协议，1272 年他返回英国。在他统治期间，教会的权限缩小，并通过了众多改革法案，尤其是统一和改革法律体系方面。爱德华一世和德意志的贵族结盟，努力争夺自己在法国的领地。1303 年，他与法国国王腓力四世达成和平协议，他的儿子爱德华二世迎娶了法国国王之女伊莎贝拉。1295 年爱德华召集“模范议会”，普通市民也被邀请参加，这成为英国议会制度的基础。1301 年，对于王位继承人爱德华二世，他还设置了威尔士亲王一职。

熙德

原名罗德里戈·迪亚兹·德·维瓦尔，西班牙民族英雄，约 1043 年生于布尔戈斯附近，1099 年 7 月 10 日在巴伦西亚去世。“熙德”是穆斯林对他的尊称，意思是“主人”，西班牙人称其为“El Campeador”，意为“勇士”；这位贵族出身的骑士是收复失地运动中最著名的英雄。他首先和后来的卡斯蒂利亚国王桑乔二世并肩作战，桑乔二世与其兄阿方索六世争夺王位。在桑乔二世去世之后，熙德开始为阿方索六世服务。1081 年，两人发生不睦，熙德投奔萨拉戈萨的摩尔人贵族。1094 年他攻占巴伦西亚并在当地建立了自己的王国；熙德无数次击退了穆拉比特王朝军队对该城的围攻，比如 1094 年的夸尔特战役和 1097 年的拜任之战。熙德成为西班牙英雄诗歌的主人公，也是民族统一的象征。约 1140 年所作的《熙德之歌》是西班牙最早的英雄史诗。在绘声绘色的描写中，该诗展现了这位民族英雄的事迹。熙德的英雄形象一直出现在欧洲的文学中，尤其是在舞台上。

阿基坦的埃莉诺

另名普瓦图的埃莉诺或埃莉诺尔。1137—1152 年为法国王后，1154—1173 年为英格兰王后。约生于 1122 年，1204 年 4 月 1 日于丰特弗罗德修道院去世，是那个时代最有权势的女性统治者。1137 年 7 月 25 日埃莉诺与法国王位继承人路易七世结婚。作为阿基坦公爵威廉十世的女继承人，她为法国国王带来了阿基坦、普瓦捷和加斯科涅。1147 年埃莉诺和路易一起参加第二次十字军东征，前往耶路撒冷。在第二次十字军东征失败后，埃莉诺和路易离婚，1152 年两人的婚姻正式取消。两个月后埃莉诺嫁给了英格兰王位继承人金雀花的亨利。1154 年二人登上英国王位。这次婚姻几乎将整个法国西部变成了英国领土。两人的婚姻维持了 20 年，1173 年她煽动自己的儿子“狮心王”理查和“无地王”约翰叛变，反对亨利二世。此后她一直被囚禁，直到亨利二世去世。1189 年“狮心王”理查登上英国王位，埃莉诺才又恢复影响力；除了在政治上呼风唤雨之外，埃莉诺还是游吟诗人的赞助者。

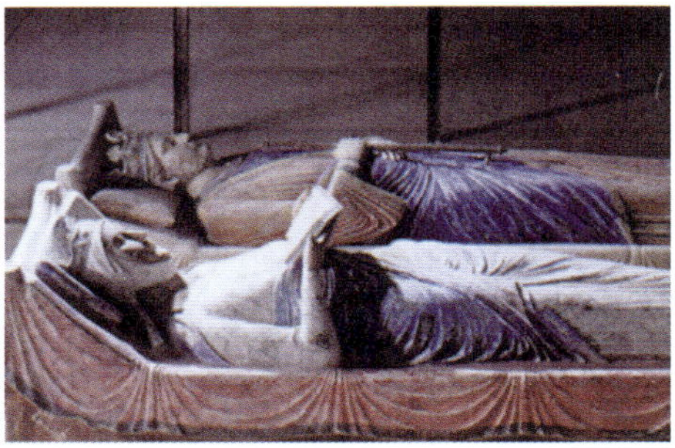

◇ 阿基坦的埃莉诺及英格兰国王亨利二世的石棺雕像

埃里克九世

圣埃里克，瑞典国王（约 1150—1160 年在位），1160 年于乌普萨拉去世。在教皇阿德里安四世的授权下，1155 年，埃里克九世对芬兰西南部发动十字军，并进行法律改革，清除其中异教徒的成分。他最终与丹麦王权拥有人马格努斯·亨利克森交战时死在战场上，并被安葬在乌普萨拉的大教堂。尽管这位国王并未被真正封圣，瑞典人还是把他当作民族英雄。

尤金三世

原名贝尔纳多·彼纳特利，教皇（1145—1153 年在位）。1153 年 7 月 8 日在蒂沃利去世。这位锐意改革的教皇努力对教士严格要求。由于 1144 年埃德萨的失守，尤金三世发布通谕，要求进行新的十字军东征。最终十字军失败，让这位教皇非常痛心，本来他希望借此机会能够促进东西教会合并。1147—1148 年，尤金三世两次召集宗教会议，会议上除了通过一系列改革措施之外，还对宾根的希尔德嘉德所经历的幻象进行调查。这位教皇还加强了圣座与爱尔兰之间的联系，1153年3月与神圣罗马帝国皇帝腓特烈一世·巴巴罗萨缔结《康斯坦茨条约》，其中规定双方都有义务保护对方的权益。尤金三世承诺给腓特烈一世加冕，但是他还没有到达罗马就去世了。

费尔南多一世

又被称为“费尔南多大帝”，卡斯蒂利亚及莱昂国王（1035—1065年在位）。生于1016年或1018年，1065年12月27日于莱昂去世。他是纳瓦拉的桑乔三世的次子，父亲去世后分得卡斯蒂利亚伯国，他将其与莱昂合并——莱昂的继承权是他从妻子那里得来的，他的岳父是莱昂的最后一位国王贝尔穆多三世。费尔南多的兄长们去世之后，他又继承了纳瓦拉的大部分地区。作为收复失地的先锋，这位国王利用科尔多瓦哈里发国的崩溃，在无数场战斗中战胜了摩尔人，并且要求他们支付岁币。1054年，由于贡献巨大，他得到了“皇帝”头衔。十年后他攻占了科英布拉。按照习惯他去世后将国家分给了自己的子女们。

卡斯蒂利亚的费尔南多三世

又称“圣人费尔南多”，卡斯蒂利亚国王（1217—1252年在位），莱昂国王（1230—1252年在位）。生于1199年，1252年在塞维利亚去世。其父是莱昂国王阿方索九世，母亲是卡斯蒂利亚的贝伦加利娅——阿方索八世的女儿。费尔南多三世在收复失地运动中取得重大进展，1236—1248年穆瓦希德政权崩溃，他抓住了这个权力真空期，攻占了穆尔西亚、科尔多瓦、哈恩和塞维利亚。费尔南多大力赞助主教区，成立了萨拉曼卡大学，并努力改革民法。

◇ 卡斯蒂利亚的费尔南多三世

阿西西的方济各

圣方济各，本名乔万尼·伯纳多内，方济各修会建立者，圣徒。1181年或

1182 年生于阿西西，1226 年 10 月 3 日在阿西西去世。其父亲是经营布料的富商，1208 年方济各决定放弃不羁的生活，成为苦行隐修士，自愿生活在贫穷中，把生命奉献给慈善事业。他到处布道，号召大家回到早期教会的宗徒那般贫穷的生活，很快就得到不少人的支持。这个团体就是后来的方济各会，教会历史上第一个托钵修会，其修会会员也被称为“小兄弟”。1210 年教皇英诺森三世认可了方济各制定的修会规则，很快方济各会就在欧洲各地都有了修道团体。修士们成立了学院，还有很多研究中心，1290 年就开始着手向中国宣教。1220 年方济各放弃了修会神长的地位，搬到阿雷佐附近的阿维纳尔山中隐修；1224 年他获得基督五伤，这位热爱动物的修会建立者 1228 年被封圣。

腓特烈一世·巴巴罗萨

绰号“红胡子”，神圣罗马帝国皇帝（1155—1190 年在位），德意志国王（1152—1190 年在位），约生于 1122 年，1190 年 6 月 10 日在小亚细亚的萨勒夫河中不幸溺亡。由斯陶芬家族施瓦本公爵腓特烈二世及韦尔夫家族尤迪特所生，1152 年已经成为施瓦本公爵的他跟随叔叔——德意志国王康拉德三世参加第二次十字军东征。1154—1155 年南征意大利，他成为意大利国王，并被教皇阿德里安四世加冕为神圣罗马帝国皇帝。1156 年他搁置了韦尔夫家族和斯陶芬家族的矛盾，为此他原谅了表弟“狮子”亨利，并将巴伐利亚公国交给后者。后来的数年中腓特烈和教廷矛盾不断，起因是 1157 年贝桑松的宫廷会议上，教廷不承认世俗君主的领导权。1158—1162 年腓特烈为了征服意大利北部及中部再次进军意大利。1159—1178 年拉丁教会分裂期间三位对立教皇带来了一些进展。1167 年因为瘟疫横行，腓特烈进攻罗马的军事行动不得不终

◇ 腓特烈一世·巴巴罗萨与教皇亚历山大三世（锡耶纳的湿壁画，1404 年）

止。此后数年在巩固了德国的王权之后，他才又有机会再次进军意大利。尽管1176年的莱尼亚诺战役惨败，腓特烈还是巩固了自己的皇帝地位。1177年皇帝和教皇终于达成和解，但新的争斗再次燃起。“狮子”亨利因为对皇帝不敬而被流放，1180年失去了自己的封地，巴伐利亚公国从此交给了维特斯巴赫家族。1189年作为第三次十字军东征的首领，他率领大军向耶路撒冷出发。在路上他不幸淹死在萨勒夫河（今格克苏河）中。

腓特烈二世

神圣罗马帝国皇帝（1220—1250年在位），德意志国王（1212—1250年在位）。1194年12月26日生于安科纳附近的耶西，1250年12月13日在费奥伦蒂诺去世。神圣罗马帝国皇帝腓特烈一世·巴巴罗萨之孙，神圣罗马帝国皇帝亨利六世独子，其母是诺曼公主康斯坦丝。腓特烈二世是中世纪盛期最富传奇和最杰出的统治者。1212年当选德意志国王之后他在法兰克福加冕，并发誓参加十字军。1220年他让自己的儿子亨利七世加冕为德意志国王，而自己在罗马加冕为皇帝。为了能让教会接受自己的儿子，1220年他还放弃了一系列皇帝对修道院院长及主教的管辖权。他任命科隆大主教恩格尔贝特作为摄政，自己则坐镇西西里岛统治帝国；在西西里他建立了高效的统治体系。教皇格里高利九世认为腓特烈在意大利北部及南部推行的政策对自己是巨大的威胁，1227年将其绝罚。1228年，尽管已经被双重绝罚，腓特烈还是参加了第六次十字军东征，并通过与埃及苏丹的和平谈判夺回了耶路撒冷，并于1229年加冕为耶路撒冷国王。1231年他又将一系列特权赐给了帝国贵族；1235年及1237年，由于其子亨利七世叛变，他不得不两次北上平叛。1239年他再次被绝罚，1245年在里昂大公会议上

◇ 神圣罗马帝国皇帝腓特烈二世（《科隆国王编年史》插画）

被教皇宣布废黜。但是腓特烈直到去世还是稳坐在皇帝宝座上。这位神圣罗马帝国皇帝在诗歌、哲学以及科学上的造诣远远超出同时代人。在他的统治下，意大利南部的文化和科学迎来了新的高峰。意大利文艺复兴将腓特烈作为统治者和政治家的模范。

沙特尔的富尔彻

第一次十字军东征及耶路撒冷王国早期编年史作者。生于1059年，死于1127年。富尔彻的历史记录详细、独立，很多时候还站在拜占庭和东方史学界的角度上思考。他可能是在沙特尔大教堂的教会学校中被培养为神职人员的；1095年他参加克莱芒宗教会议，作为布洛涅的鲍德温（后来的耶路撒冷国王鲍德温一世）的随军神父出征。鲍德温成为耶路撒冷国王之后，富尔彻成为圣墓大教堂的法政神父。1114年耶路撒冷宗主教阿努尔夫·马勒康涅·德·罗德斯可能还委任他来负责修道院的改革工作。

安茹的富尔克

耶路撒冷国王（1131—1143年在位），约1090年生，1143年11月10日因为狩猎中发生事故而去世。1120年他第一次到访圣地成了圣殿骑士团的资助人；1127年，没有男性后裔的耶路撒冷国王鲍德温二世将自己的女儿梅利桑德公主许配给富尔克。1128年圣灵降临节前夕举行订婚仪式，作为嫁妆富尔克得到了阿克和提尔作为领地。1131年8月鲍德温二世去世，9月14日富尔克和梅利桑德在圣墓大教堂加冕。富尔克认为有必要让自己的妻子做摄政，并需要其小姨子——安条克亲王的遗孀爱丽丝的支持。1134—1139年他不断与摩苏尔埃米尔伊马德丁·赞吉作战，1138年他将蒙特弗尔朗城堡献给了伊马德丁·赞吉；富尔克一直想要与安条克、埃德萨和拜占庭

◇ 富尔克在睡梦中被苦难者的幽灵所骚扰

帝国联手对付摩苏尔的埃米尔，但是最终结盟没有成功。此后五年伊马德丁·赞吉一直纠缠于内部纷争，富尔克得以利用此机会在王国南部建立众多城堡，以此巩固边疆。

加齐·达尼什曼德

土库曼人的埃米尔，死于1134年。1127年达尼什曼德攻占了凯撒利亚和安卡拉，后来又占领了卡帕多细亚。1130年他与亚美尼亚贵族莱翁一世一起战胜了博希蒙德二世的军队，突厥人并不认识这位安条克亲王，结果博希蒙德被斩首。加齐强迫莱翁一世接受自己的领导，把整个埃德萨伯国夷为平地。作为对他战胜十字军的奖励，哈里发穆斯塔尔希德和苏丹桑迪阿尔赐给他“马立克”（意为“国王”）头衔。但是这两位领袖的使臣到达马拉蒂亚朝见加齐之时，后者已经病得奄奄一息。其子穆罕默德成为继承人。

布永的戈特弗里德

下洛林公爵（1087—1096年在位），耶路撒冷王国君主（1099—1100年在位）。约1060年生于布洛涅，1100年7月18日在耶路撒冷去世。他是布洛涅伯爵尤斯塔斯二世的次子，是第一次十字军东征的领袖，在攻占耶路撒冷之中发挥关键作用。1087年他被神圣罗马帝国皇帝亨利四世任命为下洛林公爵，在当时政教执政的背景下，1095年他响应教皇乌尔班二世的号召，参加十字军东征，一年后动身前往圣地。1098年在安条克附近戈特弗里德大败突厥人的军队，1099年7月15日攻入耶路撒冷。他只接受“圣墓保卫者”的称号，作为耶路撒冷王国的实权君主。同一年在亚实基伦之战中他战胜了法蒂玛王朝的维齐尔。他治军严格，为耶路撒冷王国建立制度基础。

◇ 布永的戈特弗里德骑马像（木版画，19世纪）

维拉杜安的若弗鲁瓦

法国编年史作者，约1150年生于奥布河畔巴尔附近，去世时间约在1212年12月至1218年6月之间。作为第四次十字军东征的亲历者，他见证了此次十字军目标转变为君士坦丁堡。因为他在谈判方面的天赋，他参加了所有重要的会谈，并且还担任将领。1205年阿德里安堡之战中败给库曼和保加利亚人之后，维拉杜安的若弗鲁瓦组织了有效的撤退，并集合了十字军残部。1206年在色雷斯之战中他战胜了保加利亚人。在伯罗奔尼撒半岛西部他与尚普利特的威廉一同建立了阿哈伊亚伯国。1207—1208年若弗鲁瓦写就了法国中世纪最重要的史书之一——《征服君士坦丁堡的历史》。

格里高利七世

原名克吕尼的希尔德布兰德，教皇（1073—1085年在任），约1021年生于托斯卡纳，1085年5月25日于萨莱诺去世。在这位教皇的手中，教廷成为能与神圣罗马帝国角逐的力量。1049年他被教皇利奥九世召到罗马教廷，1059年开始他参与制定教廷的政策。担任教皇后他推行改革，禁止圣职买卖，禁止神职人员结婚，并禁止世俗贵族的叙任权（世俗权力任免教职的权力）。他将教会的权力集中在教廷手中，遭到了许多主教的反对。他与神圣罗马帝国皇帝亨利四世陷入激烈的争吵，双方争论的焦点是主教应该被视为世俗贵族还是神职人员。这一场叙任权之争改变了帝国的宪法和帝国的教会。1075年在通谕《教皇训令》中，教皇格里高利七世确认了教廷对世俗贵族的绝对领导权。1076年主教叙任权之争达到了顶峰，教皇将亨利四世逐出教会，于是有了1077年著名的卡诺莎之行，皇帝向教皇认罪服输。1080年亨利四世再次被绝罚，这一次

◇ 教皇格里高利七世与书记员（同时代手绘本插画）

皇帝任命克雷芒三世作为对立教皇，并且攻占罗马，把格里高利七世囚禁在安吉拉堡。最终他被诺曼公爵罗伯特·圭斯卡特解救，在流亡途中去世。尽管他本人并未取得成功，但是格里高利七世推行的教会改革在11世纪取得了辉煌成就；这位教皇也成为中世纪盛期最重要的教会人物。其继任者是教皇维克托三世。

格里高利八世

原名阿尔贝托·德·莫拉，教皇（1187年在位）。约1110年生于贝内文托，1187年12月17日在比萨去世。这位教皇秉性谦恭，致力于改革，他是出色的教会法学家以及法律教育家；教皇阿德里安四世因其出色的学识而任命他为枢机主教。1187年10月21日他在费拉拉被选为教皇，作为教皇格里高利八世，他与神圣罗马帝国皇帝“红胡子”腓特烈关系良好。他禁止所有神职人员穿着昂贵的衣服，并且不许参与赌博游戏。尽管担任教皇时间很短，但是他还是致力于组织新的十字军东征。1187年阿丁会战的惨败和耶路撒冷沦陷在这位教皇眼中是上帝派遣萨拉丁对基督徒罪过的惩罚。11月中旬格里高利离开了费拉拉，并前往意大利中部。在比萨时他努力劝说，希望比萨能与死对头热那亚和好，但是却不幸染病去世。

格里高利九世

1227—1241年任教皇，约1160年出生在阿纳尼，1241年8月22日在罗马去世。这位教皇致力于巩固教权，并争取教皇国独立；因此他与神圣罗马帝国皇帝腓特烈二世陷入了争斗，1227年和1239年他两度将腓特烈二世绝罚。这位教皇还支持新成立的方济各会和道明会，并把宗教裁判所交给道明会管理。

◇ 教皇格里高利九世在颁布一份教会法令（拉斐尔所绘的湿壁画，梵蒂冈）

格里高利十世

原名特巴尔多·维斯康蒂，1271—1276年任教皇，1210年生于皮亚琴察，1276年1月10日于阿雷佐去世。这位教皇才华横溢，因为去世较早而未能实现十字军东征的计划；格里高利十世贵族出身，一直为枢机主教帕莱斯特里纳的雅克布服务，1265年他陪伴奥托博诺枢机主教出访英格兰，此行让他赢得了英国及法国王室的信任；1271年9月1日他当选教皇，时任卢提格的高级神职人员。对于这位新当选的教皇而言，解放圣地是第一重要的任务。为了终止帝国的大空位时代，他投票给哈布斯堡的鲁道夫，支持他当选罗马人的国王。而鲁道夫也让出了许多本属于教皇的土地。1274年第二次里昂大公会议上，拉丁教会和东正教会再次短暂合并，又有新的十字军计划酝酿。另外格里高利十世还制定了一系列改革措施，其中包括教皇大会选举制。1275年10月格里高利十世在洛桑会见了德意志国王鲁道夫一世，之后又到访许多意大利北部的城市。1276年由于高烧不治在阿雷佐去世。

◇ 教皇格里高利十世

吕西尼昂的居伊

耶路撒冷国王（1186—1192年在位），塞浦路斯统治者（1192—1194年）。1194年年末去世。在反对英格兰国王亨利二世失败后，居伊到东方去寻找新的发展机会。1182年他与耶路撒冷国王阿马尔里克一世的女儿西比拉结婚；他一直替自己的内弟鲍德温四世国王管理朝政，在其未成年的侄子鲍德温五世去世之后，1186年在众人的支持下成为耶路撒冷国王。一年之后他带领十字军国家的大军参加了哈丁会战，惨败给萨拉丁。居伊被萨拉丁俘

◇ 吕西尼昂的居伊在哈丁会战中被俘

虏，1188 年才被释放。1189 年居伊开始进攻阿克，1191 年，“狮心王”理查和法国国王腓力二世·奥古斯都率领的第三次十字军到达圣地，最终攻占阿克。但是后来居伊的妻子去世，两个女儿也生病死去，1192 年居伊放弃了王位，被“狮心王”理查一世安排到塞浦路斯岛做统治者。

阿德里安四世

原名尼古拉斯 · 布莱克比亚，1154—1159 年任教皇，约 1100 年生于英格兰的朗格雷，1159 年 9 月 1 日在阿纳尼去世。这位性格强悍的教皇坚持实现教皇国的权力。1149 年他成为阿尔巴诺枢机主教，1150—1153 年成为教皇斯堪的纳维亚特使。1154 年 12 月 4 日当选教皇后，一直致力于追求教皇国独立。1155 年 6 月 18 日他为神圣罗马帝国皇帝腓特烈一世 · 巴巴罗萨加冕，一年后他又忽然改变立场，支持西西里的威廉一世作为整个南意大利的统治者。因为和巴巴罗萨的关系紧张，阿德里安四世逃到阿纳尼；他在向伦巴第地区城市许诺将腓特烈逐出教会之后不久便去世了。

亨利一世

亦称“儒雅者”亨利，英格兰国王（1100—1135 年在位），1068 年生于约克郡塞尔比，1135 年 12 月 1 日在利翁拉福雷去世，他是“征服者”威廉的第四个儿子。他的《继位文告》（*Charta Libertatum*）使紧张的诺曼人与盎格鲁—撒克逊人之间的关系得以缓和，可以被视为英格兰的宪法。

亨利二世

亨利二世 · 金雀花，英格兰国王（1154—1189 年在位），1133 年 3 月 5 日出生在勒芒，1189 年 7 月 6 日在希农去世。靠妻子阿基坦的埃莉诺的继承权获得了法国大概三分之一的领土。在英格兰内政上他加强了国王的权力；1164 年通过的《克莱伦登宪章》中限

◇ 英格兰国王亨利二世

制了教会在政治上的影响力。他的宰相托马斯·贝克特担任坎特伯雷大主教之后，遵照教皇的意思反对亨利二世，1170年被亨利的骑士所谋杀。

亨利三世

英格兰国王（1216—1272年在位），1207年10月1日在温切斯特出生，1272年11月16日在威斯敏斯特去世。他是亨利二世之孙，在执政之初受教士和贵族的操纵；由于对法国战争消耗巨大，在他的女婿西蒙·德·孟福尔领导下英国贵族叛变，亨利三世一度被驱逐。最终在贵族的要求下他接受了夏朗德以北的英格兰领地被侵占的事实。

亨利四世

神圣罗马帝国皇帝（1084—1106年在位）及德意志国王（1054—1106年在位）。1050年11月11日出生于戈斯拉尔，1106年8月7日在列日去世。三岁时即被选为罗马人的国王，1056年其父亨利三世去世，其母普瓦图的阿格尼丝担任摄政；1062年他被科隆大主教阿诺二世及不来梅大主教阿德尔伯特挟持，二人成为帝国摄政。1065年他开始亲自执政，1073—1075年，亨利四世夺回了许多帝国的领土，尤其是在图林根和萨克森地区。1075年由于擅自任命米兰大主教而与教皇陷入叙任权之争，这场争斗很快波及整个帝国。1076年亨利四世被逐出教会，在贵族们的压力下他前往意大利北部的卡诺莎城堡向教皇认罪，1077年革教令解除。在德国境内他不得不与两位对立国王施瓦本公爵鲁道夫·冯·莱茵费尔登及赫尔曼·冯·萨利姆及其党羽斗争，以保证自己的权力。1080年他再次被教皇格里高利七世逐出教会，1081年他进军意大利，攻占罗马并赶走了教皇。他任命克雷芒三世为对立教皇，并且被这位对立教皇加冕为

◇ 亨利四世请求克吕尼的雨果和图斯齐亚的玛蒂尔德说情

神圣罗马帝国皇帝（1084 年）。他宣布 1085 年为神命和平之年，禁止一切战事。1093 年，第二次向意大利进军时儿子康拉德叛乱，站在了反对派贵族一边，并阻止其回到德意志境内直到 1097 年。1098 年亨利四世废掉了康拉德，并让自己的次子亨利（即亨利五世）成为国王。1104 年，次子也叛变，逼得亨利四世 1105 年退位。1106 年他逃脱软禁，但是在逃亡过程中去世。

亨利五世

神圣罗马帝国皇帝（1111—1125 年在位），德意志国王（1106—1125 年在位）。或生于 1086 年 8 月 11 日，1125 年 5 月 23 日在乌得勒支去世。神圣罗马帝国皇帝亨利四世之子。1105 年他逼迫父亲退位，不过直到亨利四世一年后去世时才被普遍认可。此后他离开了支持教皇的一派，继续执行其父亲的政策。他逮捕了教皇帕斯卡二世，并胁迫其承认皇帝的叙任权，并且还要求教皇为他加冕为皇帝。1122 年《沃尔姆斯政教协定》正式缔结，亨利五世才最终与教皇加里斯都二世达成和解，主教叙任权的争议也获得解决。亨利五世去世后萨利安王朝结束。

◇ 斯佩耶尔大教堂地下墓室中四位萨利安王朝皇帝雕像：康拉德二世、亨利三世、亨利四世及亨利五世

亨利六世

神圣罗马帝国皇帝（1191—1197 年在位），德意志国王（1190—1197 年在位），1165 年秋生，1197 年 9 月 28 日在墨西拿去世；斯陶芬王朝皇帝腓特烈一世·巴巴罗萨及皇后勃艮第的贝阿特丽克丝的次子，1186 年与西西里国王罗杰二世之女康斯坦丝结婚，1191 年争夺西西里王国未果，他不得不首先稳定德意志国内局势；1193 年，支持自己对手的英格兰国王“狮心王”理查被抓获，这让事情有了转机，最终理查宣誓向皇帝效忠。第二次进军意大利，终于攻占西西里。1194 年他在巴勒莫加冕为西西里国王。

“狮子”亨利

萨克森公爵（1142—1180 年），巴伐利亚公爵（1156—1180 年）。约生于 1130 年，1195 年 8 月 6 日在不伦瑞克去世。巴伐利亚及萨克森公爵亨利十世之子。1156 年神圣罗马帝国皇帝为了调解斯陶芬家族和韦尔夫家族的纷争，将 1138 年被剥夺的巴伐利亚公国重新赐给韦尔夫家族。“狮子”亨利促进了帝国向东扩展，大力发展波罗的海贸易，建立了拉策堡、奥尔登堡及梅克伦堡三个主教区，并大力发展城市。他建立了慕尼黑、什未林和吕贝克，并扩建了不伦瑞克。1176 年他拒绝帮助皇帝向意大利进军，最终再次导致了韦尔夫家族和斯陶芬家族的纷争，自己也被罢免，并被剥夺了巴伐利亚和萨克森公爵头衔，最终只剩下不伦瑞克—吕讷堡的领地。1194 年流放归来后他与斯陶芬家族和解。

勃艮第的亨利

葡萄牙伯爵。约生于 1075 年，1112 年在阿斯托尔加去世。因为他在与摩尔人的战斗中功绩显著，莱昂及卡斯蒂利亚国王阿方索六世把女儿特里萨嫁给他，并且成为波尔图和科英布拉伯爵。这样一来葡萄牙在政治上的特殊地位开始了。在执政期间他与穆拉比特王朝交战，大力支持建造修道院及教堂。

赫尔曼·巴尔克

◇ 赫尔曼·巴尔克

条顿骑士团普鲁士及利沃尼亚区第一任团长。1239 年 3 月 5 日去世。赫尔曼·巴尔克或出生在低地区域，被条顿骑士团大团长赫尔曼·冯·萨尔察委任为骑士团扩展计划的负责人。1230—1231 年，赫尔曼·巴尔克率领骑士团渡过维斯瓦河，并开始占领重要的地盘，并且把土地分给农民定居。1234 年他加强了进攻策略，帝国的骑士也参与到其中。两年后利沃尼亚宝剑兄弟会成立，1238 年在新成立的兄弟会胁迫下，他离开了利沃尼亚。

赫尔曼·冯·萨尔察

条顿骑士团大团长（1209—1239 年），约 1170 年生于图林根的巴特朗根萨尔察，1239 年 3 月 20 日于萨莱诺去世。作为神圣罗马帝国皇帝腓特烈二世最重要的谋士，1220 年他开始负责在皇帝与教皇之间进行调解。他也参与到从 1215 年起一再被推迟的十字军东征的准备及谈判工作中。1227 年皇帝终于

◇ 教皇英诺森三世赐给条顿骑士团团长赫尔曼·冯·萨尔察印章戒指（1826 年油画）

率军出发，赫尔曼·冯·萨尔察也伴随皇帝一同前往圣地。此前一年波兰公爵马佐夫舍的康拉德号召条顿骑士团参与到征服普鲁士异教徒的运动中来。1226年3月条顿骑士团从皇帝那里得到特别授权，拥有库尔姆地区管辖权，赫尔曼·冯·萨尔察也成为帝国诸侯。

洪诺留三世

◇ 教皇洪诺留三世

原名琴乔·萨维利，教皇（1216—1227年在位），约1150年生于罗马，1227年3月18日在罗马去世。这位成长在罗马的贵族后裔是教廷的财务总管，同时也是枢机主教。1216年7月18日他当选教皇后，将所有精力集中在筹备教皇英诺森三世1215年11月发动的十字军东征上。尽管这位教皇非常用功，但是最终还是失败。政治上，这位教皇能与神圣罗马帝国皇帝腓特烈二世和平共处，他最主要的政策是加强对波罗的海诸国的传教工作，1218年号召在西班牙发动十字军。他确立了道明会的合法地位，并认可了方济各会和加尔默罗会的会规。

雨果·德·帕英

圣殿骑士团成立人。1070年生，1136年去世。1119年他创立了第一个军事修会。在耶路撒冷宗主教面前，他和七名法国骑士一起发愿遵守贫穷、独身及服从的修会原则，为保护朝圣者不受撒拉森土匪强盗的侵扰而奋斗。耶路撒冷国王鲍德温二世为这群骑士兼修士腾空了宫殿的一部分，这部分据传说是所罗门圣殿的所在处，圣殿骑士团的名字即来源于此。骑士团服装为白色罩袍上绣红色十字架。1312年教皇克雷芒五世将圣殿骑士团解散。

雨果三世

塞浦路斯国王（1267—1284年在位）及耶路撒冷国王（1269—1284年在位），生卒年月不详。1261年他成为塞浦路斯的摄政，取代其表兄雨果二世。两年后他开始兼任耶路撒冷王国摄政。耶路撒冷王国名义上的国王康拉丁被斩首之后，他便成为这个十字军国家的君主。与他争夺此位的还有远房亲戚安条克的玛利亚，但玛利亚后来将继承权卖给了西西里国王安茹查理。雨果三世成功地借助塞浦路斯的力量阻止了马木留克军队，1272 年双方达成休战协议，但是由于王位争夺，削弱了他的权力。1276—1277 年他容忍安茹的查理占据阿克，最终他也没有能挽回局面。

艾尔加齐

阿尔图格王朝的君主，1122 年 11 月 3 日去世。阿尔图格王朝创立者阿克萨布之子。1091 年艾尔加齐子承父业，十年后掌管巴格达。很快他就成为十字军国家最强大的敌人之一。1117 年阿勒颇被他攻占，四年后塞尔柱突厥苏丹马哈茂德将迈雅法里金（今锡尔万地区）交给他管理。

英诺森二世

原名格里高利奥·帕帕雷施，1130—1143 年任教皇，1143 年 9 月 24 日在罗马去世。他出身于古罗马贵族家庭，1116 年成为红衣主教执事，1122 年他参与制定了《沃尔姆斯政教协定》；英诺森二世当选教皇并未获得红衣主教多数票，最终他输给了对立教皇阿纳克莱图斯二世，并逃离罗马，最终藏身法国。克莱沃的伯纳尔德支持他做教皇，很快，除了苏格兰、阿基坦和意大利南部以外的地区都承认他的教皇地位。1133 年年初他在皇帝洛泰尔三世的陪同下前往罗马，但最终还是输给了对立教皇并逃往比萨。直到皇帝第二次进军意大利他才最终成为教皇。1138 年 1 月 25 日对立教皇阿纳克莱图斯二世去世，结束了长达八年的教会分裂，英诺森二世也终于入主拉特兰宫。1139 年 7 月教皇组织军队对抗西西里国王罗杰二世失败，教皇被俘虏后不得不承认罗杰二世国王的地位。1141 年英

◇ 教皇英诺森二世

诺森二世与法兰西国王路易七世发生争执，被绝罚。

英诺森三世

原名塞格尼的洛泰尔，1160年或1161年生于阿纳尼，1198—1216年担任教皇，1216年7月16日在佩鲁贾去世。这位执行力超强的教皇缔造了教皇权力在中世纪的巅峰，他改革了教廷、教权和修会，加强了主教的地位。英诺森三世重新将罗马纳入教皇国的领土，并进行了扩建。阿拉贡和英格兰也成为教皇的属国。1209年他为神圣罗马帝国皇帝奥托四世加冕，后者也放弃了许多特权。他承认了当时是西西里国王的腓特烈二世的地位，后来奥托进攻西西里，作为监护人的英诺森三世将奥托绝罚，并扶植腓特烈二世成为德意志国王（1212年）。

英诺森四世

原名西尼巴尔多·菲耶斯基，1243—1254年任教皇，约1195年生于热那亚，1254年12月7日在热那亚去世。他与前任格里高利九世一样与神圣罗马帝国皇帝腓特烈二世为敌，本来这场争斗的起因是保证教皇国的安全，但逐渐变成了威胁斯陶芬家族统治的争斗。在被选举为教皇一年后他就不得不逃往里昂。1245年6月24日英诺森四世召集里昂大公会议，会上主要讨论为东方拉丁帝国以及十字军国家提供帮助。此外还要求方济各会和道明会加强对东方的宣教工作。在腓特烈二世去世之后，英诺森四世返回意大利。

伊萨克二世·安格洛斯

拜占庭皇帝（1185—1195年及1203—1204年在位），约生于1155年，1204年1月28日去世。作为安德洛尼卡一世的继任者，1185年伊萨克二世·安格洛斯加冕为拜占庭帝国皇帝，两年后他将诺曼人赶走，但是所有尝试稳定巴尔干半岛局势的努力都失败了。只是在1190年他对塞尔维亚宣布了拜占庭宗主的地位。1195年伊萨克二世·安格洛斯被其兄弟阿莱克修斯三世刺瞎并软禁，伊萨克二世的儿子阿莱克修斯四世向十字军求援，最终将阿莱克修斯三世赶走。

1203年伊萨克二世·安格洛斯又重新登上王位。1204年他再次被推翻，不久后十字军在君士坦丁堡建立了自己的东方拉丁帝国。

海梅一世

“征服者”海梅一世，阿拉贡国王（1213—1276年），1208年2月2日生于蒙彼利埃，1276年7月27日在巴伦西亚去世。在与摩尔人的战争中，海梅一世扩大了阿拉贡的统治范围。这位国王从小在圣殿骑士团团长培养下成长，与卡斯蒂利亚国王阿方索八世的女儿埃莉诺结婚。1229—1238年他攻占了巴利阿里群岛，1238年攻占了巴伦西亚。海梅一世为国家制定了宪法。他的儿子——未来的彼得罗三世与曼弗雷德的女儿、西西里女继承人康斯坦丝结婚。1260年开始他接受了十字军东征的理想，和十字军国家的首领们建立了联系。1269年他的私生子费尔南多·桑切斯和佩德罗·费尔南德斯出发前往巴勒斯坦，却无功而返。

◇ 海梅一世攻占巴利阿里群岛（湿壁画，巴塞罗那的贝伦格尔宫）

布里讷的约翰

耶路撒冷国王（1210—1225年在位），约生于1169年，1237年3月23日在君士坦丁堡去世。布里讷的约翰本是法国国王腓力二世·奥古斯都的将领，最终在法王的主持下迎娶了耶路撒冷国王的女继承人玛利亚女王（1212年去世）。1210年9月13日两人在阿克举行婚礼，1212年约翰与埃及苏丹阿迪尔达成为期五年的停火协议。1217年9月末，他进攻大博尔山上阿尤布王朝的新要塞，但并未成功。1218年5月27日他率领大军进攻埃及。1222年，第五次十字军东征失败后他返回欧洲，并前往圣地亚哥—德孔波斯特拉朝圣，途中他于1224年与卡斯蒂利亚国王费尔南多三世的女儿贝伦嘉利娅结婚。一年后神圣罗马帝国皇帝腓特烈二世与约翰的女儿伊莎贝拉结婚，并要求获得耶路撒冷的继承权。皇帝率第六次十字军东征时，约翰趁机在阿普利亚攻城略地，在皇帝归来时他逃往法国。1231 年他被东拉丁帝国的贵族们选为共治皇帝。约翰尽力抵御保加利亚人和穆斯林的威胁。最终他决定归隐加入方济各会，但是未能如愿便去世。

◇ “无地王”约翰（插图画）

“无地王”约翰

英格兰国王（1199—1216 年在位）。1167 年 12 月 24 日生于牛津，1216 年 10 月 19 日在纽瓦克宫殿（诺丁汉郡）去世。1199 年他的兄长“狮心王”理查去世，约翰趁机夺权，但是却并未得到曾经支持他的法国盟友的承认。1202—1214 年的战争，腓力二世·奥古斯都夺去了卢瓦尔河以北所有英格兰的领土。1209 年他因为坎特伯雷大主教任命的问题与教皇陷入斗争，被英诺森三世绝罚，直到 1213 年约翰宣布向教皇效忠后才恢复。1214 年布汶战役惨败，使得他夺回失去领地的愿望化为泡影。1215 年迫于贵族们的压力，他签署《大宪章》，成为英国历史上最重要的法律文献。

◇ 基督为约翰二世·科穆宁及其子阿莱克修斯二世加冕

约翰二世·科穆宁

拜占庭皇帝（1118—1143 年在位）。1088 年生于君士坦丁堡，1143 年 4 月 8 日在托鲁斯去世。他继位后继续推行其父阿莱克修斯一世·科穆宁的政策，对拜占庭帝国进行改革。1122 年他在巴尔干半岛战胜了佩切涅格人，1128 年战胜匈牙利。1135 年他败给了塞尔柱突厥人，1137 年又输给了安条克公国。为了抵御诺曼人的进攻他与神圣罗马帝国皇帝苏普林堡的洛泰尔三世结盟，他的继任者是其子曼努埃尔一世。

卡米尔

阿尤布王朝苏丹，生于 1177 年或 1180 年，1238 年 3 月 6 日在大马士革附近去世。这位外交手腕灵活的埃及苏丹，在建设埃及上同样有着杰出成就。卡米尔是埃及苏丹阿迪尔的长子，1218 年十字军在匈牙利国王安德烈二世带领下进攻尼罗河三角洲流域时，他就代表父亲出面谈判。继承苏丹之位后，他不得不首先稳定国内局势，因此第五次十字军东征攻占达米埃塔时他没有能够组织有效的防御。但是不久后达米埃塔又被埃及收复，十字军被赶走。1228 年神圣罗马帝国皇帝腓特烈二世向巴勒斯坦进发，卡米尔与皇帝展开谈判，也是为了获得腓特烈二世的支持，共同对抗盘踞在大马士革的兄弟穆阿扎姆苏丹。尽管穆阿扎姆不久后就去世，卡米尔还是将和平谈判进行到底，他用耶路撒冷、伯利恒以及拿撒勒换来了自己在叙利亚的领地。卡米尔死于一次出征途中。

安茹的查理一世

西西里及那不勒斯国王（1265—1285 年在位），生于 1226 年 3 月，1285 年 1 月 7 日在福查去世。法国国王路易八世之子。1265 年，教皇为了阻止斯陶芬家族在意大利的扩张，将西西里和那不勒斯分封给了安茹的查理。查理最终战胜了神圣罗马帝国皇帝腓特烈二世之子曼弗雷德，1268 年，在他的操纵下斯陶芬家族最后的继承人康拉丁被判死刑并斩首示众。1272 年，查理接受了阿尔巴尼亚国王头衔，1277 年成为耶路撒冷国王。他野心勃勃，想要征服整个意大利及拜占庭帝国，最终失败。1282 年他被人民起义推翻，就是著名的“西西里晚祷事件”。

◇ 安茹的查理一世

基利杰·阿尔斯兰

鲁姆塞尔柱突厥苏丹（1092—1107年在位），1107年去世。苏莱曼·伊本—库土尔米什之子，曾经在塞尔柱苏丹马立克沙的宫廷做长期人质。1092年基利杰·阿尔斯兰回到尼西亚，并成为其父亲的继任者。四年后他在茨维托屠杀了农民十字军，但是被正规的骑士十字军赶出了尼西亚。1097年他将宫殿搬至伊康。1100年基利杰·阿尔斯兰击败了一队十字军骑士，后来为了对付塔兰托的博希蒙德与拜占庭皇帝结盟。1106年他攻占马拉蒂亚，并定居迈雅法里金（今锡尔万地区）。从这里他开始拓展出新的权力范围。1107年在攻击摩苏尔时他战死在疆场上。

克雷芒三世

原名拉文纳的威尔伯特，对立教皇（1084—1098年在位），约1025年生于帕尔马，1100年9月8日在奇维塔卡斯泰拉纳去世。1054年他到达德国宫廷，四年后成为帝国宰相，在巴塞尔时他成为支持对立教皇洪诺留二世的主要力量。神圣罗马帝国皇帝亨利四世与教皇格里高利七世之间争端再起，1080年6月25日在亨利四世的主持下他在布里克森被选为教皇。四年后亨利四世占领罗马，克雷芒正式出任教皇。但是因为诺曼人的进逼，亨利四世和克雷芒三世撤离罗马。这位对立教皇前往拉文纳，一直不断努力争取众人对自己的支持。克雷芒三世努力推行改革，1089年他下令禁止圣职买卖并且禁止神父结婚。到1090年中期他的权力彻底消失，1099年他再次尝试，被诺曼人赶到了阿尔巴诺。

克雷芒四世

原名居伊·福尔克，1265—1268年在任教皇。约1195年生于罗纳河畔的圣吉莱，1268年11月29日在维泰博去世。作为法国国王路易九世的法律顾问，在其妻子去世之后成为神职人员，担任勒皮主教。很快他便升职，1261年他被乌尔班四世指定为萨宾娜枢机主教，四年后当选教皇。因为罗马当时的敌对力量情绪高涨，他不得不搬到佩鲁贾，后又迁至维泰博。克雷芒四世把西西里作为封地赐给安茹的查理，并将施瓦本的康拉丁绝罚，坚持东正教的从属地位，并在通谕《虽然各教会的》中确定了西方教会的核心地位。

◇ 克雷芒四世

克雷芒五世

原名伯特兰德·德·高特，1305—1314年任教皇。约1260年生于维朗德罗（吉伦特），1314年4月20日在罗屈埃莫尔去世。这位波尔多大主教在法国国王腓力四世的支持下当选教皇，并在担任教皇期间一直听命于法王。1309年，法国人的势力控制了枢机主教团之后，他下令将教廷迁至阿维尼翁（史称“巴比伦之囚”）。1311—1312年，在腓力四世的建议下，维埃纳大公会议召开，圣殿骑士团被解散，且法国国王有权利得到圣殿骑士团的财产。1312年罗马人的国王亨利七世加冕为皇帝，克雷芒此举是为了制衡法国在教廷的特权。

康拉德三世

德意志国王（1138—1152年在位），生于1094年或1095年，1152年2月15日在班贝格去世。1127—1135年之间德国出现对立国王的局面，1138年康拉德正式被选举为洛泰尔三世的继任者。韦尔夫家族的“傲慢者”亨利不愿意宣誓效忠于他，康拉德三世剥夺了其萨克森和巴伐利亚公爵的权力。1142年他与“傲慢者”亨利之子“狮子”亨利达成和解，封其为萨克森公爵。1146年康拉德被克莱沃的伯纳尔德说服，参加第二次十字军。回到德国后，1152年在准备进军罗马和与韦尔夫家族作战之时，这位斯陶芬统治者去世。

◇ 据说是康拉德三世的画像（壁画，约1170年）

康拉德四世

德意志国王（1237 年及 1250—1254 年在位），西西里国王（1251—1253 年在位）。1228 年 4 月 25 日生于安德里亚（阿普利亚），1254 年 5 月 21 日在拉韦洛去世。1237 年，作为神圣罗马帝国皇帝腓特烈二世之子，他被选为罗马人的国王。尽管得到城市及巴伐利亚公国的支持，他还是一直未能完全战胜教皇支持的两位对立国王亨利·拉斯佩和荷兰的威廉。1250 年其父腓特烈二世去世，康拉德一直为意大利的继承权而争斗，最终他占领了阿普利亚和那不勒斯，但是不久后他因感染疟疾英年早逝，年仅 26 岁。

◇ 霍亨斯陶芬的康拉丁

康拉丁

意大利文“康拉迪诺”，意为“小康拉德”。施瓦本公爵（1254—1268 年在位），1252 年 3 月 25 日生于兰茨胡特附近的沃尔夫斯泰因城堡，1268 年 10 月 29 日被斩首；德意志国王康拉德四世之子。西西里国王曼弗雷德去世之后，为了能夺回西西里王国，1266 年，年仅 14 岁的康拉丁带领军队进攻意大利。在意大利北部和罗马，他的军事行动取得了成功。但是 1268 年康拉丁在塔利亚科佐附近被安茹的查理一世击败，在逃亡的途中被捕。在安茹的查理的操控下，康拉丁被判死刑并斩首示众。霍亨斯陶芬王朝结束。

蒙特费拉特的康拉德

耶路撒冷国王，约生于 1146 年，1192 年 4 月 28 日在提尔去世。蒙特费拉特的康拉德是神圣罗马帝国皇帝腓特烈一世以及法国国王路易七世的表亲，1187 年在哈丁会战惨败后他来到了提尔，随即成为该城的军事首领。在他的领导下，埃及苏丹萨拉丁两次攻城都没有成功。耶路撒冷女王西比拉及女儿去世后（1190 年），吕西尼昂的居伊的敌对势力促成了他和西比拉的同父异母的妹妹、耶路撒冷王国王位继承人伊莎贝拉结婚。1191 年阿克沦陷之后，“狮心王”理查要求居伊继续做国王，而伊莎贝拉和康拉德则作为王位继承人。后来由于“狮心王”返回英格兰，十字军国家的贵族们拥立蒙特费拉特的康拉德出任国王，但是仅仅几天后新国王就被杀手刺杀。

忽必烈汗

中国皇帝（1271—1294 年在位），蒙古大汗（1260—1294 年在位）。1215 年 9 月 23 日生，1294 年 2 月 18 日在北京去世。这位成吉思汗的孙子占领了整个中国，在他治下中国重新焕发活力。1271 年忽必烈登基作为中国皇帝，他建立的元朝一直持续到 1368 年。1264 年他迁都至北京，于是，北京成为蒙古帝国的新首都。征服中国以及印度支那让蒙古帝国成为中世纪领土面积最大的政权。

◇ 忽必烈汗

列奥纳多·斐波那契

原名“比萨的列奥纳多”，意大利语为“列奥纳多·比萨诺”，意大利数学家。生于 1175 年，1250 年去世。1202 年他的著作《计算之书》出版，其中记述了他第一次在欧洲境内使用源于印度的阿拉伯数字，在书中还提到了“斐波那契数列”。

利奥波德五世

奥地利及施蒂利亚公爵（1177—1194 年在位），生于 1157 年，1194 年 12 月 31 日卒于格拉茨。这位巴奔堡家族的王公建立了许多城堡，确定了波希米亚的边界。1182 年他以朝圣者的身份来到圣地，最终参加了第三次十字军东征。1191 年在攻占阿克时他再次参战。但是和“狮心王”理查发生不睦，因为理查将奥地利的旗帜从一座碉堡上撤下，对于利奥波德而言是巨大的侮辱；1192 年在理查返回英国途中，利奥波德在维也纳附近把他捉住，在缴纳了巨额赎金之后，1193 年他将“狮心王”理查交给了神圣罗马帝国亨利六世皇帝。因为这件事他还被教皇塞莱斯廷三世逐出教会。

洛泰尔三世

苏普林堡的洛泰尔，神圣罗马帝国皇帝（1133—1137 年在位），德意志国王（1125—1137 年在位）。约生于 1075 年，1137 年 12 月 3 日或 4 日在罗伊特附近的布莱滕旺去世。1106 年开始他担任萨克森公爵，1115 年萨克森叛乱时他是首领，对抗神圣罗马帝国皇帝亨利五世。当选为德意志国王之后，由于斯陶芬家族的反对直到 1135 年才被认可。洛泰尔对帝国东部重新采用了奥托大帝的政策，帝国成为波兰、波希米亚和丹麦的宗主国，他还大力鼓励人们到东部定居。1123 年他将迈森边区交给韦廷的康拉德统治，1134 年将北方边区伯国交给阿斯坎尼家族，1136 年韦廷的康拉德又得到了卢萨蒂亚边区。

路易七世

“年轻人”路易七世，法兰西国王（1137—1180 年在位），1120 年生，1180 年 9 月 18 日在巴黎去世。1137 年其父法国国王路易六世去世后由他继承王位，他与阿基坦的埃莉诺结婚，使得普瓦捷成为宫廷文化的中心。第二次十字军失败后，1149 年他回到法国，1152 年与埃莉诺离婚。埃莉诺后来嫁给了英格兰国王亨利二世，她陪嫁的土地造成英国与法国关系紧张，成了百年战争的根源。

路易九世

圣路易，法兰西国王（1226—1270 年在位），1214 年 4 月 5 日生于普瓦西，1270 年 8 月 25 日在突尼斯去世。

这位国王执掌法国内政数年，并进行了最后一次十字军东征。1226 年这位路易八世的儿子登基，直至 1234 年一直处在其母亲卡斯蒂利亚的布兰卡

◇ 法兰西国王路易九世

的摄政之下。路易九世平定了数次贵族和农民叛乱，1229年臣服图卢兹伯爵雷蒙德七世，终于结束了持续20年的阿尔比战争。路易九世通过扩展行政系统来稳定王国的统治，并限制了教士阶层的权力。他将法国的管理集中化，并统一了各地的法律，禁止各地私刑，建立了巴黎议院，作为常设的法庭机构。1248年他带领第七次十字军出征，1250年在曼索拉附近被俘。《巴黎条约》中他将夏朗德以北的领土割让给英国。最终第八次十字军东征的途中，他因为瘟疫死于突尼斯。1297年，路易九世被封为圣徒。

马立克沙

塞尔柱突厥人的苏丹（1072—1092年在位），生于1055年，1092年11月去世。在他的统治下塞尔柱帝国领土面积达到最大，1084年平定其兄弟塔乞失的叛乱。他通过与伽色尼王国的联姻稳定了塞尔柱帝国东部的局势，1089年在平定高加索和河中地区后，他将注意力集中在巴勒斯坦，与埃及的法蒂玛王朝展开博弈。他将自己所信任的突厥奴隶兵驻扎在安条克、阿勒颇和埃德萨。马立克沙去世后塞尔柱帝国局势动荡不安，巴格达哈里发又重新赢得更多的政治权力。

西西里的曼弗雷德

西西里国王（1258—1266年在位），生于1232年，1266年2月26日在贝内文托去世。神圣罗马帝国皇帝腓特烈二世与伦巴第女贵族比安卡·兰西亚之子。这位果断的统治者有着高超的统治手段，1250年他父亲去世后，作为塔兰托亲王的他帮助自己同父异母的哥哥康拉德四世治理西西里王国，因为康拉德四世不得不纠缠于德国的事务。1254年曼弗雷德在神秘人物的帮助下找到了斯陶芬家族的宝藏，四年后他成为西西里及阿普利亚国王，开始插手意大利北部和中部的事务，1260年战胜了佛罗伦萨，但在贝内文托战役中与安茹的查理交战，战死疆场。

◇ 曼努埃尔一世

曼努埃尔一世

拜占庭皇帝（1143—1180年在位），1120年生，1180年9月24日在君士坦丁堡去世。1147年在他的领导下，拜占庭帝国成功地抵御了诺曼人以及十字军国家的进攻。曼努埃尔一世还成功地让塞尔维亚和马扎尔帝国成为拜占庭的属国。1176年密列奥塞法隆战役中，曼努埃尔被塞尔柱突厥人击败。

马丁四世

原名布里翁的西蒙，教皇（1281—1285年在位），1285年3月28日在佩鲁贾去世。1264年他曾代表枢机主教与安茹的查理谈判那不勒斯及西西里封地的问题。马丁四世担任教皇期间，教廷深受其祖国法国的影响，尤其是安茹的查理的影响。1282年“西西里晚祷事件”之后，马丁显出了不够智慧的一面：他坚持要采取一切手段对付安茹的查理的敌人，尽管西西里起义者已经向教廷递出了橄榄枝，表示愿意做教廷的封臣。后来对西西里的新统治者阿拉贡国王彼得罗三世也是如此，他宣布其被废黜，甚至要求发动十字军。拜占庭皇帝米海尔八世·帕里奥洛格斯也被马丁四世绝罚。

马格德堡的麦希蒂尔德

德国女性神秘主义者，圣女。约生于1207年，1282年在海尔夫塔修道院去世。为了能过上苦修生活，1230年麦希蒂尔德加入了马格德堡的伯格音派修会。后来她成为艾斯莱本附近熙笃会海尔夫塔修道院的院长。她最重要的著作《上帝的流动之光》本来用中古低地德语写作，但是原本已经散失，书中的主题是有关心灵内在的神秘学。这部著作分为数章，谈及上帝、世界观、人性以及教会。马格德堡的麦希蒂尔德的创作灵感主要来源于教会圣师奥古斯丁以及中世纪著名神学家克莱沃的伯纳尔德。

梅利桑德

耶路撒冷女王（1131—1150 年在位），1161 年去世。耶路撒冷国王鲍德温二世及亚美尼亚公主梅利泰内地莫菲娅之女，这位女王受过良好教育，是位虔诚温良的统治者。1129 年梅利桑德与安茹的富尔克结为夫妻，1131 年 9 月 14 日，两人在众人瞩目下一同在耶路撒冷圣墓大教堂加冕。1143 年富尔克去世后，梅利桑德辅助其子鲍德温三世执政，1145 年她不愿将大权交给成年的儿子，造成 1150 年母子间的冲突。两年后梅利桑德被赶出政治圈子，回到了自己的领地纳布卢斯，但是还从那里继续影响耶路撒冷王国的政局。

◇ 耶路撒冷的梅利桑德与安茹的富尔克结婚

米海尔七世 · 杜卡斯

拜占庭皇帝（1071—1078 年在位）。生卒年月不详。这位皇帝生性懦弱，也没有执行力，在他的治下拜占庭帝国日益衰落。米海尔推翻了他的前任罗曼努斯四世，并且下令将他刺瞎。在他执政时把小亚细亚拱手让给塞尔柱突厥人。意大利南部拜占庭最后的据点巴里则被诺曼人罗伯特 · 圭斯卡特夺走。保加利亚和塞尔维亚的叛乱造成了帝国境内的经济危机，也动摇了米海尔七世 · 杜卡斯的统治，最终一场军事政变结束了他的统治，米海尔被囚禁在修道院里度过余生。

米海尔八世 · 帕里奥洛格斯

拜占庭皇帝（1258—1282 年在位）。约 1224 年生于小亚细亚，1282 年 12 月 11 日在塞莱布里亚附近的帕可米欧去世；帕里奥洛格斯王朝的创始人，最终这个王朝见证了 1453 年拜占庭帝国的灭亡。1258 年，拜占庭皇帝狄奥多尔二世 · 拉斯卡里斯去世，留下尚未成年的继承人约翰四世 · 拉斯卡里斯，米海尔八世先是以摄政的名义独揽朝政，1259 年干脆直接篡权。1261 年在热那亚人的帮助下他重新攻占君士坦丁堡；为了赢得教皇的支持，1274 年的里昂大公会议上，他甚至一度许诺将东方教会并入拉丁教会。教会的合并最终在 1281 年失败。

蒙哥汗

蒙古帝国大汗（1251—1259 年在位）。生于 1209 年 1 月 10 日，1259 年 8 月去世。成吉思汗最小的儿子托雷之子。1237—1242 年之间，蒙哥汗在巴图汗帐下任职，在俄罗斯和东欧征战。1251 年 7 月 1 日他成为蒙古大汗，而他的兄弟忽必烈此时正远在中国征服宋朝，而另外的兄弟旭烈兀则在征服波斯和阿巴斯哈里发王朝。蒙哥汗去世时，这两次军事行动依然在继续。

◇ 尼基弗鲁斯在牧首“金口”约翰一世和大天使加百利之间

尼基弗鲁斯三世·伯塔奈亚迪斯

拜占庭皇帝（1078—1081 年在位），生卒年月不详。尼基弗鲁斯曾为米海尔七世·杜卡斯的将领，1078 年 1 月 7 日在一些人的支持下于尼西亚加冕为皇帝。米海尔退位后，他毫不犹豫地登上皇位并且娶了前皇后为妻。尼基弗鲁斯生性豪爽，其粗犷风格的内政使得拜占庭货币严重贬值，财政严重赤字。外交上则面临诺曼人的步步紧逼，但是最终致命的危机还是来自帝国内部。1081 年 3 月末，阿莱克修斯一世·科穆宁带兵攻占君士坦丁堡，尼基弗鲁斯不得不退位，隐居童贞圣母修道院。

克桑滕的诺尔伯特

德国修会成立人。约 1080 年生于克桑滕，1134 年 6 月 6 日在马格德堡去世。1115 年，这位伯爵之子祝圣成为神父。在一次朝圣之旅中接受启示后，1120 年在拉昂附近的普雷蒙特雷按照奥古斯丁修会的会规创立修道院，也就是普雷蒙特雷修会，该会 1126 年得到教皇承认。同一年克桑滕的诺尔伯特成为马格德堡大主教，一直致力于向德国北部和东部传教。在教会分裂期间，他为英诺森二世争取到了苏普林堡的洛泰尔三世的支持。1582 年他被罗马教会封圣。

◇ 克桑滕的诺尔伯特，马格德堡大主教（细密画）

努尔丁

原名努尔丁·马哈茂德·赞吉，叙利亚统治者，1174 年去世。埃米尔伊马德丁·赞吉最小的儿子，在其父亲 1146 年去世后，开始以阿勒颇为中心统治叙利亚，正是他统一了叙利亚。努尔丁攻占了埃德萨，导致最早的十字军国家灭亡。因为管理有方，努尔丁还将税收的很大一部分用于建设军事要塞、清真寺、医院以及学校。他还在大马士革成立了传统科学研究学院，还有一所医学院。努尔丁的外交政策的焦点就是将十字军赶走。1147—1149 年间他成功战胜了第二次十字军。最终十字军国家只剩下约旦河和奥龙特斯河以西的地带。1154 年他还结束了布里登在大马士革的统治。

窝阔台

蒙古大汗（1239—1241 年在位）。约 1185 年生，1241 年 12 月 11 日在哈拉和林去世。成吉思汗的第三个儿子，同时也是他的继承人。窝阔台致力于蒙古帝国的扩张，并且注重加强贸易。1236 年，他的将领巴图攻占了俄罗斯南部、中国北部，并且突破到了西里西亚、匈牙利和摩拉维亚一带。

◇ 弗赖辛的奥托

弗赖辛的奥托

编年史作者和主教。约 1114 年生，1158 年 9 月 22 日在勃艮第的莫里蒙多去世，神圣罗马帝国皇帝亨利四世的外孙。1132 年他成为第戎附近熙笃会莫里蒙多修道院的院长，1138 年开始担任弗赖辛主教。1147 年他参加第二次十字军东征，1143—1146 年他着手写作《两个帝国的历史》，这是中世纪最杰出的编年史之一。从奥古斯丁的观点出发，弗赖辛的奥托认为历史是上帝之国与魔鬼之国的斗争。他还为自己的侄子神圣罗马帝国皇帝腓特烈一世·巴巴罗萨著有传记《皇帝腓特烈本纪》。

格朗松的奥托

英格兰国王爱德华一世的谋臣，生于 1238 年，卒于 1328 年。据推测格朗松的奥托是在 1250 年后进入当时还是王子的爱德华的宫廷任职。1270—1272 年爱德华前往圣地，奥托一同前往并获得重视。后来他成为王国的参谋和使者。格朗松的奥托多次前往罗马，并且两次出征与威尔士人作战。爱德华一世将海峡群岛和爱尔兰的许多土地赏赐给他。1290 年，在爱德华一世的委托下，格朗松的奥托还参加了阿克保卫战。

不伦瑞克的奥托四世

神圣罗马帝国皇帝（1209—1218 年在位），德意志国王（1198 年及 1208—1218 年在位）。约生于 1175 年，1218 年 5 月 19 日在哈尔茨堡去世。“狮子”亨利的儿子，在舅舅“狮心王”理查的宫廷中长大。神圣罗马帝国皇帝亨利六世去世后，1197 年，这位来自韦尔夫家族的奥托被一部分贵族推举为与斯陶芬家族的施瓦本的菲利普相对立的国王。为了能赢得教皇英诺森三世的支持，奥托放弃了《沃尔姆斯政教协定》中的许多特权，并且接受了教皇作为西西里的封君。直到 1208 年，在施瓦本的菲利普被刺杀后，奥托终于名正言顺地成为罗马人的国王，一年后前往罗马加冕。但是 1212 年他打破誓言进攻西西里，英诺森三世将他绝罚，并与法国结盟，选举斯陶芬家族的腓特烈二世作为奥托的对立国王。1214 年奥托的盟友以及“无地王”约翰在布汶附近惨败给法国国王腓力二世·奥古斯都。奥托撤退回哈尔茨堡，1215 年腓特烈二世成为德意志国王。

帕斯卡二世

教皇（1099—1118 年在位）。原名比耶达·迪·加莱阿塔，1118 年 1 月 21 日在罗马去世。叙任权之争中最重要的人物。在法国他与腓力一世争得不可开交，1106 年最终强迫法国国王放弃主教叙任权。

在英国事务方面，1107 年帕斯卡二世与英格兰国王亨利一世达成协议。1111 年他与德意志国王亨利五世签署了苏特里协议，但是该协议却遭到了德国主教们的拒绝。最终他被亨利五世捉住，胁迫之下宣布放弃叙任权，并且为亨利五世加冕称帝。被释放后表示自己是被逼无奈，叙任权还是在教廷手中。他的继任者是格拉修二世。

◇ 教皇帕斯卡二世被神圣罗马帝国皇帝亨利五世囚禁

阿尔巴诺的佩拉吉乌斯

来自西班牙的红衣主教兼教皇特使。1230 年去世。1213 年，教皇英诺森三世任命他为东方特使，负责与东方教会谈判合一的工作；佩拉吉乌斯的努力最终因为双方都不愿妥协而付诸东流。第五次十字军东征时，他作为教皇特使也未能取得突出成就；因为此次十字军东征失败，佩拉吉乌斯也备受指责，实际上此次十字军失败的原因是计划不周。

“隐士”彼得

十字军东征布道人，农民十字军的首领。约 1115 年去世。他的布道流畅精彩，充满激情，个人魅力强大。1095 年他参加了克莱芒宗教会议，此后跟随他的人越来越多。彼得或许来自皮卡第地区，1096 年他出现在莱茵兰地区，在当地寻找自愿参与十字军的人员。在他的带领下，许多手无寸铁身无分文的朝圣者前往圣地。1096 年 7 月他们到达君士坦丁堡，8 月初渡过博斯普鲁斯海

◇ “隐士”彼得说服布永的戈特弗里德成为十字军首领（约翰·腓特烈·奥韦尔贝克的湿壁画）

峡。1096年10月21日，农民十字军的绝大部分在茨维托附近被塞尔柱苏丹基利杰·阿尔斯兰的军队屠杀。彼得此时还在君士坦丁堡，最后他加入了第一次十字军的队伍。彼得和他们一起到达了耶路撒冷，在当地继续布道。1101年他返回欧洲，生命中的最后几年没有留下任何记载。

彼得罗二世

阿拉贡国王（1196—1213年在位），生于1174年，1213年9月12日在米雷去世。国王阿方索二世之子，是位颇有骑士风范的统治者。1204年英诺森三世为其加冕，彼得罗也承认教皇的宗主地位。1212年他取得最辉煌的胜利：在纳瓦斯—德托洛萨战役中大败穆斯林，但是由于消耗巨大而债台高筑，导致财政动摇。其姐姐埃莉诺与图卢兹伯爵雷蒙德六世的结合，把彼得罗卷入了阿尔比战争。1213年，作为雷蒙德六世阵营中的一员，他在米雷战役中与西蒙·德·孟福尔率领的军队激战，不幸身亡。

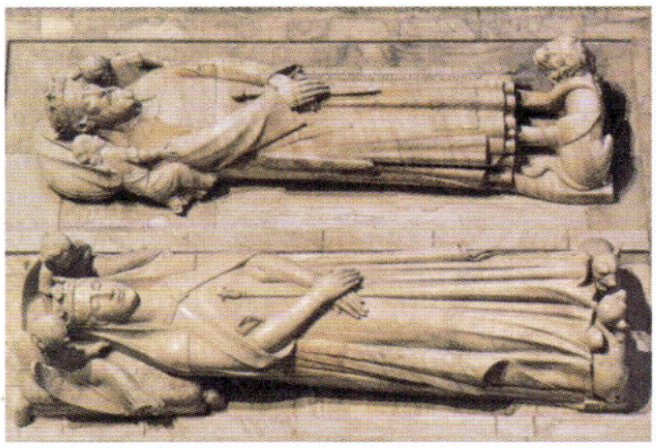

◇ 波夫莱特修道院中彼得罗二世及妹妹康斯坦丝坟墓上的雕像

彼得罗三世

“伟大的”彼得，阿拉贡国王（1276—1285年在位），西西里国王（彼得一世，1282—1285年在位）。1240年生于巴伦西亚，1285年11月11日在佩内德斯去世。国王海梅一世的次子，在其兄长阿方索于1262年去世之后，彼得罗三世登基。他除了阿拉贡、巴伦西亚和加泰罗尼亚之外还要马略卡国的领土，和自己的兄弟海梅二世陷入纷争。1282 年“西西里晚祷事件”后，因为妻子是西西里国王曼弗雷德之女康斯坦丝之故，彼得罗三世赶走了安茹的查理并统治西西里。但是此举招致教皇马丁四世的反对，并将他绝罚，而法国国王腓力三世也要对他发动十字军。最终通过外交上的斡旋和军事上的优势，他成功地渡过难关。但是这些事务削弱了他投入在内政方面的精力，使得城市和贵族获得了不少特权。在去世前他将西西里交给教皇国，革教令被免除。

腓力一世

法国国王（1060—1108 年在位），生于 1052 年，1108 年 7 月 29 日在巴黎圣德尼去世。国王亨利一世之子，在执政之初受其监护人弗兰德的鲍德温五世的控制，他也卷入了鲍德温五世的儿子们争夺弗兰德地产的争斗中。1106 年他签署协议放弃叙任权，法国的叙任权之争就此结束。1122 年的《沃尔姆斯宗教协定》更是肯定了教会的叙任权：天主教会在主教任免上有绝对权力，但是国王也可以在人选上施加一定影响。

腓力二世·奥古斯都

法国国王。1165 年生于巴黎，1223 年在芒特拉诺利去世。是位政治上颇有谋略且实际行动力强的统治者。1189 年他被说服参加第三次十字军东征，神圣罗马帝国皇帝腓特烈一世·巴巴罗萨也参与到此次行动中。一年后他和“狮心王”一起，从海路出发前往巴勒斯坦。但是由于忽染重病，腓力二世不得不返回法国。1193 年，“狮心王”理查在奥地利被囚禁，腓力二世出兵诺曼底，让“无地王”约翰痛失大片领地，并且完全消除了盎格鲁－诺曼人可能给法国王位带来的危险。1216 年“无地王”约翰去世，腓力二世希望为自己的儿子路易八世赢得英格兰王位，

◇ 腓力二世·奥古斯都

但是最终计划失败。在腓力二世治下法国国王统治的面积扩大了一倍，并且将领主置换为国家公务员。

◇ 法国国王“美男子”腓力四世（14 世纪细密画）

腓力四世

“美男子”腓力。法国国王（1285—1314年在位），生于枫丹白露宫，1314 年 11 月 29 日也在那里去世。卡佩家族最后一位杰出的统治者。

在他治下，法国国力也达到了中世纪的顶峰。腓力的统治一直奉行领土扩张的政策，努力摆脱教皇的影响，为了加强中央集权进行必要的改革，以此作为对外征服的基础。1284 年他与胡安娜结婚，这为他带来了纳瓦拉和香槟地区。他还得到了神圣罗马帝国在罗纳河和默兹河的领土，并且把英国人从大陆完全清除。他大幅提高税收，对待教士阶层也是如此。1302 年教皇博尼法斯八世对此提出抗议，并发表通谕《唯一至圣》，强调教士阶层高于世俗权力；腓力对此的回应是在议会中加入第三等级（市民阶层），并赢得了他们的支持。随后一年他派兵在阿纳尼攻击了教皇博尼法斯，几周后这位教皇就在罗马去世。他支持自己的手下波尔多大主教当选为教皇，也就是克雷芒五世，1309 年克雷芒五世将宗座转到了阿维尼翁。在寻找新的收入来源时，他将目标对准犹太人以及伦巴第的商人，并且没收了圣殿骑士团的资产。1312 年他通过影响教皇，彻底解散圣殿骑士团。腓力死在一次反对他收税的起义中。

施瓦本的菲利普

德意志国王（1198—1208 年在位），约生于 1178 年，1208 年 6 月 21 日在班贝格去世。他是神圣罗马帝国皇帝腓特烈一世·巴巴罗萨最小的儿子，1195 年他成为图斯齐亚的藩侯，1196 年成为施瓦本公爵。1197 年，他的兄长神圣罗马帝国皇帝亨利六世去世后，因为其侄子、未来的神圣罗马帝国皇帝腓特烈二世尚年幼，1198 年他被选举为国王。但是贵族中有一部分反对斯陶芬家族的统治，选举奥托四世作为对立国王。斯陶芬家族和韦尔夫家族爆发内战，削弱了帝国的力量。1205 年菲利普终于获得了大多数贵族的支持，并在亚琛加冕。1206 年他战胜了奥托，尽管后者 1201 年就已经得到了教皇英诺森三世的承认。但是就在距离成功一步之遥时，他于 1208 年被谋杀。

嘉拉温

马木留克苏丹（1279—1290 年在位），1290 年 11 月 11 日在开罗去世。这位埃及和叙利亚重要的统治者，延续了其前任拜巴尔一世的政策；在拜巴尔谋杀古突兹苏丹时，嘉拉温是帮凶。正因如此拜巴尔统治期间他的地位扶摇直上。1279 年他成为苏丹，击败了所有其他的埃米尔，并且成功地抵御了蒙古人的进攻。1285 年他攻占圣约翰骑士团守护的马奎卜城堡，同一年提尔的玛格丽特为了能保有和平不得不接受了屈辱的条件并用重金赎买，最终换来了十年的休战期。仅仅一年后，因为阿克的居民袭击了穆斯林商队，打破了和平协议，嘉拉温就对十字军国家发动“圣战”。嘉拉温率领大军从开罗出发浩浩荡荡开往阿克，但却突然去世。这位苏丹不仅在战场上是出色的将领，同时他还翻修并扩建了阿勒颇、巴勒贝克和大马士革的宫殿，并且在开罗建立了一所医院。

雷蒙德三世

的黎波里伯爵，约生于 1140 年，1187 年 9 月或 10 月去世。1164 年哈林之战中他被俘虏，做了努尔丁的阶下囚，八年后才恢复自由。为了赎买自由他支付了 8 万拜占庭金币，这导致他债台高筑，为了还债他不得不将的黎波里东部地区的领地割让给圣约翰骑士团。在与加利利贵族的寡妇艾诗娃结婚后，除了的黎波里外他还统治着加利利。一生中他曾两次成为耶路撒冷王国的摄政，辅佐国王。但是由于和王国中的贵族不睦而最终不愉快收场。1187 年 7 月 4 日哈丁会战这场大灾难中，他成功地带着自己的军队突围而没有被俘虏。不久后雷蒙德三世退位，把的黎波里伯国交给了安条克的博希蒙德三世的儿子。

雷蒙德四世

图卢兹伯爵（1093—1105 年在位），1041 年或 1042 年生于图卢兹，1105 年 2 月 28 日在蒙斯 · 佩里格利努斯城堡去世。他是第一次十字军东征的重要人物，有观点认为他是教皇乌尔班二世指定的第一次十字军军事方面的领导人。1098 年 6 月，占领安条克之后，伯爵带领图卢兹和勃艮第骑士进攻附近的穆斯林领地，紧接着又参加耶路撒冷攻城战。入城后有人提出要他戴上耶路撒冷王国的王冠，但是雷蒙德四世拒绝了这项提议。在大多数手下返回欧洲之后，伯爵前往君士坦丁堡。1102 年年初他带领一队来自伦巴第地区的骑士到达叙利亚，目的是为拜占庭夺回安纳托利亚，并让安条克重新成为拜占庭的属国，最终行动失败。安条克的王公坦克雷德胁迫他发誓不再进攻叙利亚的任何目标，但是雷蒙德违背誓言，夺去了托尔托萨港，并在的黎波里附近建立了蒙斯 · 佩里格利努斯城堡。这样一来他成功地阻挡了安条克公国向南的扩张，而为由其后代统治的的黎波里伯国创建了基础。

雷蒙德六世

图卢兹伯爵（1194—1222 年在位）。1156 年生于博凯尔，1222 年去世。

◇ 图卢兹伯爵雷蒙德六世的印鉴

1202 年这位伯爵第五次结婚，迎娶了阿拉贡国王阿方索二世的女儿埃莉诺，这对阿尔比派有利，于是他和教皇英诺森三世陷入了矛盾。1213 年，尽管有阿拉贡的支持，雷蒙德六世还是被西蒙 · 德 · 孟福尔在米雷之战中击败；在第三次拉特兰大公会议上，雷蒙德六世辩解无效，图卢兹的统治权被转给了西蒙 · 德 · 孟福尔。不过雷蒙德六世卧薪尝胆，又夺回了绝大部分的领地。他的宫廷是普罗旺斯诗歌的中心。

雷蒙德七世

图卢兹伯爵（1222—1249 年在位）。1249 年 9 月 27 日在米约去世。作为其父亲雷蒙德六世军中重要的将领，他成功地夺回了图卢兹在阿尔比战争中失去的大部分领地。1222 年他因为路易八世的十字军行动与国王不睦；1226 年路易八世去世后，他与摄政太后卡斯蒂利亚的布兰卡达成和平协定，保有自己的领地。1242 年他与英格兰国王联合，一同对付法国国王路易九世，但是战争失败，最后不得不臣服。雷蒙德七世最终决定与路易九世一起前往圣地，但是还未能动身便去世。

雷蒙德三世·贝伦加尔

巴塞罗那伯爵（1097—1131 年在位），1082 年 11 月 11 日生于罗德兹，1131 年 7 月 19 日在巴塞罗那去世。雷蒙德·贝伦加尔于 1097 年接手巴塞罗那伯国，因为与女继承人普罗旺斯的杜丝的联姻，他的领地扩展到了法国南部。他执政期间一直与穆拉比特王朝交战，并且巩固了自己在普罗旺斯的统治。这些巩固了加泰罗尼亚在地中海的地位，最终使得加泰罗尼亚在西班牙与卡斯蒂利亚·莱昂和阿拉贡有着同样重要的地位。在雷蒙德三世·贝伦加尔去世前一年，他还加入了圣殿骑士团。

拉蒙·柳利

加泰罗尼亚诗人、哲学家和神学家。1232 年或 1233 年生于马略卡岛的帕尔马，1315 年在北非的贝贾亚或突尼斯被穆斯林处死。拉蒙曾长时间在阿拉贡的海梅一世以及马略卡的海梅二世的宫廷供职，1263 年他看到基督被钉十字架的异象，这改变了他的一生。从此时起他开始研究基督教的真理学说，并且立志要向阿拉伯世界传教。1283 年至 1313 年他还在巴黎和蒙彼利埃担任教授。其学说的核心理论就是信仰需要理

◇ 拉蒙·柳利

解和支持。1276年拉蒙·柳利成立了米拉马尔传教学院，并且自己前往西西里和北非传播福音。1293年及1294年这位热情的天主教徒与穆斯林神学家们辩论，导致他被判死刑，最终被赶出了北非。尽管他尝试说服塞莱斯廷五世和博尼法斯八世支持他的事业，但是最终失败。由于拉蒙的作品仿佛百科全书般包罗万象，他也被时人称为“耀眼的学者”。

沙蒂永的雷纳德

安条克亲王，约旦河东岸的统治者。1187年7月7日被斩首。勇敢又固执的雷纳德于1147年来到耶路撒冷王国，首先为国王鲍德温三世服务，紧接着为富有的寡妇安条克的康斯坦丝服务，1153年两人结婚。三年后攻占塞浦路斯岛，1158年从穆斯林手中夺回了哈朗城堡。1160年开始他被穆斯林俘虏长达16年，一直被囚禁在阿勒颇。1163年他的妻子康斯坦丝去世，安条克交给了康斯坦丝与前夫所生的儿子博希蒙德三世管理。雷纳德恢复自由之后首先前往耶路撒冷。1177年他与约旦河东岸领主的遗孀斯蒂芬妮结婚。五年后他撕毁与萨拉丁的休战协定，抢劫了一支穆斯林商队，这引发了一场海战。1187年他再次进攻穆斯林商队，这给了正跃跃欲试的萨拉丁发动战争的借口。1187年7月4日哈丁会战中雷纳德被俘虏，三日后他被带到了萨拉丁面前，由于拒绝皈依伊斯兰教，被萨拉丁亲自斩首。

“狮心王”理查

◇ “狮心王”理查在丰特弗罗德修道院的石棺上的雕塑

即理查一世，英格兰国王（1189—1199年在位），1157年9月8日生于牛津，1199年4月6日在沙吕战死，金雀花王朝亨利二世的三儿子。1189—1192年理查参加了第三次十字军东征，在圣地他成为萨拉丁的强劲对手。在返回英格兰的路上，他被先前侮辱过的奥地利公爵利奥波德五世囚禁，并在后来被交给了神圣罗马帝国

皇帝亨利六世。在理查宣誓成为帝国封臣之后，1194 年终于被释放。回到英格兰之后他接着与法国开战，在围攻沙吕城时受重伤不治而亡。

康沃尔的理查

德意志国王（1257—1272 年在位）。1209 年 1 月 5 日生于温彻斯特，1272 年 4 月 2 日去世。英格兰国王“无地王”约翰的儿子。1257 年德意志国王荷兰的威廉去世，没有留下子嗣，他与卡斯蒂利亚的阿方索十世都被选为罗马人国王候选人，但是理查最终未能成功。1273 年哈布斯堡的鲁道夫当选，结束了神圣罗马帝国的大空位时期，大空位时期帝国诸侯们各自为政。

罗伯特·圭斯卡特

阿普利亚、卡拉布里亚和西西里公爵（1059—1085 年在位）。约生于 1015 年，1085 年 7 月 17 日在凯法利尼亚岛上去世。作为诺曼人的首领，罗伯特占领了整个意大利南部，1059 年教皇正式承认了他的领地。1071 年攻占巴里——拜占庭帝国在意大利最后的据点。1081 年起他开始进攻达尔马提亚和希腊，企图控制爱琴海，但最终失败。1074 年因为与教皇格里高利七世不睦，被教皇逐出教会。但在主教叙任权之争中他站在教廷一边与神圣罗马帝国皇帝亨利四世对抗，并且于 1084 年解救了被困在安吉拉堡的格里高利七世。不过事后他洗劫罗马。在与拜占庭再次开战后，他死于瘟疫（可能是伤寒）。

弗兰德的罗伯特二世

弗兰德伯爵。约 1056 年生，1111 年 10 月 2 日去世。1096 年 9 月他带领一支大军参加了第一次十字军东征，并参加了攻取安条克之战。1099 年 7 月 15 日攻占耶路撒冷后，他回到了欧洲自己的老家。在弗兰德，他多次与神圣罗马帝国的皇帝亨利四世和亨利五世发生争执。在英格兰的亨利一世占领诺曼底之后，1109 年罗伯特二世支持法国国王路易六世的反击，与英格兰的亨利一世及其盟友布卢瓦的特德巴尔得四世作战。这位伯爵在一场战斗中战死。

诺曼底的罗伯特二世

诺曼底公爵，约1054年生，1134年在加的夫去世。1096年罗伯特二世参加第一次十字军东征，在多里莱乌姆之战中表现出众，并且在攻占耶路撒冷之时也立下战功。亚实基伦之战中十字军能够得胜也要感谢这位公爵。但是返回诺曼底的罗伯特二世却没有能够平定贵族们的叛乱，最终英格兰军队打着维护正义的旗号登陆诺曼底。1106年9月公爵在坦谢布赖战役中战败，并被俘虏。罗伯特二世一直被关在英国的不同城堡里，直到1134年去世。

莫莱斯姆的罗伯特

修士，约1027年生于香槟，1111年4月17日在莫莱斯姆去世。熙笃修会创始人。

这位原属于本笃会的修士1098年带着21位修士在第戎南部建立了一个新的修道院。修道院严格遵守隐居的规定，追求本笃会提倡的纯洁。他将独自修行和集体生活结合为一种新的修道院制度。熙笃总院就成了这个修会的名字。

罗杰一世

西西里大伯爵，约1031年生于诺曼底，1101年6月22日在米莱托（卡拉布里亚）去世。罗杰是诺曼人欧特维尔的坦克雷德最年幼的儿子，是罗伯特·圭斯卡特最小的兄弟。1054年他来到意大利南部，开始时与大哥罗伯特一起治理卡拉布里亚。1061年，诺曼人开始从穆斯林手中夺回西西里岛，墨西拿第一个被攻占。1071年罗杰攻占了卡塔尼亚，一年后攻占巴勒莫，后来他从罗伯特·圭斯卡特手中得到了整个西西里岛。罗杰在西西里建立了中央集权的管理模式。不过直到1091年，包括马耳他岛在内的西西里才全面被诺曼人占领。1085年罗伯特去世之后，罗杰成为意大利南部诺曼人的首领。1098年7月他从教皇乌尔班二世那里获得了一些教会的特权。罗杰一世大力资助修道院，在西西里还允许东正教、犹太教和伊斯兰教同时存在。

罗杰二世

◇ 基督为诺曼国王罗杰二世加冕（马赛克壁画）

西西里国王（1130—1154 年），生于 1095 年 12 月 22 日，1154 年 2 月 26 日去世，罗杰一世之子。罗伯特·圭斯卡特及其继承人去世后，他将西西里王国的统治范围扩展到意大利南部（1122 年卡拉布里亚，1128 年阿普利亚）。凭借强大的海军，罗杰二世不断进攻拜占庭帝国。其女康斯坦丝与神圣罗马帝国皇帝亨利六世结婚，西西里的继承权转到了斯陶芬家族手中。罗杰二世是塑造强大诺曼国家的真正功臣，聪明的立法政策是罗杰二世的法宝。

罗杰·德·弗洛尔

加泰罗尼亚雇佣军团将军。约 1260 年生，1305 年 4 月 30 日在阿德里安堡去世。这位大胆的冒险者一生追求财富。罗杰·德·弗洛尔的父亲是神圣罗马帝国皇帝腓特烈二世的驯鹰师。1268 年罗杰的父亲去世，他加入了圣殿骑士团。约 1300 年他退出了骑士团，为西西里国王腓特烈三世担任海军将领，以打劫为主要任务。1302 年他与拜占庭皇帝安德洛尼卡二世·帕里奥洛格斯谈判成功，于是开始作为加泰罗尼亚雇佣军团的将军。后来罗杰得到了大公的头衔，还娶了拜占庭皇帝的侄女玛利亚为妻。加泰罗尼亚军团对突厥人作战取得巨大成功，1304 年 8 月却被皇帝召回。这些雇佣军占领了盖利博卢半岛，此举招致拜占庭皇帝的不快。不过罗杰·德·弗洛尔要求建立安纳托利亚王国，拜占庭皇帝还是欣然答应。罗杰得到了“恺撒”头衔，在小亚细亚地区有着无上的权力。安德洛尼卡的儿子觉得自己的地位受到了威胁，便找人谋杀了罗杰。加泰罗尼亚军团为此在色雷斯烧杀抢掠进行报复。

罗曼努斯四世·狄奥吉尼斯

拜占庭皇帝（1068—1071年在位），1072年8月4日去世。他本来是拜占庭皇帝君士坦丁十世·杜卡斯手下的一名将领，在进攻佩切涅格人时战功卓著。君士坦丁去世后，罗曼努斯篡权并未成功。在他娶了皇帝的遗孀尤多西娅后，终于登基加冕为皇帝。在他治下拜占庭成功抵御了塞尔柱突厥人在小亚细亚的扩张，1071年曼齐克尔特战役中却遭惨败，罗曼努斯四世也被俘虏。在被释放后，他被君士坦丁十世的儿子废黜、刺瞎双眼并且杀害。

哈布斯堡的鲁道夫一世

◇ 哈布斯堡的鲁道夫一世（斯佩耶尔大教堂石棺上的雕塑）

德意志国王（1273—1291年在位），生于1218年5月1日，1291年7月15日在斯佩耶尔去世。鲁道夫是德意志西南部最大的领主，他被选为德意志国王，终结了自1254年斯陶芬家族在康拉德四世去世后带来的大空位时期，当然也开创了哈布斯堡王朝的统治。1278年，其对立国王波希米亚的奥托卡二世组织军队决一死战，最终失败，而鲁道夫此战得到了克拉尼斯卡、克恩滕、温迪施边区（今斯洛文尼亚）、奥地利和施蒂里亚。他的儿子阿尔布莱希特和鲁道夫分别继承了奥地利和施蒂里亚，这为哈布斯堡家族统治奠定了基础。虽然鲁道夫争取加冕为神圣罗马帝国皇帝的努力最后失败，但通过打击匪盗和民间械斗加强了王国的权力，也重新带来了和平。此外鲁道夫还大力推进城市发展。

鲁道夫·冯·莱茵费尔登

施瓦本公爵，亨利四世的对立国王（1077—1180年在位）。在主教叙任权之争中，鲁道夫被反对派贵族选为亨利四世的对立国王，但是其权力根基不稳，教皇格里高利七世也没有支持他。1080年的魏瑟埃尔斯特（亦称“白鹊河”）之战中，鲁道夫被砍去右臂，不久后伤重死去。

吕特伯夫

法国作家。约 1285 年死于巴黎。这位诗人对路易九世严厉批评，认为托钵修士们对国王的影响过大，并且对国王的节省政策不满。但是另一方面，路易九世在这位诗人有关十字军东征题材的诗歌中成为理想的形象。他的作品有超过 50 首长诗，其中也包括圣徒传奇和奇迹故事。在一篇宫廷讽刺文章《列那狐传奇》中，狐狸成为世间狡猾的化身。

萨拉丁

原名尤素福·伊本·阿尤布，埃及及叙利亚苏丹（1173—1193 年在位），1138 年生于提克里特，1193 年 3 月 3 日在大马士革去世，阿尤布王朝的创建者。叙利亚统治者努尔丁将他派到埃及，1171 年他在埃及推翻了法蒂玛哈里发王朝。四年后萨拉丁攻占叙利亚，成为十字军国家的敌人。1187 年他攻占耶路撒冷，并且占领了十字军国家的大部分领土。因为与第三次十字军交战，并且被人形容为宽容大度，萨拉丁成为伊斯兰世界最著名的统治者之一。

◇ 萨拉丁和“狮心王”在亚实基伦之战交锋（铜版画）

桑乔三世·加尔塞斯

又称“伟大者”桑乔、“年长者”桑乔，潘普洛纳国王（纳瓦拉，1000—1035 年在位），约生于 992 年，1035 年 10 月 18 日去世。这位国王加尔塞斯二世的儿子在收复失地运动中努力扩展了巴斯克—潘普洛纳的权力，后来成为纳瓦拉王国——伊比利亚半岛上最强大的政权。通过战争、结盟和兑现自己的继承权，桑乔大大拓展了自己的领地。1016—1019 年，桑乔还攻占了法拉克人的老地盘索夫拉尔韦和里瓦戈萨。他与卡斯蒂利亚伯爵之女结婚，1029 年将卡斯蒂利亚并入潘普洛纳。为了能强调自己的权力，桑乔在攻占了莱昂之后封自己为皇帝。但是在临死前，他将自己创立的庞大帝国分给了自己的四个儿子，也就是后来四大王国纳瓦拉、卡斯蒂利亚、阿拉贡和索夫拉尔韦—里瓦戈萨（巴塞罗那）。

谢尔库赫

努尔丁手下的库尔德人的将领，1169年3月23日在开罗去世。1163年在努尔丁的命令下，谢尔库赫率兵进攻埃及，当时埃及北部的统治者沙瓦尔向十字军国家求援，谢尔库赫在两军夹击下撤回叙利亚。三年后他带着同样的任务来到埃及，但是最终还是无功而返。1169年1月沙瓦尔被谋杀，谢尔库赫成为法蒂玛王朝的维齐尔，但是两个月后便去世。

西比拉

耶路撒冷女王，约1159年生，1190年7月25日在阿克附近去世。耶路撒冷国王阿马尔里克一世和结发妻子库特奈的阿格尼丝所生。西比拉在伯大尼的修道院长大，1176年秋她与蒙特费拉特的“长剑”威廉结婚，但是他们的儿子鲍德温尚未出世威廉就去世。1180年西比拉嫁给了吕西尼昂的居伊。麻风病国王鲍德温四世于1185年去世后，由她未成年的儿子鲍德温继位，但是1186年夏末鲍德温五世也去世了。西比拉因为害怕对手争夺王位，毫不犹豫地让宗主教为自己加冕，并将王冠戴在了自己丈夫的头上。1187年的哈丁会战中，吕西尼昂的居伊被俘虏时，西比拉留在了耶路撒冷城内。耶路撒冷城沦陷之后，她逃到了的黎波里，1188年丈夫居伊重获自由后他们终于团聚。西比拉在阿克的军营中感染了瘟疫，她的两个女儿爱丽丝和玛利亚不幸去世，她本人也没能幸免。

西格尔一世

挪威国王（1103—1130年在位），生于1090年，1130年去世。1108—1111年间，西格尔一世参加十字军并因此闻名。在圣地时他帮助耶路撒冷国王鲍德温一世攻克西顿。返回挪威时西格尔一世还途经君士坦丁堡，此后除了对瑞典征战过一次，他的一生过得比较平静。西格尔资助建立了许多教堂。晚年他深受抑郁症的困扰，让他变得暴躁不可接近。

西蒙·德·孟福尔

莱斯特伯爵，约1208年生于法国，1265年8月4日在伊夫舍姆去世。1230年，西蒙为英格兰国王亨利三世效力，1236年成为莱斯特伯爵，1238年迎娶国王的女儿。1261年，因为他反对国王铺张浪费的政策，发声要求改革，随后被驱逐。1263年回到英格兰，他领导底层贵族叛变，反抗国王，并且在雷威斯战役中战胜了国王的军队。于是，孟福尔执掌王国政府，并设立议会进行参政议政。这便是后来英国议会制度的前身。

斯蒂芬·亨利

布卢瓦和沙特尔伯爵，1102年去世。1081年他与“征服者”威廉的女儿英格兰的阿德拉结婚。这位伯爵悄无声息地参加了第一次十字军东征，没有取得什么战果。1102年他在圣地战死，阿德拉开始统治，把沙特尔建成了政治和文化中心。

斯特凡一世·尼曼雅

拉什卡大伯爵，约1113年生于里布尼察，1199年或1200年在希勒德修道院去世。他在战胜了自己的兄弟后取得了拉什卡的统治权，约1171年统一了塞尔维亚。1180年拜占庭皇帝曼努埃尔一世·科穆宁去世后，他与威尼斯、匈牙利和神圣罗马帝国皇帝腓特烈一世·巴巴罗萨结盟，给君士坦丁堡造成巨大压力。1196年这位大伯爵将自己的统治区域交给了二儿子并出家成为修士。斯特凡一世·尼曼雅是塞尔维亚东正教最重要的圣徒之一。1212年他的儿子将塞尔维亚升级为王国。

苏莱曼·伊本—库土尔米什

塞尔柱突厥人的将军，1086年去世。阿纳托利亚西北部地区第一位穆斯林长官，1072年马立克沙因为惧怕苏莱曼·伊本—库土尔米什的能力，将他派到了小亚细亚，远离突厥权力中心。在小亚细亚他攻占了拜占庭许多领土，1081年在尼西亚建立自己的宫殿。第一次十字军东征时，这个伊斯兰教的前哨又被清除。苏莱曼的本来目标是在东方扩大自己的影响。1084年他攻占安条克，两年后在进攻阿勒颇的战斗中死亡。

塔兰托的坦克雷德

诺曼贵族。1112年在安条克去世。欧特维尔的坦克雷德的曾孙，是一位著名的十字军骑士。1096年坦克雷德陪伴塔兰托的博希蒙德参加第一次十字军东征。在1098年进攻安条克和1099年进攻耶路撒冷的战斗中，他表现英勇出众。布永的戈特弗里德将加利利封给他做领地，但是1101年他放弃了自己的地盘。1104年博希蒙德返回欧洲后，他开始统治安条克公国。坦克雷德的统治非常成功，扩大了安条克的国土面积，击败了不少周边的阿拉伯人和突厥人军队。他还短时间统治过埃德萨。16世纪意大利诗人托尔夸托·塔索在其史诗《被解放的耶路撒冷》中将他描述成为理想的英雄。

唐怀瑟

◇ 诗人唐怀瑟（民歌集封面）

中古高地德语诗人，出身不详。约1200年生于上普法尔茨的坦豪森，大约1266年去世。开始时唐怀瑟在神圣罗马帝国皇帝腓特烈二世的宫廷中供职，并陪伴皇帝参加第六次十字军东征。后来他生活在奥地利公爵“争吵者”腓特烈二世的宫廷中，1246年公爵去世后，唐怀瑟开始过上游吟诗人的生活，在不同的宫廷里供职。唐怀瑟的作品流传下来的共有六首“Leich”（中世纪诗歌体裁）、七首歌曲和三首寓意诗。

狄奥多尔一世·拉斯卡里斯

尼西亚、拜占庭皇帝（1205—1221 年在位），约 1175 年生，1221 年 11 月去世。第四次十字军东征攻占君士坦丁堡后，他逃到了小亚细亚，并在那里建立了尼西亚帝国，后来发展成为拜占庭帝国的继任者。1211 年他成功抵御鲁姆塞尔柱突厥人的进攻，1214 年与东拉丁帝国达成和平协议。他去世时留下了经济、军事和政治相对稳定的帝国。

托马斯·阿奎那

◇ 教会圣师托马斯·阿奎那（弗朗西斯柯·德·苏巴朗油画，1631 年，赛维拉美术馆）

神学家、哲学家和圣徒。约 1225 年生于阿奎诺附近的罗卡塞卡，1274 年 3 月 7 日在福萨诺瓦隐修道院去世。他是博学的阿尔伯特·马格努斯的高徒，也是经院哲学的创始人。1262 年他作为神学教授在道明会的学术中心巴黎大学教书，他的讲座和文章远远超越了自己的时代。托马斯将教会圣父们的学说和古希腊罗马的哲学结合在一起，甚至还研究了犹太和阿拉伯哲学。在研究《圣经》时他本着求真务实的态度，并且用理性来理解《圣经》。他认为，《圣经》中的启示并不是反理性，而是超越理性的存在，所以通过理性来接近信仰的核心并非不可能。他的神学影响了后世数百年包括今日的教会。1258—1264 年间写成的《哲学大全》主要研究非基督教的哲学思想，而多卷本的《神学大全》则是神学上的经典著作。1323 年，托马斯被封为圣徒，1567 年成为教会圣师。

提伯尔德

香槟伯爵，1179年5月13日生于特鲁瓦，1201年5月24日去世。提伯尔德三世是法国国王腓力二世·奥古斯都的亲密盟友，1199年12月4日在他自己的埃夫里城堡举行的比武大会上，他决定参加十字军。由于此次十字军要从威尼斯出发，于是维拉杜安的若弗鲁瓦以及布雷班的米罗以提伯尔德的名义与威尼斯总督恩里科·丹多洛谈判。但是在第四次十字军准备期间提伯尔德三世就去世了。

特兰卡维尔，雷蒙德．罗杰

贝济耶和卡尔卡松的子爵，生于1186年或1187年，1209年11月10日去世。1198年阿拉贡国王和图卢兹伯爵达成和平协议，孤立了这位年轻的子爵。1209年7月西蒙·德·孟福尔领导的阿尔比十字军占领贝济耶；雷蒙德逃到了卡尔卡松。1209年8月15日卡尔卡松也失守，这位子爵被囚禁在一座高塔中，据传说被人下毒身亡。他的遗孀阿格尼丝按照西蒙·德·孟福尔的意思，放弃了大部分财产，将其转移到了法兰西国王名下。

◇ 乌尔班二世（油画《圣布鲁诺和教皇乌尔班》局部）

乌尔班二世

原名拉热里的奥多，1088—1099年任教皇。约1042年生于马恩河畔沙蒂永，1099年7月29日在罗马去世。教皇乌尔班二世在教会改革上取得新的突破，他非常坚决，但是为人忠厚温和。他在兰斯长大，1068年加入克吕尼修道院，后来成为该修道院的院长。12年后他被教皇格里高利七世提拔为奥斯底亚枢机主教。1088年3月12日当选教皇，和前任相同，依靠西西里的诺曼人，禁止教士结婚，禁止买卖圣职，坚持教廷的叙任权。这位教皇曾将神圣罗马帝国皇帝亨利四世和法国国王腓力一世逐出教会。乌尔班二世深刻地影响了十字军运动，在皮亚琴察和克莱芒两次召开宗教会议，号召“解放圣地”。十字军攻占耶路撒冷后仅仅两周，这位教皇便去世了。

乌尔班四世

◇ 乌尔班四世

1261—1264 年担任教皇。约 1200 年生于特鲁瓦，1264 年 10 月 2 日在佩鲁贾去世。1261 年当选教皇，他将枢机主教扩展到 14 人，并夺回了在亚历山大四世时失去的大部分教皇国领土。作为斯陶芬家族的对手，他与安茹的查理结盟，反对曼弗雷德在西西里的统治。1264 年他将那不勒斯和西西里分封给查理作为领地。同一年这位教皇引入了基督圣体节。

维克托三世

教皇（1086—1087 年在位），约 1027 年出生，1087 年 9 月 16 日在卡西诺山修道院去世。维克托三世与来自贝内文托的伦巴第贵族有亲缘关系，早年他就过着隐修士的生活，后来在贝内文托做修士。1055 年，当时还叫“德西德里乌斯”的他加入了卡西诺山修道院，后来成为修道院院长。1059 年 3 月他成为教皇全权代理，负责意大利南部的修道院。1086 年 5 月 24 日他当选教皇，四天后就因为罗马暴动而离开前往卡西诺山，并接着做修道院院长。1087 年 5 月在一次宗教会议上，他当选教皇被确认有效。同一年 8 月维克托三世在贝内文托召开了重要的大公会议，会上再次强调教会的叙任权。但是在大公会议召开期间教皇的健康状况恶化，教皇回到卡西诺山修道院并在那里去世。

◇ 教皇维克托三世

彼得·瓦勒度

瓦勒度派创始人。约 1140 年生于里昂，1206 年去世。1175 年这位富有的

◇ 彼得·瓦勒度

商人放弃了所有财产，和一群志同道合的男女组成了“基督穷人会”，到处游走，提倡所有人做补赎。教皇亚历山大三世认可了他们的安贫，但是希望他们举行祈祷仪式时应该有神职人员在场进行指导。瓦勒度派是要求所有人坚守贫穷，但是却不接受僧侣的独身。但是最大问题出在私自解释《圣经》上，最终 1184 年在维罗纳的宗教会议上被禁止。

瓦尔特·桑萨瓦尔

即“一无所有的”瓦尔特。法国骑士，第一次十字军东征的参与者。1096 年 10 月 21 日去世。瓦尔特来自法兰西岛，1095 年和许多亲戚一起加入了“隐士”彼得的队伍前往圣地。他因为率领着一队武装朝圣者，故有些各自为政的意思。1096 年复活节后不久，瓦尔特就带着一个主要由法国骑士组成的小队出发朝着东方前进。1096 年 5 月 8 日到达匈牙利境内，抢劫了贝尔格莱德后，这伙人前往君士坦丁堡，在那里等待大部队的到来。1096 年 10 月 21 日瓦尔特和许多朝圣者一起，在茨维托之战中死于基利杰·阿尔斯兰军队的刀剑之下。

威廉八世

阿基坦公爵（1058—1086 年在位），约 1024 年生，1086 年 9 月 25 日在希泽城堡去世。1058 年在其兄长威廉七世突然去世后，他掌管阿基坦公国。六年后他进攻巴尔瓦斯特罗大获成功。1070 年他将加斯科涅并入了阿基坦公国。1076 年 10 月他帮助法国国王腓力一世对阵诺曼底公爵，并且对自己的公国严加管理。他是克吕尼改革的重要资助人。

威廉九世

“游吟诗人”威廉，阿基坦公爵（1086—1126 年在位），著名诗人。1071 年 10 月 22 日生，1126 年 2 月 10 日去世。他执政期间主要的难题是与圣吉莱的贵族争夺妻子菲利帕对图卢兹的继承权。这位公爵两次成功地攻占图卢兹，一次是 1098 年，一次是 1113 年，菲利帕就在图卢兹掌握朝野。1101 年 3 月威廉九世和韦尔夫四世一起参加十字军前往圣地，经过君士坦丁堡，前往赫拉克利亚。1102 年这支十字军被突厥人打败。威廉九世在少数随从的陪同下到达耶路撒冷朝圣。回到阿基坦之后，公爵又和安茹家族发生不睦，这场斗争持续了数年。1120 年威廉九世前往西班牙支持收复失地运动，并在库坦达击败了穆斯林军队。六年后在攻占布莱城堡时去世。威廉九世被视为最早的游吟诗人，他总共留下了 11 首诗歌，但是具体创作年代不详。

提尔的威廉

提尔大主教，编年史作者。约 1130 年生于耶路撒冷，1186 年 9 月 29 日去世。提尔的威廉出身于市民家庭，从 1146 年开始在巴黎和奥尔良学习神学，并在博洛尼亚学习法学。1165 年他回到巴勒斯坦，并在阿克担任教会法专家。出使拜占庭后他成为鲍德温四世的老师，1174 年王国摄政的黎波里的雷蒙德三世任命他为耶路撒冷王国宰相。一年后他成为提尔大主教，1180 年在参选耶路撒冷宗主教时，凯撒利亚大主教希拉克略当选。落选后他的经历在历史上并未有详细记载，最晚至 1185 年他失去了宰相一职，而他的著作是全面的耶路撒冷王国历史，也是研究十字军历史的重要资料。

沃尔夫拉姆·冯·埃申巴赫

◇ 沃尔夫拉姆·冯·埃申巴赫，柏林动物园中瓦格纳纪念碑下方的雕塑（1901—1903 年）

诗人。约 1170 年生于安斯巴赫附近的埃申巴赫（今沃尔夫拉姆斯—埃申巴赫），1220 年以后在埃申巴赫去世，葬在圣母堂中。他选择了穷困骑士的生活，自称巴伐利亚人，曾经在欧登瓦尔德山上的维尔登贝格城堡生活，后来还在图林根藩侯赫尔曼的宫廷生活过。沃尔夫拉姆是宫廷诗人中的语言大师，1210 年完成了最重要的作品《帕西法尔》。

赞 吉

原名伊马德丁·曾吉。摩苏尔埃米尔，约1082年生，1146年9月15日去世。1127年起，作为两位塞尔柱突厥王子的监护人，他开始了在摩苏尔的统治，很快就显示出他在外交和管理方面的才能。伊马德丁·赞吉的领地一直扩大，最终几乎包括整个美索不达米亚和叙利亚北部。1144年他占领已经被十字军统治了近50年的埃德萨。两年后伊马德丁·赞吉在进攻幼发拉底河中游的一座要塞时，被自己的一个奴隶谋杀。